全国普通高等教育规划教材

审计法学

胡智强　王艳丽　胡贵安　编著

中国财政经济出版社

图书在版编目（CIP）数据

审计法学/胡智强，王艳丽，胡贵安编著．—北京：中国财政经济出版社，2012.5

全国普通高等教育规划教材

ISBN 978－7－5095－3628－5

Ⅰ.①审…　Ⅱ.①胡…②王…③胡…　Ⅲ.①审计法－法的理论－中国－高等学校－教材　Ⅳ.①D922.271

中国版本图书馆 CIP 数据核字（2012）第 068784 号

责任编辑：陈志伟　　责任校对：杨瑞琦

封面设计：陈　瑶　　版式设计：董生平

中国财政经济出版社出版

URL：http：//www.cfeph.cn

E－mail：cfeph@cfeph.cn

社址：北京市海淀区阜成路甲 28 号　邮政编码：100142

营销中心电话：88190406　北京财经书店电话：64033436　84041336

北京财经印刷厂印刷　各地新华书店经销

787×960 毫米　16 开　22.25 印张　376 000 字

2012 年 5 月第 1 版　2012 年 5 月北京第 1 次印刷

定价：39.00 元

ISBN 978－7－5095－3628－5/D·0191

（图书出现印装问题，本社负责调换）

本社质量投诉电话：010－88190744

序　言

国家审计服务于国家治理，扮演着经济监督的角色，国家治理的目标决定了国家审计在历史进程中所起的客观作用。近代以来的国家审计是与民主和法治的进步紧密结合在一起的。历史表明，决定国家审计制度发展的因素是民主与法治的进步、财政与公共资源的状况以及审计技术自身的成熟，三者缺一不可。

改革开放以来，市场经济持续高速度发展、具有中国特色的公有制和社会主义民主政治导致我国必然积累大量的财政资金和社会公共资源。经过30多年的发展，我国GDP总量已经达到世界第二，经济社会面貌发生了深刻的变化。随之而来的，是在财政、公共资源使用和干部管理等领域面临的极为广泛的挑战，迫切呼唤国家审计发挥应有的作用。国家审计在政府活动的每一个具体领域，通过客观的分析和提供必要的信息，以及对审计对象行为与活动的强制性干预，帮助政府决策，提高政府活动效能，促进民主与法治。

审计法是有中国特色社会主义法律体系的重要组成部分，应当发挥自己独具魅力的作用。但当我们把目光定格在审计法的研究与教学上，不免惊讶地发现，目前的审计法研究与国家审计实践和社会发展存在不相称的场景：目前国内还没有合适的专门的审计法学教材，已有的教材往往是在讲授审计学内容的同时附带一些审计法知识。在研究视角上，多从管理学角度对审计法进行研究，远没有形成从法学、政治学和社会学等多学科角度深入研究的局面。法学领域现有的对审计法不多的研究，也是将审计法放在经济法体系的一个角落进行阐述，从出版的各种经济法学教材的篇章结构中就可以看得很清楚，这完全不符合审计法应有的部门法规格。

伴随改革开放的历史进程，我国的审计事业迅速发展，审计教育也突飞猛进。2011年10月，国务院学位委员会会议审议通过我国第39个硕士专业学位——审计硕士，32家单位获得审计硕士专业学位授权点，纳入2012年全国研究生统一招生计划。为了满足全面提高审计事务从业人员的学历学位水平和职业素养、完善审计人才培养体系、提高审计人才培养质量的需要，使高校相关专业的学生能更好地学习审计法知识，我们集中了一批高校优秀的骨干教师和来自审计实务部门有专门研究的同志编写了这本审计法学教材。教材内容在精写理论知识的同时融入了很多学术研究的思想内容，并适当向审计实务延伸，从而保证了教材应有的高质量和适用性。本教材可供本科各专业高年级学生和研究生使用。

本教材由胡智强、王艳丽和胡贵安担任主编，参加编写的人员具体分工为：胡智强编写第一至七章；王艳丽编写第九、十章；胡贵安编写第八章；朱涛编写十一章；林全玲参与了第四章编写。依约定由各章作者自负其编写部分的文责，最后由胡智强对全书进行了修正、补订和统稿。教材中引用的大量的学界研究成果均一一予以指明，并在此一并表示感谢。由于编者的水平等种种原因所限，书中难免各种疏漏，恳请读者和方家指教，以便改正。

编　者

2012年3月8日

目录

第一章

审计法概论

本章导读：

“审计”既是对国家审计、社会审计和内部审计的概括性通称，也是指各种类型审计所包含的最基础的专门技术工作：“客观地获取和评价有关经济活动与经济事项认定的证据，以证实这些认定与既定标准的符合程度，并将其结果传达给有关使用者。”国家审计是独立主体通过对经济活动的鉴证、监督和评价，保障治理机制有效运行的制度安排，具有经济监督、经济评价和经济鉴证三个方面的职能。独立性、权威性和广泛性的特征决定了国家审计在社会分工体系中具有独特的作用。

关键术语：

审计　审计的分类　国家审计　职能

第一节　审　计

一、审计的概念

（一）审计

“审计”（audit）的词义，一般是指审核、稽查和计算。在管理学领域，它的原始意义是由会计人员以外的第三者，对会计账目进行审查，以确定其真实性和合法性。我国“审计”一词最早见于宋代的《宋史》。从词义上解释，“审”为审查，“计”为会计账目，审计就是审查会计账目。“审计”的英文含义为“查账”，并兼有“听审和裁断”之义。由此可见，早期的审计就是审查会计账目，与会计账目密切相关。在我国，一般认为，审计是由专门机构或人员接受委托或根据授权，对国家行政、企事业单位及其他经济组织的会计资料和其他资料及其所反映的经济活动，进行审查并发表意见的行为。但这种说法是一个非常含混不清的描述，或者说，是一个过于具有弹性的说法，它的语义可以适用于国家审计、社会审计和内部审计等各种不同类型审计，而没有加以区分。尽管都是对一定的经济活动进行审查并发表意见，但是，在主体、对象、发表意见的方式和目的，以及整个审计活动在国家社会（政治）结构中具有的价值定位是完全不同的。

《蒙哥马利审计学》一书标志着美国乃至世界现代审计理论与实践的最高成就，从第一版开始就被认为是审计人员的标准参考书，经历百年，传世不衰。书中援引美国会计学会（AAA）审计基本概念委员会 1973 年《审计基本概念说明》对审计做出的一个经典定义：审计是一个系统化的过程，即客观地获取和评价有关经济活动与经济事项认定的证据，以证实这些认定与既定标准的符合程度，并将其结果传达给有关使用者①。该定义主要是从技术角度做出的界定，接近于审计概念的原始含义，但是足以涵盖社会审计和国家审计在内的不同类型和目标的审计业务。因为无论是国家审计、社会审计和内部审计，它的首先必须是“审计”这样一种技术活，在此基础上，才能进一步研究每一种不同类型审计各自具有的特殊含义。前者是研究的基础，体现共性。后者是要探索的不同类型审计的本质，体现个性。

（二）国家审计

由于各国关于一般对国家审计②和社会审计分别立法，《中华人民共和国审计法》（以下简称《审计法》）、《中华人民共和国审计法实施条例》（以下简称《审计法实施条例》）和《中华人民共和国国家审计准则》（以下简称《国家审计准则》）中所指的“审计”专指“国家审计”。而社会审计一般单

① ［美］奥赖利等：《蒙哥马利审计学》，刘霄仑、陈关亭译，中信出版社 2007 年版，第 4 页。

② 学界一般对“国家审计”和“政府审计”概念不加区分地混用，本书一般使用“国家审计”的概念，原因是：该称谓反映问题的本质。国家审计体现法治社会的民主价值，实现人民对权力的监督，体现人民的意志；西方“government Auditing”一词虽然可以直译为“政府审计”，本质上是代表国家进行的审计，表达为“国家审计”更为合适。

独立法，通过《会计法》[①]、《中华人民共和国注册会计师法》[②]、《公司法》、《证券法》、《全民所有制工业企业转换经营机制条例》和《中国注册会计师独立审计准则》等一系列法律法规进行规定。因此，有必要对国家审计的概念进行单独的研究。

国家审计有着自己特殊的内涵，各国和各地区审计立法均以不同方式单独对此做出规定。研究各国审计法的立法目的条款可以看的很清楚，如意大利宪法第 100 条、英国国家审计法前言部分、美国预算和会计程序法案的“政策宣言”。[③] 国家审计《中华人民共和国宪法》第 91 条规定：“国务院设立审计机关，对国务院各部门和地方各级政府的财政收支，对国家的财政金融机构和企业事业组织的财务收支，进行审计监督。”2006 年 6 月 1 日修订实施的《审计法》）第 2 条规定，“国家实行审计监督制度。国务院和县级以上地方人民政府设立审计机关。国务院各部门和地方各级人民政府及其各部门的财政收支，国有的金融机构和企业事业组织的财务收支，以及其他依照本法规定应当接受审计的财政收支、财务收支，依照本法规定接受审计监督。”该条仅仅是规定了国家审计的范围，自 2010 年 5 月 1 日起施行的《审计法实施条例》则对国家审计的定义予以明确，其中第 2 条规定，“审计法所称审计，是指审计机关依法独立检查被审计单位的会计凭证、会计账簿、财务会计报告以及其他与财政收支、财务收支有关的资料和资产，监督财政收支、财务收支真实、合法和效益的行为。”

我国目前还没有形成广泛认同的关于国家审计的定义，《领导干部审计知识读本》认为，“国家审计是由国家审计机关代表国家所实施的审计”。似乎得到较为广泛的认同，但严格地讲，这并非是一个逻辑学上应有的定义方法。尹平认为：“国家审计是指由独立的审计机关对各级政府、经济管理部门、金融机构、国有和国家控股企业和事业单位的财政财务收支以及所反映的经济活动的真实性、规范性、合理性和效益性进行的经济监督、鉴证、

---

① 《会计法》第 31 条规定：“有关法律、行政法规规定，须经注册会计师进行审计的单位，应当向受委托的会计师事务所如实提供会计凭证、会计账簿、财务会计报告和其他会计资料以及有关情况。”进一步明确了社会审计监督的方式、地位和作用。

② 《中华人民共和国注册会计师法》第 21 条规定了注册会计师的审计责任：“注册会计师执行审计业务，必须按照执业准则、规则确定的审计程序出具报告。”

③ 参见审计署编译：《世界主要国家法律法规汇编》，中国时代经济出版社 2004 年版。

评价活动[1]。”更多的学者则绕开该问题，直接讨论国家审计职责的涵义与特点[2]。尽管科学地揭示国家审计的本质，并进而进行科学的定义是一件困难的事情。并且，国家审计监督的范围、方式和内容在不断发生变化，但我们还是可以通过与社会审计、内部审计的比较看出国家审计的个性特征主要表现在三个方面：第一，国家审计的主体是国家机关。第二，国家审计的根本目标是加强权力监督，实现依法治国。第三，国家审计法律关系是行政法律关系。

（三）审计的要素

作为一种专业活动，任何一种类型的审计均包含一些共同的要素，从而与人类其他专业活动区别开来，审计应由以下几个要素构成：第一，审计活动主体。审计主体、被审计单位是构成审计活动的基本主体。审计主体包括审计机关、审计职业组织和审计人员。审计机关主要是在国家审计中出现，在其他组织或者人员接受审计机关的委托、聘用而承办或者参加国家审计业务时，国家审计的主体依然是审计机关，由审计机关作为权利义务的主体并承担相应的法律责任。审计职业组织包括社会中介组织（如会计师事务所和审计师事务所）和各种类型的有关审计职业的各种协会。第二，审计对象。审计的对象是被审计单位经济活动的真实性、正确性、合法性和效益性。第三，审计活动的依据。审计依据活动的是审计主体就被审事项形成审计结论的客观尺度和判断标准。

我国现行的审计依据可分为四个层次：第一，法律法规。例如，在国家审计的专业活动中，审计人员在执法过程中一般更多地直接依据审计准则及其指导下的级别更低的“准则”、“规定”、“办法”做出具体行政行为。甚至级别低的审计规范性文件更管用，人们实际上是大量地依赖于从形式上看层次“更低”的审计规范性文件，并依其设定的模式为一定的行为。第二，政策和制度。第三，处理各项经济活动和核算资料的会计、经济学方面的理论、方法、程序和原则。第四，被审单位的各项预算、计划和合同。第五，各类业务的技术标准和规范。以上五类审计依据内容十分庞杂，需要仔细梳理相互之间的关系，以及发生冲突时的解决方案。

---

① 尹平：《政府审计理论与实务》，中国财政经济出版社 2008 年版，第 2 页。

② 吴秋生：“论政府审计职责的涵义与特点”，《山西财经大学学报》，2006 年第 4 期。

延伸阅读：

28家国际会计师事务所概览

普华永道会计师事务所（Pricewaterhouse Coopers或PwC，香港称作罗兵咸永道，俗称水记或水房，台湾称为资诚）：是世界最大的专业服务机构，四大会计师事务所之一。

德勤会计师事务所（Deloitte & Touche LLP）：四大会计事务所之一。

安永会计师事务所（Ernst & Young PLL）：四大会计师事务所之一，全美第二大会计师事务所。

毕马威会计师事务所（KPMG）：四大国际会计师事务所之一。

捷安国际会计师事务所（AGN International）：由会计师事务所及商业顾问公司组成的国际性联合机构，总部设在英国伦敦。

艾格斯国际会计师事务所（IGAF）：由美国、加拿大十家会计师事务所于1977年创办成立。

安博国际会计联盟（INPACT International）：一家国际会计师事务所网络组织。

博太国际会计师事务所（Baker Tilly International）：成立于1988年，原名为Summit International（信盟国际），2001年更名，并把总部由美国洛杉机迁至英国伦敦。

贝克国际会计师事务所（BKR International）：由独立的会计公司和商务咨询公司组成。

德豪国际会计师事务所（BDO International）：由各国会计师事务所组成的国际会计公司。

费都寿国际会计师事务所（Fiducial global）：一个向个人及小规模公司提供财务及商业咨询的国际性会计公司。

浩华国际会计师事务所（Horwath International）：由各自独立的会计、管理咨询公司组成的国际会计网络公司。

浩信国际会计师事务所（HLB International）：由全球一百多个国际和地区的专业会计师事务所和商务咨询公司组成的国际会计公司。

华利信国际会计师事务所（Morison International，MI）：由具有同等理念并在当地具有信誉的大中型会计师事务所、商务咨询行组成的国际网络和联盟体。

均富国际会计师事务所（Grant Thornton International）：起源于1924年芝

加哥成立的一家会计师事务所，是国际会计师行业具有较高知名度的六家跨国会计公司其中之一。

克瑞斯顿国际会计师事务所（Kreston International）：1971 年创立的、由会计师事务所或商务顾问公司组成的松散型国际会计师网络。

罗申美国际会计师事务所（RSM International）：是由世界各国独立的税务、会计和咨询公司出于提供优质的专业服务的共同目标而组成的国际会计公司。

联合会计师国际会计师事务所（CPAAI）：成立于 1957 年，主要为客户提供专业会计、审计、税务及各种咨询服务。

摩斯伦国际会计师事务所（Moores Rowland International）：在世界各地提供商业、税务、管理顾问及审计服务。

马斯特国际会计师事务所（MSI）：现已发展成为法律、会计多专业国际网络。

马施云国际会计师事务所（Moore Stephens International）：于 1907 年在伦敦创办。

玛泽斯国际会计师事务所（Mazars International）：设有管理委员会，以负责战略、组织发展、执行董事任命、财务控制、交流、法律等事务。

尼克夏国际会计师事务所（Nexia International）：由一系列各自独立的会计咨询公司组成的国际会计网络。

鹏歌富达国际会计师事务所（PKF）：于 1969 年分别由英国、澳大利亚、美国、及加拿大四国会员成立。

珀拉理斯国际会计师事务所（Polaris IA）：是一间由世界各地的独立会计师事务所组成的国际性组织。

钱特雷国际会计师事务所（DFK International）：由独立的会计公司和商务咨询公司组成的国际网络。

毅诺集团（Alliott Group）：是由世界各地会计师、税务顾问及律师组成的松散型集团组织，其历史可追溯至 1860 年代成立的一家英国特许会计师事务所。

安达信会计师事务所（Arthur Andersen）：成立于 1913 年，曾经是全球最大的会计师事务所，2002 年因安然事件被迫退出审计业务。

资料来源：28 家国际会计师事务所概览 http://bbs.nau.edu.cn/thread-345760-1-1.html。

(四) 审计的目的

审计目的，或审计的目标是指审查和评价审计对象所要达到的目标，审计目标的确定取决于审计对象、审计职能和审计委托方的要求。笼统地讨论审计的目的是不合适的，因为国家审计和社会审计具有完全不同的目的，两者间的差异巨大。此外，审计是特定历史环境下的产物，无论是国家审计还是社会审计的目标都受到各种复杂因素的影响和制约，在不同时期、不同环境下具有不同的特征。例如，关于国家审计总目标的主要观点就有公共受托责任论、权力制约与监督论、公共资金管理与控制论和审计信息论等。如果我们把审计视为一项在国家审计和社会审计等各类审计中基础性的技术工作，那么，审计的目的可以简略地概括为：审计目标是审查和评价被审计单位反映经济活动的有关资料的真实性、公允性、合法性和效益性，并出具审计报告以评价其经济责任，改善管理，提高效益，维护特定主体的利益和经济社会秩序。当然，无论是国家审计还是社会审计，在不同的具体项目审计中，各有不同的具体目标，在此不予赘述。

二、审计的特征

审计监督（尤其是国家审计监督）虽然表面上看是以经济监督为内容，但它和会计监督、财政监督、税收监督、金融监督和工商监督等部门的监督相比，具有以下三个基本特征。

(一) 独立性

审计监督是由独立于其他业务部门与被审计单位的专职机构或人员来执行的（社会审计由独立的中介机构，国家审计由专门的审计机关），不受任何单位或个人的干涉，具有“中立的第三者”身份特点。最高审计机关国际组织通过的《利马宣言》中将审计的独立性概括为：组织机构的独立、审计人员的独立和审计经费的独立。审计的独立性被视为审计的本质特征。会计监督、财政监督、税收监督、金融监督和工商监督等业务部门的监督都是从行政或经营业务管理的角度进行的监督，其监督功能从事于管理职能而具有附属性，独立性程度都不如不具有任何管理职能而在社会分工中纯粹以监督为角色定位的审计监督。

(二) 权威性

审计依据具有客观性和外在性，加之审计的独立性是保障其具有权威性的前提。对审计人员资格条件的严格要求，有效地保障了审计业务的准确性和科学性。国家分别通过《审计法》、《会计法》、《公司法》、《证券交易法》和《破产法》等法律强化了审计的权威性。国家审计方面，我国《宪法》和《审计法》赋予审计机关宪法地位和相应的职责与权限，以保障其权威性。

（三）广泛性

国家审计制度正是借助具体的专业知识对履行国家经济、社会和政治职能所必需的公共资源进行必要的法律监督。美国政府审计准则就明确规定：“对于公共资源的责任的概念在我们国家的治理过程中至关重要。立法机构、其他政府官员和社会公众要求了解：(1) 政府的资源是否得到适当的管理和使用，是否遵循各项法律、法规。(2) 政府项目是否实现其目标和预期的成果。(3) 政府项目是否讲究效率性、经济性和效果性。”① 审计监督具有范围广泛的特征。2011 年 8 月 1 日审计署审计干部职业教育培训教材编审委员会第一次会议上刘家义审计长回忆与美国前审计长大卫·沃克会晤时，针对一些国家审计长提出的“审计的边界是什么”的讨论，大卫·沃克认为，国家的边界在哪里审计的边界就在哪里，刘家义审计长加了一句，人民利益的边界在哪里审计的边界就在哪里，大卫·沃克先生大为赞赏，认为两句话放在一起就完整阐述了审计的边界②。

在我国，这种监督是宪法和法律设定的基本权力，同时也是我国社会主义公有制条件下的基本经济制度和政治制度的必然要求。我国的公有制基本制度决定了我国的公共资源数量极其广大，我国审计监督的内容既包括财政、金融部门的财政收支和信贷收支，也包括行政事业组织的经费开支和企业的财务收支及有关的经营管理活动，以及各种公共性质的公共资源等等。2011 年 5 月实施的《江苏省审计条例》就规定，城市商业银行等地方金融机构的财务收支纳入监督范围，市政府交办的特定事项的财务收支也纳入监督范围。在对政府部门管理的和其他单位受政府委托管理的基金、资金的财务收支依法进行审计监督时，可以延伸到使用单位与基金、资金直接有关的财务收支，并可以对相关单位、个人进行调查。相比之下，会计监督、财政监督、税收监督、金融监督和工商监督等业务部门的专业监督都是从某一特

① 胡智强、丁晓红：《美国政府审计准则（2007）》，中国法制出版社 2011 年版，第 1 页。

② http：//news. nau. edu. cn/col586/col591/article. html？id = 15353。

定方面行使监督权，监督内容取决于本身的业务或行政权的内容，范围和对象有限。

审计所具有的特点使它起到了其他经济监督部门无法替代的作用。同样，审计监督也不能取代其他经济监督，它们的共同存在才构成了一个国家完整的经济监督体系。

三、审计的分类

（一）按审计的主体分类，可分为国家审计、内部审计和社会审计

1. 国家审计

也称政府审计，是指由国家审计机关代表国家所实施的审计。国家审计与社会的审计之间存在很多不同之处：审计的主体、审计的方法和审计的程序均有不相同，两者之间最根本的区别在于：国家审计目的在于实现对权力的监督和制约，通过保护社会公共资源①达到这一目标，体现和维护的是人民主权。社会审计维护的是私主体利益。这是包括我国在内的世界性的共识，各国审计立法均对审计对象的范围进行类似的明确规定。如，《美国国家审计准则》(2007) 1.01 和 1.02 就规定，政府审计是政府在履行对美国人民所负有的各项职责过程中的一个关键性要素，各种类型和范围的审计及鉴证业务都就管理责任、绩效及运行成本提供独立、客观、无偏见的评估。界定政府对使用公共资源应有的责任和权力，受托管理公共资源的各级政府官员有责任依法、高效、经济、诚信、公正地执行履行职责②。

国家审计的根源是对公共受托（经济）责任的履行情况的检查和评价。1985 年 5 月，最高审计机关亚洲组织（Asian Organisation of Supreme Audit Institutions，ASOSAI）第三届大会发表的《关于公共受托经济责任指导方针》的东京宣言中，给其赋予如下的定义：“公共受托经济责任，是指受托经营公共财产的机构或人员有责任汇报对这些财产的经营管理情况，并负有财政管理和计划项目方面的责任”。并在其序言中对公共受托经济责任的内容做了原则性的解释：“一是公共部门和政府追求发展所用开支不断增加，公营企业的发展，地方行政当局自主权的扩大，这种公共开支成倍增加的公营企业的大批涌

---

① 我国实行的是公有制，国家因此掌握了更多的社会公共资源。

② Government auditing standard (2007)，http：//www. gao. gov/govaud/ybk01. htm。胡智强、丁晓红：《美国政府审计准则（2007）》，中国法制出版社 2011 年版，第 5 页。

现，使中央政府和地方各级政府所承担的受托责任的内容和范围已扩大到更为广泛的领域；另一方面，随着社会民主意识的加深，人们对提高公营部门的效益和明确支出的受托经济责任的要求愈来愈高”[①]。受托管理公共资源的机构或人员，由于其资源或资金主要由国家或地方提供，由此便产生了与这些提供资源或资金有关方面的受托经济责任关系。

由此可见，在国际上，无论是政府部门还是公营企事业单位，只要存在受托经营管理的公共财产，就必须要承担公共受托经济责任，就应该由政府审计机关对其公共受托经济责任履行情况进行审计，以保证其履行公共受托经济责任。显而易见，国家审计与公共受托经济责任是紧密相联的。在我国宪法规定我国社会主义制度的性质决定人民是国家的主人，一切权力属于人民，人民是国家一切财富的所有者。人民就将公共财产委托给各级政府（国有企事业单位）经营管理，因此就产生了公共受托经济责任关系。

由于我国的《审计法》规定的是国家审计的有关内容（社会审计的内容由注册会计师法等予以规定），因此，本教材的论述主要围绕国家审计展开。

2. 社会审计

社会审计是指会计师事务所、审计师事务所等社会中介机构受国家机关或企事业单位委托对被审计单位进行财务审查、监督和咨询服务的活动。

社会审计的产生根源在于人类产权关系史上的一次质变：财产所有权和经营权的分离，以及在此基础上出现的经营者的受托经济责任——按照特定要求或原则经管受托经济资源的义务[②]。受托经济责任的基本内容包括行为责任和报告责任两个方面，行为责任要求经营者（受托人）忠实、勤勉地为经营行为。按照保全性、合法（规）性、经济性、效率性、效果性和社会性以及控制性等要求经管受托经济资源。报告责任的主要内容是对委托人履行信息披露义务，现代会计学中要求按照公允性或可信性的要求编报财务报表。财产所有权和经营权分离的客观事实决定了受托经济责任实现过程中必然存在道德风险和外部性，为防范和降低道德风险和外部性，审计的出现成为必然。受托经济责任关系的确立是社会审计产生的前条件。没有受托经济责任，就无所谓社会

---

① 《关于公共受托经济责任指导方针》，www.asosai.org。

② 受托经济责任按其内容进行分类，可以分为公共受托经济责任、经济组织（公司是典型）受托经济责任和组织内部受托经济责任。

审计[1]。

1993年10月31日第八届全国人民代表大会常务委员会第四次会议审议通过《中华人民共和国注册会计师法》是我国社会审计制度走向成熟的重要标志。根据现行《公司法》和《证券法》的相关规定，我国上市公司的年度及中期财务报告都必须由注册会计师进行审计并公告。经过近20年的发展，我国的社会审计事业已经取得了长足的进步，会计师事务所与注册会计师业已成为规范社会经济秩序的一支重要力量。

社会审计作为我国审计体系的组成部分，与国家审计存在如下区别和联系：

区别：

（1）审计权力来源不同。国家审计是审计机关依法对被审计单位进行的强制审计监督，具有强行性，被审计单位不得拒绝。《中华人民共和国审计法》（以下简称《审计法》）第1条明确规定审计法的依据是宪法、审计法律法规。审计人员审计执法的依据就是包括宪法和众所周知，法律实现的是人民的意志，因此，国家审计权力的来源是民主。社会审计一般是被审计单位通过委托合同委托社会审计机构进行审计，是受托审计，社会审计具有明确的受托经济责任，其权力来源于特定的当事人，权力的范围受到当事人之间合同的约束。

（2）审计目标不同。国家审计的审计目标一般具有宏观性和公益性，并由法律明确规定，研读各国审计立法的目的性条款可以看出这一点。我国《审计法》第1条规定我国国家审计的目标为：为了加强国家的审计监督，维护国家财政经济秩序，提高财政资金使用效益，促进廉政建设，保障国民经济和社会健康发展。社会审计的审计目标由委托单位和社会审计机构根据具体审计事项在合同中加以确定。

（3）审计依据不同。国家审计主要依据国家有关国家审计的法律、法规和部门规章，包括《审计法》、《审计法实施条例》等，社会审计监督的依据是国家有关社会审计的法律、法规和注册会计师职业准则、规则，包括《中华人民共和国注册会计师法》、《中国注册会计师独立审计准则》等。

---

① 但是不能反过来说，没有社会审计就没有受托经济责任。没有社会审计，受托经济责任照样存在，只是人们难以更好地衡量受托经济责任的实现程度。因此，社会审计与受托经济责任关系之间不一种相互依存的关系，而是受托经济责任决定社会审计的存在和发展。

此外，社会审计的机构、人员、业务范围和规则均与国家审计不相同①。

联系：

（1）国家审计依法对社会审计进行监督。《审计法》规定，社会审计机构审计的单位依法属于审计机关审计监督对象的，审计机关按照国务院的规定，有权对该社会审计机构出具的相关审计报告进行核查。

需要指出的是，国家审计对社会审计进行的监督仅仅是有限的监督，实际上仍然属于国家审计的范畴。并不意味着国家审计与社会审计之间具有管理和被管理、指导与被指导的关系，这是审计的独立性特质所决定的。

（2）国家审计可以与社会审计合作。国家审计也可以委托社会审计机构进行审计，同时，国家审计可以借鉴社会审计机构的审计成果。《中华人民共和国国家审计准则》第 4 条规定，其他组织或者人员接受审计机关的委托、聘用，承办或者参加审计业务，也应当适用本准则。第 20 条规定，审计机关可以聘请外部人员参加审计业务或者提供技术支持、专业咨询、专业鉴定。审计机关聘请的外部人员应当具备本准则第 14 条规定的职业要求。最重要的是，其他组织或者人员接受审计机关的委托、聘用，承办或者参加审计业务，需要承担法律责任时，责任主体为审计机关。

3. 内部审计

内部审计是由单位设立专门的内部审计机构，独立监督和评价本单位及所属单位财政收支、财务收支、经济活动的真实、合法和效益的行为，以促进加强经济管理和实现经济目标。国际内部审计师协会（IIA）指出，内部审计是一种独立、客观的保证与咨询活动，它的目的是为机构增加价值并提高机构的运作效率。它采取一种系统化、规范化的方法来对风险管理、控制及治理程序进行评价，提高它们的效率，从而帮助实现机构目标。

《审计法》第 29 条规定："依法属于审计机关审计监督对象的单位，应当按照国家有关规定建立健全内部审计制度；其内部审计工作应当接受审计机关的业务指导和监督。"内部审计机构在本单位负责人的直接领导下从事内部审计监督工作，独立行使内部审计职权，对本单位领导机构负责并报告工作。

目前我国依法必须设立内部审计机构的主体包括国务院各部门、地方人民政府各部门、国有的金融机构和企事业单位、上市公司。

---

① 胡智强、颜运秋：《经济法》，清华大学出版社 2011 年 6 月版，第 368 页。

因现今没有统一的内部审计机构设置模式，我国政府部门、国有金融机构和事业单位的内部审计机构设置模式包括独立的审计处、与纪委合署办公的审计监察处、和隶属于纪委的审计处等。企业内部审计机构设置更是五花八门：（1）受企业董事会或董事会下设的审计委员会领导模式。（2）受企业最高管理者领导模式。（3）受企业财务部门负责人领导模式等。其中，第一种模式下内部审计机构和人员不受企业经营管理部门的约束，独立性较高。

根据 IIA 的《内部审计实务标准 2001)》，为实现必要的独立性，企业内部审计最好的模式：审计执行主管在职能上应向审计委员会或同类部门报告；行政上直接向机构的首席执行官报告。

提高内部审计人员的职业能力是完善内部审计制度的重要制度构成成分，我国审计署在 2003 年制定的《关于内部审计工作的规定》中指出，内部审计人员实行岗位资格和后续教育制度，本单位应当予以支持和保障。

综上所述，内部审计与国家审计、社会审计共同组成了我国的审计制度体系。

（二）按审计实施的时间分类，审计可分为事前审计、事中审计和事后审计

1. 事前审计

事前审计是指在被审单位被审计行为和活动实际发生以前进行的审计，这实质上是对计划、预算、预测和决策进行审计。如国家审计机关对财政预算编制的合理性、重大投资项目的可行性等进行的审查①。开展事前审计，有利于科学决策和管理，特别是对预算的事前审计，更是实现公共财政和经济民主的重要保障。

2. 事中审计

事中审计是指审计机关对被审单位有关活动执行过程中进行的审计。例如，对项目预算、工程建设合同的执行情况进行审查。通过这种审计，能够及时发现和反馈问题，尽早采取应对措施，从而保证被监督对象的活动合法、有效地进行。

---

① 社会审计中，会计师事务所对企业盈利预测文件的审核，内部审计组织对本企业生产经营决策和计划的科学性与经济性、经济合同的完备性进行的评价等，均属于事前审计，一般认为，内部审计组织最适合从事事前审计，因为内部审计强调预防性。

延伸阅读：

审计署调查10省市医改方案3年执行效果

在公共卫生专家那里，把国务院在2009年年初颁布的《医药卫生体制改革近期重点实施方案（2009—2011年）》称之为“新医改3年方案”，而2011年是这套方案实施的最后一年。中央政府的这套组合拳意在解决老百姓呼吁多年的看病难、看病贵问题，那么医改效果究竟如何，中央投下去的钱有没有让老百姓真正得到实惠？

过去的半年中，审计署试图对这些民生话题做出评价。审计署行政事业审计司有关负责人向中国青年报记者介绍说，在2011年上半年，审计署就派出10支审计队伍，对10个省（市）的基层医疗卫生服务体系建设情况进行审计调查，特别关注了农村医疗卫生体系的建设情况。

通过对10省市的审计调查，一方面希望掌握财政资金在农村医疗卫生服务体系建设的投入情况，客观评价农村医疗卫生服务体系建设取得的主要成效，反映存在的主要差距；另一方面也希望揭示当前农村医疗卫生服务体系建设在项目管理、资金使用、建设效果等方面存在的突出问题和薄弱环节，以及影响当前农村医疗卫生事业发展的体制、机制问题。

审计署沈阳特派办有关负责人介绍，审计组把审计调查中发现的问题及时向当地政府有关领导做了通报，并就解决这些问题提出了合理意见和建议。针对审计提出的问题，已经有一些县（市）进行了整改。

资料来源：《审计署调查10省市医改方案3年执行效果》，http：//www. ncnews. com. cn/xwzx/xwzx/t20111124_ 798933. htm。

3. 事后审计

事后审计是指在被审单位有关行为和活动完成之后进行的审计，大多数审计活动都属于事后审计。

按实施的周期性分类，审计还可分为定期审计和不定期审计。定期审计是按照预定的间隔周期进行的审计，如注册会计师对股票上市公司年度会计报表进行的每年一次审计、国家审计机关每隔几年对行政事业单位进行的财务收支审计等。而不定期审计是出于需要而临时安排进行的审计，如国家审计机关对被审单位存在的严重违反财经法规行为突击进行的财经法纪专案审计；会计师事务所接受企业委托对拟收购公司的会计报表进行的审计；内部审计机构接受总经理指派对某分支机构经理人员存在的舞弊行为进行审查等。

（三）按审计技术模式分类

按采用的审计技术模式，审计可以分为账项基础审计、系统基础审计和风险基础审计三种。① 它们在总体上分别代表着审计技术的不同发展阶段，由于无论采用何种审计技术模式，在会计报表审计中最终都要用到许多共同的方法来检查报表项目金额的真实、公允性。因此，在实际过程中，各个国家往往同时予以采用。

1. 账项基础审计

账项基础审计是指顺着或逆着会计报表的生成过程，通过对会计账簿和凭证进行详细审阅，对会计账表之间的勾稽关系进行逐一核实，来检查是否存在会计舞弊行为或技术性措施。在进行财务报表审计，特别是专门的舞弊审计时，采用这种技术有利于作出可靠的审计结论。

2. 系统基础审计

系统基础审计首先测试和评价内部控制系统的，如结果表明被审单位的内部控制系统健全、有效时，随后对报表项目的实质性测试工作中仅抽取小部分样本进行审查，否则，则需扩大实质性测试的范围。系统基础审计的李本假设和信念是：健全的内部控制系统可以提高会计信息质量，因此，可以通过系统基础审计提高审计的效率。

3. 风险基础审计

风险基础审计一般从对被审单位委托审计的动机、经营环境、财务状况等方面进行全面风险评估出发，利用审计风险模型，规划审计工作，积极运用分析性复核，力争将审计风险控制在可以接受的水平上。

四、审计的职能

审计的职能是审计固有的内在功能，是审计本质的客观外在表现。“国家审计是独立主体通过对经济活动的鉴证、监督和评价，保障治理机制有效运行的制度安排”②。一般认为，审计具有经济监督、经济评价和经济鉴证三个方

① 《审计技术模式分类》，http：//www. songlei. net/view. asp？ id = 909。

② 参见南京审计学院学术团队对国家审计本质的最新概括，http：//news. nau. edu. cn/col586/col591/article. html？ id = 15530。

面的职能。[①]

（一）经济监督

经济监督职能是指审计对经济活动运行的真实、正确、合法所具有的监察和督导的功能。审计的经济监督职能主要通过信息披露的方式实现。经济监督是审计最原始、最基本的职能。审计经济监督职能的实现并不仅仅局限于对经济数据的核查，正如《蒙哥马利审计学》所载："审计和会计之间并不存在必然的联系，事实上任何可以量化和验证的信息都可以成为审计的对象。"[②]

（二）经济评价

经济评价职能是指审计对经济活动的合法（规）性和效率性所具有的评估和判定的功能。审计评价是在查明事实真相的基础上，按照一定标准进行客观、公正的评价，发现问题和肯定成绩，提出改进建议，并发表审计结论的过程。

（三）经济鉴证

经济鉴证职能是指对被审计单位的财务收支和相关经济活动的真实性、合法性和合理性进行审核检查，并就其可信赖程度提供书面证明。经济鉴证职能是经济责任分配或者依法进行处理的依据。经济鉴证职能是因现代审计的发展而出现的一种职能，并日益显示出其重要作用[③]。

西方国家十分重视审计鉴证职能，许多国家明确规定，企业的会计报表必须经过审计鉴证之后，才能获得社会承认。社会各方关系人如股东、投资者、债权人、往来客户以及潜在的投资者，都需要了解被审计单位财务报表的公允性和真实性，以便做出正确决策。我国现行制度规定：外商投资企业、股份制企业和国有企业的会计报表都应经过审计鉴证。在经济生活中，审计的经济鉴证职能越来越显得重要。

---

① 于庆华：《审计学与审计法》，中国政法大学出版社 2005 年版，第 17 页。

② ［美］奥赖利等著，《蒙哥马利审计学》，刘霄仑、陈关亭译，中信出版社 2007 年 10 月版，第 6 页。

③ 在注册会计师行业，鉴证业务是注册会计师的法定业务。注册会计师通过评价某一对象（如历史财务报表、非财务信息等）在所有重大方面是否符合既定的标准，以增加有关该对象的信息可信性。我国注册会计师在这方面的业务主要包括审计、验资、审核、审阅和执行商定程序等。鉴证服务具有法律效力，非注册会计师不得承办。注册会计师的非法定业务为非鉴证业务，包括会计服务、税务服务、管理咨询服务和其他专业服务（评估、审查合同的遵循情况等需要运用除审计以外的专业技能的服务）。

五、审计的作用

审计的作用是履行审计职能产生的客观效果，审计的内在功能与不同的审计目标相互结合，使审计具有不同的社会作用。社会审计主要是微观的社会作用，突出地表现在是维护所有权人（出资人）的利益，降低代理成本。国家审计具有宏观的社会作用有以下三方面。

（一）干预作用

国家审计通过审查和评价，对被审计单位的财政财务收支以及经营管理活动进行经济监督和鉴证，揭露损失浪费、弄虚作假、贪污舞弊的行为，依法追究责任，以保证国家法律、法规、方针、政策的贯彻执行，维护财经纪律和规章制度，维护社会主义经济秩序。审计的干预作用是审计法维护国家利益价值的体现。我国《审计法》规定审计机关有权要求被审计单位提供并检查被审计单位财政收支、财务收支电子数据及其管理系统，查询被审计单位在金融机构的账户、以个人名义在金融机构的存款，封存有关资料以及违反国家规定取得的资产。在履行职责的过程中，审计机关还有权提请公安、监察等机关予以协助。《中华人民共和国国家审计准则》（以下简称《审计准则》）第五章专设《审计整改检查》规定，审计机关应当建立审计整改检查机制，督促被审计单位和其他有关单位根据审计结果进行整改。这充分说明我国的国家审计制度在法治建设中具有较强的干预和矫正机能，体现出鲜明的现代经济法特征。

（二）促进作用

审计可以帮助改善经营管理，提高经济效益，加强宏观调控促进国民经济的综合平衡，提高生产力和社会效益。不仅从微观经济管理人手，对被审计单位的财政财务收支活动的合理性、合法性进行审查，而且着眼于对宏观经济监督，为宏观经济管理决策服务，以促进社会生产力的发展，保障国民经济健康发展，实现国有财产保值增值。

阅读材料：

审计署调查10省市医改方案3年执行效果

在公共卫生专家那里，把国务院在2009年初颁布的《医药卫生体制改革近期重点实施方案（2009—2011年）》称之为“新医改3年方案”，而2011年是这套方案实施的最后一年。中央政府的这套组合拳意在解决老百姓呼吁多年的看病难、看病贵问题，那么医改效果究竟如何，中央投下去的钱有没有让老百姓真正得到实惠？

通过对医改方案执行情况的审计调查，审计署试图对这些民生话题做出评价。审计署行政事业审计司有关负责人介绍说，审计署派出10支审计队伍，对10个省（市）的基层医疗卫生服务体系建设情况进行审计调查，特别关注了农村医疗卫生体系的建设情况。该负责人说，对10省市的审计调查，一方面希望掌握财政资金在农村医疗卫生服务体系建设的投入情况，客观评价农村医疗卫生服务体系建设取得的主要成效，反映存在的主要差距；另一方面也希望揭示当前农村医疗卫生服务体系建设在项目管理、资金使用、建设效果等方面存在的突出问题和薄弱环节，以及影响当前农村医疗卫生事业发展的体制、机制问题。审计署驻沈阳特派办有关负责人告诉记者，在辽宁，审计署选择了6个县市进行调查。除了传统的翻账本外，审计人员还要走访使用了财政资金的县医院、乡镇卫生院，既要了解基本药物制度实施情况，又要与医务人员召开座谈会，探讨医改过程中各类问题的成因、征求解决问题的办法。另外，审计人员还会走村入户，随机访问一些患者，了解看病贵、看病难的问题是否得到缓解。

审计署有关负责人告诉记者，国家审计要发挥保障国家经济社会健康运行的"免疫系统"功能，一方面要掌握财政资金的流向和使用情况；另一方面要研究资金使用的效率问题。具体到基层医疗卫生服务体系建设情况的审计调查就是要研究和分析影响当前农村医疗卫生事业发展的体制、机制问题，有针对性地提出审计建议，推动农村医药卫生体制改革。审计组把审计调查中发现的问题及时向当地政府有关领导作了通报，并就解决这些问题提出了合理意见和建议。针对审计提出的问题，已经有一些县（市）进行了整改。审计署对医改方案执行情况的审计调查，充分体现了国家审计所具有的促进功能。

资料来源：《审计署调查10省市医改方案3年执行效果》，http：//news. xinhuanet. com/fortune/2011 - 11/24/c_ 111190008. htm 编者进行了适当的删减。

（三）制约权力，促进民主

我国建立国家审计制度25年来，审计制度在社会生活中的作用空间日渐广阔，已经成为广受公众关注的政府工作领域。人们已经认识到，应当从更高层次上理解和把握审计的本质，"现代国家审计是民主法治的产物和推进民主法治的工具。”① 国家审计对公共资源的审计是对权力制约最重要的内容，除了财政财务收支审计以外，我国的国家审计制度构成中还具有一项独具中国特色的制约权力的国家审计制度——经济责任审计。经济责任审计是特指为明确国家机关和国有企业事业单位领导人经营管理责任而进行的一种审计活动，也就是我们通常所说的任期经济责任审计或者离任审计。

现代审计的发展，要求我们应从推进国家民主与法制的高度来认识和履行好对权力的监督。经济责任审计从“对事不对人”的常规审计到具有“人格化”特征的经济责任审计，更能体现民主政治的本质要求。经济责任审计作为考核、检查主体、追究财物管理人责任的重要手段，在强化对权力的制约与监督中起到了积极的作用。经济责任审计是我国国家审计为了加强对权力制约和监督的一项重大制度创新。

需要指出的是，实现审计监督的社会作用，必须具备一定的环境和条件，如审计监督有严格的客观标准，且具有法律权威性，全社会对审计工作的高度重视和高素质的专业人士队伍等。否则，将制约监督职能的发挥。

第二节 审计法概述

一、审计法的概念

（一）审计法

审计法是调整审计主体与被审计对象之间因审计而发生的社会关系的法律规范的总称。狭义的“审计法”指《中华人民共和国审计法》，其内容仅仅是关于国家审计的专门立法。广义的“审计法”指有关审计工作的立法，既包括有关社会审计的立法，也包括有关国家审计的立法。各种层次的审计立法形成审计规范体系——指由各种审计规范相互联系而构成的一个有机整体，它是社会主义法律体系的一个必不可少的子系统。我国的审计规范体系按实施范围划分由国家审计规范、注册会计师审计规范和内部审计规范构成。审计法律规范体系按法律规范内容的性质划分由宪法性审计规范、审计法律、审计行政法规、审计地方性法规、自治条例、单行条例、审计规章以及各种审计规范性文

① 李金华：《中国审计25年回顾与展望》，人民出版社2008年版，第11页。

件等构成。在形式上既表现为专门的审计立法，还包括其他法律法规中有关审计的法规。

如无特别指明，本教材所指“审计法”是指狭义的“审计法”。我国现行审计法是1994年8月31日第八届全国人大常委会第九次会议审议通过、2006年2月28日第十届全国人大常委会第二十次会议审议修改的《中华人民共和国审计法》。为了更好地指导审计工作，国务院于1997年10月21日颁布了《中华人民共和国审计法实施条例》，并于2010年2月2日修订，各级审计机关配套制定了一系列的规章和制度。如仅中华人民共和国审计署就在《审计准则》统辖下配套制定了《审计机关处理处罚的规定》、《审计机关审计听证的规定》、《审计机关审计复议的规定》等二十多个规范文本[①]。

除了上述法律和行政法规之外，我国还专门针对经济责任审计制定了《中央企业经济责任审计管理暂行办法》、《关于党政领导干部任期经济责任审计若干问题的指导意见》、《县级以下党政领导干部任期经济责任审计暂行规定》等一系列关于经济责任审计制度的规范性法律文件。

（二）审计法律关系

审计法律关系是由审计法律确认和调整的审计主体[②]和被审计单位之间发生的权利义务关系[③]。广义的审计法律关系包括国家审计活动中产生的审计法律关系和社会审计以及内部审计活动中产生的审计法律关系。本书从狭义的角度来探讨国家审计活动中产生的审计法律关系。社会审计中的审计法律关系为民事法律关系，在我国现行体制中，国家审计活动是一种行政活动，因此，一般将国家审计活动中产生的审计法律关系视为行政法律关系，与社会审计相比在主体、内容、效力和构成要素等方面存在诸多的不同。于庆华认为，审计法律关系具有行政法律关系所固有的基本特征：第一，审计法律关系的一方主体始终是国家。第二，参与审计法律关系的主体双方，即政府审计机关和被审计方各自享有的权利和义务具有不对等性。第三，审计法律关系具有国家先行确定力。第四，审计法律关系的产生以发生了审计法所规定的行为或事实为前

---

① 参见胡贵安：《国家审计权法律配置的模式选择》，中国时代经济出版社2010年版，第142页。

② 审计主体包括审计机关及其聘用的社会中介机构、社会中介机构等，因审计法律关系的不同而有所不同。

③ 法律关系就是权利义务关系，而不是“具有权利和义务内容的社会关系”。

提[1]。

但是，从更为广阔的角度看，在不同审计体制下的审计法律关系的基本特征值的深入研究，比如，法国实行的是司法性审计体制，审计法律关系的特点就不同于上述特征。

二、审计法的渊源

法的渊源可以指法的实质渊源，法制史上关于法的实质渊源的观点大致有以下数种：法根源于神的意志、根源于君主意志、根源于人民意志、根源于社会物质生活条件。法的渊源可以指法的形式渊源，即法的各种具体表现形式，如宪法、法律、法规。法的渊源还可以指法的效力渊源，即法产生于立法机关、行政机关或其他主体。法的渊源可以指法的内容渊源，即法的思想要素是来源于成文法，还是来源于政策、习惯、宗教、礼仪、道德、典章或理论、学说等。中西方法学著述对法的渊源的一般认为主要指法的效力来源，以此对法进行分类。

审计法的渊源是指由不同国家机关制定的，具有不同法的效力地位的各种审计法规范形式，一般按照效力层次高低分列如下。

（一）宪法性审计法规范

宪法把审计监督制度确立为国家财政经济管理中的一项基本制度，在第91条、第109条对审计机关的设置、地位、性质、领导体制，审计监督的范围和内容，审计监督的基本原则做了明确规定。

（二）审计法律

审计法是指1994年8月31日第八届全国人大常委会第九次会议通过，2006年2月28日第十届全国人大常委会第二十次会议审议修改的《中华人民共和国审计法》。这部审计法对我国审计监督制度的内容做了全面、具体的规定，是我国审计工作的基本法。另外，全国人民代表大会及其常务委员会颁布的许多法律中，对与审计监督有关的问题做了规定，如预算法、会计法、企业法等法律也是审计法的渊源。

（三）有关审计方面的行政法规

国务院为了贯彻执行宪法和审计法，国务院颁布的《中华人民共和国审计法实施条例》和《关于违反财政法规处罚的暂行规定》是审计工作的基本

---

① 于庆华：《审计学与审计法》，中国政法大学出版社2005年版，第94—96页。

行政法规，为做好审计工作提供了重要的法规依据。其中《关于违反财政法规处罚的暂行规定》，在审计法正式实施后，依然是审计机关行使审计职权的重要法规依据。另外，国务院颁布的其他行政法规中，有关审计方面的规定也很多，如《全民所有制工业企业转换经营机制条例》、《禁止向企业摊派暂行条例》等，国务院的这些行政法规是审计法的重要渊源。

（四）有关审计方面的地方性法规

地方性法规是由省、自治区、直辖市，省、自治区人民政府所在地的市和经国务院批准的较大的市的人民代表大会及其常务委员会制定的。地方权力结合本地具体情况，在不同宪法、法律、行政法规相抵触的情况下，颁布的在本地区适用的有关审计方面的地方性法规是审计法的渊源。另外，民族自治地区权力机关制定的与审计工作有关的民族自治条例和单行条例也是审计法的渊源。

阅读材料：

2010 年 5 月 1 日，《江苏省审计条例》正式实施后的八大变化

一是审计管辖范围进一步明确。对于不能根据财政、财务隶属关系确定审计管辖范围的，由审计部门根据国有资产监督管理关系，确定审计管辖范围。不能确定主要投资主体的，由被审计单位登记注册地的审计机关管辖。

二是进一步明确了监督对象，细化了审计内容。今后，城市商业银行等地方金融机构的财务收支纳入监督范围，政府交办的特定事项的财务收支也纳入监督范围。在对政府部门管理的和其他单位受政府委托管理的基金、资金的财务收支依法进行审计监督时，可以延伸到使用单位与基金、资金直接有关的财务收支，并可以对相关单位、个人进行调查。

三是绩效审计进一步加强。绩效审计是审计未来的发展方向和工作重点。审计部门可以将绩效审计结果向市政府报告，作为市政府及其有关单位改进决策以及管理的参考依据。

四是审计成果转化机制进一步健全。当被审计单位不执行审计决定，审计部门可以采取相应措施。

五是进一步强调建设项目审计决定执行。被审计的建设项目应当在审计后方可办理结算手续。被审计单位应当依法纠正审计机关发现的问题。

六是进一步突出资源环境事项审计。审计部门将对资源的开发利用和保护、污染防治、生态保护及其他资源环境事项的财政收支、财务收支，依法进行审计监督。

七是进一步丰富了审计的方式。审计部门可以采取就地审计、送达审计、跟踪审计、联网审计等方式实施审计。

八是进一步强调审计信息化建设。信息处理的电算化和网络化使计算机信息系统审计成为开展审计工作的重要方法。对被审计单位不配合计算机信息系统审计工作应承担的法律责任进行了规定，使信息系统审计的相关要求具体化、法定化。

此次，《条例》对审计人员的执法行为、职业素养和服务意识也做出了明确的规定。

资料来源：周国平、涂贤平，《《江苏省审计条例》5 月实施后审计工作的八大新变化》，http：//www. changzhou. gov. cn/art/2011/4/30/art_ 23_ 157244. html。

（五）有关审计方面的行政规章

行政规章包括国务院部门行政规章和地方政府行政规章两种。有关审计方面的国务院部门行政规章，主要是由审计署制定颁发的业务规章，也包括审计署和其他部门联合发布的行政规章和其他部门自行发布的与审计工作有关的行政规章。有关审计方面的地方政府行政规章是由省、自治区、直辖市，省、自治区人民政府所在地的市和经国务院批准的较大的市的人民政府，结合本地审计工作的情况制定的在本地区适用的行政规章。2011 年 1 月 1 日起实施《中华人民共和国国家审计准则》第 198 条规定，地方审计机关可以根据本地实际情况，在遵循准则规定的基础上制定实施细则。

以上两种有关审计方面的行政规章也是审计法的渊源。

值得注意的是，国家政府审计准则与注册会计师协会执业准则之间的相互关系。我国国家审计与注册会计师审计在许多方面存在着差别：一是从目的上看，注册会计师审计主要是维护当事人利益，特别是预期报告使用者的利益。国家审计则注重公共责任以及未完全履行责任所带来的国家风险，强调对未履行责任的追究。二是我国审计法律法规规定的基本审计程序和要求许多是与注册会计师审计不同的，不可能完全适用注册会计师的执业准则。三是注册会计师主要开展以企业财务报表为基础的鉴证审计。审计机关主要是对政府机构的审计，企业审计的比重相对较小。四是国家审计准则与注册会计师协会执业准则具有完全不同的法律属性和法律后果，前者属于行政法律规范，后者属于行业协会自治性质的行为规范。因此，国家审计应遵守国家审计准则，而不能参照注册会计师执业准则。

（六）对审计法律、法规、规章的法律解释

按照国家关于法律解释工作的规定，进行法律解释要与解释机关的权限相适应，并与已有的法律、法规、规章相衔接。这些法律解释具有法律效力，其中与审计工作有关的法律解释应视为审计法的渊源。

（七）国际条约或协定

我国审计机关加入了最高审计机关国际组织和亚洲地区组织。在对外交往中，与许多国家签订了双边或多边协定；在外资运用审计中，也与国际金融机构、外国政府签订了双边协议。我国签订或加入的有关审计方面的国际条约和协定也应作为我国审计法的渊源。

一个有趣的现象是：在国家审计的专业活动（并不限于此）中，审计人员在执法过程中一般更多地直接依据级别比较低的“准则”、“规定”、“办法”做出具体行政行为，其局面呈现出某种程度的“名”与“实”相分离的状况，即审计法效力级别高，而级别低的审计规范性文件更管用，人们实际上是大量地依赖于从形式上看层次“比较低”的审计规范性文件，并依其设定的模式为一定的行为。

三、审计法学

（一）审计法学是研究审计法的交叉学科

审计法学是研究法学的一门分支学科，它研究法现象中的一种特定现象——审计法现象。审计法学研究审计法产生和发展的规律，研究审计法的形式、内容和本质，研究审计法与其他部门法之间的相互关系，研究审计法与其他社会现象之间的关系等等。

但是，审计法学研究具有自己的个性特征。审计法侧重从经济层面实现对公权力的监督和制约，审计监督权运行过程中需要运用大量、复杂的审计学、会计学和经济学等方面的知识，这就决定了审计法学是法学和管理学等学科之间的交叉学科。审计法学的研究需要法学、会计学和经济学等其他学科的多角度综合研究。

目前，从法学视角研究审计法的成果很少，研究薄弱。据胡贵安的统计，中国知网的“中国学术文献网络出版总库”含“中国学术期刊网络出版总库”、“中国期刊全文数据库世纪期刊”、“中国博士学位论文全文数据库”、“中国优秀硕士学位论文全文数据库”、“中国重要会议论文全文数据库”、“中国重要报纸全文数据库”与“中国年鉴全文数据库”等共 13 个数据库。在 1989—2000 年，关于国家审计方面的论文可谓汗牛充栋，但是，法学及相关期刊仅有 6 篇，从某种意义上也说明，在当前对国家审计权的研究中，会计审计等经济学界的学者占绝大多数，法学界明显偏少，而属于政治学等其他学科的学者则更是微乎其微。这种情况与审计监督权在国家社会生活中日益凸显的重要作用极不相称，需要花大力气加以改变。

（二）审计法学与公法尤其宪法和行政法之间存在密切的关系

国家审计监督权是公权力的组成部分，是社会秩序的保障，因此，审计法学必然要讨论和研究审计监督权与其他公权力——立法权、行政权和司法权之间的相互关系。由此，审计法必然与公法[①]尤其宪法和行政法之间存在密切的关系。

宪法是国家的根本大法，规定国家政治、经济生活中的全局性、根本性问题。宪法将审计监督确立为国家制度中的一个基本组成部分，奠定了我国审计监督制度的基本框架，为审计法提供了直接的立法基础和依据。审计法是我国宪法中有关审计监督权和审计体制规定的具体落实，受到宪法的约束和指导，有关规定和制度设计不得与宪法的相关规定相违背。

行政法是调整行政过程中发生的各种社会关系的法律规范总成。在行政主体行使行政权力的基础上产生各种的社会关系包括行政关系——行政主体行使行政权力过程中与行政相对人之间发生各种关系。内部行政关系——在行政主体行使行政权力的过程中，上下级行政机关之间，平行行政机关之间，行政机关与所属机构（如部与司、局、处等）、派出机构之间，行政机关与其委托行使某种特定行政职权的组织之间发生的各种社会关系，监督行政关系——宪法和法律的授权的主体对行政主体行使行政职权进行监督而发生的各种社会关系。行政救济关系——在行政主体因行政相对人的权利受到行政主体行使行政权力的侵害而予以救济过程中发生的各种社会关系。行政关系是行政法需要调整的基础性关系，其余三种关系均由其派生或牵连。

---

① 公法与私法的划分是由罗马法学家提出，一直是在大陆法系国家沿用至今的基本法律分类，这种分类方法并不仅仅具有部门法归属标准的意义，在法学研究上也获得了方法论价值。一般认为，“公法涉及罗马帝国的政体，私法则涉及个人利益。”参见［古罗马］查士丁尼：《法学总论》，张企泰译，商务印书馆 1989 年版，第 5—6 页。

审计法调整的是国家审计机关在审计监督过程中发生的各种社会关系。从性质上讲，我国审计法属于行政法范畴，是一种行政监督法。审计法与其他行政法律之间的关系主要体现在两个方面：一是其他行政机关在行政管理中产生的财政、财务收支活动是审计法规定的审计机关的审计监督内容；二是其他行政法律是审计法规定的审计机关对被审计单位审计并对审计发现的问题进行处理、处罚的依据。因此，审计法在国家行政法律中具有特殊的地位。

（三）审计法与经济法之间的关系

由于审计法的调整对象与其他各种社会关系之间存在密切的关系，现代社会发展对审计提出了更多的社会功能需求，是的审计的功能不断拓展[①]。因此，审计法与其他部门法之间存在错综复杂的关系。审计法是履行监督职能的法律部门，尤其以经济监督为重要内容，因此，审计法与经济法和民法存在尤为特别的关系。

经济法是指调整现代国家为了实现社会整体利益而通过法律对市场进行干预[②]而形成的经济关系的法律规范的总称。在现代市场经济条件下国家的经济调控职能已经成为国家生活中最为重要的职能之一，现代国家为了实现社会整体利益而对市场进行干预过程可以具体分为：宏观调控关系、微观规制关系、国家投资关系和涉外经济关系。干预社会经济关系是由当前顺应世界经济全球化与维护国家经济安全的必然结果。现代市场经济是一个极其复杂的机制和运行过程，不可避免地出现“市场缺陷”，现代社会市场存在的缺陷主要是市场功能障碍、市场唯利性、市场运行的被动性和滞后性，这些缺陷单纯依靠市场经济的自然发展与演变难以自愈。因此，需要国家从不同的角度进行干预。中国如何更加娴熟与巧妙地运用国家干预，积极、主动、有效地参与社会经济活动，并维护自身经济社会安全是我国面临的艰巨任务。而审计监督权所具有的各种功能，使其成为国家干预过程中不得不“借力”，甚至依赖的重要手段。

（四）审计法与民法之间的关系

民事法律主要调整平等主体间在民事活动中形成的各种社会关系。审计法调整国家在公共资源管理中的权力监督而产生的各种社会关系。在法域归属上，民法属于私法范畴，审计法属于公法范畴。两者之间具有根本性的区别，

---

① 参见蔡春等：《现代审计功能托展》，中国时代经济出版社2006年版。

② 有的经济法学者称之为“调整”、“规制”或“规整”等等，其含义虽各有侧重，但核心思想是一致的。

国家审计主要对政府管理和使用公共资金的进行监督，一般也主要限于使用财政资金进行运转或建设的单位。根据我国审计法的规定，审计对象主要包括国家机关、国有事业组织、国有资本占控股地位或者主导地位的企业与金融机构、政府投资和以政府投资为主的建设项目等。依照《审计法》关于审计职责和《物权法》界定财产范围的规定，审计机关应重新梳理审计对象的范围，建立对象数据库，法律另有规定的外，一般不对私人公司、民营企业等单位实施审计监督。审计部门在审计监督过程中，对依法接受政府审计监督的非国有单位及其财产，也必须持谨慎态度，严格按照法定程序，避免造成对私人财产权的侵犯，防范与化解审计风险。

但是，这并不意味着审计法与民法之间没有关系。公法与私法之间的互动与交通在审计法与民法的关系上同样留下了鲜明的烙印。

一方面，民事主体间形成的与国家利益有关的社会关系，如国有资产管理和使用中的一些财政、财务收支关系，应当接受国家审计机关的监督。一些民事主体及其开展的活动，如社会审计机构、社会审计工作应当接受国家审计机关的监督、管理和指导。这些民事活动中产生的监督关系，应当受审计法调整。另一方面，在审计监督过程中可能涉及非国有单位及资产的情况：第一，政府投资项目审计过程中，审计与国家建设项目直接有关的建设、设计、施工、采购等非国有单位财务收支的。第二，审计机关因客观需要，查询被审计单位以个人名义在金融机构存款。第三，由政府授权或交办审计部门进行的，对农村或城镇集体财产进行审计监督。第四，对国有资本占控股地位或者主导地位企业中的非国有资产部分进行审计监督。第五，对政府部门管理的和其他单位受政府委托管理的社会保障基金、社会捐赠资金以及其他有关基金、资金的财务收支进行审计监督。第六，延伸审计与审计调查中出现涉及私人利益的情况，如为审计地税部门税收征管行为的真实与合法而对纳税的非国有单位所进行的调查①。

（五）审计法学是一门年轻的学科

审计法学是一门年轻的学科，突出地体现在三个方面：

其一，尽管“审计”早已出现，但是现代审计制度的历史很短，审计法发展的历史更短。曾哲教授以英美为代表的普通法系国家为对象进行研究，认

---

① 参见胡贵安、魏昌东：“物权法视野下政府审计启示与变革”，《财会通讯》，2008 年第 2 期，第 34 页。

为审计监督权直接缘起于16世纪的英国王室陪审制度惯例，大、小“陪审团”的创设与分工成为后世法治因袭，在西方政治与法律制度上率先建构了国家审计监督权制度。

其二，审计法学很不成熟。到目前为止，还没有建立起完善的体系，审计制度在我国确立不过20多年的历史，理论范畴、基本概念、基本假设、基本名词和术语还没有固定，往往直接借用审计学的概念和术语、假设。这种情况与民法和反垄断法等法学领域的“显学”相比，实难望其项背。仅以教材建设为例，2011年2月13日国务院学位委员会第28次会议审议通过审计硕士专业学位设置方案[①]，但是，国内目前甚至还没有专门的审计法教材，涉及审计法内容的一些教材，也仅仅是在研究审计学知识的同时以很少篇幅涉及审计法，内容也很浅显，难以满足需要。

其三，审计法学是一门很有发展前途的法学学科。审计法与民主、法治紧密相连，“审计权的设置是国家宪政的重要组成部分”[②]，影响到国家宪政结构的优化。民主、法治是当今时代发展的潮流，“审计风暴”[③]的巨大社会效应已经为社会普遍认识，这些预示着审计法学的研究充满希望。

复习思考题：

1. 怎样理解国家审计的基本特点？
2. 分析《蒙哥马利审计学》关于审计的经典定义。
3. 国家审计的基本职能有哪些？
4. 如何理解国家审计的社会作用？
5. 如何理解审计法的渊源？

推荐阅读书目：

1. 审计署编译：《世界主要国家法律法规汇编》，中国时代经济出版社2004年版。

---

① 教育部：审计硕士专业学位设置方案公布，http：//www.freekaoyan.com/news/20111229/1325171527204631.shtml。

② 曾哲：“普通法系国家审计权的缘起及其对后世的宪政影响”，《东方法学》，2009年第4期。

③ 《审计风暴》，http：//baike.baidu.com/view/884985.htm。

2. 李金华:《中国审计25年回顾与展望》,人民出版社2008年版。

3. 于庆华:《审计学与审计法》,中国政法大学出版社2005年版。

4. 尹平:《政府审计理论与实务》,中国财政经济出版社2008年版。

5. 胡智强、丁晓红:《美国政府审计准则》(2007),中国法制出版社2011年版。

第二章

审计法的基本原则

本章导读：

审计法理念是指导审计立法与实践的基本价值追求，我国审计法的理念包括推进国家治理、制约权力和实现民主与法治。审计法应当遵循以下基本原则：依法审计原则、独立性原则、客观公正原则、和保密原则。审计职业道德纳入审计法体系后已经从道德规范兼为法律规则，以审计法的基本原则和理念一样，对审计执法中的自由裁量权起到最终的规制作用。

关键术语：

原则　职业道德　审计　自由裁量权

第一节　审计法的理念

一、审计法理念概述

法的理念，或价值追求，是人们对法本质和规律的最高理性认识，表现于法的理想和法的信念之中。任何法律制度中都实际贯穿着某种特定的基本理念，体现于立法、司法与行政执法的全部过程之中。

在审计法的建构与实践中，同样需要科学的审计法理念的引导。“像社会科学一样，审计也有着许多涉及价值判断的问题。”[①] 正确的法律理念对于审计立法、执法等法律活动起着导引、制约作用。不同的审计法律理念，从宏观和整体上影响着一个国家的审计法律制度的形成与发展。

审计法的理念一般表现在实定法的目的性条款之中，《中华人民共和国审计法》第1条规定：为了加强国家的审计监督，维护国家财政经济秩序，提高财政资金使用效益，促进廉政建设，保障国民经济和社会健康发展，根据宪法，制定本法。而学理上关于国家审计制度的价值历来有很多不同的学说，根据李金华的归纳研究，有十几种之多，涉及国家审计权研究的观点分别是：“国家职能说”、“维护王权说”、“民主政治说”、“权力制衡说”、“财政监督说”、“宏观控制说”、“利益冲突说”、“筹资说”、“资金市场说”、“客观限制说”、“可信说”、“组织控制说”和“受托责任说”。[②] 这些观点大致可以分为两类：一类是从微观角度强调国家审计的经济调控价值；另一类是从宏观角度强调国家审计的治理价值。总之，审计法已经具备了多元性的复合价值追求，我们认为审计法的价值追求主要表现在以下几个方面。

二、推进国家治理

长期以来，国家审计领域的一个基本哲学观念是，国家审计是为了实现公共受托经济责任，贯穿于现代政府审计的受托经济责任是一种公共受托经济责任。现代政府审计不但因公共受托经济责任的产生而产生，而且因公共受托经济责任的发展而发展。

在国际上，无论是政府部门还是公营企事业单位，只要存在受托经营管理的公共财产，就必须要承担公共受托经济责任，就应该由政府审计机关对其公共受托经济责任履行情况进行审计，以保证其履行公共受托经济责任。显而易见，国家审计与公共受托经济责任是紧密相连的[③]。

受托经济责任说是西方社会历久弥坚的社会契约论思想影响的结果，作为国家审计的基本假设是将社会审计的基本假设直接移植到国家审计领域的结果。近代社会出现了财产所有权和经营权的分离，由此基本事实出发，当财产

① R·K. 莫茨、H·A. 夏拉夫著：《审计理论结构》，文硕等译，中国商业出版社1990年版，第121页。

② 李金华：《审计理论研究》，中国审计出版社2001年版，第18—45页。

③ 秦荣生：“受托经济责任理论与我国政府审计改革”，《审计研究》，1999年第4期。

交付他人代管和代为经营时，为查错防弊，监督他人，降低代理成本和防范道德风险，维护财产所有者的利益，需要委托或委派另一机构或人员，对他人代管和代为经营的业绩进行审查和评价，于是在委托代管委托经营的经济关系下，就产生了审计这种经济监督活动。

在国家审计中审计主体履行受托经济责任更为深刻的根源在于实现国家治理的宏观目标。国家审计源于国家治理，国家治理的需要决定国家审计的产生和发展。中国在西周时期国家审计就已经成为奴隶制政权中的一项专门工作，在掌握国家财政支出、会计核算和审计监督天官大宰系统中，配备有宰夫实施国家审计之职。著名的审计史学家迈克尔·查特菲尔德指出："在内部管理、预算和审计程序方面，中国西周时代在古代世界可以说是无与伦比的。"① 奴隶制度下的古罗马、古埃及、古希腊就出现了对财税官员进行考核的监督工作。今天，国家审计是我国社会管理创新的重要机制。我国国家审计的基础是公有制，应当从产权理论的视角深入研究国家审计的具体制度和发展规律。

国家审计的国家治理价值具体体现在：维护国家财政经济秩序，提高财政资金使用效益，维护经济社会安全，保障国民经济和社会健康发展等具体方面。随着社会发展其具体内容在不断扩展和变化。

三、制约权力

近代审计制度的产生伴随着对于行政法治的追求，行政法治的一个重要内容就是控权理论。控权论的基本观点，依据施瓦茨的解释，就是"行政法是控制国家行政活动的法律部门，它设置行政机构的权力，规范这些权力行使的原则，以及为那些受行政行为侵害者提供法律补救。"② 作为近代审计的发源地英国，其审计法中深深地打上了"控权论"的烙印。英国的王室财政审计制度早在13世纪就正式建立起来。1215年英国《大宪章》的颁布，制约了英王的权力，奠定了英国国家审计制度产生和发展的政治基础。1861年，英国在众议院设决算审查委员会，第一次真上建立了统一的、独立的审计机构。

在英国，有关审计的法律规定最早存在于1866年颁布的《财政和审计

① Chatfield Michael: A History of Accounting Thought: Krieger Pub Co, Revised, June01.1977.p.67.
② ［美］施瓦茨著：《行政法》，徐炳译，群众出版社1986年版，第1页。

法》之中。该法 1921 年修正案中规定，主计审计长应检查：政府拨款和赠款的使用是否符合议会的要求；支款程序是否符合授权权限；政府部门及其下设机构的商业、生产活动账目是否真实和正确。审查委员会是议会控制政府及国王的行政权力，防止行政权过度扩张的重要机构。此后，根据《财政和审计法》的要求，英国成立了国库和审计部，宣告了世界上第一个立法型国家审计制度模式的诞生。审计部独立于行政与司法部门，代表议会对政府进行监督，控制行政权的行使。

法治社会要求对行政权的行使加以控制，核心方法就是要求行政机关依法行政。英国的审计法的主要内容就是要求对相关会计记录的真实性加以监督。以客观、真实的证据为依据的审计，被 Paton 和 Littleton 称之为英国对审计行业的最重要贡献。在 1948 年颁布的英国《公司法》149 条中，明确要求会计记录必须提供真实和公正（a true and fair view）的概况。"一般认为，'真实与公允'是指，以诚实的态度正确披露有利的或不利的一切重要信息；不歪曲或掩盖重大事实，也不故弄玄虚，使之神秘莫测；必要时也可超出规定要求披露有关细节。"① 英国审计法的基本目标是实现真实、公正。不管对于"真实与公允"的精确含义人们怎么看待，但这一理念中强调"实质重于形式"这一点是肯定的。英国审计法是建立在行政法治的基础上的。审计人员应当适用一种公开的、确定的法律来衡量财务行为的合法性。真实是合法审计的前提，公正是审计的过程与结果，通过审计控制行政权力的行使则是审计制度的目的。

作为近代审计的发源地，英国的审计法理念对世界各国的审计理念产生了重大的影响。无论是以美国为代表的立法性审计体制、以法国、意大利、西班牙为代表的司法性审计体制，还是德国这样强调审计机关独立性的体制，或者是审计机关隶属于国家行政机关的行政审计体制，审计法制的构建都是以法治国家的实现为基本目标，审计机关的主要职责都是对于公共财政行为加以监督，对行政机关的行为加以控制。

由于现代市场经济体制下，市场对于社会资源的配置存在着不足，需要国家对市场加以干预与调控，导致现代社会行政权急剧扩展，但行政权不是万能的，政府管理也有许多缺陷，行政机关的管理既影响它正常的行政管理行为，又缺乏效率，还会产生权力寻租的现象。因此需要社会公权力组织的存在。社

---

① 朱景文：《比较法社会学的框架和方法》，中国人民大学出版社 2000 年版，第 339—341 页。

会公权力组织和社会公共行政快速发展。

此外，现代社会中，社会自治的现象日益突出。美国法社会学家马考利（Stewart Macaulay）认为，美国现代社会中，私人的社会组织与公共政府之间的界限变得模糊，它们之间很难划分出一条明确的界限。他把美国全国大学生田径协会、美国仲裁委员会、社区的居民委员会等社会组织称为“私人政府”。从某种意义上说，社会公权力组织的存在是出于民主参与和市民自治的需要。由于社会公行政的不断发展，法律必须对于这些公权力加以制约，以公民的自由和权利。一个重要的手段就是将其纳入行政法体制中，使其受到行政法治的限制。扩大审计的范围，加强对行政权的审计监督，并强制性要求部分社会公权力组织甚至是公众性的企业接受审计监督。

延伸阅读：

深圳事业单位人均年薪超30万元无处罚依据

2010年12月，一则《史上最高公务员工资》的网帖在网上广为流传，其中提到“深圳市住宅租赁管理服务中心现有各类员工共65名，而该中心全年人员工资1913万元，人均年薪近30万，年薪最高的68万，最低的也有25万。这还不包括其他发放的实物以及现金等”。

国家审计署对深圳租赁中心的高额工资做出审计报告，认定属实。据审计署的审计报告表明，该中心2009年和2010年分别发放税前薪酬总额1965.57万元和1834.33万元，两年的人均收入分别达到32.76万元和30.57万元。此外，报告中特别提到，自2008年7月成立至2010年年末，租赁中心将443.69万元“自有物业”租金收入截留至工会账上，其中216.06万元以工会补贴名目发放至个人。

报告表示，因地方财政及国土房产主管部门未对其“自有物业”进行资产清查和产权认定，导致应作为国有资产管理的所谓“自有物业”收入变成了该租赁中心为员工发放高工资、高福利的来源。对此，不少人质疑，该中心把国家财产当成“自有物业”，用公共收入发工资属于严重违纪违规行为。

深圳市住建局表示，对于租赁中心这类经费自给、管理模式类似企业化管理的事业单位，深圳市已经从2009年开始着手进行改革，按深圳市有关规定，设置了实施绩效工资制度改革3年（2009—2011年）过渡期，“这起事件并非只是深圳市住宅租赁管理服务中心独有，有些是体制改革当中的一些问题，因此处罚没有依据”。

资料来源：深圳事业单位人均年薪超30万元无处罚依据，http：//news.sina.com.cn/c/2012－01－12/023123785166.shtml 2012年01月12日02：31 新京报。

我国审计署科研所课题组2003年的一项研究指出，国家审计的范围几乎覆盖了所有的权力部门，便于发现普遍性和规律性的问题，从宏观角度提出改进制度和完善政策的建议，通过政策和制度的完善，实施对权力的监督。因此，国家审计是对权力进行监督的长效机制，审计机关是在宪法层次上唯一被赋予经济监督权，专司经济监督职能的机构[①]。

四、实现民主与法治

国家治理在不同的时代具有不同的价值底蕴，现代国家审计制度关注的中心一直就是促进民生，保障权利最大程度地实现。检查和监督保证政府必须将公共资源用于促进民生。美国政府审计准则就明确规定：“对于公共资源的责任的概念在我们国家的治理过程中至关重要。立法机构、其他政府官员和社会公众要求了解：（1）政府的资源是否得到适当的管理和使用，是否遵循各项法律、法规。（2）政府项目是否实现其目标和预期的成果。（3）政府项目是否讲究效率性、经济性和效果性。”[②]

文明史昭示人们一个基本道理：民主政治最基本的原则就是分权与制衡，为了实现民主就必须：一是选拔具有领袖才干的政治家；二是控制行政部门[③]。著名的政治学家C·A·利兹更具体地指出，立法部门对行政部门的控制方式包括：（1）委员会的调查权。立法部门的各个委员会拥有调查权，不仅可以去询问公务员和政府高级官员，而且在需要必要的信息时，可以召唤专家。（2）质询。立法部门应举行听证会就政府政策和行政运转诸方面的问题向政府提问，如果政府的回答不能令人满意，立法部门可以要求作更严格的调查。如果政府部门失去立法机构的支持，应全体辞职。（3）财政控制。英国国家审计署和意大利审计法院均有义务向立法部门报告过去的公共支出情况。（4）民政专员的控制。民政专员是政府特派员，专门负责调查平民投诉，查

① 审计署科研所课题组：“论国家审计对权力的监督”，载《审计研究》，2003年第5期。

② 胡智强、丁晓红：《美国政府审计准则（2007）》，中国法制出版社2011年版，第1页。

③ ［英］戴维·比瑟姆：《马克思·韦伯与现代政治理论》徐鸿宾等译，浙江人民出版社1989年版，第120页。

清情况，保障公民权利。以上都离不开审计，主要是国家审计，国家审计通常是立法部门的职能之一①。为达成民主的目的，从宪政高度审视审计法的立法目的是先进国家的一个共同做法。

审计法的基本理念是一个有机联系、不可分割的整体，共同构成审计法的价值追求。

第二节 审计法的基本原则

审计法的基本原则是审计机关和审计工作人员在审计活动中应当遵循的基本行为准则。各国审计法的基本原则并不相同，我国也存在不同观点。从实定法来看，我国有关审计立法规定，审计活动应当遵循以下基本原则。

一、依法审计原则

依法审计原则要求审计机关和审计人员应当依照法律规定行使审计监督权，开展各项审计活动。《审计法》第 3 条规定："审计机关依照法律规定的职权和程序，进行审计监督。审计机关依据有关财政收支、财务收支的法律、法规和国家其他有关规定进行审计评价，在法定职权范围内做出审计决定。"

审计机关开展审计活动所依据的法律主要有三类：一是《审计法》及其实施条例和其他有关审计监督的法律、法规、规章。二是有关财政、财务收支和经济管理方面的法律、法规、规章。三是解决审计争议，确定审计争议当事人权利义务的法律、法规，如行政诉讼法、国家赔偿法、行政复议条例等。

二、独立性原则

国家审计权具有独立性是一种广为接受的共识。各国有关国家审计的理论、立法和实践都将国家审计权的独立性视为国家审计制度的生命，并通过各种制度设计保证国家审计权的独立性。德国《联邦审计院法》第 1 条规定，联邦审计院是最高联邦机构，只受法律约束。德国联邦审计院是一个独立性很强的审计机构，既不隶属于行政权，也不隶属于司法权。但德国的模式并非具有普适性的最佳方案，各国保障审计权独立性的体制有很大的不同。会计检察

① 文硕：《世界审计史》，中国审计出版社 1990 年版，第 58—59 页。

院是日本最高审计机关，属于政府行政序列，而不属于国会和司法机关，日本《会计检察院法》第1条规定，“会计检察院对内阁具有独立地位”。

根据《宪法》第91条规定，我国的国家审计权隶属于行政权。同时，我国《审计法》第5条规定：“审计机关依照法律规定独立行使审计监督权，不受其他行政机关、社会团体和个人的干涉。”独立性是审计的灵魂，独立性原则主要包括以下几方面的内容：第一，审计机构和人员上的独立性。在独立性问题上，处理国家审计权与其他国家公权力之间的关系尤为重要。一般认为，一个国家的审计机构必须单独设置，与被审计单位和部门应当没有组织上的隶属关系；审计人员也应当独立于被审计单位和部门，没有行政上的隶属关系。第二，工作上的独立性。审计机关和审计人员依法独立开展审计工作，客观公正地做出审计判断、制作审计报告、出具审计意见、做出审计决定，不受其他行政机关、社会团体和个人的干涉。第三，经费上的独立性。审计机构和人员进行审计工作所需的经费应当单独列入预算。

三、客观公正原则

我国《审计法》第6条规定：“审计机关和审计人员办理审计事项，应当客观公正，实事求是，廉洁奉公，保守秘密。”由于审计监督的特殊性，审计机关和审计人员在审计工作中应当遵守法律法规的规定，具有高度的职业操守，客观公正地进行审计判断和做出审计决定，遇有利害关系的审计项目应主动回避，避免主观臆断。

因此，我国《审计法》所说的客观公正原则的主要特点是：第一，侧重对审计人员在审计活动过程中的行为要求，属于审计人员执业行为性规范。第二，主要是对审计人员的主观精神状态的要求。即审计人员在执行职务特别是做出审计评价、提出处理处罚意见时，应做到依法办事，实事求是，客观公正，不得偏袒任何一方。2001年，IIA以内部审计职业实务准则规定，审计师在收集、评价和沟通有关被检查的活动或过程的信息中，内部审计师展示其最大限度的职业客观性。在其做出判断的过程中，不受其个人喜好或他人的不适当影响，内部审计师对所有相关环境做出公正的评价。第三，我国审计立法通过胜任能力规范、职业谨慎规范、后续教育和培训制度和回避制度等具体制度性规定予以保证。

实现审计活动的客观公正原则还需要超越具体的审计活动进行考量，审计体制设计是保证该原则实现的基本外部制度条件。在现代宪政制度中，国家审计权是对特定领域人类活动进行的专业监督，它是权力监督机制的一种，需要与其他公权力协调，必须遵循法治背景下的有效权力监督的三个基本原则：第一，监督者与被监督者利益中立（中立原则）。第二，监督者与被监督者之间具有某种程度的不相隶属关系（分离原则）。第三，程序运行自主（自治原则）。

四、保密原则

由于审计履行专业性经济监督职能，因此，无论是国家审计还是社会审计、内部审计均可能涉及被审计对象的各种秘密，包括国家秘密和商业秘密等。审计人员如果因其过错没有履行保密责任，将侵犯当事人权益，提高审计风险。因此，各国审计立法无不规定，审计人员应当保持严谨的职业态度，保守其在执行业务中知悉的国家秘密和商业秘密。在执行业务中取得的相关资料不得用于与审计工作无关的目的。

2001年，IIA的内部审计职业实务准则规定内部审计师应使用和守信保密原则：内部审计师尊重其收到的信息的价值和所有权，除非是在合法或履行职责的情况下，没有适当授权内部审计师不得披露有关信息。内部审计师应当谨慎利用和保护在其职责中获取的信息。《美国政府审计准则》（2007）详细规定了审计师在履行审计结果披露过程中对保密应有的注意义务，包括信息披露的途径、信息披露义务的豁免，以及信息披露侵权责任的防范等三个方面特定信息可能属于机密或被联邦、州或当地法律或规章禁止向公众披露，在这种情况下，审计师可以出具一份单独、保密或限制用途的包含这些信息的报告，只分发给法律或法规授权接收这种报告的人员。出于对公众安全的附加考虑，也可将特定信息从公众可获知的或分发范围较广的报告中剔除。如由于这类信息的误用可能引起的潜在损害，有关特定项目的计算机安全的详细信息。在这种情况下，审计师可出具一份限制用途的包含这些信息的报告，只分发给那些负责按审计师的建议采取纠正措施的有关方面。审计师可以就有必要不披露特定信息的情形向法律顾问咨询①。

我国审计立法同样规定了审计人员的保密义务，其内容包括第一，对审计人员课以法定保密责任。《审计法》第14条规定，审计人员对其在执行职务中知悉的国家秘密和被审计单位的商业秘密，负有保密的义务。第二，对审计

① 胡智强、丁晓红：《美国政府审计准则（2007）》，中国法制出版社2011年版，第59页。

人员特定查询权的法定方式的规定。《审计法实施条例》第 30 条规定，审计机关依照审计法第 33 条规定查询被审计单位在金融机构的账户的，应当持县级以上人民政府审计机关负责人签发的协助查询单位账户通知书；查询被审计单位以个人名义在金融机构的存款的，应当持县级以上人民政府审计机关主要负责人签发的协助查询个人存款通知书。有关金融机构应当予以协助，并提供证明材料，审计机关和审计人员负有保密义务。第三，对审计机关信息披露方式进行了规定。《中华人民共和国国家审计准则》第 160 条规定，审计机关公布审计和审计调查结果应当指定专门机构统一办理，履行规定的保密审查和审核手续，报经审计机关主要负责人批准。审计机关内设机构、派出机构和个人，未经授权不得向社会公布审计和审计调查结果。第四，规定了审计机关的信息披露豁免权。《中华人民共和国国家审计准则》第 159 条规定，在公布审计和审计调查结果时，审计机关不得公布下列信息：（1）涉及国家秘密、商业秘密的信息。（2）正在调查、处理过程中的事项。（3）依照法律法规的规定不予公开的其他信息。涉及商业秘密的信息，经权利人同意或者审计机关认为不公布可能对公共利益造成重大影响的，可以予以公布。审计机关公布审计和审计调查结果应当客观公正。

第三节　审计职业道德

一、审计职业道德概述

道德规范是指人们在道德生活中应当遵循的行为准则的总和，是用以调整人与人之间的利益准则，也是判断人们行为善恶的标准。

职业道德是指从职人员在职业活动中应当遵循的道德规范，以调节职业活动中的特殊的利益矛盾。职业道德是一般社会道德在职业活动中的体现。

审计职业道德规范是指审计人员在审计活动中应当遵循的，体现审计职业特殊道德要求的行为准则的总和，是评价审计行为是否符合审计职业特殊道德要求的标准。审计职业道德规范主要依靠审计人员的信念、社会舆论等手段，促使审计人员自觉保持职业上应有的态度和风范，以树立良好的职业形象，赢得社会对审计职业及其人员的尊重和信赖。

国际审计组织和外国审计机关审计准则的结构都包括了职业道德规范

(通常的结构为：职业道德规范、质量控制准则、一般准则、现场准则和报告准则)。最高审计机关国际组织（INTOSAI）制定了专门的职业道德规范(Code of Ethics)；国际会计师联合会（IFAC）公布了专门的职业道德规范；美国的政府审计准则 GAGAS 则包含了职业道德原则，而没有专门的职业道德规范。可见，国际上审计准则制定无论在形式上是采用单行方式，还是采用包括在准则之类的方式，基本上都有关于审计职业道德的内容。

二、我国审计职业道德的制定

我国原政府审计准则体系中的单独制定有《审计机关审计人员职业道德准则》，这一做法后来得到改变。2010 年 1 月 1 日起施行的《中华人民共和国国家审计准则》将审计职业道德纳入了审计准则进行规定。《中华人民共和国国家审计准则》第 15 条规定，审计人员应当恪守严格依法、正直坦诚、客观公正、勤勉尽责、保守秘密的基本审计职业道德。这样，我国审计职业道德的制定实际上成为审计立法的一个有机组成部分。

严格依法就是审计人员应当严格依照法定的审计职责、权限和程序进行审计监督，规范审计行为。

正直坦诚就是审计人员应当坚持原则，不屈从于外部压力；不歪曲事实，不隐瞒审计发现的问题；廉洁自律，不利用职权谋取私利；维护国家利益和公共利益。

客观公正就是审计人员应当保持客观公正的立场和态度，以适当、充分的审计证据支持审计结论，实事求是地做出审计评价和处理审计发现的问题。

勤勉尽责就是审计人员应当爱岗敬业，勤勉高效，严谨细致，认真履行审计职责，保证审计工作质量。

保守秘密就是审计人员应当保守其在执行审计业务中知悉的国家秘密、商业秘密；对于执行审计业务取得的资料、形成的审计记录和掌握的相关情况，未经批准不得对外提供和披露，不得用于与审计工作无关的目的。

三、审计职业道德规范的特征

审计职业道德规范是审计规范的重要组成部分。审计规范主要包括审计技术规范、道德规范和审计法律规范，三者共同构成一个有机整体，共同作用于提高审计人员的职业胜任能力。其中，审计技术规范属于客观的职业规范，审计技术规范的效果如何取决于审计人员的职业素养，审计职业道德规范通过提升审计人员的主观素养而成为审计技术规范的适用基础。

审计道德规范与审计法律规范相比，前者侧重于行为标准中体现出的精神实质和道德要求，属于原则性规范；后者侧重于具体职业行为的客观技术标准和行为规范，更强调操作性。审计职业道德规范提出的要求涉及职业品德、职业胜任能力、职业责任等方面，是审计人员参加审计工作、实施审计项目的前提和必要条件。这些道德要求是贯穿于各项审计立法的灵魂，也是落实各项审计法律规范的基础。如美国政府审计准则就指出，道德原则是美国政府审计准则（简称 GAGAS）适用的基础、规则、结构以及背景。从法律适用的一般原理看，原理、原则、理论具有补充适用的功能，以弥补规则的有限性。抽象的职业道德规范正好扮演这一角色，有效地弥补法律规则在规制审计人员自由裁量权过程中的不足。

审计职业道德规范具有强制性。通常道德规范不具有强制性，道德是一种自律性约束，这是一个常识性的认识。但在我国的审计立法体系中，审计职业道德规范具有强制性，这是尤其需要注意的地方。原因在于，《中华人民共和国国家审计准则》采用了一体化的结构，将审计职业道德纳入了审计准则，形成一个统一的体系。《中华人民共和国国家审计准则》第 14 条的规定将审计职业道德规范纳入审计职业要求之中，审计人员执行审计业务应当具备恪守审计职业道德的职业要求。这样，审计职业道德“法化”，成为具有强制性的法律规范的组成部分。根据《中华人民共和国国家审计准则》第 3 条的规定，“本准则中使用‘应当’、‘不得’词汇的条款为约束性条款，是审计机关和审计人员执行审计业务必须遵守的职业要求。”因此，我国审计准则的道德规范实际上是强制性规范。

四、审计职业道德规范的作用

审计职业道德规范的作用包括三个方面：（1）审计职业道德规范是审计规范的重要组成部分，为加强职业管理，充分发挥审计职能作用、完成审计任务的提供必要条件和保障。（2）审计职业道德规范对建立良好的审计文化和行业道德风尚有较大影响。（3）审计职业道德规范为审计人员提供行为规范，为实现审计人员自身完善奠定了基础。

复习思考题：

1. 怎样理解审计法的基本理念？
2. 分析审计职业道德在审计法治进程中的作用。
3. 审计的基本原则有哪些？
4. 如何理解审计法的独立性原则？
5. 审计法的保密原则内容和意义如何？

推荐阅读书目：

1. R·K·莫茨、H·A·夏拉夫著：《审计理论结构》，文硕等译，中国商业出版社 1990 年版。

2. 秦荣生："受托经济责任理论与我国政府审计改革"，《审计研究》，1999 年第 4 期。

3. 王学龙："中、美、英三国审计理念的比较研究"，《兰州商学院学报》，2003 年第 6 期。

4. 文硕：《世界审计史》，中国审计出版社 1990 年版。

5. 审计署科研所课题组："论国家审计对权力的监督"，《审计研究》，2003 年第 5 期。

第三章

世界各国审计体制概要

本章导读：

经过几百年的发展和演化，目前世界上基本形成了几种固定的审计体制，即立法型审计、司法型审计、行政型审计和独立性型审计。一个国家审计体制的形成与其历史文化、法治发展程度以及各种公权力之间的相互关系存在紧密的关系。各种审计体制在维持自己个性特征的同时也在相互借鉴和彼此过渡，独立性和透明度是衡量审计体制效能的基本尺度。我国是典型的行政型审计体制，随着市场经济的深入发展和政治文明、法治进程的演化，它正处于转型之中。

关键术语：

体制　审计　立法型审计　司法型审计　行政型审计　独立型审计

第一节 审计体制概述

一、审计体制

所谓体制，一般是指政治权力在一定社会中按照一定的规则进行分配而形成的权力格局，任何社会分配权力的基本方式有两类：一类是政治权力的横向配置，涉及立法权、行政权、司法权以及其他权力之间的关系。另一类是政治权力的纵向配置，重要涉及中央政治权力和地方政治权力之间的关系。这些关系最终都要通过一定的机构固定下来①。

审计体制是指国家审计机关在国家权力机关中的位阶以及自身结构中各个部分之间的相互关系。具体包括两个方面：审计机关与其他国家机关之间的关系及自身各级审计机关之间的相互关系。审计体制属于国家政治体制构成的一个重要组成部分，“审计权的设置是国家宪政的重要组成部分，立法对国家审计权的配置不仅直接影响到审计监督的实际效果，还将影响到国家宪政结构的优化。”②

目前除了为数极少的个别国家没有建立国家审计制度外，绝大多数国家（地区）建立了国家审计制度。从这些国家审计体制的立法成例来看，基本上有立法型、行政型、司法型和独立型等4种类型。在上下级审计机关领导体制方面，各国也有较大区别。有的国家如印度、葡萄牙等少数国家只设一级审计机关，地方不设相应的审计机关，对地方的审计工作由其派出机构负责。在分级设立审计机关的国家，最高审计机关与地方审计机关的关系也不尽相同。美国、英国、日本等国家最高审计机关与地方审计机关之间一般没有领导与被领导的关系，也没有业务指导关系，两者完全平等。有的国家最高审计机关与地方审计机关之间一般存在领导与被领导的关系，或业务指导关系。如菲律宾的最高审计机关对地方审计机关实行垂直管理。我国也是此种类型。法国的审计法院可以接受对地方审计法庭判决不服的上诉，并作出终审判决③。

每一种审计体制均能深深地在各国的文化、历史和经济制度的土壤中找到根源，形成各自的特点。

二、认真对待审计体制问题

社会审计的产生源于财产所有权和管理权的分离，世界各国一般遵循市场规律，由社会中介机构承担审计业务。注册会计师依法接受委托、独立执业、有偿为社会提供专业服务，当事人之间通过合同确定相互之间的关系，所发生的主要是微观意义上的民事法律关系，遵循意思自治原则，由民法予以调整。因此，在社会审计中体制问题不突出。

---

① 严强：《宏观政治学》，南京大学出版社1998年版，第111页。

② 有关论述参见曾哲：“普通法系国家审计权的缘起及其后世宪政影响”，《东方法学》2009年第4期；胡贵安：《国家审计权法律配置的模式选择》，中国时代经济出版社2010年版，第5页。

③ 国外审计体制简介 http：//qz. fjaudit. gov. cn/viewbody. cfm? id =236。

在国家审计中，体制问题是一个重要的基础问题，决定了整个审计监督权的法律地位、在国家政治结构中的地位和法治进程中作用的发挥。以独立性问题为例，通常实质上的审计独立性本身很难直接衡量，但形式上的审计独立性可以采用适当的标准进行衡量，其尺度包括权责地位的独立性、组织结构的独立性、经费的独立性和功能管理的独立性，这些可以通过有形的体制结构予以解决。有学者研究认为，中国国家审计独立性的系统性损害因素在于行政模式下的行政干预，而向立法模式的体制转变的最大阻力可能来自政府行政部门。究其原因，行政型审计体制是最深刻的根源①。

我国《宪法》第 91 条规定："国务院设立审计机关，对国务院各部门和地方各级政府的财政收支，对国家的财政金融机构和企业事业组织的财务收支，进行审计监督。审计机关在领导下，依照法律规定独立行使审计监督权，不受其他行政机关、社会团体和个人的干涉。"从宪法的规定可以看出，首先，国家审计是宪法范围内的的基本问题，各国概莫例外；其次，国家审计的基本属性是监督；再次，国家审计的监督以经济监督为出发点；最后，没有独立性的国家审计不是民主的审计。因此，把国家审计监督制度确立为国家财政经济管理中的一项基本制度的理解并不正确，国家审计制度是涉及国家政治结构，属于公法领域内的重要问题，国家审计当事人之间发生的法律关系一般是行政法律关系，这和社会审计当事人之间的法律关系是两类不同的法律关系。对国家审计需要宪法尤其行政法功底进行深入研究。

目前法学界对审计法定位不准确，没有充分体现审计法的价值。原因是经济学、会计学领域的学者在研究审计法②，并以社会审计的基本理论解读政府审计，以至于出现审计法研究薄弱，盲目的移植社会审计中的一些基本假设的现象。

---

① 宋夏云："中国国家审计独立性的损害因素及控制机制研究——基于 246 位专家调查的初步证据"，《审计研究》2007 年第 1 期。

② 中国知网的"中国学术文献网络出版总库"含"中国学术期刊网络出版总库"、"中国期刊全文数据库世纪期刊"、"中国博士学位论文全文数据库"、"中国优秀硕士学位论文全文数据库"、"中国重要会议论文全文数据库"、"中国重要报纸全文数据库"与"中国年鉴全文数据库"等共 13 个数据库。胡贵安以"题名"和"关键词"精确搜索"国家审计权"的文章，共搜到 1979—2010 年的文章 25 篇，著述为零（含"国家审计权"题名的 5 篇，硕士学位论文 1 篇、法规公报 1 篇、报纸 3 篇，其余均为普通期刊）。法学及相关期刊仅有 6 篇，其余 13 篇都载于会计类刊物。胡贵安：《国家审计权法律配置的模式选择》，中国时代经济出版社 2010 年版，第 9 页。

第二节 世界各国审计体制基本模式

一、立法型国家审计模式

（一）立法型审计模式概述

立法型审计模式是指国家审计机构隶属于立法部门的一种审计法律制度，现代立法型审计创设于英国，成熟于美国，为当今绝大多数国家所采用。英国、美国、加拿大、奥地利、澳大利亚和以色列等国均采用此种模式。

立法型审计模式的特点主要是最高审计机关隶属于立法机关，审计机关直接对立法机关负责，审计的重点是围绕议会的财政权展开，其核心是监督国家财产的收支①。国家审计机关在审计监督中只有调查、建议权而没有处理权。如果审计发现犯罪性质的问题，移送司法机关处理。一般性问题由被审单位根据审计建议自行改正②。在这种模式下，国家审计机关能够依照国家法律赋予的权利，对政府行政部门实行有效的监督。由于审计监督部门直接隶属于议会，随着国家立法机构的强大，对政府行政部门的控制能力逐步加强，审计在国家政治活动中受到高度重视，并能充分发挥监督作用。

自 20 世纪初以来，由于资本主义从自由竞争发展到垄断阶段，生产力迅猛发展带动整个社会飞速运动，社会公共事务的大量增加，国家公共管理职能的不断强化，逐渐地改变了议会和政府之间的关系。政府权力高度集中，直接面对大量经济、社会矛盾，出现了所谓“行政国”现象。不同程度地出现了议会“衰落”，国家权力重心从立法机关向行政机关转移的现象，但这并不意味着代议民主失去了它固有的价值。代议制政府仍然是西方各国现实中最好的政府形式。为了克服议会政治危机，各国议会加大改革力度，努力维持国家权利体系的平衡，防止政府权力的极端膨胀，在新的时代条件下完成议会肩负的神圣历史使命。

（二）美国的立法型审计制度

---

① 项俊波：《国家市计法律制度研究》，中国时代经济出版社 2002 年版，第 73 页。

② 对问题较大的单位，在 6 个月内要去检查其改正情况，如果没有改正，就报告议会，议会举行听证会，发现无正当理由不采纳审计建议，议会就可能核减其经费或对部门领导人予以免职；另一种情况是在每 3 年必审一次的下一次审计中注意了解其改进情况。

美国是实行立法型审计体制的代表性国家，在组织体系上，美国的审计系统由联邦会计总署——州审计局——地方审计局三级组成。上级审计机关与下一级审计机关之间没有直接的领导或指导关系。各级审计组织主要包括两大部分机构：业务机构（负责具体审计事宜）和行政性职能机构（人事、培训）。在审计职责权限设定上，各级审计组织主要发挥着监督各级政府部门与提供特定技术服务两项基本职能。主要负责对本级政府职能部门的经济业务进行检查与监督，对各级预算编报与执行情况进行审核，对国（议）会拨款情况进行检查等；各级审计组织拥有对相关部门经济往来凭证资料的查阅审核权，对相关部门负责人的调查询问权，对不合理预算与拨款的暂停否决权等。在审计管辖范围上，各级审计组织主要负责本级政府行政管辖范围内的审计事项，遇特殊事项可由会计总署统一协调安排进行联合审计。

在领导体制上，会计总署直接对联邦国会负责并报告工作，州和地方审计局直接对各州、地方议会负责并报告工作。在人员配置上，会计总署的最高行政领导是主计长，在主计长下设副主计长 1 人和主计长助理 4 人，由总统任命；州、地方审计局的最高行政领导是审计局长，在其之下设有副局长和局长助理各 1 人，由州长任命，各级审计负责人的任期都不受政府更迭和国（议）会换届的影响。

美国的审计体制经过数次调整，早期的重要立法有 1789 年的《财政部法》(Treasure Act) 和 1894 年的《多克里法》(Dockery Act)，国家审计实际上由财政部门进行，内容主要是审计政府部门的财务活动。二战以后，为了强化对国家财政收支的监督，国会与 1921 年通过了《Budget and Accounting Act》，国家审计权脱离了财政部门的控制，成立了非政治、非党派，隶属于国会的会计总署（Genegral Accounting Office），逐项审计政府收支的真实性和合法性。1950 年，国会制定《预算和会计程序法》(Budget and Accounting Procedures Act)，抛弃了逐项审计的做法，关注政府财务管理制度审核。根据 1972 年美国审计总署的文件《政府机构、计划项目、活动和职责的审计标准》规定，美国的国家审计包括三大部分：财务公允及合法性的审计、经济性和效率性审计以及计划项目效果审计。其中，第二和第三部分不属于传统的财务审计范畴，而属于现代绩效审计的内容，考虑的是政府组织是否达到了批准项目和筹集资金时所期望的目的，工作是否经济、是否有效率。绩效审计已成为美国国家审计的主体性内容。1993 年国会通过《政府绩效与结果法》(Goverment Performance and Results Act)，进一步将关注评估政府活动绩效作为国家审计监督的重要内容。

2004 年，国会通过《会计总署人力资源改革法案》（GAO Human Capital Reform Act），决定自 2004 年 7 月 1 日起，将“会计总署”正式更名为“政府责任署”（Government Accountablity Office，GAO），国家审计监督的重点转向绩效审核、活动评估和政策分析。威廉·普罗克斯迈尔（William Proxmire）在《美国审计总署》一书的序言中，曾精辟地概括了国家审计在美国宪政结构和社会发展中的地位和作用：“审计总署对财政预算的监督对于国会顺利地发挥其作用是不可或缺的。没有审计总署和它拥有的审计权与调查权，国会在监督和监察方面就几乎无能为力。审计总署几乎是国会可以用来调整行政部门片面用款要求的唯一机构。”①

二、司法型国家审计模式

（一）司法型审计模式概述

司法型审计模式国家审计机构隶属于司法部门的一种审计法律制度。司法型审计模式的特点主要是，最高审计机关以审计法院的形式存在，审计法院依照国家宪法规定形式财政总监的职权，享有最高法院的特权，拥有较强的司法权，可以对被审计单位进行司法裁判和罚款，享有账目审查权、调查权、索取资料权、处理、处罚权②，其最终司法判决具有终审效力，以达到更好的审计监督效果。

（二）法国司法型国家审计制度

法国、意大利、西班牙、希腊以及原法属于殖民地国家实行司法型审计，尤其以法国为典型。法国国家审计体制演变经过数个阶段，现法国审计法院由拿破仑下令成立，是法国历史最久的公共机构之一。1807 年法国正式通过法令，决定国家审计院采用最高法院体制，最终确立了司法型国家审计体制。1967 年 6 月 22 日的法令和 1985 年 2 月 11 日的《审计法院法》进一步明确了审计法院的地位。国家审计法院独立于政府和议会开展各项工作，属于行政法院系列，由行政法院院长直接领导，审计法院由法官组成，并配有行政人员，宣誓就职后的法官实行终身制。审计法院是独立的司法机构，负责审计中央政

① Richard E. Brown，The GAO—Untapped Sources of Congressional Power. The University of Tennessee Press，1970，p. 10.

② 《法国审计法院庆祝成立 200 周年》，http：//news. sohu. com/20071107/n253100974. shtml。

府机构、国有企业等公共部门财务，近年来同时还负责社会福利部门的审计。除了审核财务是否合法之外，审计法院还对政府财务管理绩效和公共政策做出评估，向政府和议会提交审计报告，法院有权对违规现象发出警告并对负有责任的会计人员和管理人员课以罚金，也有权将违法案件移交刑事司法部门处理。审计法院的报告在政府公报和因特网上公布，公众可以随时查阅。

根据法律规定，法国审计法院在组织体系上由国家审计法院和24个地方审计法院两级组成，各地方审计法院独立于最高审计法院，各级审计法院内部针对不同政府部门与主要审计业务类型设有多个审计法庭。审计法院由院长、庭长、审计官、一级审计官、二级审计官、一级助理审计、二级助理审计组成。审计法院共设9个法庭，各庭分工负责不同的审计事务。总检察长行使检察权，一名首席代理检察长和若干名代理检察长协助总检察长的工作。在人员配置上，各级审计法院的最高领导为首席院长，下属各法庭设有庭长和高级法官，均经内阁会议审议通过，由总统任命，各级审计法院的法官人数在200人左右，另可根据实际工作需要聘请高级审计师和相关办事人员。

各级审计法院主要负责对国家财政收支和预算编制与执行情况进行审核，对政府各项资金的真实、合法与效益进行控制与监督；各级审计法院拥有的审计权限包括对违反财经法规行为运用司法手段介入与处理，对相关审计事项进行通报，对各级官员履行职责的情况进行审查与评价。在审计管辖范围上，各级审计法院分别负责本级政府管辖范围之内的审计事项，国家审计法院有权对地方审计法院的审计事项直接介入并审核。在经费来源上，各级审计法院所需经费由国会单独编制预算予以保障①。

三、行政型国家审计模式

（一）行政型审计模式概述

行政型审计模式是指国家审计机构隶属于国家行政部门的一种审计法律制度。行政型审计肇始于前苏联，曾经受其意识形态和社会制度影响的国家多采用此种国家审计模式，主要有：前民主德国、匈牙利、罗马尼亚和瑞典，此外，实行“三权分立”的国家又采用行政型审计的仅为韩国。目前，采用行政型审计模式的国家正在减少，主要有中国、瑞典、韩国、越南、古巴。

---

① 资料来源于法国审计法院网站。Missions of the Cour des comptes, http://www.ccomptes.fr/en/JF/Accueil html.

（二）瑞典的国家审计制度

瑞典是行政型审计体制的代表性国家，早在1539年，瑞典就成立了国家审计厅，负责皇家的财政、审计工作。以后，瑞典的政府审计经历了一系列的变革。1920年，瑞典成立政府审计机构，它主要负责政府审计和会计的管理工作。当时的瑞典审计机构有两个，一是议会审计师，负责对议会和内阁各部门的审计工作，由议会从议员中选出12人，弥补政府审计的缺陷；二是国家审计局，它是政府所属机构，向政府负责并报告工作。它只对政府下属机构进行审计，同时还从事政府会计管理工作。此后，瑞典的审计机构在组织体系上由中央和地方两级构成，中央审计组织包括审计办公室和国家审计局，地方审计组织包括各省、市审计局。作为最高审计机关的国家审计局隶属于中央政府，只是财政部里的一个机构，在审计职权上，只对政府下属机构进行审计。审计办公室直接隶属于议会，负责对议会和内阁各部门的审计工作。中央审计部门与地方审计局之间无领导和被领导关系，地方审计机关隶属于地方各级政府，对其负责并报告工作①。

国家审计局和地方审计局内按照具体业务情况设有秘书处、行政管理处、财务管理和会计处、绩效审计处和财务审计处。国家审计局最高领导为审计长，其他领导人员包括政府开发部部长和若干名议员；地方审计局设局长1名，另有若干名省、市级议员。

值得注意的是，瑞典的行政型审计模式已经发生质的变化，2003年7月1日起，瑞典的两个审计机构合并为国家审计总署，直接对议会负责，隶属于议会。它是议会检查分析系统的一部分，主要职责是对瑞典的各项活动进行审计，推进资源的高效利用及政府的高效运作。根据1998年6月4日生效的《瑞典审计总署条例》（Ordinance with directives for the National Audit Office）规定，瑞典审计总署主要有两大任务：一是对政府机构进行年度审计—财务审计；二是对政府工作的效力和效率进行审计——绩效审计。

（三）韩国的国家审计制度

韩国制宪国会于1948年7月12日通过《大韩民国宪法》，至1987年10月27日，最后一次修宪，先后经过九次修宪。建国初期的1948年，宪法就设立了由总统领导的全国最高审计机构——国家审计院，负责对中央和地方政府及各级相关公共机构进行审计监督。1948年的《政府组织法》（Goverment

① 张卫平："瑞典国家审计制度及其启示"，《中国审计》，2005年第11期。

Organization Act）还设立了由总统领导的监察委员会，负责对中央和地方政府及各级相关公共机构公务员履行职责情况进行监察。由于审计院和监察委员会存在的密切联系，1964 年修宪时将两者进行合并。1963 年 3 月 20 日颁布的《审计监察院法》[①] 正式建立审计监察院（Board of Audit and Inspection，BAI）。

韩国宪法第 4 章第 2 节“政府机构”和 1973 年颁布的《审计监察院法》对审计监察院的地位、组成和职能进行了规定。审计监察院由包括院长在内的 5—15 名监察委员构成，院长由总统任命任期 4 年，可以连任一次，监察委员由院长提名总统任命。审计监察院对国家年度财政预算收入、支出的决算检查和对会计进行经常性检查，促使其适当正确；对行政机关及公务员的工作进行监察，促使其改善和提高行政水平。

韩国国家审计制度的特点是：第一，将财政监督与行政管理监督结合起来，监查院具有双重职责。加强了对政府权力的约束。第二，韩国国家审计权具有双重性。国家审计权归属国家行政权，使审计具有了行政强制力。审计活动就是行政执法。监查院审计很自然的被授予了行政处理处罚权，包括收缴违规违法资金，决定暂缓拨款或停止拨款、罚款，决定移送、查封等内容。在审计执法过程中，往往将处理问题与追究个人的责任结合起来。第三，国家审计权具有行政执法和经济监督的双重性质，重视监察的效率性和有效性。

四、独立型国家审计模式

（一）独立型审计模式概述

独立型审计模式是指国家审计机构单独设置，审计机关独立于立法、司法和行政部门之外，不隶属于任何部门的审计法律制度。独立型审计模式的法理依据是，将国家审计监督权与立法权、司法权和行政权等其他形式的公权力分立，使国家审计权不从属于任何政党或任何国家权力，从而保证国家审计监督的权威性、客观性和公正性。实行独立型审计的国家不多，德国的国家审计制度是典型，日本因为在宪政制度和法律制度上深受德国的影响，也采取独立型国家审计，此外，我国台湾地区亦属于独立型审计，只是情况稍微特殊，后文将予以介绍。

（二）德国的国家审计制度

---

① 该法经过 10 次修订，最新版本为 2005 年版，参见韩国审计监察院网站 History of the Audit and Inspection System of Korea. http：//English. bai. go. kr。

德意志联邦共和国的国家审计制度可以远溯至1714年普鲁士国王弗里德里希·威廉一世建立的普鲁士总会计署，当时的国王上谕明确宣称，该机构“仅仅隶属于至高无上的国王本人”。德国的国家审计权在王权与世俗权力之间有过一个争夺过程，1723年并入普鲁士行政总署，1824年12月18日，国王再一次发布上谕称，最高会计署“是只隶属于朕一人的机构”。[①] 1871年，统一的德意志帝国成立，在普鲁士总会计署基础上建立德意志联邦审计院，与普鲁士总会计署并存，首长有同一人担任，普鲁士总会计署延续至1945年。二战后，以德意志联邦审计院汉堡分院为基础，成立“专职任务审计院”，1948年更名为“联合经济区审计院”，1950年，根据《德意志联邦共和国基本法》成为联邦审计院。

有关国家审计制度的法律规定主要集中在1950年，《德意志联邦共和国基本法》、1969年《联邦预算法》、1985年《联邦审计院法》、1987年《联邦审计院工作规则》和1987年《联邦审计院条例》。法律规定，联邦审计院是国家最高审计机构，不隶属于议会、政府或法院，只对法律负责。审计长、副审计长与至少1/3的厅长、主任必须具备法学背景，1980年后因强调绩效审计工作，所遴选的审计工作人员开始偏向于增加一定数量的经济、商学与工程领域人才。审计案件须通过合议制运作，一般审计案件的核定，由一位厅长与一位主任组成审计小组决定，如果审计小组无法达成共识，则提交该厅长及其所属主任与其他厅的一名主任组成审计评议会（Divisional Senate）或由大评议会（Large Senate）决定。大评议会成员16名，通常由审计长、副审计长、9位厅长、3位主任及两位顾问组成，并且有权决定查核事项与年度审计报告内容[②]。

历史上，联邦审计院花费较多人力在财务合规性审计方面，包括政府部门的财务管理及运用，是否符合法令规定，以及是否遵守预算法之规定；基金是否有效运用，以及政府组织的运作是否更具效能。自1980年以后，审计重心已转移至绩效性审计范畴，审计长参与联邦行政机关效率委员会，该委员会负责评核各联邦机关的施政效率。

（三）日本的国家审计制度

日本也是实行独立型审计体制的代表性国家，1887年日本对德国和欧美

---

① ［德］海因茨·君特·扎维尔伯格：“德国国家审计275年的历史分段”，载海因茨·君特·扎维尔伯格：《国家财政监督：普鲁士会计总署建立275周年纪念文集》，中国审计出版社1992年版第34—35页。

② 王巍：“德意志联邦共和国的政府审计制度”，《山东审计》，1999年第6期。

国家先进的审计制度进行考察，决定以普鲁士王国的审计制度为基础构建自己的国家审计机构。1989 年的《明治宪法》与《会计检查院审计法》规定，会计检查院直属于天皇，独立于内阁。1947 年的《日本国宪法》和《日本会计检查院审计法》（2005 年 11 月修订）第 1 条规定："会计检查院具有相对内阁的独立地位。"会计检察院独立于国会、司法部门和政府机构，单独开展审计工作。

在组织体系上形成中央、地方两级审计部门，中央设有会计检查院，各级地方当局设有监察委员会。各级地方监察委员会与会计检察院之间不存在隶属关系。各级审计组织基本由领导机构与业务机构两部分组成，领导机构为检察官会议，负责政策制定与宏观协调控制；业务机构为事务总局，下设一个办公部门和若干个业务检查部门，分别负责不同类型的审计事项。

各级审计机构的主要领导人员均委以检察官身份，任期不受政府部门更迭的影响和限制，最高领导人在检察官中产生。在审计管辖范围上，各级审计部门分别负责所属行政区划内的审计事项，对其他审计部门职权范围内的事项不得过问。

会计检察院会计检察院法第 20 条规定："会计检察院根据日本国宪法第 90 条规定进行国家收入支出决算的检查外，还进行法律规定的会计检查。"各级审计机构主要负责检查国家各项财政收支情况和政府各业务部门的经济往来情况，清点与核准由国家所有或保管的有价证券、现金和物品；各级审计部门有权对国家的财会法令与制度进行修改与变更，对各级职能部门相关人员的违法乱纪行为追究其法律责任，对各项不符合规定的经费开支进行否决等。

五、各国国家审计模式的比较和结论

为了便于研究，我们通过下表将各种国家审计模式的基本特征进行简要的比较，见表 3－1 所示。

表 3－1

基本模式	最高审计机关隶属关系	最高审计机关与地方审计的关系	审计机关基本职能	审计监督范围	审计监督权限	代表国家
立法模式	议会	无领导关系	审计	政府及政府各部门	评价和报告	英国、美国、加拿大等大部分国家

续表

基本模式	最高审计机关隶属关系	最高审计机关与地方审计的关系	审计机关基本职能	审计监督范围	审计监督权限	代表国家
司法模式	独立（以审计法院的形式存在）	无领导关系	审计兼司法	行政和国有企业事业单位	具有部分司法审判权	法国
行政模式	政府	无领导关系	审计兼负责政府会计和部分管理工作	政府及政府各部门	评价和报告	瑞典
独立模式	独立（国家审计机关独立于立法、司法、行政机关）	无领导关系	审计	政府部门、联邦法院、议院和总统直属机构	检查、评价、报告	德国

近现代国家审计发展的一般的进程为：审计机构隶属于行政机构，审查政府部门的财务活动，之后，发展为对政府财务管理制度审核，再随后，发展为对政府行为绩效的审核。审计体制具有与其政治制度相一致的本质特征，审计机关的设置与有利于维护和实现人民主权的方向保持一致，体现为审计的民主性、公开性不断加强。

世界上大多数国家审计监督的最初形式都是行政模式，根据外在条件的不断变化才形成了具有各自特色的国家审计监督模式。任何一个国家的国家审计模式都是该国的政治、经济制度和文化传统的产物，国家审计监督模式的合理构建不能割断与本国政治经济发展以及文化环境的联系。国家审计模式的确立应当放在国家法治发展进程和政治制度的总体背景下进行考虑，“模式的设计思路应是在保持独立性的前提下，既注重与管理体制协调，又保证审计结果传导机制与政府权力运行机制相协调。应当根据本国情况，在国家审计现代化的进程中加以总结、吸收，借鉴不同模式的成功经验，摸索出一条适合本国审计发展的道路。”①

① 林万祥、王华：“国家审计监督模式简析”，《光明日报》，2008 年 3 月 25 日。

第三节　我国的国家审计体制

一、我国的国家审计体制

（一）我国古代审计制度的历史特点

我国是世界上较早设立审计机构的国家，中国在西周时期国家审计就已经成为奴隶制政权中的一项专门工作，在掌握国家财政支出、会计核算和审计监督的“天官大宰”系统中，配备有宰夫实施国家审计之职。著名的审计史学家迈克尔·查特菲尔德指出：“在内部管理、预算和审计程序方面，中国西周时代在古代世界可以说是无与伦比的①。”我国封建社会具有悠长的国家审计历史，国家审计的目的一直是为“家天下”的人治社会理财督政，其作用主要是任“天子耳目”，“考稽诸府百官②”，并要求做到“明于勘复”，“稽失无隐③”。达成这一目的的具体方式和制度载体的构建，因各个朝代的不同而有一些差异（见表3－2）。

表3－2　　我国封建社会时期审计机构隶属关系演变简表

时　期	名称与隶属	格　　局	备　　注
秦汉	隶属御史大夫（后改为“大司空”，东汉为“宪台”）	审计没有成为独立的机构，属于监察业务的一部分	
三国两晋	比部（隶属“度支尚书”）	设在管钱管物的机构之内的经济监督机构，由管钱管物的度支尚书直接领导	《宋书·百官志上》
南北朝	比部（隶属“吏部尚书”）	独立于管钱物的单位之外的经济监督机构	《隋书·百官志中》
隋唐	比部（隶属“刑部”）	刑部 隶属最高行政管理机关尚书省	《册府元龟》

① Chatfield Michael: A History of Accounting Thought: Krieger Pub Co, Revised, June01. 1977. p. 67.
② 刘锦藻：《清续文献通考》（第四集），浙江古籍出版社2000年版，第99页。
③ 《唐六典》卷二，《吏部考功郎中员外郎条》。

续表

时 期	名称与隶属	格 局	备 注
宋	三部勾院、都磨勘司、都理欠司、都凭由司、催驱司，元丰三年后改为“比部”	在“三司”（户部司、盐铁司、度支司）下按照不同的审计对象设置审计机构；元丰三年后隶属刑部	
元	各衙门内设“照磨官”隶属“御史台”	御史台有中央直属机构“殿中司”，地方有“诸道行御史台”和“诸道肃政廉防司”	
明清	隶属“都察院”和“六科给事中”	都察院	

资料来源：表中未注明出处者，均依据文硕《世界审计史》中资料整理而成。

从表3－2的内容可以看出，在我国漫长的封建社会中，国家审计机构无论是采用隶属于财政系统的模式，还是采用隶属于司法系统（刑部）或最高监察机关的模式，实际上都隶属于统一的集权（皇权）之下，这是由高度集权的封建政权的性质所决定的。其中，审计与监察相结合的形式历时最久，体现了中国古代审计的主要思想和价值取向。在中国古代审计演进的各个历史时期，大体上贯穿着两条主线：一条是以勾考账簿为主，审查钱粮收支的真实性，类似今天的财务收支审计；另一条是以考核官吏则政经济方面的治绩为主，与行政监察职能紧密结合[①]，两条线几乎贯穿中国封建社会的始终，并影响着近代审计体制选择。

（二）我国近现代国家审计制度

我国近现代的国家审计制度则始于清末的宪政运动，清政府主要参照日本的国家审计制度模式设置了独立于行政系统、与内阁平行的审计院，直接向皇帝负责。在北洋政府时期，中央政府设立隶属于国务院的审计处，监督财政收支，但总统岁费和政府机密费用不在此列。1928年4月，南京国民政府颁布了审计法草案，将原有的审计院改为审计部，隶属于国民政府最高监察机关监察院。由于特殊的历史原因，中国共产党领导下的苏维埃政府、抗日根据地和解放区都没有完备的审计制度，但审计附着于行政，“有的规定审计机构直接

① 马曙光：“政治制度_ 历史传统与中国政府审计体制选择”，《审计与经济研究》，2006年第6期。

隶属于边区政府，有的规定审计机构隶属于政府的财政部门。”此种情形延至建国初期至1982年之前，“我国审计机关主要以两种方式设立：一是企业主管部门设置的审计机构；一是财政部门设立的财政监察机构①。”

我国在1949年至1983年的长达34年的时间里，一直没有设立独立的政府审计机关，在此期间，国家财政收支的监督工作，主要由财政部门内部的监察机关负责，曾在东北、华北、西北、华东、中南、西南六大行政区、省及其以下各级政府的内部设立了审计机构②。1978年之前，我国施行财政监督体制，1980年10月全国会计工作会议曾建议在全国人民代表大会常委会成立审计局，加强政府审计工作。1982年的《中华人民共和国宪法》第109条规定，县级以上的地方各级人民政府设立审计机关。地方各级审计机关依照法律规定独立行使审计监督权，对本级人民政府和上一级审计机关负责。这样，我国在现行宪政架构中确定了内设于政府体系的国家审计监督制度。1983年6月正式成立中华人民共和国国家审计署，作为我国最高审计机关，属于国务院的组成部分，在国务院总理领导下主管全国审计工作，对国务院负责并报告工作。地方各级审计机关实行双重领导体制，在本级行政首长和上一级审计机关的领导下，负责本行政区内的审计工作，对本级政府和上一级审计机关负责并报告工作，审计业务以上一级审计机关领带为主。但无论此前还是此后，关于审计体制等问题一直存在着极大的争议。我国港澳地区分别依据其《基本法》设有审计机构，台湾地区设有审计机关。

按照国际惯例，国家审计机关最基本的职责是监督公共财政、检查公共账目，但各国审计法规定的范围有很大的不同。我国实行公有制，以此为基础积累了大量的社会公共资源，因此，国家审计监督的内容页相对较为广泛。我国《宪法》规定，国家审计监督的基本职责范围是国务院各部门和地方各级政府的财政收支，以及国家财政金融机构和企事业单位的财务收支。《审计法》及其实施条例明确了国家审计监督的具体职责范围为：中央及地方各级政府的预算执行情况；中央银行的财务收支，国有或国有资产占控股地位或者主导地位的金融机构的资产、负债、损益；国有或国有资产占控股地位或者主导地位的企业的资产、负债、损益；国家的事业组织和使用财政资金的其他事业组织的财政收支；政府投资和以政府投资为主的建设项目预算执行情况和决算；政府

① 林海：“论国家审计在中国近现代宪政变革中的地位演变”，《审计研究》，2007年第1期。
② 李金华：《中国审计史》（第三卷）（上），中国时代经济出版社2004年版，第23页。

部门管理的和社会团体受政府委托管理的社会保障基金、社会捐赠资金以及其他有关基金、资金的财务收支；国际组织和外国政府援助、贷款项目的财务收支。《中华人民共和国审计法实施条例》第15条还规定，经本级人民政府批准，审计机关对其他取得财政资金的单位和项目接受、运用财政资金的真实、合法和效益情况，依法进行审计监督。这就意味着任何产权主体——不论本国还是外国的个人或企业，只要“取得”财政资金，经过本级人民政府批准，就可以成为审计监督的对象，此外，我国审计法还进行了兜底性规定，其他法律、行政法规规定应当由审计机关进行审计的事项。

我国审计机关还组织实施对贯彻执行国家财经方针政策和宏观调控措施情况的行业审计、专项审计和审计调查，对党政领导干部进行任期经济责任审计，监督检查社会审计组织的业务质量，对各部门、国有的金融机构和企业事业组织的内部审计机构进行指导、监督和管理等。这样，大大拓宽了我国国家审计监督的范围，上述这些工作职责，也反映了我国现阶段社会发展对国家审计的基本需求。

二、台湾地区的审计体制

台湾现行审计制度成型之前，台湾的审计法先后经过3次大的修订，分别是：1925年11月28日，国民政府公布《审计法》17条和《审计法施行规则》。初步确立了近代国家审计制度的基本框架。1928年4月19日，国民政府公布了《审计法》23条。1938年5月3日国民政府公布施行新的《审计法》。现行台湾审计法律主要包括1972年5月1日公布施行的《审计法》82条（1998年修正部分条文）、1999年5月24日公布施行的《审计法施行细则》和2000年5月5日公布施行的《审计部组织法》，以及随后陆陆续续颁布、施行的包括检察院2001年12月22日公布的《支出凭证处理要点》和2009年《台湾绩效审计作业指引》等在内的众多相关法律解释和条例。

我国台湾地区的独立性审计体制颇具特色：审计机关属于监察又独立于行政权。审计部设在监察院之内以保证审计监督权外在于行政体系，不会受制于行政权的干扰。但审计部与监察院之间的关系并非绝对从属，监察院设审计长，由“总统”提名，经立法院同意任命，以确立其独立行使审计权的超然地位。台湾《审计法》第10条又规定：“审计人员依法‘独立’行使其审计职权，不受干涉（当然包括监察委员）。”监察院院长与审计长通常分由不同人士担任，院长不兼审计长，中央与地方的审计机关都独立于行政系统之外，从而构成了今天台湾地区特有的审计监察化审计模式。

台湾采五权—行政、立法、司法、考试、监察分立制度[①]，审计权与弹劾、纠举等权同为监察权之一，台湾宪法第 90 条规定：监察院为台湾最高监察机关，行使同意、弹劾、纠举及审计权。第 104 条规定：监察院设审计长，由总统提名，经立法院同意任命之。监察法第 1 条及审计法第 3 条规定，审计职权由审计机关行使之。宪法第 105 条规定：审计长应于行政院提出决算后 3 个月内，依法完成其审核，并提出审核报告于立法院。全国最高审计机关——审计部隶属监察院，审计部在必要地方设立派出机构——审计处或审计室，管辖各地之中央直属单位的审计事务。除审计部外，在省、市、县各级地方设立同样隶属于监察系统的审计机关，中央与地方审计机构之间为垂直管理。台湾构建这种审计制度结构的理论基础是现代国家组织公权力结构的分权和制衡理论（见图 3－1）。

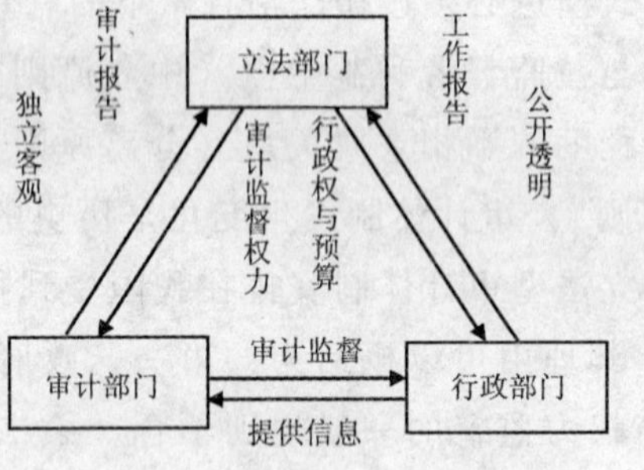

图 3－1　台湾地区政府审计的基本架构

三、我国审计体制的发展

19 世纪末 20 世纪初，资本主义从自由竞争发展到垄断阶段，生产力的迅猛发展推动科技和整个经济社会发生了深刻的变化，社会公共事务的大量增加，国家公共管理职能的不断强化，逐渐地改变了国家公权力体系的结构和各种公权力之间的相互关系。政府直接面对大量经济、社会矛盾，为能够及时地制定政策、有效地加以处理，政府权力高度集中，行政权在国家权力结构中强势扩张，为了便于对行政权进行更好的控制和制约，国际上一般将审计监督权外设于行政权，以收取制衡的效果，制约行政权力，保证国家政

① 不过经过多次修宪后，台湾的政治制度已有重大改革，至今监察院、考试院已式微，原有功能回归立法与行政。

治结构的稳定均衡发展。我国目前实行的是典型的行政型审计体制，国家审计监督权隶属于行政权，是行政权自我监督权，并通过约束权力发挥一定的社会管理职能。这种审计体制能深深地在我国的文化、历史和经济制度的土壤中找到根源，采用行政型审计模式的国家，通常是国有经济在国家经济中占有较大比重，政府对经济的直接干预较多。同时，审计机关的独立性和权威性都比较弱。

应当说，目前的国家审计体制是适合我国具体国情的，在外部社会需求的变化没有超出该种体制所能容纳的范围的情况下，它在我国社会生活中的作用还会进步强化。由于我国政治体制改革还没有完全到位，历史传统的深刻影响短期内难以消除，在相当长的一段时期内，这符合制度经济学“路径依赖”①的基本理论。

国家审计制度的价值在于服务于人民主权和分权制衡的国家法治理念，我国的行政型审计模式演进必须遵循法治背景下的有效权力监督的三个基本原则：第一，监督者与被监督者利益中立（中立原则）。第二，监督者与被监督者之间具有某种程度的不相隶属关系（分离原则）。第三，权力监督渠道多样化（多元性原则）。审计体制发生变化是历史的必然，难以确定的是变化的时间和结果，立法型审计体制安排在我国受到很多学者②赞赏，并视为长期改革的目标，其理由可以概括为：第一，政府行使审计监督权，乃权力的自我监督，与权力监督的一般规则不合。第二，代议机关行使审计监督权体现人民主权原则。第三，立法型审计监督具有较高的权威性和独立性。

为了进一步推进我国国家审计监督体制的发展与完善，一个现实而有效的做法就是借鉴世界各国国家审计监督在制度设计上的优点，充分协调国家审计监督制度改革的本土化与引进之间的关系，审计模式应力求与审计制度环境相适应，并不断积累我国国家审计监督模式改革的条件，进而改革与完善我国的国家审计监督制度。

---

① 路径依赖是指人们一旦选择了某个体制，由于规模经济（Economies of scale）、学习效应（Learning Effect）、协调效应（Coordination Effect）以及适应性预期（Adaptive Effect）等因素的存在，会导致该体制沿着既定的方向不断得以自我强化。

② 这方面的学者有杨时展、石爱中、项俊波、刘英来、秦荣生、魏昌东、胡贵安、杨肃昌、肖泽忠、王艳丽、钱小平等，各自的学术观点稍有不同。

复习思考题：

1. 怎样理解国家审计体制的重要性?
2. 分析《蒙哥马利审计学》关于审计的经典定义。
3. 国家审计的基本职能有哪些?
4. 如何理解国家审计的社会作用?

推荐阅读书目：

1. Richard E. Brown, The GAO—Untapped Sources of Congressional Power. The University of Tennessee Press, 1970.

2. 石爱中："现行体制下国家审计法治说论"，《审计研究》，2004 年第 1 期。

3. 胡智强："论我国国家审计权的配置"，《安徽大学法律评论》，2009 年第 1 期。

4. 张立明："审计法治及其构架"，《审计研究》，2004 年第 2 期。

5. 董大胜："对司法型审计体制的新认识"，《中国审计》，2001 年第 12 期。

6. 王艳丽、路广："中国国家审计体制改革模式的思考——以立法模式为基础的架构与完善"，《时代法学》，2008 年第 6 期。

7. 胡贵安：《国家审计权法律配置的模式选择》，中国时代经济出版社 2010 年版。

8. 项俊波：《国家市计法律制度研究》，中国时代经济出版社 2002 年版。

9. 李金华：《中国审计史》（第三卷）（上），中国时代经济出版社 2004 年版。

10. 林万祥、王华："国家审计监督模式简析"，《光明日报》，2008 年 3 月 25 日。

第四章

审计主体制度

本章导读：

审计主体是审计法律关系的重要内容，包括审计机关和被审计单位。审计机关的存在形式因审计体制的不同，而在法律关系属性和权利义务等方面存在极大的差别。我国审计署是在国务院总理直接领导下的最高审计机关，具有双重法律地位。我国的公有制经济制度和社会主义民主政治决定了我国的国家审计制度具有多元化的职能：预算监督职能、国有资产监管职能、人事监察职能和行业管理职能，从而在社会发展中扮演着重要的角色。

关键术语：

法律主体　审计机关　审计人员

第一节　审计机关

审计主体简称审计法律关系主体，系指在审计享有权利、负有义务和承担责任的人。审计主体的存在形式包括自然人和各类法人与非法人组织。审计机关和被审计方是构成审计法律关系主体的基本内容，各自享有权利和承担义务。审计机关属于国家公权力机关，各国立法规定的被审计单位的内容则十分广泛，以德国的立法为例可以看出这一点，德国 1969 年 8 月 19 日颁布的《联邦预算法》第 88 条规定，联邦审计院可以审计联邦的整个预算执行和非预算资金管理以及联邦的独立财产基金和企业。《联邦预算法》第 91 条还规定，联邦审计院可以审计联邦管理以外的部门，如果他们（1）部分执行联邦预算，或从联邦得到费用偿付；（2）管理联邦资金或资产物资；（3）从联邦得到资助；或者（4）为私法法人，有联邦直接或间接参股（包括独立财产基金），不参与竞争，只根据规定完全或主要为了完成公共任务，或者为此目的而得到联邦（包括联邦基金）的预算资金或担保。如果这些部门将资金转给第三方，那么，联邦审计院也可以审计第三方①。可见，作为审计法律关系主体的被审计对象范围十分广泛。这也反映了在现代社会中，公共社会领域的广度和深度持续发展，人们对公共事务和公共资源的关注度在不断提高，国家审计发挥作用的领域也在不断扩大，不仅对公权力机关进行审计监督，也对公法人、与公共资源运用有关的私法法人，甚至私法意义上的非法人进行审计监督。限于篇幅，本书从公法角度研究审计法律关系主体，仅对国家审计机关有关问题进行研究。

不同的审计体制具有不同的审计组织形式，世界上四种国家审计模式中的审计机关结构和相互关系各不相同。立法性审计模式中政府审计总署隶属于国会，向国会负责并报告工作。各州审计机构隶属于州和地方议会。审计总署和地方审计机关之间相互独立。既没有领导和被领导的关系，也没有业务上指导和监督关系。独立型审计模式中审计机关独立于立法、司法和行政部门之外，各州的审计院独立于联邦审计院，没有领导和业务指导关系。司法型审计模式中各地方审计法院独立于最高审计法院。行政型审计模式中国家的最高审计机关隶属于政府，是政府的职能部门，对政府负责并报告工作。它们适应了各自不同的国情。

一、审计机关概述

我国 1982 年宪法规定，国务院设立审计署，审计长由国务院总理提名，国家主席任命，全国人民代表大会有权罢免审计长。审计署在国务院总理的领导下，主管全国的审计工作。县级以上地方人民政府设立审计机关，在本级政府和上一级审计机关的领导下，负责本行政区域的审计工作。1983 年设立审计署，从而建立了从中央到地方的政府审计机关组织体制。

---

① 审计署编译：《世界主要国家法律法规汇编》，中国时代经济出版社 2004 年版，第 119 页。

二、中央审计机关

审计署是在国务院总理直接领导下的最高审计机关，具有双重法律地位：一方面，作为中央政府的组成部分，接受国务院的领导，执行法律、法规赋予的职责，以独立的行政主体从事活动，直接审计管辖范围内的审计事项；另一方面，《审计法》第9条规定其有权对地方各级审计机关实行业务上的领导，主要体现在：

第一，制定有关审计活动的规范性法律文件。立法权是世界各国代议机关所普遍享有的最主要的传统权力，这也是我国宪法理论关于国家机关的分工理论和宪法有关权力分配的规定。但是，我国现行宪法第89条第（一）项规定，国务院有权根据宪法和法律，制定行政法规。国务院及其他行政机关可以进行制定行政法规或规章的活动，我国审计立法没有对此具体规定，但审计署确实每年都在进行大量的“立法”——制定并解释有关国家审计的规范性法律文件。

第二，行使审计行政权。审计机关根据工作需要，经本级人民政府批准，可以在其审计管辖范围内设立派出机构。派出机构根据审计机关的授权，依法进行审计工作。组织全国性行业审计、专项审计和委托的审计任务、各省、自治区、直辖市和计划单列市审计局的审计工作情况应及时向审计署报告；地方审计机关对涉及中央财政收支的审计项目和办理审计署委托的审计项目所做出的审计结论、处理决定，必须报审计署备案、重大的必须报经审计署同意；审计署有权纠正地方审计机关做出的不适当的审计结论和处理决定。

三、地方审计机关

我国的地方审计机关分为三级：各省、自治区、直辖市人民政府设立的审计厅（局）；设区的市、自治州人民政府设立的审计局；不设区的市、县、区人民政府设立的审计局。地方各级审计机关负责本行政区域内的审计工作。

由于我国地域辽阔，审计机关审计管辖范围内的审计事项分布十分广泛，充分发挥审计监督权的作用，《审计法》第10条规定，审计机关可根据工作需要，经本级人民政府批准在其管辖范围内设立派出机构。目前，我国审计机关设立的派出机构有两类：（1）审计机关驻地方派出机构。（2）审计机关驻部门派出机构。审计署在地方设立的驻地方派出机构，称审计署驻××特派员办事处；在国务院各部门设立的驻部门派出机构，称审计署驻××部（委、局）审计局。各地审计机关在其管辖范围内也设立了驻地方和部门的派出机构。

审计机关派出机构的审计职权由将其派出的审计机关授予。作为一级审计机关的内部机构，必须在审计机关授权范围内开展审计工作。

我国审计机关的设置分两大层次：即中央审计机关和地方审计机关，实行统一领导、分级管理的原则。审计机关组织体制具有三个显著特征：第一，审计机关内设于政府（审计监督权属于行政权）直接受本级政府行政首长领导。第二，地方审计机关实行双重领导体制，即受本级政府行政首长和上一级审计机关领导。第三，各级审计机关之间存在业务上的管理关系，地方审计机关的审计业务以上级审计机关领导为主。

显然，这种审计组织特征具有政府“内部审计”特质，契合了我国数千年政治文化，尤其是近代以来，政权建设的基本特征。今后审计组织改革需要考虑如何在现有组织机制特征基础上，扬长避短，加强审计独立性，全面发挥现代审计的作用。

第二节 审 计 人 员

一、审计人员概述

（一）审计人员

审计人员是指审计机关或者其他审计机构中从事审计工作的专门人员。审计人员指执行审计业务的专业技术人员，审计人员与审计机关工作人员具有不同的含义，前者强调其专业技术特征，后者强调其组织隶属性。两者在内涵上存在一定的交叉和非重复性。审计机关的工作人员不一定均为审计人员，审计人员强调的是审计人员的专业知识、职业能力和工作经验应当具备与其从事审计业务相适应。因此，各国均对审计人员的任职资格提出了具体的要求，并通过一定的职业准入制度进行监管，具体内容包括从业资格制度、职业教育制度、职业道德、执业制度和监管制度。我国立法同样规定，审计人员应当具备与从事的审计工作相适应的专门知识和业务能力，并建立了一整套相应的法律制度。我国《审计准则》第 23 条规定，审计机关应当建立和实施审计人员录用、继续教育、培训、业绩评价考核和奖惩激励制度，确保审计人员具有与其从事业务相适应的职业胜任能力。这样，我国就建立了较为全面的审计人员职业规范制度，对于提高审计人员素质，促进我国审计事业发展将起到积极的作用。

各国审计实践中规定社会中介机构人员可以应审计机关的聘请参与国家审计，成为“审计人员”，其权利义务依照国家审计的法律规定界定。此时，其代表审计机关的行为为职务行为，有审计机关承担相应的法律责任。

（二）审计人员执行职务的原则

审计人员执行职务的原则有以下四项：一是依法审计原则，审计人员的审计行为系植物行为，应当严格按照法律法规的规定进行审计。二是受法律保护原则。审计人员依法执行职务，受法律保护。任何组织和个人不得拒绝，阻碍审计人员依法执行职务，不得打击报复审计人员。三是保密原则。审计人员对其在执行职务中知悉的国家秘密和被审计单位的商业秘密，负有保密的义务。四是回避原则。审计人员在办理审计事项时，与被审计单位或者审计事项有利害关系的，应当回避。

（三）审计机关负责人的任免

审计机关负责人的任免在审计主体制度中具有特别重要的地位，它反映了一个国家审计机关的地位，是保障审计独立性的重要条件，也是反映一个国家审计监督效力的一个重要衡量指标。各国审计法均专条对此进行特别规定，包括严格的程序性规定和执业行为禁止制度和离职规定等内容。日本《会计检察院审计法》第1—9条分别规定了以下内容：会计检察院设由三名检察官组成的检察官会议和事务总局，检察官人选要经过国会两院同意，内阁任命。会计检察院院长由检察官相互选举产生，报内阁任命。检察官在任期内确因病不能坚持工作或有渎职行为，经过检察官会议通过和国会两院批准离职外不得任意罢免。检察官负有应服监禁以上刑事罪的丧失该职位，检察官不得在其他政府部门、地方公共实体中担任职务，不得成为国会和地方议员。韩国《监察院法》第7—10条规定了院长的任职资格由国会同意，总统任命，除非发生法定情形，监察委员不得被免职；监察委员不得兼任某些职务，不得从事营利性经营活动；监察委员不得加入政党和政治活动[①]。

我国的审计立法从程序性和离职制度角度进行了相应的规定。审计机关负责人的任免程序是：正职领导由本级人民政府行政首长提名，本级人民代表大

---

① 审计署编译：《世界主要国家法律法规汇编》，中国时代经济出版社2004年版，第30、37页。

会常务委员会决定任免；副职领导人由本级人民政府任免。地方各级审计机关正、副领导人的任免，应事先征求上一级审计机关的意见。

我国《审计法》第15条规定，审计机关负责人依照法定程序任免。审计机关负责人没有违法失职或者其他不符合任职条件的情况的，不得随意撤换。地方各级审计机关负责人的任免，应当事先征求上一级审计机关的意见。《审计法实施条例》第14条规定，在任期内撤换审计机关负责人，必须符合下列条件之一，否则不得随意撤换：（1）因犯罪被追究刑事责任的。（2）因严重违法失职受到行政处分，不适宜继续担任审计机关负责人的。（3）因身体健康原因不能履行职责1年以上的。（4）不符合国家规定的其他任职条件的。但是，没有规定相应的法律后果，从而成为软约束性规定。

二、审计人员的资格条件

对审计人员实行职业资格准入制度是保障审计质量，维护审计机关权威的重要制度，我国立法要求，审计人员应当具备与其从事的审计工作相适应的专业知识。我国对审计人员专业知识的要求主要是：具备一定的会计、审计或相关专业的学历和工作经验；熟悉法律、法规和政策，尤其是财务会计、审计等经济法规；通晓会计、审计和经济管理方面的理论，并掌握审计的基本技能。对审计人员业务能力（亦称职业胜任能力）的要求主要是：具有调查研究、综合分析、专业判断和文字表达能力。

《中华人民共和国审计法实施条例》第11条规定，审计人员实行审计专业技术资格制度，具体按照国家有关规定执行。《审计署关于审计专业技术资格管理的暂行规定》第2条规定，审计人员实行专业技术资格制度。审计专业技术资格分为初级（审计员、助理审计师）资格、中级（审计师）资格、高级（高级审计师）资格。其第3条规定，审计人员的初级、中级审计专业技术资格，通过参加全国统一考试，并达到合格标准后获得。《审计准则》第23条专门对具体审计业务过程中的人员配备提出了要求，审计机关应当合理配备审计人员，组成审计组，确保其在整体上具备与审计项目相适应的职业胜任能力。被审计单位的信息技术对实现审计目标有重大影响的，审计组的整体胜任能力应当包括信息技术方面的胜任能力。

三、审计人员的职业要求

审计执业制度是加强对审计人员的管理，提高审计职业人的信誉和保障审计质量的重要制度。我国审计立法规定，审计人员执行审计业务应当具备与其从事的审计工作相适应的职业要求。《中华人民共和国国家审计准则》第 14 条规定，审计人员执行审计业务，应当具备下列职业要求：（1）遵守法律法规和本准则。（2）恪守审计职业道德。（3）保持应有的审计独立性。（4）具备必需的职业胜任能力。（5）其他职业要求。第 15 条规定，审计人员应当恪守严格依法、正直坦诚、客观公正、勤勉尽责、保守秘密的基本审计职业道德。

审计机关可以聘请外部人员参加审计业务或者提供技术支持、专业咨询、专业鉴定。审计机关聘请的外部人员应当具备相应的职业要求。我国《审计准则》对外部人员参与国家审计做出了禁止性规定，有以下情形者，审计机关不得聘请参与国家审计：（1）被刑事处罚的。（2）被劳动教养的。（3）被行政拘留的。（4）审计独立性可能受到损害的。（5）法律规定不得从事公务的其他情形。至于审计机关聘请的外部人员应当具备何种积极的职业资格要求，由于法律没有具体的规定，按照“法无禁止即权利”的法理，由审计机关根据审计业务的类型和性质决定，该权利属于审计自由裁量权的范畴。

我国审计立法为审计人员依法执行职务提供了法律保障。审计法的规定：审计机关依法独立行使审计监督权，不受其他行政机关、社会团体和个人的干涉。任何组织和个人不得拒绝、阻碍审计人员依法执行职务，不得打击报复审计人员。对阻碍、妨碍审计监督的行为，依法追究法律责任；报复陷害审计人员，构成犯罪的，依法追究刑事责任。

四、审计人员的独立性

（一）独立性的概念

独立性是审计的精髓，是审计职业生存和发展的基石。国家审计权必须具有独立性已经成为一种广为接受的共识。各国有关国家审计的理论、立法和实践都将国家审计权的独立性视为国家审计制度的生命。最高审计机关履行职责前提的《关于最高审计机关独立性的墨西哥宣言》（2007 年第十九届 INCOSAI 通过）、《关于最高审计机关独立性的指南和良好实务》（2007 年世界审计组织审计准则第 11 号）和《职业道德规范》（Code of Ethics）等均对审计人员独立性做出明确规定，要求审计机关和审计人员应正直、独立、客观、公正、保守职业秘密、具备职业胜任能力。《美国政府审计准则（2007）》（GAGAS）不仅对审计机构开展审计或者鉴证业务的独立性提出了要求，而且对政府机构内的审计组织开展的非审计服务，这些类型的非审计服务通常是依据法定要求或者审计组织权限，或者受监管机构或独立的外部组织的委托开展的[①]，要求其不损害审计人员的独立性。

但是，正如在任何一个社会科学领域中，核心范畴总是存在不同观点一样，关于审计独立性却一直没有一个公认的精确定义，审计独立性也成了长期争论探讨的内容。莫茨和夏拉夫在《审计理论结构》中指出审计独立性包括两个方面："一是审计人员在实施过程中事实上的独立；二是审计人员作为一种事业团体在外观上的独立性。"即"实务人员独立性和职业的独立性"。汤姆·李在《公司审计》中认为："从根本上说，它（独立性）是一种精神状态，它不允许本人的观点和结论变得依赖和屈从利害冲突方面的压力和影响。"戴维·弗林特在《审计哲学和原理》中从精神状态、公众信任和环境状况方面考察了审计独立性。理论和实务界界在对审计独立性的研究过程中取得了较丰硕的研究成果，这既反映了审计独立性问题的复杂性，也说明了审计独立性问题本身随着社会的发展在不断演变。

最高审计机关国际组织在《关于审计规则指南的利马宣言》中指出："审计独立性可划分为审计机构设置的独立性，审计机构财务的独立性和审计机构成员的独立性三个方面。"世界审计组织制定的最高审计机关国际准则（简称ISSAI）对有关审计独立性提出了8项原则：（1）依法确立审计机关独立性。（2）负责人的稳定任期和法定豁免权。（3）履行职责中的广泛授权和充分自由判断。（4）自由接近履行职责所需的信息。（5）正确地、负责任地报告工作。（6）自行决定审计报告的内容和时机。（7）建立审计建议的有效跟踪机

① 这些服务的例子有：（1）按照需求方的要求提供信息和数据，但审计人员不对信息和数据作评价或者查证其真实性。（2）设计标准、方法、审计指南、审计项目，或者政府普遍使用的或在特定情况下使用的标准。（3）与其他职业组织开展旨在促进对政府机构和项目的审计合作。（4）开发有助于加深对技术和标准理解的问答材料。（5）为立法机构或独立的外部组织提供援助和专门技术，以及帮助立法机构设计听证会上的提问。（6）提供培训、讲座和技术推介。（7）设计调查问卷，代表他人收集答卷，并作为独立的第三方报告结果。（8）为监督预算提案的审核提供援助。（9）代表被审计单位签订审计服务合同，以及监督审计合同的履行。（10）通过评价项目和管理系统的实现方法包括财务和信息管理系统，为用户识别好的业务实务。（11）提供不属于GAGAS范畴的审计、调查和监督服务（尽管如果审计组织愿意可以按照审计的方式实施），比如，a. 调查可能的舞弊，违反合同条款和拨款协议或其他滥用职权问题；b. 审核层面的工作，诸如审核政府机构是否收到了其有权从企业、商家和供应商收取的全部销售税收；c. 随业务和报告定期提出的审计建议；d. 识别最好的或领先的实务和做法，用于帮助提高政府机构的实际工作水平；e. 分析错综复杂和突然出现的问题；f. 提供项目的前景分析等。

制。(8) 对人、财、物资源的自治。

我们认为对审计独立性的研究必须从多角度的视角加以研究，首先是宏观的体制角度研究，国家审计权的独立性程度取决于法治与民主的发展程度、国家审计权和其他公权力之间的关系。在每一种国家审计模式中，国家审计权独立性的程度仍然存在很大的区别。正如《利马宣言——审计规则指南》指出，审计机关作为“国家机关是国家整体的一部分，因此，它们不可能绝对独立”。各国应当根据自己的情况，切实提升审计独立性，使国家审计真正体现维护社会公共资源的公正使用，有效监督和制约公权力，推进民主和法治进步。其次是中观角度的研究，如国家审计权的性质和目标。再次是微观视角的研究，从微观角度入手提高审计独立性是比较具有可操作性的路径。审计人员的独立性同样是一个好的微观切入点。ISSAI 正是围绕审计独立性的 8 项原则提出了具体指南和良好实务，要求审计人员坚持：(1) 操守（正直诚实）(Integrity)。(2) 独立（Independence)。(3) 客观公正（Objectivity)。(4) 保守机密（Confidentiality)。(5) 专业能力（Competence）等，增强审计人员的可信度，确保审计行为得到尊重和信任，在任何时间、任何环境下无可非议。美国注册会计师协会认为审计必须在事实和外观上满足独立性的标准，独立性是指审计师具有客观而公正的能力。

不难看出，审计独立性罪微观的视角是要求审计人员在执业过程中能保持客观公正的态度，排除各种干扰独立，坚持科学态度，事实求是，客观思考，公正判断并表达意见。审计体制和模式的形成需要很长的历史和较大的制度变迁成本，一旦形成就具有相对稳定性。审计人员的独立性在相对容易做到，可以与时俱进地及时修正，各国立法均有相关规定，我国审计立法也做出了相应的规定。

（二）我国的审计人员独立性制度规定

《审计法》第 5 条规定，审计机关依照法律规定独立行使审计监督权，不受其他行政机关、社会团体和个人的干涉。虽然没有明确提及独立性，但可以视为对审计体制独立性的规定，但完整的审计独立性制度还应当包括审计人员的独立性，《审计法》及其实施条例均没有做出规定，《审计准则》做出了相应规定，此举弥补了我国审计立法的制度缺陷。

我国的国家审计属于行政型审计且具有政府内部审计性质，体制上的独立性存在一定的欠缺，因此，设计审计人员独立性制度具有重要的制度价值。我国的审计人员独立性制度包括以下内容：

第一，审计人员对有关影响独立性事项的报告义务。《审计准则》第16条规定，审计人员执行审计业务时，应当保持应有的审计独立性，遇有下列可能损害审计独立性情形的，应当向审计机关报告：（1）与被审计单位负责人或者有关主管人员有夫妻关系、直系血亲关系、三代以内旁系血亲以及近姻亲关系。（2）与被审计单位或者审计事项有直接经济利益关系。（3）对曾经管理或者直接办理过的相关业务进行审计。（4）可能损害审计独立性的其他情形。

第二，审计人员行为禁止性规定。《审计准则》第17条规定，审计人员不得参加影响审计独立性的活动，不得参与被审计单位的管理活动。

第三，审计机关的审查防范制度。《审计准则》第18条规定，审计机关组成审计组时，应当了解审计组成员可能损害审计独立性的情形，并根据具体情况采取下列措施，避免损害审计独立性：（1）依法要求相关审计人员回避。（2）对相关审计人员执行具体审计业务的范围做出限制。（3）对相关审计人员的工作追加必要的复核程序。（4）其他措施。

第四，建立审计人员交流制度。《审计准则》第19条审计机关应当建立审计人员交流等制度，避免审计人员因执行审计业务长期与同一被审计单位接触可能对审计独立性造成的损害。

五、审计回避制度

（一）回避制度概述

回避是指当事人在具有利益冲突的情况下，不参与纠纷的解决和有关具体事务的处理，回避是一个具有悠久历史的古老法则，在中外早期政治和法律制度中均能发现回避的有关规定。法律制度中的回避一般意指当事人具有法定情形，不参与纠纷的制度。我国三大诉讼法均对回避制度进行了规定，当事人具有法定情形，不参与案件的审理。我国公务员法规定，回避是指通过对公务员所任职务、执行公务和任职地区等方面做出限制性规定，减少个人利益和亲属关系等人为因素对公务活动的干扰，保证公务员公正廉洁地履行公职的法律制度。实行回避制度，有利于促进国家公务员清正廉洁，秉公办事，有利于防止国家公务员腐败行为的发生，维护国家行政机关的形象和声誉。

我国《公务员法》对公务员法进行了规定，中共中央组织部人力资源和社会保障部2011年12月12日发布施行的《公务员回避规定（试行）》对其进行了具体规定。我国的公务员回避包括任职回避、地域回避和公务回避三种。

任职回避，又称职务回避，是指对有法定亲属关系的公务员，在担任某些关系比较密切的职务方面做出的限制。我国《公务员法》第 68 条明确规定："公务员之间有夫妻关系、直系血亲关系、三代以内旁系血亲以及近姻亲关系的，不得在同一机关担任双方直隶于同一领导人员的职务或者有直接上下级领导关系的职务，也不得在其中一方担任领导职务的机关从事组织、人事、纪检、监察、审计和财务工作。

地域回避，是指为了保障担任一定职务的公务员公正履行职务，不得在亲属关系比较集中的原籍地、出生地、成长地等不适宜任职的地区任职。我国《公务员法》第 69 条规定，公务员担任乡级机关、县级机关及其有关部门主要领导职务的，应当实行地域回避，法律另有规定的除外。公务员担任县级纪检机关、组织部门、人民法院、人民检察院、公安部门正职领导成员的，应当实行地域回避，一般不得在本人成长地担任市（地、盟）纪检机关、组织部门、人民法院、人民检察院、公安部门正职领导成员。

公务回避，是指公务员执行职务时，涉及本人或者本人配偶、直系血亲、三代以内旁系血亲以及近婚亲利害关系的，或者具有其他可能影响公正执行公务情形的，应当依法终止职务行为而由其他公务员来行使相应的职权。公务员应当回避的公务活动主要包括考试录用、调任、职务升降任免、考核、考察、奖惩、交流、出国审批；监察、审计、仲裁、案件审理；税费稽征、项目资金审批、监管。

公务员回避制度要求，对拟进入机关的人员和拟调整的人员应当严格审查把关，避免形成回避关系。对可能形成回避关系的，应当予以调整；对因婚姻、职务变化等新形成的回避关系，应当及时予以调整。

（二）我国的审计回避制度

审计回避制度对一个国家的国家审计制度发展具有重要的意义，成为国家审计制度的重要内容。ISSAI 有关透明度和公共责任的原则就要求：审计机关的管理和财务应公开并接受检查监督；审计行为要合法，防止腐败，应当公开并接受监督。审计回避制度的存在和成熟程度成为国家审计制度必不可少的有机组成部分。

我国审计立法规定了审计回避制度，从而为防范审计风险，维护当事人权利，加强对审计行为进行监督提供了重要的制度保障。《审计法实施条例》第 12 条规定，审计人员办理审计事项，有下列情形之一的，应当申请回避，被审计单位也有权申请审计人员回避：（1）与被审计单位负责人或者有关主管人员有夫妻关系、直系血亲关系、三代以内旁系血亲或者近姻亲关系的。（2）与被审计单位或者审计事项有经济利益关系的。（3）与被审计单位、审计事项、被审计单位负责人或者有关主管人员有其他利害关系，可能影响公正执行公务的。结合《审计准则》16条（二）和第18条的内容，审计组遇有下列可能损害审计独立性情形的，应当依法要求相关人回避：（1）与被审计单位负责人或者有关主管人员有夫妻关系、直系血亲关系、三代以内旁系血亲以及近姻亲关系。（2）与被审计单位或者审计事项有直接经济利益关系。（3）对曾经管理或者直接办理过的相关业务进行审计。（4）可能损害审计独立性的其他情形。

审计人员的回避，由审计机关负责人决定；审计机关负责人办理审计事项时的回避，由本级人民政府或者上一级审计机关负责人决定。

《公务员法》和相关立法对回避制度的一般规定和我国审计立法对审计回避的具体规定构成我国审计回避制度的基本内容。尽管《审计准则》和《审计法实施条例》的规定之间存在一定冲突，但是总体上看，回避的原因较广。影响审计独立性是造成回避的重要原因。从程序上看，审计组或上一级审计组织要求审计人员回避是合适的，但是，授权本级人民政府要求审计人员回避却并不合适有碍于审计自治。

第三节 审计机关的职责

一、审计机关的资格条件

社会组织在社会发展中所起的作用，取决于其在社会分工结构体系中扮演的角色和自身以此获得的的目标定位。任何社会组织都需要具备特定的资源，以完成自己的目标，从而服从于社会发展总体的目标需求。社会组织所必须具备的资源一般包括特定的主体、一定的物质资源和社会对组织分配的角色。作为公权力组织，其社会角色一般表现为特定的职责，职责是组织存在的依据，职责以及由此决定的功能变化时组织在社会结构中地位和体制发生变化的原因。审计监督是专业性权力监督，因此，要求审计机关应当具备一定的资格条件，作为履行法定职责的基础。

《审计准则》第13条规定，审计机关执行审计业务，应当具备下列资格条件：（1）符合法定的审计职责和权限。（2）有职业胜任能力的审计人员。（3）建立适当的审计质量控制制度。（4）必需的经费和其他工作条件。

二、我国审计机关法定职责

根据《中华人民共和国审计法》和相关法律的规定，政府审计机关的主要职责是：

（1）审计机关对本级各部门（含直属单位）和下级政府预算的执行情况和决策，以及预算外资金的管理和使用情况，进行审计监督。

（2）审计署在国务院总理领导下，对中央预算执行情况进行审计监督，向国务院总理提出审计报告。

地方各级审计机关分别在省长、自治区主席、市长、州长、县长、区长和上一级审计机关的领导下，对本级预算执行情况进行审计监督，向本级人民政府和上一级审计机关提出审计结果报告。

（3）审计署对中央银行的财务收支，进行审计监督。审计机关对国有金融机构的资产、负债、损益，进行审计监督。

（4）审计机关对国家的事业组织的财务收支，进行审计监督。

（5）审计机关对国有企业的资产、负债、损益，进行审计监督。

审计机关对与国计民生有重大关系的国有企业、接受财政补贴较多或者亏损数额较大的国有企业，以及国务院和本级地方人民政府指定的其他国有企业，应当有计划地定期进行审计。对国有资产占控股地方或者主导地位的企业进行审计监督。

（6）审计机关对国家建设项目预算的执行情况和决策，进行审计监督。

（7）审计机关对政府部门管理和社会团体受政府委托管理的社会保障基金、社会捐赠资金以及其他有关基金、资金的财务收支，进行审计监督。

（8）审计机关对国际组织和外国政府援助、贷款项目的财务收支，进行审计监督。

（9）审计机关对其他法律、行政法规规定应当由审计机关进行审计的事项，进行审计监督。

（10）审计机关有权对国家财政收支有关的特定事项，向有关地方、部门、单位进行专项审计调查，并向本级人民政府和上一级审计机关报告调查结果。

（11）审计机关根据被审计单位的财政、财务隶属关系或者国有资产监督管理关系，确定审计管辖范围。

（12）对政府各部门、国有金融机构和企事业组织的内部审计进行业务指导和监督。

（13）依法对社会审计机构进行指导、监督和管理。

2006年修订后的《审计法》第19条将审计机关对事业组织审计监督的范围由“国家的事业组织”调整为“国家的事业组织和使用财政资金的其他事业组织”。将原《审计法》第22条修改为：“对国有资本占控股地位或者主导地位的企业、金融机构的审计监督，由国务院规定。”将审计机关对建设项目审计监督的范围由“国家建设项目”调整为“政府投资和以政府投资为主的建设项目”。

各地审计机关还对上述规定有所细化性的探索，如2011年5月实施的《江苏省审计条例》规定，城市商业银行等地方金融机构的财务收支纳入监督范围，市政府交办的特定事项的财务收支也纳入监督范围。在对政府部门管理的和其他单位受政府委托管理的基金、资金的财务收支依法进行审计监督时，可以延伸到使用单位与基金、资金直接有关的财务收支，并可以对相关单位、个人进行调查。

中共中央办公厅、国务院办公厅2010年12月14日发布实施的《党政主要领导干部和国有企业领导人员经济责任审计规定》，为加强对党政主要领导干部和国有企业领导人员的管理监督，推进党风廉政建设，根据《中华人民共和国审计法》和其他有关法律法规以及干部管理监督的有关规定，规定对党政主要领导干部开展经济责任审计，对领导干部在任职期间因其所任职务，依法对本地区、本部门（系统）、本单位的财政收支、财务收支以及有关经济活动应当履行的职责、义务进行审计监督。对象包括：（1）地方各级党委、政府、审判机关、检察机关的正职领导干部或者主持工作1年以上的副职领导干部。（2）中央和地方各级党政工作部门、事业单位和人民团体等单位的正职领导干部或者主持工作1年以上的副职领导干部；上级领导干部兼任部门、单位的正职领导干部，且不实际履行经济责任时，实际负责本部门、本单位常务工作的副职领导干部。（3）包括国有和国有控股企业（含国有和国有控股金融企业）的法定代表人。

世界各国均将国家审计定位于监督公共资源的使用，我国实行公有制的基本经济制度，建国以来，尤其是改革开放以来，积累的社会公共财富尤为巨量，因此，国家审计的范围和任务也更为艰巨。一般认为，国家审计应是主要对政府管理和使用公共资金的经济责任进行审查和评价，其审计对象也主要限于使用财政资金进行运转或建设的单位。根据我国审计法的规定，审计对象主要包括国家机关、国有事业组织、国有资本占控股地位或者主导地位的企业与金融机构、政府投资和以政府投资为主的建设项目等。依照《审计法》关于审计职责和《物权法》界定财产范围的规定，审计机关应重新梳理审计对象的范围，建立对象数据库，一般不对私法主体私人公司、民营企业等单位实施审计监督，对依法接受政府审计监督的非国有单位及其财产，必须持谨慎态度，严格按照法定程序，避免造成对私人财产权的侵犯，防范与化解审计风险。

上述规定并不意味着国家审计完全不对私法主体进行监督，法律另有规定的应当除外。世界各个国家均有类似的规定以加强对公共资源的审计监督，前引德国的审计立法就是很好的证明。我国在弘扬私权利，遵守《物权法》的同时应当防止出现放松监督，放任国有资产和公共资源流失的现象出现。但应当做到一要有法律依据，而要符合法律程序。在国家审计过程中可能涉及非国有单位及资产的情况有以下几种：一是政府投资项目审计过程中，审计与国家建设项目直接有关的建设、设计、施工、采购等非国有单位财务收支的；二是审计机关因客观需要，查询被审计单位以个人名义在金融机构存款的[①]；三是由政府授权或交办审计部门进行的，对农村或城镇集体财产进行审计监督的[②]；四是对国有资本占控股地位或者主导地位企业中的非国有资产部分进行审计监督的；五是对政府部门管理的和其他单位受政府委托管理的社会保障基金、社会捐赠资金以及其他有关基金、资金的财务收支进行审计监督的，《审计法》第23条规定，审计机关对政府部门管理的和其他单位受政府委托管理的社会保障基金、社会捐赠资金以及其他有关基金、资金的财务收支，进行审计监督；六是延伸审计与审计调查的，如为审计地税部门税收征管行为的真实与介法而对纳税的非国有单位所进行的调查[③]。

---

① 《审计法》第33条第3款的规定，需有证据证明被审计单位以个人名义存储公款，并经县级以上人民政府审计机关主要负责人批准，方可实施查询。

② 《审计法》及其实施条例对集体财产的审计末做明确规定，根据行政法“法无授权即禁止”的原则，审计部门除非得到法律或政府的合法授权一般不能直接进行审计。当前的集体经济审计主要由农村经营管理等部门进行内部审计。

③ 胡贵安：“物权法视野下政府审计启示与变革”，《财会通讯》，2008年第2期。

从上述我国审计机关的职责范围分析可以看出，我国国家审计具有鲜明的中国特色，职能角色具有多元性：在进行预算执行审计时，履行人大赋予的权力，监督检查政府的履责情况，扮演的是典型的是通常意义上的国家审计角色①；在进行国有企业审计领导干部经济责任审计时，代表作为出资人的政府来监督企业管理层和领导者的履责情况，扮演的是一种内部审计的角色；在进行党政领导干部的经济责任审计时，代表人民和政府来监督企业领导者的履责情况，扮演的是一种监察角色；在监督社会审计组织的业务质量，对内部审计机构进行指导、监督和管理时，扮演的是一种行业管理角色。

延伸阅读：

截至2010年共对53名省部长进行了经济责任审计

2010年12月14日15时，审计署党组成员、总审计师孙宝厚接受中国政府网专访，就《党政主要领导干部和国有企业领导人员经济责任审计规定》进行现场解读并回答网民提问。

[主持人] 孙总，请您解释一下哪些领导干部需要接受经济责任审计?

[孙宝厚] 经济责任审计对象经过了范围逐步扩大、级别不断提高的过程。1999年5月，两办《暂行规定》明确的审计对象，只包括县级以下党政主要领导干部、国有及国有控股企业的法定代表人。2005年，党政领导干部经济责任审计范围扩大到地厅级。审计署自2000年开始进行省部长经济责任审计试点。

根据目前全国各地经济责任审计发展情况，以及中央关于全面推进党政领导干部经济责任审计的要求，《规定》对经济责任审计对象作了进一步明确，同时对审计对象范围进行了扩展，涵盖了从乡镇级到省部级的党政领导干部，以及国有企业的法定代表人。具体包括地方各级党委、政府、审判机关、检察机关的正职领导干部或者主持工作一年以上的副职领导干部；中央和地方各级党政工作部门、事业单位和人民团体等单位的正职领导干部或者主持工作一年以上的副职领导干部；以及国有和国有控股企业（含国有和国有控股金融企业）的法定代表人。

---

① 国外的“国家审计”考察经济责任一般就是在这种意义上使用的，而不是我国审计法实践中特指的、在干部管理意义上的“经济责任审计”。

按照中央要求，审计署从2000年开始对省部长进行经济责任审计试点，试点范围逐步扩大。截至2010年，共对53名省部长进行了经济责任审计，规模在逐渐的扩大，仅2009年和2010年就达到37名。通过对省部长经济责任审计试点，为全面推进省部级党政领导干部经济责任审计探索了路子，积累了经验，奠定了基础。

资料来源：http：//www.gov.cn/zxft/ft212/content_ 1764966.htm。

三、审计管辖

（一）管辖概述

管辖原指各级人民法院之间以及同级人民法院之间受理第一审民事案件的权限和分工。审计管辖（Audit jurisdiction）是指各级审计机关之间如何确定各自审计对象和行业管理的范围划分制度。审计管辖的意义有：第一，有利于审计机关明确各自的审计职责，避免互相推诿和互相争执，防止不必要的重复审计，提高审计效率。第二，有利于被审计单位保护自己的合法权益。第三，有利于被审计单位和社会各界监督审计机关的工作。第四，有利于加强审计行业管理，对外开展审计合作和交流，促进审计事业发展。

《审计法实施条例》规定，各级审计机关应当按照确定的审计管辖范围进行审计监督。由于审计管辖处分的是国家审计监督权，公权力不能由私主体任意处分，因此，审计管辖权不能像民事诉讼那样由当事人通过协议，确定管辖关系。但是，为了提高审计效率或基于审计回避制度等法定原因，上级审计机关可以依法将其审计管辖范围内的审计事项，授权下级审计机关进行审计。对于上级审计机关审计管辖范围内的审计事项，下级审计机关也可以提出授权申请，报有管辖权的上级审计机关审批。获得授权的审计机关应当将授权的审计事项列入年度审计项目计划。

（二）审计管辖的划分

第一，审计机关根据被审计单位的财政、财务隶属关系，确定审计管辖范围；经济责任审计的管辖权限必须严格按干部管理权限划分①。

第二，不能根据财政、财务隶属关系确定审计管辖范围的，根据国有资产

① 经济责任的管辖参见本书第8章论述。

监督管理关系，确定审计管辖范围[①]。

第三，两个以上国有资本投资主体投资的金融机构、企业事业组织和建设项目，由对主要投资主体有审计管辖权的审计机关进行审计监督。由于经济生活的复杂性，存在投资主体难以确定的现象，2011 年 5 月实施的《江苏省审计条例》规定，不能确定主要投资主体的，由被审计单位登记注册地的审计机关管辖。这无疑是一个好的制度实践。

第四，依法属于审计机关审计监督对象的单位的内部审计工作，应当接受审计机关的业务指导和监督。依法属于审计机关审计监督对象的单位，可以根据内部审计工作的需要，参加依法成立的内部审计自律组织。审计机关可以通过内部审计自律组织，加强对内部审计工作的业务指导和监督。

复习思考题：

1. 我国审计法规定的审计回避制度与审计独立性制度关系如何？
2. 试析我国国家审计制度职能的多样性与国家审计体制变化之间的关系。
3. 怎样理解审计人员的独立性及其作用？
4. 如何理解我国审计管辖制度？
5. 经济责任审计的含义与作用如何？
6. 我国审计回避制度的内容和意义如何？
7. 怎样理解审计人员的职业要求？

推荐阅读书目：

1. 罗伯特 . K. 莫茨等：《审计理论结构》，文硕等译：中国商业出版社 1990 年版。

2. [美] C. W. 尚德尔：《审计理论》，汤云为、吴云飞译，中国财政经济出版社 1992 年版。

3. Richard Brown：A History of Accounting and Accountants（Edinburgh：t. c. and E. c. Jack，1905）.

---

① 2010 年 5 月 1 日，《江苏省审计条例》进一步明确，审计部门根据国有资产监督管理关系，确定审计管辖范围。不能确定主要投资主体的，由被审计单位登记注册地的审计机关管辖。

4. 吕培检："关于我国审计制度特色的一些思考"，《审计研究》，2001年第6期。

5. 马曙光："博弈均衡与中国政府审计制度变迁"，《审计研究》，2005年第5期。

6. 刘大贤、杨肃昌："对经济责任审计的几点看法"，《审计理论与实践》，2003年第12期。

7. 胡贵安："物权法视野下政府审计启示与变革"，《财会通讯》，2008年第2期。

8. 林海："论国家审计在中国近现代宪政变革中的地位演变"，《审计研究》，2007年第1期。

9. 马曙光："利益冲突与政府审计法律制度变迁"，《审计研究》，2006年第5期。

10. 杨肃昌、肖泽忠："试论中国国家审计'双轨制'体制改革"，《审计与经济研究》，2004年第1期。

第五章

审 计 程 序

本章导读：

正当审计程序是正当法律程序在审计法领域的自然延伸和必然要求，对于保障审计结果公正，保证审计工作质量，提高审计工作效率，维护审计法律关系各方面的权益，更好地实现审计职能具有重要的价值。将正当审计程序视为审计程序规范化的一个衡量标准，贯穿在国家审计程序从准备、实施到报告的全部阶段，有助于发挥审计监督权的作用，促进民生、维护经济安全，实现法治的理想。

关键术语：

程序　审计计划　审计实施

第一节　审计程序概述

一、概述

（一）审计程序的含义

审计程序是指审计人员实施审计工作环节、步骤和方法在时间和空间上合乎逻辑的接替和轮序关系。广义的审计程序是指审计法对审计工作流程整体过程所包含的工作步骤和顺序的系统性设定。广义的审计程序包括国家审计程序、社会审计程序和内部审计程序，本书审计程序一般指的是国家审计程序，国家审计程序一般包括准备、实施和报告三个主要阶段。狭义的审计程序是指审计人员在实施审计项目的具体工作中所采取的审计方法、方法和环节的有机结合。

（二）意义

1. 研究审计程序是学习审计法的必要内容

程序正义就是要实现正当法律程序，法治不仅需要具备程序法律制度，而且程序能体现正义的价值追求，如民主、平等、中立、公开、救济等精神。美国前联邦最高法院大法官杰克逊就认为，程序的公正、合理是自由的内在本质，如果有可能的话，人们宁可选择通过公正的程序实施一项暴力的实体法，也不愿意选择通过不公正的程序实施一项较为宽容的实体法。程序正义将程序的公正、合理视为与裁判结果的公正、合理具有同等的价值和意义。在我国的法律发展史中，历来贯穿着“重实体，轻程序”的观念，强调法律程序的独立价值，就具有重要的意义。

程序法治的一般原理无疑适用于审计法领域，审计法治同样要求程序正义，审计的公正性不仅仅是指审计结果的公正，更应当包含审计程序的公正。因此，正当法律程序的一系列内在价值，如民主、平等、中立、公开、可救济性等应当实现于审计工作之始终。

2. 审计程序的作用

第一，公正的审计程序是审计结果公正的保障，有利于保证审计工作质量，提高审计工作效率，成为审计程序规范化的一个衡量标准，使审计工作得到有效的管理和控制，促使审计人员掌握审计工作规律，使审计工作顺利进行，从而提高审计工作的质量和效率。

第二，正当审计程序有利于维护各方面的权益，更好地实现审计职能。

第三，正当审计程序有利于发挥审计监督权的作用：监督权力、促进民生、维护经济安全，实现法治的理想。

二、我国审计程序的内容

为了便于研究我国的审计程序，需要先对我国实定法中有关审计程序的具体规定加以研究。《中华人民共和国审计法》第五章审计程序，《中华人民共和国审计法实施条例》第五章，《中华人民共和国国家审计准则》第三章审计计划、第四章审计实施、第五章审计报告和第六章前半部分审计质量控制，是我国关于审计程序的最重要的规定。此外，很多审计规范性文件也对审计程序进行了具体规定，如《中共中央办公厅、国务院办公厅关于印发〈党政主要领导干部和国有企业领导人经济责任审计的规定〉的通知》（中办发［2010］32号）、《审计机关封存资料资产规定》》（审计署令第9号，2011年2月1日起施行）等。需要我们在学习过程中进行仔细的梳理。

国家审计程序是指国家审计机关和审计人员实施审计时的审计工作步骤和顺序，主要包括审计准备、实施阶段和终结报告三个阶段。本章研究审计准备和实施阶段，审计报告将另辟专章研究。

准备阶段一般包括制订审计项目计划、确定审计项目的审计内容、编制审计方案等预备性工作。审计的实施阶段是将审计计划付诸实施的过程，是审计全过程中的最主要阶段。审计通知书下达后，审计人员进驻被审计单位开始实施审计。审计实施阶段的主要工作内容可分为两个方面：一是深入调查研究，适时修改原审计方案；二是实施审计，获取审计证据。审计的终结报告阶段是审计人员对审计工作底稿进行归类、分析、整理，最后向有关机构或社会公众提交审计报告的过程。进而，审计机关通过审计整改检查机制督促被审计单位和其他有关单位根据审计结果进行整改。

第二节　审计计划

一、审计计划概述

审计计划是指审计机关每年对审计项目和专项审计调查项目做出的统一安排。审计计划一般按年度编制，又称为年度审计项目计划。审计计划是审计机关依法开展审计工作的直接的依据。

编制审计计划是审计机关的法定义务。《中华人民共和国审计法实施条例》第34条和《中华人民共和国国家审计准则》第26条进行了规定，各国立法对审计主体设定编制审计计划的法定义务有三个重要的原因：其一是审计资源的有限性和审计对象的无限性之间存在矛盾，必须合理安排审计资源，合理确定审计重点和审计覆盖面，防止不必要的重复审计，提高审计监督的效率；其二是实现审计法治的需要；其三是规范审计工作，提高审计质量的需要。

目前我国审计计划管理采用“统一领导，分级负责”的两级管理模式：审计署对署本级开展的审计项目，以及统一组织和授权的审计项目主要按照《审计署审计项目计划管理办法》进行计划管理，省级及以下审计机关除上述统一组织及授权审计项目外的地方审计项目，主要是根据当地实际情况，按照《审计机关审计项目计划管理办法》来自行安排本地区审计项目计划①。《中华人民共和国国家审计准则》第41条规定，审计机关应当将年度审计项目计划报经本级政府行政首长批准并向上一级审计机关报告。审计机关应当将年度审计项目计划报经向上一级审计机关报告，体现了审计体制中的业务指导关系，有助于规范审计行为，提高审计质量，加强审计监督的效力。审计机关应当将年度审计项目计划报经本级政府行政首长批准报告，体现了我国国家审计具有的“内部审计”色彩，在有助于提高政府行政效能的同时，大大降低审计监督的独立性和权威性，反映了我国行政型审计体制的固有特征。

二、审计计划的编制

（一）审计计划的编制依据

为了加强对审计计划的管理，在审计计划报告制度以外，我国《审计法实施条例》和《审计准则》还要求编制年度审计项目计划必须依据：第一，根据法律、法规和国家其他有关规定；第二，按照本级人民政府和上级审计机关的要求，服务大局，围绕政府工作中心，突出审计工作重点，确定年度审计工作重点；第三，审计机关法定的审计职责和审计管辖范围。在审计机关法定审计职责和审计管辖范围依法制定审计计划是审计法治的必然要求，值得注意的是，审计机关在“根据法律、法规和国家其他有关规定”制定审计计划时，应当遵行法律的效力性规定，下位法不得违反上位法。同时，法律强制性规定的要求优于任意性规定，法律规定优于非法律规定。《中华人民共和国国家审计准则》第26条直接用政治生活中的鲜活语言——“按照本级人民政府和上级审计机关的要求，服务大局，围绕政府工作中心”，以此表达我国审计计划的编制依据，体现了我国行政型审计体制的特征。

---

① 高翔、曾俊：《对我国国家审计计划编制工作的一些思考》，http://www.chinaacc.com/new/287%2F289%2F314%2F2006%2F5%2Fsh6458738115156002407-0.htm。

（二）审计计划的编制步骤

《中华人民共和国国家审计准则》对审计机关编制年度审计项目计划的步骤进行了具体规定，审计机关编制年度审计项目计划的步骤为：初步选择审计项目→对初选审计项目进行可行性研究→确定审计项目→编制年度审计项目计划→审计计划的审定，审计机关对必选审计项目可以不进行可行性研究。

第一，调查审计需求，初步选择审计项目。《审计准则》第28条规定，审计机关从下列方面调查审计需求，初步选择审计项目：国家和地区财政收支、财务收支以及有关经济活动情况；政府工作中心；本级政府行政首长和相关领导机关对审计工作的要求；上级审计机关安排或者授权审计的事项；有关部门委托或者提请审计机关审计的事项；群众举报、公众关注的事项；经分析相关数据认为应当列入审计的事项；其他方面的需求。

第二，对初选审计项目进行可行性研究，确定备选审计项目的审计目标、审计范围、审计重点和其他重要事项。进行可行性研究重点调查研究下列内容：(1) 与确定和实施审计项目相关的法律法规和政策。(2) 管理体制、组织结构、主要业务及其开展情况。(3) 财政收支、财务收支状况及结果。(4) 相关的信息系统及其电子数据情况。(5) 管理和监督机构的监督检查情况及结果。(6) 以前年度审计情况。(7) 其他相关内容。

审计机关在调查审计需求和可行性研究过程中，必须从对初选审计项目进行评估，以确定备选审计项目及其优先顺序。评估的内容主要是：(1) 项目重要程度，即项目在国家经济和社会发展中的重要性、政府行政首长和相关领导机关及公众关注程度、资金和资产规模等。(2) 项目风险水平，即项目规模、管理和控制状况等。(3) 审计预期效果。(4) 审计频率和覆盖面。(5) 项目对审计资源的要求。《审计准则》第40条规定，审计机关根据项目评估结果确定年度审计项目计划。

第三，评估审计机关可用审计资源，确定审计项目，编制年度审计项目计划。审计机关年度审计项目计划的内容主要包括 (1) 审计项目名称。(2) 审计目标（即实施审计项目预期要完成的任务和结果，专项审计调查项目的年度审计项目计划应当列明专项审计调查的要求）。(3) 审计范围（即审计项目涉及的具体单位、事项和所属期间）。(4) 审计重点。(5) 审计项目组织和实施单位（采取跟踪审计方式实施的审计项目，年度审计项目计划应当列明跟踪的具体方式和要求）。(6) 审计资源（审计机关应当对确定的审计项目配置必要的审计人力资源、审计时间、审计技术装备、审计经费等审计资源）。

第四，审计计划的审定。《审计准则》第31条规定，年度审计项目计划应当按照审计机关规定的程序审定，审计计划的审定包括对初选项目进行评估、专家论证和审定。审计机关在审定年度审计项目计划前，根据需要，可以组织专家进行论证。

（三）必选审计项目的确定

必选审计项目是审计机关必须列入年度审计计划的项目，必选审计项目具有强制性。必选审计项目的确定具有程序上的特殊性，不是某一级审计机关按照前述程序确定的，审计机关对必选审计项目，还可以不进行可行性研究。必选审计项目包括三种：其一是法定必选审计项目，即法律法规规定每年应当审计的项目。其二是意定必选审计项目，该类项目的确定体现了政府机关（审计机关）的意志，我国《审计准则》中意定必选审计项目分为两种：第一，本级政府行政首长和相关领导机关要求审计的项目。第二，上级审计机关安排或者授权的审计项目，对于上级审计机关审计管辖范围内的审计事项，下级审计机关也可以提出授权申请，报有管辖权的上级审计机关审批。其三是根据中国政府及其机构与国际组织、外国政府及其机构签订的协议和上级审计机关的要求，审计机关确定对国际组织、外国政府及其机构援助、贷款项目进行审计的，应当纳入年度审计项目计划。

（四）专项审计调查

专项审计调查是指审计机关对于预算管理或者国有资产管理使用等与国家财政收支有关的特定事项进行的专门调查活动。《审计准则》规定了专项审计调查的适用条件，符合下列情形的，可以进行专项审计调查：（1）涉及宏观性、普遍性、政策性或者体制、机制问题的。（2）事项跨行业、跨地区、跨单位的。（3）事项涉及大量非财务数据的。（4）其他适宜进行专项审计调查的。专项审计调查不是必选审计项目。

专项审计调查具有以下特点：（1）目标的宏观性。专项审计调查是对经济领域中带全局性、普遍性、倾向性的特定事项进行系统调查了解，通过综合分析，反映情况、揭露问题、提出解决问题的建议。（2）方式的多样性。专项审计调查是一般审计和调查的有机结合，可以采用多种方式来开展。既可以是单项调查，也可以是多项调查；既可以是单独的审计调查，也可以结合项目审计[①]开展审计调查；既可以通过审核被调查单位的会计、统计资料进行调查，也可以通过召开座谈会和走访有关单位、个人，以及向有关单位、个人发放审计调查表等方式来进行调查。（3）作用的时效性。专项审计调查的目的是为决策提供依据，因此做出审计调查结论和提出审计调查建议必须体现时间价值[②]。

专项审计调查和项目审计是两种不同的审计方式。后者主要是针对各个具体的项目和单位，侧重于发现问题，纠正和处理问题，而专项审计调查主要是针对改革和经济生活中的突出问题，侧重于分析研究，提出加强宏观管理，完善法规制度的建议。项目审计对问题的处理或评价是具体的，针对某事或某项具体行为，对被审计对象具体行为的纠正有较强的作用。专项审计调查涉及的面广，政策性强，但不对具体行为做出处罚纠正决定，主要是为了更好地发挥参谋作用，提供宏观决策和政策调整的依据。

专项审计调查和项目审计两种方式必要时可以互相转换，项目审计中如果发现的突出的、苗头性、普遍性的问题，可以通过专项审计调查获取信息，分析深层次原因，为决策提供依据；在专项审计调查中发现被调查单位有重大的违反国家财经法规行为，审计机关认为有必要进行审计处理、处罚的，可以立项审计，做出审计处理、处罚决定或移送有关部门[③]。《审计署 2003—2007 年审计工作发展规划》指出："实行审计与专项审计调查并重，逐步提高项审计调查的比重，争取到 2007 年专项审计调查项目占整个项目的一半左右。重点调查国家政策法规执行中存在的问题和重大决策的落实情况，促进加强宏观管理，完善法规制度"。由于专项审计调查目的性强，程序相对简单，建议和结论层次高，所以专项审计调查对全面提高审计质量、扩大审计影响往往可以起到事半功倍的效果。2007 年全国审计工作会议确定的三项重点之一也是要加大审计调查的覆盖面和力度。表明审计调查作为审计方式的一种创新，越来越受到重视和加强。

---

① 项目审计（project audit）是指审计机构依据国家的法令和财务制度、企业的经营方针、管理标准和规章制度，对项目的活动用科学的方法和程序进行审核检查，判断其是否合法、合理和有效的一种活动。项目审计是对项目管理工作的全面检查，包括项目的文件记录、管理的方法和程序、财产情况、预算和费用支出情况以及项目工作的完成情况。项目审计既可以对拟建、在建或竣工的项目进行审计，也可以对项目的整体进行审计，还可以对项目的部分进行审计。

② 参见《专项审计调查》，http：//baike. baidu. com/view/5330361. htm。

③ 《专项审计和审计调查的区别》，http：//wenwen. soso. com/z/q20796909. htm？ sp = 5001。

延伸阅读：

审计署将对5大电信企业进行专项审计调查

第一财经日报9月27日报道：国家审计署昨天证实，将派出审计组对中国移动、中国电信、中国联通、中国网通、中国铁通5大电信运营企业开展专项审计调查。国家审计署的人员已经进驻铁通半个月左右，相关工作也已经展开。对于国家审计署的此次审调，有电信业内人士认为，这意味着电信重组已经“不仅仅停留在口头层面，随后的调查报告将上交国务院，不排除作为国家处理电信行业问题决策蓝本的可能”。

电信行业目前已经成为国资委下属央企的重要组成部分，国资委下属的9万余亿元资产中，电信运营业在其中占了1.4万亿元，而在2006年159家中央企业实现的7546.9亿元利润中，中国电信、中国网通、中国移动和中国联通4家就贡献了1047.3亿元，其中不包括铁通以及卫通的利润贡献。

目前，在中国的电信行业中，中国移动、中国联通、中国电信以及中国网通都已经率先实现了优质资产上市。但是，中国电信行业发展相当失衡，这成为电信重组的重要原因。根据运营商刚刚公布的2007年中期业绩，中国移动上半年净利润达379亿元人民币，中国联通、中国电信和中国网通分别为37.7亿元、134.82亿元和67.13亿元，中国移动一家的利润超过其他三家之和。中国铁通和中国卫通主要发展专网市场，市场情况更不乐观。在流传最广的重组方案中，中国联通的两张网将被分拆，其中一张给中国电信，另外一张网则与中国网通合并，而中国移动则被传有可能与中国铁通合并，因此，据传这次接受审计的五大运营商同样也是目前的重组重点。但由于四大运营商已经实现上市，无论是拆分还是合并，都涉及到巨大的经济成本，而且在这个过程中，国有资产如何保值增值也是一个严峻的难题。有不愿意透露姓名的电信研究院专家认为，并不排除审计结果将作为重组依据的可能，将此视为“摸底审计”并不为过。

资料来源：http：//news.163.com/07/0927/01/3PC3LDN10001124J.html。

三、审计计划的形式与编制主体

（一）审计计划的形式

审计机关编制年度审计项目计划可以采取文字、表格或者两者相结合的形式。文字说明的内容包括上年度审计项目计划完成情况；本年度计划编制依据、主要任务指标和完成计划的主要措施。表格的内容包括各项计划任务指标、责任单位、完成时间等。

需要进一步关注审计计划的法律效力问题，目前国内对该问题几乎没有研究。我们认为，第一，审计计划不具有对外效力。司法机关不得援引审计计划作为裁判依据，当事人——无论是审计机关还是被审计对象，均不得援引审计计划以支持自己的权力主张。原因是，审计计划并非事实认定，没有实际影响当事人的权利和义务，审计计划的内容处于某种程度的不确定状态，审计计划的内容可能被调整，即使不被调整，审计计划的实施结果和审计计划的内容也存在极大的不同。第二，审计计划具有对内效力。审计机关据此配置审计资源、分配审计任务、考核工作成绩、规范审计行为，审计机关内容各方将依据审计计划形成一定的权利义务关系。

延伸阅读：

道真自治县 2010 年度审计项目计划

为切实抓好我县 2010 年度审计工作，强化审计监督职能，全面完成各项审计工作目标任务，根据《市人民政府关于批转市审计局 2010 年度全市审计项目计划安排意见的通知》（遵府发［2010］9 号）要求，结合我县实际，制定本计划。

一、财政审计

1. 本级预算执行情况审计

对 2009 年度本级预算执行情况，地税部门税收完成情况，本级国库办理预算资金的收纳、划分、留解情况进行审计，以促进预算管理，规范财政资金分配秩序，深化对本级预算执行的审计，重点关注本级预算支出中的不规范、不合理、不真实及资金使用效益问题，针对存在的问题，从体制机制层面分析原因，提出进一步强化财政管理的建议和意见，为政府加强预算管理、建设社会主义法治政府服务。2010 年 5 月底前完成。

2. 部门预算执行审计

以加强部门预算管理，提高部门依法理财能力，深化部门预算改革，提高财政资金使用效益为目标，对部门预算执行情况进行审计。重点关注部门是否严格执行部门预算各项规定，揭露财政资金虚报冒领、转移挪用等违法违规问题。具体将对县计生局、民族事务局2009年度预算执行情况和县职业高级中学2006—2009年度财务收支情况进行审计。2010年5月底前完成。

3. 乡镇财政决算审计

以建立规范的转移支付制度，确保财政收支的真实合法和专项资金的有效使用，维护国家政令统一为目标，重点揭露在决算草案编制和汇总中的不真实、不准确、不完整等问题，检查有无截留、隐瞒上级收入及挤占挪用上级补助资金等问题，从而促进乡（镇）政府依法规范财政行为。具体将对大磏镇2009年度财政决算进行审计，并延伸审计镇直有关单位。2010年10月底前完成。

二、专项资金审计和审计调查

为确保国家在农业、医疗、教育等方面的政策措施有效实施，促进群众生产和生活条件的改善，维护群众利益，2010年将重点组织以下专项资金审计和审计调查。

1. 中央扩大内需促进经济平稳较快增长政策措施贯彻落实情况和实施效果审计调查

以保障中央扩大内需促进经济平稳较快增长政策措施的贯彻落实，完善相关政策措施，确保取得实效。2010年8月底前完成。

2. 教育专项审计调查

由省审计厅统一组织对2009年中小学校舍安全工程项目执行情况进行审计调查。2010年10月底前完成。

3. 农业综合开发项目资金审计

对2009年农业综合开发项目资金进行审计，重点检查资金分配、拨付、使用情况。揭露和查处各种违规违纪问题，提出加强农业综合开发资金管理的意见和建议，提高投资效果。2010年6月底前完成。

4. 新型农村合作医疗基金专项审计调查

由省审计厅统一组织对新型农村合作医疗基金开展专项审计调查，揭示新型农村合作医疗基金管理和使用不规范、基层卫生服务体系不完善、服务能力不足及相关制度运行中存在的突出问题，查找参合农民保障水平与现实需求之间存在的差距，分析产生的原因，提出具有针对性和可操作性的建议。2010年8月底前完成。

5. 计划生育经费管理使用情况审计

对2009年度计划生育经费管理使用情况实施审计。反映资金筹集、管理、使用中存在的问题，并提出改进和加强管理的意见。2010年8月底前完成。

6. 农村危房改造资金审计

对2009年度农村危房改造资金管理使用及实施效果等情况进行审计，重点揭示各级财政和有关部门在资金投入、管理、分配、拨付等方面存在的问题，并对实施效果进行分析，针对存在的问题提出具有针对性和可操作性的建议。2010年9月底前完成。

7. 财政扶贫项目农村劳动力转移培训资金审计

对2009年财政扶贫项目农村劳动力转移培训资金管理使用情况进行审计，揭露和查处违法违规和损失浪费问题，完善项目资金在管理上的各项政策和措施，规范项目资金的管理和使用行为，确保项目资金有效使用。2010年3月底前完成。

三、固定资产投资审计

按照《贵州省国家建设项目审计办法》和《遵义市政府投资建设项目审计试行办法》等有关规定，进一步加大投资项目审计。重点揭露项目建设过程中的违法违规问题，对照宏观调控政策的重点、方向和力度，检查投资项目是否符合政策取向，管理是否到位。以摸清工程建设管理、资金使用和综合效益情况，加强工程建设资金和项目管理为目标，重点检查项目建设过程中财务管理、资金使用和执行招标投标制度、监理制度、合同制度及超概原因等情况，是否存在管理混乱及重大违法违规等问题，分析评价项目建设效果，提高项目的科学决策水平和资金使用效益。具体将对青少年活动中心建设工程结算、民族高级中学教学楼建设工程结算、职业高级中学综合楼建设项目、污水处理厂建设项目、仙寺坪电站技改项目、中央新增投资2008年廉租房建设项目、中央新增投资2008年基层医疗卫生服务体系建设项目、中央新增投资2008年动物防疫体系建设项目等进行审计。2010年11月底前完成。

四、领导干部任期经济责任审计

按照《贵州省领导干部经济责任审计评价暂行办法》和《贵州省领导干部经济责任审计结果运用办法》等有关规定，规范审计程序，全面客观地评价领导干部的责任履行情况，使经济责任审计成为权力制约和监督机制的重要组成部分。根据县委、政府对干部管理的要求积极稳妥地开展好经济责任审计。全年计划安排2—3名县级以下领导干部任期经济责任审计。

附：道真自治县2010年度审计项目计划表

附表：　　　　道真自治县2010年度审计项目计划表

序号	项目名称	项目数	完成时间
一	财政审计	7	
1	本级预算执行审计	3	
(1)	2009年度本级财政预算执行情况审计	1	5月底前
(2)	2009年度本级国库预算资金收纳、划分、留解情况	1	5月底前
(3)	2009年地方税务局税收征收管理情况审计	1	5月底前
2	部门预算执行审计	3	
(1)	县计生局2009年度部门预算执行情况审计	1	3月底前
(2)	县职业高级中学2006—2009年财务收支审计	1	3月底前
(3)	县民族事务局2009年度部门预算执行情况审计	1	5月底前
3	乡镇财政决算审计	1	
	大磏镇2009年度财政决算审计	1	10月底前
二	专项资金审计	7	
1	中央扩大内需政策措施落实情况及实施效果审计调查	1	8月底前
2	2009年度中小学校舍安全工程项目执行情况审计调查	1	10月底前
3	农村危房改造资金审计	1	9月底前
4	2009年计划生育经费管理使用情况审计	1	8月底前
5	新型农村合作医疗基金专项审计调查	1	8月底前
6	农业综合开发项目资金审计	1	6月底前
7	财政扶贫资金培训项目审计	1	3月底前
三	经济责任审计	2	
1	待定	1	10月底前
2	待定	1	11月底前
四	固定资产投资审计	8	
1	县青少年活动中心建设工程结算审计	1	2月10日前
2	县民族高级中学新教学楼工程结算审计	1	4月底前
3	县职业高级中学综合楼建设项目审计	1	3月底前
4	中央新增投资2008年廉租房建设项目审计	1	11月底前
5	中央新增投资2008年基层医疗卫生服务体系建设项目审计	1	6月底前
6	中央新增投资2008年动物防疫体系建设项目审计	1	9月10日前

续表

序号	项目名称	项目数	完成时间
7	县污水处理厂建设工程审计	1	11月底前
8	仙寺坪电站技改项目审计	1	2月10日前

资料来源：道真仡佬族苗族自治县人民政府公众信息网 http：//baike. baidu. com/view/3640603. htm2012 年 2 月 9 日访问。

（二）审计计划的编制主体

为了提高审计计划的编制水平，必须对审计计划的编制主体进行合理的分工。《审计准则》规定，在审计计划编制过程中，调查审计需求、进行可行性研究和确定备选审计项目，以业务部门或者派出机构为主实施。备选审计项目排序、配置审计资源和编制年度审计项目计划草案，以计划管理部门为主实施。审计机关计划管理部门与业务部门或者派出机构，应当建立经常性的沟通和协调机制。上级审计机关应当指导下级审计机关编制年度审计项目计划，提出下级审计机关重点审计领域或者审计项目安排的指导意见。

审计机关根据项目评估结果，确定年度审计项目计划。审计机关应当将年度审计项目计划报经本级政府行政首长批准并向上一级审计机关报告。

四、审计计划的下达与调整

（一）审计计划的下达

审计机关应当将年度审计项目计划下达审计项目组织和实施单位执行。年度审计项目计划一经下达，审计项目组织和实施单位应当确保完成，非依法定条件和程序不得擅自变更。

审计机关应当对确定的审计项目配置必要的审计人力资源、审计时间、审计技术装备、审计经费等审计资源。审计机关同一年度内对同一被审计单位实施不同的审计项目，应当在人员和时间安排上进行协调，尽量避免给被审计单位工作带来不必要的影响。

（二）审计工作方案的编制

审计方案是对具体审计项目的审计程序及其时间等所做出的详细安排，拟定审计工作方案的目的在于抓住主要问题和环节，有层次、有步骤、有秩序、有计划地开展审计工作。因此，编制审计方案是落实审计计划、组织审计实施的必要环节。并非每一个审计计划的落实都需要编制审计方案，《审计准则》规定，年度审计项目计划确定审计机关统一组织多个审计组共同实施一个审计项目或者分别实施同一类审计项目的，审计机关业务部门应当编制审计工作方案。审计工作方案由审计机关业务部门编制，业务部门根据年度审计项目计划形成过程中调查审计需求、进行可行性研究的情况，开展进一步调查，对审计目标、范围、重点和项目组织实施等确定。审计机关业务部门根据审计实施过程中情况的变化，可以申请对审计工作方案的内容进行调整，并按审计机关规定的程序报批。

审计方案的作用在于，第一，对现场审计工作进行监督和检查的依据。第二，调整年度审计计划或初步的时间预算，具体分配审计人员。第三，审计方案可以使审计人员抓住要害，将时间和精力集中于风险较大或可能存在重大问题的领域，提高审计工作效率和效果。

审计工作方案的内容包括：(1) 审计目标。(2) 审计范围。(3) 审计内容和重点。(4) 审计工作组织安排。(5) 审计工作要求。审计工作方案应当按照审计机关规定的程序审批，审计机关批准审计工作方案前，可以根据需要组织专家进行论证。在年度审计项目计划确定的实施审计起始时间之前，将审计工作方案下达到审计项目实施单位。

(三) 审计计划的调整

为了体现国家审计的权威性，提高审计资源的有效利用和实现程序法治的要求，审计计划必须保持稳定性，不得随意变更。年度审计项目计划执行过程中，遇有法定情形并按照原审批程序之后方可予以调整，《审计准则》第45条规定，应当调整审计计划的法定情形为：(1) 本级政府行政首长和相关领导机关临时交办审计项目的。(2) 上级审计机关临时安排或者授权审计项目的。(3) 突发重大公共事件需要进行审计的。(4) 原定审计项目的被审计单位发生重大变化，导致原计划无法实施的。(5) 需要更换审计项目实施单位的。(6) 审计目标、审计范围等发生重大变化需要调整的。(7) 需要调整的其他情形。

审计机关应当按照国家有关规定，建立和实施审计项目计划执行情况及其结果的统计制度。定期检查年度审计项目计划执行情况，评估执行效果。审计项目实施单位应当向下达审计项目计划的审计机关报告计划执行

第三节　审　计　实　施

审计实施阶段是指实际实施审计的过程，一般包括研究评价被审计单位的内部控制制度、对审计项目进行实质性审查、取得审计证据、编制和复核审计工作底稿、检查重大违法行为做出审计评价等具体性的工作。该阶段的主要工作内容可分为两个方面：一是深入调查研究，适时修改原审计方案；二是实施审计，获取审计证据。

审计实施阶段是审计全过程中的最主要阶段，在整个审计程序中具有承上启下的作用，科学合理地组织审计实施保证审计计划的实现，决定审计报告的质量和权威性，是防范审计风险、提高审计质量和效率的关键环节。

一、审计通知书的送达

（一）组成审计组

审计机关应当在实施项目审计前组成审计组。审计组由审计组组长和其他成员组成，实行组长负责制。审计组组长由审计机关确定，审计组组长可以根据需要在审计组成员中确定主审，主审应当履行其规定职责和审计组组长委托履行的其他职责。

审计组在分配审计资源时，应当为重要审计事项分派有经验的审计人员和安排充足的审计时间。由于审计机关资源的有限性，以及特定事项的专业性，在一些项目审计中往往需要利用外部专家参与审计工作，审计组应当评估特定审计事项是否需要利用外部专家参与审计工作。

（二）送达审计通知书

审计机关应当依照法律法规的规定，向被审计单位送达审计通知书。审计通知书的内容主要包括被审计单位名称、审计依据、审计范围、审计起始时间、审计组组长及其他成员名单和被审计单位配合审计工作的要求。同时，还应当向被审计单位告知审计组的审计纪律要求。采取跟踪审计方式实施审计的，审计通知书应当列明跟踪审计的具体方式和要求。专项审计调查项目的审计通知书应当列明专项审计调查的要求。

（三）审计通知书送达期间

《审计法》第38条规定，审计机关应当在实施审计3日前，向被审计单位送达审计通知书。审计机关在年度审计项目计划中确定对国有资本占控股地位或者主导地位的企业、金融机构进行审计的，应当自确定之日起7日内告知列入年度审计项目计划的企业、金融机构。被审计单位应当配合审计机关的工作，并提供必要的工作条件。审计机关应当提高审计工作效率，以避免影响被审计单位正常工作秩序。

《审计法》规定，遇有特殊情况，经本级人民政府批准，审计机关可以直接持审计通知书实施审计。但《审计法》对特殊情况的范围没有做出具体规定。《审计法实施条例》第38条规定，特殊情况包括（1）办理紧急事项的。（2）被审计单位涉嫌严重违法违规的。（3）其他特殊情形。根据《审计署关于贯彻落实修订后审计法若干问题的意见》，在下列三种特殊情况下，审计机关可以直接持审计通知书实施审计：一是办理交办的紧急审计事项的；二是发现被审计单位涉嫌严重违法违规需要突击审计的；三是其他不宜提前3日送达审计通知书的。遇有特殊情况需要直接持审计通知书实施审计的，审计机关必须严格按法定程序办事，即应当事先获得本级人民政府的批准，履行书面的审批手续。上述规定力图从实体条件和程序规范上对审计机关有所限制，保护当事人的权益，但在总体上仍然不够明晰，为审计机关的自由裁量权留下了很大的空间。

审计通知属于行政通知行为，属于程序性行为，在性质上一般被视为典型的准行政行为[①]，对当事人权利义务产生影响，当事人可以程序违法进行抗辩，维护自己的主张。

二、审计实施方案

（一）审计实施方案的含义

审计实施方案是审计组为了完成审计项目任务，从送达审计通知书到处理审计报告全过程的工作安排。审计实施方案是审计质量控制的基础和灵魂，对指导审计工作、规范审计程序、保证审计质量、提高审计资源利用效率起到关键性作用[②]。

（二）审计实施方案的编制

---

① 柳砚涛：《行政行为新理念》，山东人民出版社2008年版，第25页。

② 《对完善审计实施方案的若干思考》，http：//www.anhuinews.com/zhuyeguanli/system/2010/10/13/003374562.shtml。

审计组应当调查了解被审计单位及其相关情况，评估被审计单位存在重要问题的可能性，确定审计应对措施，编制审计实施方案。《审计准则》第73条规定的审计应对措施主要包括（1）评估内部控制的依赖程度，确定是否和如何测试相关内部控制的有效性。（2）评估对信息系统的依赖程度，确定是否及如何检查相关信息系统的有效性、安全性。（3）确定审计的主要步骤和方法。（4）确定审计时间。（5）确定执行审计的人员。（6）其他必要措施。对于审计机关已经下达审计工作方案的，审计组应当按照审计工作方案的要求编制审计实施方案。

（三）审计实施方案的内容

审计实施方案的内容主要包括：（1）审计目标。（2）审计范围。（3）审计内容、重点及审计措施，包括审计事项和根据《审计准则》第73条确定的审计应对措施。（4）审计工作要求，包括项目审计进度安排、审计组内部重要管理事项及职责分工等。采取跟踪审计方式实施审计的，审计实施方案应当对整个跟踪审计工作做出统筹安排。专项审计调查项目的审计实施方案应当列明专项审计调查的要求。

所谓审计事项实际上就是审计的内容和重点，不同的项目、不同的单位有不同的审计事项。一般是由审计人员通过审前调查，并根据职业判断，在编制审计实施方案时确定。审计人员在实际审计过程中，可以选取全部项目或者部分特定项目进行审查，也可以进行审计抽样。

编制和调整审计实施方案可以采取文字、表格或者两者相结合的形式。

延伸阅读：

审计实施方案

一、被审计单位（项目）：区××公路

二、审计类别：竣工财务决算审计

三、审计方式：就地审计

四、编制依据：根据××政府的要求

五、审计范围：××公路建设项目竣工财务结算审计

六、被审计单位（项目）基本情况

在1998年10月初，由××人民政府批准同意，由××交通局自行勘测设计建设的一条按山区重丘陵四级工程标准建设（原名××公路），当时该公路

由四个工程队进行施工，已完成部分工程量300多万元。19××年9月，市政府为开发××旅游资源，由××市交通委员会上报《关于要求重新审批××旅游大道工程可行性研究报告的请示》（河交［19××］××号文），省交通厅立项。19××年11月广东省交通厅下发《关于××市××旅游专用大道工程可行性研究报告的批复》（粤交计函［19××］××号文），同意对××至××段作为××市旅游专用公路进行改造，全长约××××公里，改造工程投资估算控制在××××万元以内，其中，省负责工程费××××万元，其余征地拆迁费××××万元由××市自负责解决。20××年5月××市交通委员会下发《关于××旅游大道一阶段施工图设计的批复》（××［20××］××号文），批准路线方向、建设规模及技术标准、路线设计、路基路面设计等指标，以及明确了资金来源省负责工程费××××万元、其余征地拆迁费×××万元由××××政府包干。

工程初期，20××年2月成立了××旅游专用公路建设指挥部，业主为××××交通局，法定责任人：19××年至20××年11月×××，20××年12月至20××年6月×××，20××年7月至20××年9月底×××；工程项目招投标工作由×××市建设工程交易中心进行具体实施操作，工程由×××市劳动服务建筑工程公司、×××市建筑工程总公司、×××源兴建筑工程公司、×××建筑工程总公司、×××道路桥梁开发总公司、×××水电建筑总公司、×××市政工程公司、×××新天地建筑工程有限公司等8家企业承包建设施工；勘察设计单位为×××公路局设计室；工程监理单位为×××公路工程监理咨询有限公司；工程监督单位为×××交通建设工程质量监督站；工程量造价结算单位为××××××工程造价咨询有限公司；工程造价结算核定单位为××××建设工程造价管理站；工程于20××年8月开工，20××年9月全线通车，20××年4月全面竣工，20××年11月进行交工验收，公路等级为山岭重丘三级（其中：前3.317公里为山岭重丘一级），完成竣工里程××××公里（含支线0.5公里），实际完成工程投资×××××元（含××××道班房、客运站及停车场工程）。工程质量综合评定为82分，单位工程优良率为14%，初评工程质量等级为合格。

截至20××年9月30日，该工程完成投资总额×××元，其中，建筑安装工程投资共××××××元，待摊投资共××××××元。

七、审计目标

通过对该建设项目的竣工财务决算审计，发现项目建设单位在利用省安排的资金建设公路过程中，财务管理、工程项目管理、工程决算中存在的问题和不足，综合分析产生的原因，提出切实可行的整改意见，促进规范公路工程建设项目管理行为、提高建设资金使用效益。

八、审计内容和重点

（一）建设前期工作程序：

1. 审查项目立项、工程可行性研究、概算、工程勘察、设计、开工等程序是否真实、合规。

2. 审查工程招投标程序是否合法合规，检查其各种手续是否齐全、程序是否完整、资料是否有效。

3. 审查与勘察、设计、工程中标、工程监理、采购、供货等签订的合同及相关补充协议是否合法合规，其付款方式、时间是否按合同条款支付。

（二）竣工程序：审查出具的施工报告书、工程监理报告书以及建设单位验收报告书；重点审查工程决算单位出具的工程造价决算书。

（三）建设项目竣工财务决算：

1. 审查竣工决算的编制。审查从筹建到竣工全过程的全部实际支出费用，即建筑工程费用、安装工程费用、设备工器具购置费用和其他费用。审查其内容和引用数据的准确情况。

2. 审查项目建设及概算执行情况。核实各种资金渠道投入的实际金额；查明资金不到位的数额，分析其原因及影响；审核实际投资完成额；审查调整概算，核定概算总投资；核实项目超概算的金额，分析超概算的原因，是否按批准的概算内容执行，有无概算外项目和提高建设标准、扩大建设规模的问题，有无重大质量事故和经济损失。

3. 审查建设成本。实际完成工程量不纳入这次审计范围，重点对资金支付进行审计。审查设备、材料运杂费和采保费的核算情况；审查待摊投资的列支内容和分摊情况；审查其他投资的列支情况。

4. 审查交付使用资产。审查交付使用的财产，包括房屋、建筑物等，按工程完成进行逐项核实，检查其是否真实、完整，交付条件是否符合，移交手续是否齐全、合规。

5. 审查结余资金。核实银行存款、现金和其他货币资金，查明有无小金库；审查库存物资材料，有无隐瞒、转移、挪用等问题，查明原因；审查往来账款，核实债权债务，重点审查有无转移、挪用建设资金和债权债务清理不及时等问题

6. 审查基建收入。查清基建收入来源，核实基建收入数额；审查基建收入分配依据，核实基建收入分配数额；审查上缴和留存使用情况；审查基建收入的核算是否真实、完整，有无隐瞒、转移收入的问题。

7. 投资效果评价。实际工期与计划定额工期对比，分析工期提前或拖后的原因，以及对投资效益的影响；分析项目建设的欠款偿还能力。

九、重要性水平确定及审计风险评估

（一）重要性水平确定

该项目是×××安排的资金进行的公路建设项目，工程是执行合同定价工程量及增加工程量结算，故选择基本建设支出作为计算基础比较合适，确定基本建设支出的10%作为重要性水平确定为××××万元（即××××10%＝×××××元）；由于该项目是以基本建设支出为计算重要性水平的基础，故不存在将重要性水平分配到账户层，只是在具体实施审计中将分项工程项目金额在××××万元以上的项目作为重点审计。在对单个项目的审计时，应凭借专业判断和职业经验，以高度的职业责任感对项目的金额进行全面的敏感测试和实质性检查，必要时应补充必要的审计程序和方法，减低审计风险。

（二）审计风险的评估

通过审前调查时的调查了解，该建设项目在项目管理、财务管理方面基本规范，但公路工程量清单中所列工程量由建设方和承包方确定委托中介机构结算，由上级公路造价管理部门审核，审计范围仅对项目管理、资金使用方面进行审核，对工程量的结算审计比较困难核定其真实性、合规性，增加了审计风险性，只能按造价管理部门审核的结算依据为准，运用专业判断，各审计人员应获取较多的审计证据以控制审计风险。

十、审计人员和分工

1. ××××：负责审计项目的统筹、组织和协调工作，安排工作进度，审计日记检查，审计工作底稿复核，撰写审计报告征求意见稿；并负责审查项目建设的前期工程程序、竣工程序、工程概算执行情况、完成投资的资产现场勘察核实、资产交付使用手续、投资效益及偿还能力情况及基建财务管理内部控制制度执行情况，收集相关资料。

2. ××××：负责审查建设项目资金来源，主要审查基建拨款、基建借款、其他资金来源，包括财政预算拨款、项目法人资本金、国内银行借款、国外金融组织提供的外资借款、其他收入、应付款项的构成（按年度分类）；审查基建收入的会计核算；收集相关资金来源的资料、文件。

3. ××××：负责审查建设项目资金占用，主要审查基建支出、资金结余、预付账款，核实建设成本包括建筑安装工程投资支出、设备投资支出、待摊投资支出和其他投资支出；收集相关资金占用的资料、文件；协助现场勘察核实。

十一、审计工作计划时间：计划15天时间（20××年12月14日至12月31日）完成整个项目实施、整理审计工作底稿、征求被审计单位意见、提交审计报告。

十二、实施步骤、方法和时间安排

1. 20××年12月7日至12月13日进行审前调查，了解×××旅游大道建设项目情况，并收集有关资料；发出审计通知书，编制审计实施方案，组织审计组学习有关文件、政策。

2. 12月14日至××月25日为审计实施阶段，听取被审计单位情况汇报，要求被审计单位提供会计资料，根据分工，各司其职，开展审计查证工作，并做好审计日记。

3. ××月26日至30日整理审计工作记录，对发现问题进行归类整理，编制审计工作底稿，撰写审计报告征求意见稿，向单位领导汇报审计情况。

4. 20××年××月1日至10日审计报告征求意见稿征求被审计单位，审计资料送复核机构复核，审计报告送局领导审阅批准。

编制人员：××××　　　　20××年××月13日

部门负责人（项目分管领导）审核意见：

年　月　日

局领导审批意见：

年　月　日

方案调整修正补充事项：

编制人员（签名）：　　　　批准人（签名）：

年　月　日　　　　年　月　日

（四）审计实施方案的调整

客观情势处于变化之中，审计实施方案可能出现相应的变化，因此，我国审计立法规定，审计组遇有下列情形之一时，应当及时调整审计实施方案：(1) 年度审计项目计划、审计工作方案发生变化的。(2) 审计目标发生重大变化的。(3) 重要审计事项发生变化的。(4) 被审计单位及其相关情况发生重大变化的。(5) 审计组人员及其分工发生重大变化的。(6) 需要调整的其他情形。审计人员在实施审计的过程中，应当持续关注已做出的重要性判断和对存在重要问题可能性的评估是否恰当，及时做出修正并调整审计应对措施。

（五）审计实施方案的审定

审计实施方案的审定是审计机关确定审计实施方案的最后环节，无论审计实施方案的编制和调整，只有经过审定的审计实施方案才发生效力，对当事人①具有法律约束力。经过审定的审计实施方案才能规范全部审计过程，并成为衡量审计工作质量，追究当事人责任的法律依据。

一般审计项目的审计实施方案应当经审计组组长审定，并及时报审计机关业务部门备案。重要审计项目的审计实施方案应当报经审计机关负责人审定。

审计组调整审计实施方案中的重要事项，应当报经审计机关主要负责人批准：(1) 审计目标。(2) 审计组组长。(3) 审计重点。(4) 现场审计结束时间。

三、审计职业判断

（一）审计职业判断含义

审计职业判断简称职业判断，是审计人员根据其专业知识和经验，通过识别和比较对审计事项和自身行为所作的估计和选择。职业判断是审计人员对重要审计事项在合理认知预测基础上做出的准确而科学的审计决策，意味着审计人员所决定采取的审计程序和所选择的审计方法，能节约审计成本，规避审计风险，提高审计质量，实现审计目标。

审计职业判断贯穿于整个审计工作过程的始终，在审计计划阶段，审计

---

① 由于审计实施方案一般不具有外部效果，因此，此处当事人仅指审计机关及其工作人员，包括审计机关聘用的外部专家。

人员以应有的职业谨慎，评估审计风险，制定并实施相应的审计程序，初步判断重要性水平并确定所需审计证据的数量。在审计实施阶段，需要更多地运用职业判断，如审计抽样的样本选择，抽样结果的可信赖程度，审计程序是否能实现审计目标，以及已获取审计证据的充分性、适当性、符合性测试和实质性测试的性质、时间、范围等等。在审计终结阶段，运用职业判断实施最后的质量控制，复核审计工作底稿，发表审计评价意见，进行合理的定性、处理和处罚。审计职业判断直接关系到审计事项结论、审计意见及审计决定的正确性。

在审计方案实施中之所以要进行各种各样的职业判断，是由多方面的原因决定的，这些原因主要有：

第一，审计环境的不确定性。审计环境对审计职业判断功能的发挥起决定作用，审计活动总是在一定环境条件下完成的，审计环境的演进直接导致了审计专业判断的产生，并使审计专业判断在审计活动中日益扮演着更为重要的角色。

第二，审计方法的要求。审计职业判断是现代风险基础审计模式下实现审计目标的核心手段，现代风险基础审计中抽样技术和方法被广泛应用，审计对象样本的覆盖面缩小，审计抽样风险增大，非抽样风险依然存在，审计已不可能对审计对象的真实面貌做出完整的评价，需要审计人员更多地运用专业判断。可以说，运用抽样技术和方法进行审计时，审计职业判断是保证审计质量实现审计目标的核心手段。

第三，（会计）信息的不可靠性（非对称性）。

第四，审计标准的模糊性。

（二）审计职业判断的内容

第一，审计人员应当结合适用的标准，分析调查了解的被审计单位及其相关情况，判断被审计单位可能存在的问题，尤其应根据重要性判断的结果，重点关注被审计单位可能存在的重要问题。

第二，根据可能存在问题的性质、数额、主观恶性、社会影响，以及问题发生的具体环境判断问题的重要性。

第三，确定审计事项和审计应对措施。审计组针对审计事项确定的审计应对措施包括：

（1）评估对内部控制[①]的依赖程度，确定是否及如何测试相关内部控制的有效性。审计人员认为存在下列情形之一的，应当测试相关内部控制的有效性：①某项内部控制设计合理且预期运行有效，能够防止重要问题的发生。②仅实施实质性审查不足以为发现重要问题提供适当、充分的审计证据。审计人员决定不依赖某项内部控制的，可以对审计事项直接进行实质性审查。被审计单位规模较小、业务比较简单的，审计人员可以对审计事项直接进行实质性审查。

（2）评估对信息系统的依赖程度，确定是否及如何检查相关信息系统的有效性、安全性。审计人员认为存在下列情形之一的，应当检查相关信息系统的有效性、安全性：①仅审计电子数据不足以为发现重要问题提供适当、充分的审计证据。②电子数据中频繁出现某类差异。审计人员在检查被审计单位相关信息系统时，可以利用被审计单位信息系统的现有功能或者采用其他计算机技术和工具，检查中应当避免对被审计单位相关信息系统及其电子数据造成不良影响。③确定主要审计步骤和方法。④确定审计时间。⑤确定执行的审计人员。⑥其他必要措施。

（三）审计职业判断的基础

第一，审计人员可以从下列方面调查了解被审计单位及其相关情况：（1）单位性质、组织结构。（2）职责范围或者经营范围、业务活动及其目标。（3）相关法律法规、政策及其执行情况。（4）财政财务管理体制和业务管理体制。（5）适用的业绩指标体系以及业绩评价情况。（6）相关内部控制及其执行情况。（7）相关信息系统及其电子数据情况。（8）经济环境、行业状况及其他外部因素。（9）以往接受审计和监管及其整改情况。（10）需要了解的其他情况。

第二，审计人员可以从下列方面调查了解被审计单位相关内部控制及其执行情况：（1）控制环境，即管理模式、组织结构、责权配置、人力资源制度等。（2）风险评估，即被审计单位确定、分析与实现内部控制目标相关的风

---

① 我国至今尚未形成关于内部控制的权威定义。美国“全国欺骗性财务报告委员会”下属的内部控制专门研究委员会（简称 COSO 委员会）于 1992 年提出了内部控制的如下定义：“内部控制是一个要靠组织的董事委员会、管理层和其他员工去实现的过程，实现这一过程是为了合理地保证：（1）经营的效果性和效率性。（2）财务报告的可信性。（3）对有关的法律和规章制度的遵循性。为了实现上述的内部控制目标，内部控制应具备以下 5 个要素：控制环境、风险评估、控制活动、信息与沟通、监督。

险，以及采取的应对措施。（3）控制活动，即根据风险评估结果采取的控制措施，包括不相容职务分离控制、授权审批控制、资产保护控制、预算控制、业绩分析和绩效考评控制等。（4）信息与沟通，即收集、处理、传递与内部控制相关的信息，并能有效沟通的情况。（5）对控制的监督，即对各项内部控制设计、职责及其履行情况的监督检查。

第三，审计人员可以从下列方面调查了解被审计单位信息系统控制情况：（1）一般控制，即保障信息系统正常运行的稳定性、有效性、安全性等方面的控制。（2）应用控制，即保障信息系统产生的数据的真实性、完整性、可靠性等方面的控制。

第四，审计人员可以采取下列方法调查了解被审计单位及其相关情况：（1）书面或者口头询问被审计单位内部和外部相关人员。（2）检查有关文件、报告、内部管理手册、信息系统的技术文档和操作手册。（3）观察有关业务活动及其场所、设施和有关内部控制的执行情况。（4）追踪有关业务的处理过程。（5）分析相关数据。

审计人员根据审计目标和被审计单位的实际情况，运用职业判断确定调查了解的范围和程度。对于定期审计项目，审计人员可以利用以往审计中获得的信息，重点调查了解已经发生变化的情况。这样做既可以节约审计资源，也可以提高审计效率。

（四）审计职业判断的依据

马克思主义认识论认为，在人的认识进程中获得判断与结论是一个主观见之于客观的活动，审计人员在职业判断中依据一定的标准对特定的客观对象或事实进行比较、衡量、并做出结论。职业判断过程中，影响结论的客观因素主要是被审计单位本身的情况及各种相关情况。影响结论的主观因素更为复杂，包括审计人员自身的因素，按照美国学者科尔文等人提出的标准，从事审计职业的人应具备以下条件：（1）为公众服务，成为可终身投入的事业。（2）具有非一般人能够轻易掌握的专门知识和技能。（3）能够投入大量的精力进行研究，并将理论应用于实践。（4）需要足够长的专业受训时间。（5）对服务对象负责，注重服务质量。

职业判断所依据的标准也是影响审计结论的重要的主观因素，审计人员在调查了解被审计单位及其相关情况的过程中，可以选择下列标准作为职业判断的依据：（1）法律、法规、规章和其他规范性文件。（2）国家有关方针和政策。（3）会计准则和会计制度。（4）国家和行业的技术标准。（5）预算、计划和合同。(6) 被审计单位的管理制度和绩效目标。(7) 被审计单位的历史数据和历史业绩。(8) 公认的业务惯例或者良好实务。(9) 专业机构或者专家的意见。(10) 其他标准。

为保证职业判断的科学性，我国审计立法规定，审计人员进行职业判断时所选择的标准应当具有客观性、适用性、相关性、公认性。任何标准都具有稳定性和滞后性，随着时间的变化而与客观事实之间存在差异性，因而，审计人员在审计实施过程中需要持续关注标准的适用性。任何标准都具有多样性和复杂性，职业判断过程中必然会遇见标准不一致的情况，此时，审计人员应当采用权威的和公认程度高的标准。

四、重要性

(一) 概述

“重要性”原本是社会审计领域的一个基本范畴，指被审计单位财务报表中可能存在的不影响财务报表使用者做出经济决策和判断的错报及漏报的最大限额。如果一项错报单独或连同其他错报可能影响财务报表使用者依据财务报表作出的经济决策，则该项错报是重大的。中国注册会计师协会《独立审计准则》对重要性的定义是：“本准则所称重要性，是指被审计单位会计报表中错报或漏报的严重程度，这一程度在特定环境下可能影响会计报表使用者的判断或决策。”根据《中国注册会计师审计准则1221号——重要性》：重要性取决于在具体环境下对错报金额和性质的判断。各国对重要性的认识基本是一致的，即如果信息的错报或漏报可能影响到会计报表使用者的决策，该信息即被视为“重要”。

审计人员在进行审计的过程中，并不是要发现所有的错误和弊端，而是要发现其中超过重要性水平者。因而重要性的确定就变成了一个关键问题。重要性强调以是否影响会计报表使用者的决策为标准，是一个外部性的标准，比较模糊，究竟重要性水平如何只能由审计人员根据具体情况做出判断。审计重要性是审计效率和审计质量的合理统一，或者说是审计收益与审计风险的权衡过程。

(二) 国家审计中的“重要性”

“重要性”作为一个基本的技术性概念而被引用至国家审计领域，并同样起重要作用。“重要性”不仅是审计职业判断的重要内容，从《审计准则》第70和71条的规定，“重要性”也是制定和调整审计实施方案，确定审计事项的重要依据之一。

“重要性”是审计质量和审计效率之间的平衡点，重要性水平太低，审计质量可以得到合理保证，但加大了审计工作量，降低了审计效率；审计重要性水平定得过高，审计效率提高了，但审计质量得不到合理保证，审计人员会面临比较大的审计风险。

我国《审计准则》第69条进一步规定，审计人员可以通过关注以下因素判断重要性：(1) 是否属于涉嫌犯罪的问题。(2) 是否属于法律法规和政策禁止的问题。(3) 是否属于故意行为所产生的问题。(4) 可能存在问题涉及的数量或者金额。(5) 是否涉及政策、体制或者机制的严重缺陷。(6) 是否属于信息系统设计缺陷。(7) 政府行政首长和相关领导机关及公众的关注程度。(8) 需要关注的其他因素。需要对财务报表发表审计意见的，审计人员可以参照中国注册会计师执业准则的有关规定确定和运用重要性。审计人员通过对这些问题的关注和评估，为下一步确定审计事项和审计应对措施提供重要参考。

五、审计证据

(一) 审计证据的概念

1. 审计证据的含义

各国以及国内学者对于法律上关于证据的概念有不同的观点，分别有：(1) 事实说，认为诉讼证据是指在诉讼上具有查明案件真相之作用的事实。(2) 材料或资料说，能够证明某事物真实性的有关材料或资料。(3) 方法或手段说，认为证据是确认某一争议事实的方法。(4) 原因说，认为证据是法官确信某种事实存在或不存在的原因，即证据是法官形成内心确信的因素。(5) 结果说，认为证据是对待事实举证和调查的结果。(6) 证明说，认为诉讼证据是依据已知的资料对待证事实予以阐明。(7) 两义说，认为诉讼证据从狭义上讲是指证明争议事实的方法，从广义上说则是指那些用来确定有关案件情况的事实。

我国立法上的证据概念采用了“事实说”，认为证据是：能够证明案件真实情况的一切事实。《刑事诉讼法》第42条第1款规定：“证明案件真实情况的一切事实，都是证据。”《民事诉讼法》、《行政诉讼法》与《刑事诉讼法》的规定基本相同。

有学者持“事实说“的观点，认为审计证据是指审计人员在实施审计程序过程中根据职业判断所搜集的，为发表审计意见、出具审计报告以及做出审计处理处罚决定等审计行为提供证明的事实。但也有从“材料说”观点出发认为，审计证据是指审计机关和审计人员获取的，用以证明审计事实真相，形成审计结论的证明材料①。

我们认为“事实说”较为合理，我国也采纳“事实说”,《审计准则》第82条规定，审计证据是指审计人员获取的能够为审计结论提供合理基础的全部事实，包括审计人员调查了解被审计单位及其相关情况和对确定的审计事项进行审查所获取的证据。

2. 审计证据的作用

从理论研究而言，审计证据理论是审计理论的一个重要组成部分，缺乏审计证据理论的审计理论是残缺不全的。从实践的角度分析，审计执法过程就是审计证据收集、评价和综合，最后据以形成审计结论和审计意见，对审计对象（政府）进行评价甚至问责的过程。“审计人员发表的审计意见或者审计结论的正确与否，或者说审计工作质量的高低，要以充分适当的审计证据作为基础。因此，审计证据在整个审计过程中发挥着重要的作用。”②

（二）审计证据的分类

我国国家审计制度中还没有形成自己关于审计证据的分类体系和基本理论，有关审计证据的分类借用了注册会计师审计的分类，将审计证据按其存在形式（或称按其外形特征）分为：实物证据、书面证据、口头证据和环境证据③。审计学和审计实务中的证据概念既是一个法律上的概念，又是一个审计学科中的概念。它与法律上的证据概念的关系，以及国家审计中的审计证据与社会审计中的审计证据之间的关系都需要进行跨学科的研究。

审计证据按其来源又可以分为外部证据和内部证据，从被审计单位外部获取的证据为外部证据，从被审计单位内部获取的证据为内部证据。上述两种证据分类的结果之间存在一定的交叉关系。

1. 实物证据

实物证据是指通过实地观察或清查盘点所取得的、用以确定某些实物资产是否确实存在的证据。刑事诉讼法的法定实物证据包括物证、书证、勘验、检

---

① 参见《审计证据》，http：//baike. baidu. com/view/344425. htm。

② 于庆华：《审计学与审计法》，中国政法大学出版社 2005 年版，第 35 页。

③ 同上。

查笔录、现场笔录和视听资料等。我国的国家审计立法没有关于审计证据类型的具体规定，《中国注册会计师审计准则第 1301 号——审计证据》规定，审计证据是指注册会计师为了得出审计结论、形成审计意见而使用的所有信息，包括财务报表依据的会计记录中含有的信息和其他信息。一般来说，作为从现场获得的第一手资料，实物证据的证明力最强，非常具有说服力。

2. 书面证据

书面证据是指以书面文件为形式的审计证据。包括各种书面记载的信息资料，例如与被审计事项有关的会计凭证、账簿和报表，以及各种会议记录和文件、各种合同、通知书、报告书及函件等。也有观点将书面证据按其来源渠道可以分为亲历证据、外部证据和内部证据三类①。

书面证据的特点：数量多、来源渠道多样化、容易被篡改。审计人员要注意对书面证据进行认真细致的鉴定和分析，运用专业判断，辨别真伪，充分正确地利用书面证据。

3. 口头证据

口头证据是审计人员就审计项目有关的事项询问被审计单位有关人员或其他人员而形成的记录。在审计过程中，审计人员把各种重要的口头证据应当要求被询问者签名确认，同时应从不同渠道取得其他相应证据的支持。一般情况下，口头证据本身并不足以证明事情的真相，但审计人员往往可以通过口头证据发掘出一些重要的线索，以搜集到更为可靠的证据。

有学者提出“环境证据”的概念，环境证据亦称状况证据，是指影响被审事项的各种环境事实。它可以帮助注册会计师了解被审事项所处的环境或发展的状况，为判断被审事项和确证已收集其他证据的程度提供依据，包括反映内部控制状况的环境证据、反映管理素质的环境证据、反映管理水平和管理条件的环境证据。我们认为，环境证据是审计人员进行职业判断时必须掌握的资料，不能用于直接证实有关被审事项，因此，它不属于一种独立的证据类型。外部证据的概念足以替代环境证据的概念。

审计证据具有专业性，审计机关依据审计证据对事实进行的认定具有权威性和客观性。人民法院在诉讼过程中应当尊重审计机关对相关事实的认定，但是否采纳相应的审计证据，并认定相应的事实，最终的决定权在于人民法院。

---

① 参见《审计证据》，http：//baike. baidu. com/view/344425. htm。

（三）审计证据的衡量

审计人员在审计过程中获得的信息不仅数量巨大，而且极为复杂，需要去伪存真、由此及彼、由表及里地进行筛选，因此，审计人员必须按照一定的标准和方法对其进行衡量，确保审计结论的科学性和权威性。审计人员在获取审计证据时，必须注意两个方面的问题：既保证审计证据足够的数量；也要保证审计证据的质量。审计证据如果搜集得不充分，证据的可靠性较低，或者与审计目标相关性不够，审计结论和审计意见就无法形成，即使勉强形成审计结论，其公正性、客观性也具有不可克服的缺陷，甚至有可能得出完全错误的结论。

1. 审计证据的衡量标准

第一，依法获取审计证据。依法获取审计证据是保证审计证据质量的首要条件。这里依法获取审计证据包括我国的审计立法，更包括我国法律关于证据的有关规定。既包括依照法定权限和条件获取审计证据，也包括依据法定程序获取审计证据。我国审计立法并未明确规定违法收集的审计证据是否当然无效。从法理上看，任何超越法定权限，以及不符合法定程序和法定形式所取得的证据不能作为证据使用①。

第二，审计人员获取的审计证据，应当具有适当性和充分性。《审计准则》规定，适当性是对审计证据质量的衡量，即审计证据在支持审计结论方面具有的相关性和可靠性。相关性是指审计证据与审计事项及其具体审计目标之间具有实质性联系。可靠性是指审计证据必须真实、可信，审计证据能够反映客观对象活动实际情况的程度。审计证据的可靠性受到审计证据的类型、取证的渠道和方式等各种因素的影响。判断审计证据的可靠程度可以把握以下几个标准：充分性是对审计证据数量的要求，审计人员在评估存在重要问题的可能性和审计证据质量的基础上，决定应当获取审计证据的数量。

审计人员在审计实施过程中，应当持续评价审计证据的适当性和充分性。审计人员对审计证据的相关性分析时，应当关注下列方面：（1）一种取证方法获取的审计证据可能只与某些具体审计目标相关，而与其他具体审计目标无关。（2）针对一项具体审计目标可以从不同来源获取审计证据或者获取不同形式的审计证据。判断审计证据的可靠程度可以把握以下几个标准：第一，书

① 江金满：《自由心证在审计证据判断评价中的借鉴与运用研究——以防范和控制国家审计风险为考量》，http：//www.jssj.gov.cn/newsfiles/203/2011－11/24025.shtml。

面证据比口头证据可靠。第二，外部证据比内部证据可靠。第三，审计师自行获得的证据比由被审计单位提供的证据可靠。第四，内部控制较好时的内部证据比内部控制较差时的内部证据可靠。第五，不同来源或不同性质的审计证据能相互印证并构成完整的证据链条时，审计证据更为可靠。

2. 审计证据获取方法

审计人员可以采取下列方法向有关单位和个人获取审计证据：(1) 检查，是指对纸质、电子或者其他介质形式存在的文件、资料进行审查，或者对有形资产进行审查。(2) 观察，是指察看相关人员正在从事的活动或者执行的程序。(3) 询问，是指以书面或者口头方式向有关人员了解关于审计事项的信息。(4) 外部调查，是指向与审计事项有关的第三方进行调查。(5) 重新计算，是指以手工方式或者使用信息技术对有关数据计算的正确性进行核对。(6) 重新操作，是指对有关业务程序或者控制活动独立进行重新操作验证。(7) 分析，是指研究财务数据之间、财务数据与非财务数据之间可能存在的合理关系，对相关信息做出评价，并关注异常波动和差异。

审计人员对于重要问题，可以围绕下列方面获取审计证据：(1) 标准，即判断被审计单位是否存在问题的依据。(2) 事实，即客观存在和发生的情况。事实与标准之间的差异构成审计发现的问题。(3) 影响，即问题产生的后果。(4) 原因，即问题产生的条件。

审计人员进行专项审计调查，可以使用上述方法及其以外的其他方法。

审计机关执行审计业务过程中，因行使职权受到限制而无法获取适当、充分的审计证据，或者无法制止违法行为对国家利益的侵害时，根据需要，可以按照有关规定提请有权处理的机关或者相关单位予以协助和配合。

3. 审计证据衡量规则

第一，审计项目审查规则。审计项目审查包括全部项目审查和特定项目审查两种。审计人员根据实际情况，可以在审计事项中选取全部项目或者部分特定项目进行审查，存在下列情形之一的，审计人员可以对审计事项中的全部项目进行审查：(1) 审计事项由少量大额项目构成的。(2) 审计事项可能存在重要问题，而选取其中部分项目进行审查无法提供适当、充分的审计证据的。(3) 对审计事项中的全部项目进行审查符合成本效益原则的。

审计人员可以在审计事项中选取下列特定项目进行审查：(1) 大额或者重要项目。(2) 数量或者金额符合设定标准的项目。(3) 其他特定项目。

选取部分特定项目进行审查的结果，不能用于推断整个审计事项。

第二，审计抽样规则。在审计事项包含的项目数量较多，需要对审计事项某一方面的总体特征做出结论时，审计人员可以进行审计抽样。我国《审计准则》规定，审计人员进行审计抽样时，可以参照中国注册会计师执业准则的有关规定。

第三，追加审计措施规则。不同来源和不同形式的审计证据存在不一致或者不能相互印证时，审计人员应当追加必要的审计措施，确定审计证据的可靠性。采集被审计单位电子数据作为审计证据的，审计人员应当记录电子数据的采集和处理过程。

已采取的审计措施难以获取适当、充分审计证据的，审计人员应当采取替代审计措施；仍无法获取审计证据的，由审计组报请审计机关采取其他必要的措施或者不做出审计结论。

第四，外部证据的审查规则。审计人员需要利用所聘请外部人员的专业咨询和专业鉴定作为审计证据的，应当对下列方面做出判断：（1）依据的样本是否符合审计项目的具体情况。（2）使用的方法是否适当和合理。（3）专业咨询、专业鉴定是否与其他审计证据相符。

审计人员需要使用有关监管机构、中介机构、内部审计机构等已经形成的工作结果作为审计证据的，应当对该工作结果的下列方面作出判断：（1）是否与审计目标相关。（2）是否可靠。（3）是否与其他审计证据相符。

第五，证据保全规则。被审计单位的相关资料、资产可能被转移、隐匿、篡改、毁弃并影响获取审计证据的，审计机关应当依照法律法规的规定采取相应的证据保全措施。

第六，证据承诺规则。审计人员应当依照法律法规规定，取得被审计单位负责人对本单位提供资料真实性和完整性的书面承诺。审计人员取得证明被审计单位存在违反国家规定的财政收支、财务收支行为以及其他重要审计事项的审计证据材料，应当由提供证据的有关人员、单位签名或者盖章；不能取得签名或者盖章不影响事实存在的，该审计证据仍然有效，但审计人员应当注明原因。

审计事项比较复杂或者取得的审计证据数量较大的，可以对审计证据进行汇总分析，编制审计取证单，由证据提供者签名或者盖章。

六、审计记录

审计记录是新颁布的《中华人民共和国国家审计准则》规定的一项重要

审计文书，包括调查了解记录、审计工作底稿和重要事项管理记录。审计记录的好坏不仅直接影响审计工作的质量及审计工作的效果，同时也能够充分体现审计人员的综合素质，在具体审计项目中起着至关重要的作用。

（一）审计记录的作用和原则

1. 审计记录的作用

审计记录是审计人员在审计过程中形成的对法定事项的记载。审计记录不具有对外效力，不影响相对人的权利义务，但是审计记录具有内部效力。审计记录的作用在于：第一，支持审计人员编制审计实施方案和审计报告。第二，证明审计人员遵循相关法律法规和审计准则等审计立法的相关规定。第三，便于对审计人员的工作实施指导、监督和检查，提高审计效率、保证审计质量并防范审计风险。

2. 审计记录的原则

审计记录的原则是真实性、完整性、规范性和易解性。审计人员在记录实施审计的过程、得出的结论和与审计项目有关的重要管理事项时，真实性是指信息披露的内容应当真实——记录的内容符合所记录的客观对象，不能有弄虚作假或者错误。完整性是指所有关于记录对象的内容均应当予以记录，内容相互一致，不应有所遗漏，由于审计过程中审计人员获得的信息量巨大，事无巨细予以记录势必浪费审计资源，降低审计效率，因此，完整性一般有两个衡量标准：第一，法律法规和审计机关有关规范性文件的规定必须记录的事项，必须完整地予以记录。第二，审计人员通过职业判断认为需要予以记录的事项，可以进行记录。规范性是指审计记录应当按照法律法规和审计机关有关规范性文件的要求进行记录，包括形式上、程序上的规范性要求和内容上的规范性要求。易解性是指审计人员做出的记录，应当使未参与该项业务的有经验的其他审计人员能够理解其执行的审计措施、获取的审计证据、作出的职业判断和得出的审计结论。

（二）调查了解记录

1. 调查了解记录概述

调查了解记录是审计人员为了形成审计结论而就审计项目的有关情况收集信息并做出的记载。调查了解记录在审计实施的不同阶段具有不同的作用，一般形成于审计实施方案编制之前，但对于大型或者业务比较复杂的审计项目，审计调查了解记录在审计实施过程的各个阶段都会产生，贯穿整个审计实施阶段。调查了解记录是编制审计实施方案的最重要依据。

2. 调查了解记录的内容

审计组在编制审计实施方案前，应当对调查了解被审计单位及其相关情况做出记录。调查了解记录的内容主要包括（1）对被审计单位及其相关情况的调查了解情况。（2）对被审计单位存在重要问题可能性的评估情况。（3）确定的审计事项及其审计应对措施[①]。

（三）审计工作底稿

1. 审计工作底稿概述

审计工作底稿是审计人员在审计实施过程[②]中对审计活动进行记录，并对审计证据进行系统整理后，按照审查的问题归纳编写的专项说明书。目前关于审计工作底稿的涵义存在不同观点：第一种观点认为，审计工作底稿是审计人员在实施审计过程中形成的与审计事项有关的工作记录。第二种观点认为，审计工作底稿是审计人员在审计过程中形成的审计工作记录和获取的资料。第三种观点认为，审计工作底稿是审计人员在审计过程中形成的与审计事项有关的工作记录和获取的审计证据。《审计准则》第105条规定，审计工作底稿主要记录审计人员依据审计实施方案执行审计措施的活动。但从该条规定来看，立法似乎支持第一种观点，但是，综合《审计准则》第105条至第108条的规定分析，我们认为，审计工作底稿是审计人员在审计过程中形成的与审计事项有关的工作记录和对审计证据的认定。上述第二种和第三种观点偏窄，与法律规定的精神不符。

审计工作底稿是审计人员在从事具体审计项目中所采集的原始证据和形成的审计结论，是编写审计报告、做出审计决定的主要依据。审计工作底稿是审计过程和结果的书面证明，具有汇集和反映审计情况并佐证和解释审计报告的作用。编制和取得完整、有效的审计工作底稿，可以提高审计工作质量，降低审计风险。审计工作底稿的编制时间只能发生在审计事项的审计证据取证结束后[③]。

2. 审计工作底稿的内容

① 王金标：《浅析调查了解记录与审计工作底稿的区别》，http：//www. hbsjj. gov. cn/a/lilunyushi-wutansuo/2011/1102/3511. html。

② 根据《审计准则》第105条的规定分析，这里所指的审计过程是指具体实施审计的过程，不包括审计计划阶段、准备阶段、报告阶段和处理阶段。

③ 王金标：《浅析调查了解记录与审计工作底稿的区别》，http：//www. hbsjj. gov. cn/a/lilunyushi-wutansuo/2011/1102/3511. html。

审计工作底稿的内容主要包括（1）审计项目名称。（2）审计事项名称。（3）审计过程和结论；[①]（4）审计人员姓名及审计工作底稿编制日期并签名。（5）审核人员姓名、审核意见及审核日期并签名。（6）索引号及页码。（7）附件数量。

审计工作底稿记录的审计过程和结论主要包括（1）实施审计的主要步骤和方法。（2）取得的审计证据的名称和来源。（3）审计认定的事实摘要。（4）得出的审计结论及其相关标准。

审计证据材料应当作为调查了解记录和审计工作底稿的附件。一份审计证据材料对应多个审计记录时，审计人员可以将审计证据材料附在与其关系最密切的审计记录后面，并在其他审计记录中予以注明。

审计机关往往使用统一的审计工作底稿，由审计人员按规定的要求填写。审计署审法发［2011］24号《关于印发主要审计文书种类和参考格式的通知》中对于审计工作底稿的格式也提供了参考模板，主要包括审计的过程和审计认定的事实摘要及审计结论两大部分。编制审计工作底稿时，必须做到要素完整、记录真实、内容全面、观点明确、重点突出、条理清楚、符合法定要求。完整性和真实性是审计工作底稿的首要原则，为此，《审计准则》不仅具体规定了审计工作底稿的内容，其第105条还规定，审计人员对审计实施方案确定的每一审计事项，均应当编制审计工作底稿。一个审计事项可以根据需要编制多份审计工作底稿。“在具体的编制过程中，要做到审计工作底稿与审计结果、审计报告相符，不允许出现审计报告中涉及的内容而没有编制审计工作底稿的现象；不允许出现有审计过程而无审计结果或有结果而无过程的审计工作底稿；所有被查事项都要编制审计工作底稿，做到一事一稿，不允许出现有审计行为而无审计底稿或多事一稿的现象。”[②]《审计准则》第108条还规定，审计证据材料应当作为调查了解记录和审计工作底稿的附件。一份审计证据材料对应多个审计记录时，审计人员可以将审计证据材料附在与其关系最密切的审计记录后面，并在其他审计记录中予以注明。审计组起草审计报告前，审计

---

① 审计的过程和结论，包括（1）实施审计的主要步骤（实施审计的主要步骤是指在对具体审计事项实施审计时的先后顺序）和方法（实施审计的方法包括：检查、观察、询问、外部调查、重新计算、重新操作、分析等七种）。（2）取得的审计证据的名称和来源。（3）审计认定的事实摘要。（4）得出的审计结论及其相关规定。参见王金标：《浅析调查了解记录与审计工作底稿的区别》，http：//www.hbsjj.gov.cn/a/lilunyushiwutansuo/2011/1102/3511.html。

② “浅谈审计工作底稿的几个问题”，《中国审计报》，2004年11月21日。

组组长应当对审计工作底稿进行审核。

审计工作底稿应当具有易解性。易解性是要求编制审计工作底稿要做到观点明确，重点突出，条理清楚。易解性不以一般人的常识性认识能力为准，而是一个对审计人员的专业性要求，因为审计工作底稿是审计机关形成的内部文本，易解性的主要目的在于便于审计人员沟通和交流，以保证审计质量，防止审计风险。至于满足社会公众对审计信息的需求，主要通过审计公告制度加以解决。《审计准则》第102条的规定是对审计工作底稿应当具有易解性的直接规定：审计人员作出的记录，应当使未参与该项业务的有经验的其他审计人员能够理解其执行的审计措施、获取的审计证据、做出的职业判断和得出的审计结论。

3. 审计工作底稿的审核

审计组起草审计报告前，审计组组长应当对审计工作底稿的下列事项进行审核：(1) 具体审计目标是否实现。(2) 审计措施是否有效执行。(3) 事实是否清楚。(4) 审计证据是否适当、充分。(5) 得出的审计结论及其相关标准是否适当。(6) 其他有关重要事项。

审计组组长审核审计工作底稿，应当根据不同情况分别提出下列意见：(1) 予以认可。(2) 责成采取进一步审计措施，获取适当、充分的审计证据。(3) 纠正或者责成纠正不恰当的审计结论。

(四) 重要事项管理记录

1. 重要事项管理记录概述

重要事项管理记录是为了加强对审计过程的监督，对审计人员的工作实施具体的指导、监督，保证审计人员遵循相关的法律法规，而对审计过程中的重要管理事项的记载。《审计准则》将一些原来具体审计准则中分散的内容进行综合整理，统一归并为重要管理事项纪录，重要事项管理记录是完整反映审计过程和控制审计质量的重要载体和手段（见图5-1）。

2. 重要事项管理记录的内容

重要事项管理记录的最终目的是保证审计的独立性和审计结论的客观公正，证明审计行为的合规性、充分性和恰当性，并为复核、审理和以后的检查提供依据。重要管理事项记录应当记载与审计项目相关并对审计结论有重要影响的下列管理事项：(1) 可能损害审计独立性的情形及采取的措施。(2) 所聘请外部人员的相关情况。(3) 被审计单位承诺情况。(4) 征求被审计对象或者相关单位及人员意见的情况、被审计对象或者相关单位及人员反馈的意见

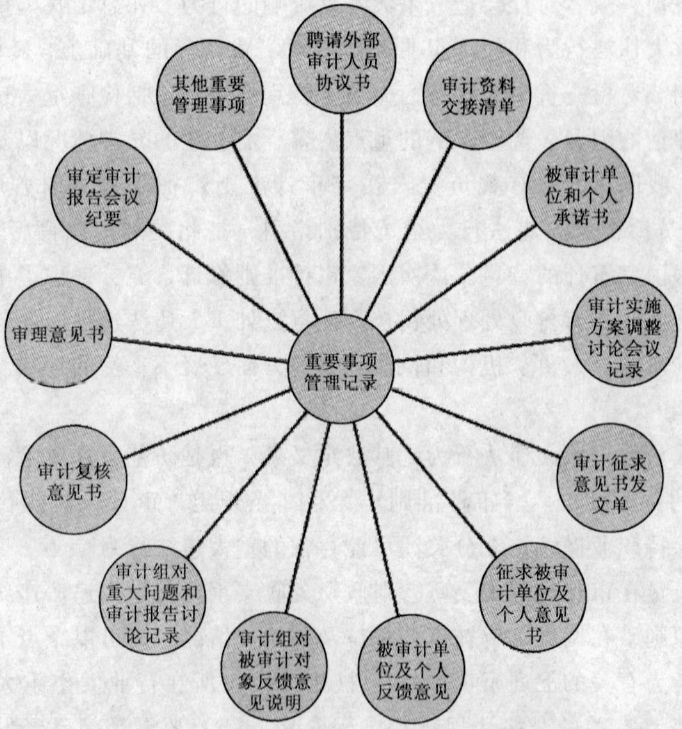

图5－1

图标来源：丁厚银：《关于审计记录的思考》，http：//www. audit. gov. cn/n1992130/n1992150/n1992576/2748755. html。

及审计组的采纳情况。(5) 审计组对审计发现的重大问题和审计报告讨论的过程及结论。(6) 审计机关业务部门对审计报告、审计决定书等审计项目材料的复核情况和意见。(7) 审理机构对审计项目的审理情况和意见。(8) 审计机关对审计报告的审定过程和结论。(9) 审计人员未能遵守本准则规定的约束性条款及其原因。(10) 因外部因素使审计任务无法完成的原因及影响。(11) 其他重要管理事项。

七、检查重大违法行为

（一）重大违法行为

1. 含义

2011年1月1日起施行的《中华人民共和国国家审计准则》将重大违法行为定义为：被审计单位和相关人员违反法律法规、涉及金额比较大、造成国家重大经济损失或者对社会造成重大不良影响的行为。在总结我国审计机关多年来查处重大违法行为和经济犯罪案件线索实践经验的基础上，《审计准则》第四章第四节对检查重大违法行为做出了特别规定，包括检查重大违法行为过程中应当评估的因素、调查了解的重点内容、需关注的异常情况以及采取的应对措施等。我国审计署有关负责人在《审计准则》征求意见时曾明确表示，“对审计人员检查重大违法行为给予特别指引，是此次准则修订新增的内容，体现了中国国家审计的特色。这次国家审计准则修订，充分考虑了中国国家审计的体制特征和具有行政处理处罚权、注意查处重大违法违规问题等特点，以及各级审计机关在人员、机构和执法环境等方面发展不平衡的现状。”

2. 作用

审计人员发现重大违法行为是其法定义务，也是防范审计风险，衡量审计工作质量的重要标准。《审计准则》第112条规定，审计人员执行审计业务时，应当保持职业谨慎，充分关注可能存在的重大违法行为。

审计人员在审计过程中要坚持财政财务收支审计与重大违法违纪问题检查相结合的原则，在调查了解被审计单位及其相关情况时，可以重点了解可能与重大违法行为有关的下列事项：(1) 被审计单位所在行业发生重大违法行为的状况。(2) 有关的法律法规及其执行情况。(3) 监管部门已经发现和了解的与被审计单位有关的重大违法行为的事实或者线索。(4) 可能形成重大违法行为的动机和原因。(5) 相关的内部控制及其执行情况。(6) 其他情况。

(二) 重大违法行为检查

1. 重大违法行为的发现

审计人员可以通过关注下列情况，判断可能存在的重大违法行为：(1) 具体经济活动中存在的异常事项。(2) 财务和非财务数据中反映出的异常变化。(3) 有关部门提供的线索和群众举报。(4) 公众、媒体的反映和报道。(5) 其他情况。

2. 重大违法行为检查

审计人员根据被审计单位实际情况、工作经验和审计发现的异常现象，判断可能存在重大违法行为的性质，并确定检查重点。审计人员在检查重大违法行为时，应当关注重大违法行为的高发领域和环节。

发现重大违法行为的线索，审计组或者审计机关可以采取下列应对措施：(1) 增派具有相关经验和能力的人员。(2) 避免让有关单位和人员事先知晓检查的时间、事项、范围和方式。(3) 扩大检查范围，使其能够覆盖重大违法行为可能涉及的领域。(4) 获取必要的外部证据。(5) 依法采取保全措施。(6) 提请有关机关予以协助和配合。(7) 向政府和有关部门报告。(8) 其他必要的应对措施。

审计机关检查重大违法行为属于审计实施阶段的行为，该行为的结果将成为审计评价（审计报告）的重要内容之一。检查重大违法行为的结果也是审计机关依照职权进行处理或处罚的依据。对于检查重大违法行为结果中属于其他权力主体范围内的事项，审计机关应当依照权力分工的范围进行处理，属于国家有关主管机关职权内的事项，应当提交国家有关主管机关。属于司法机关职权范围内的事项，应当移交司法机关依法处理。

复习思考题：

1. 从正当审计程序的视角分析我国国家审计程序的特征。
2. 我国审计计划的制定过程及其特征。
3. 分析审计证据的类型和作用。
4. 审计过程中如何发现和处理重大违法行为？
5. 分析审计工作底稿的作用和编制要求。
6. 分析国家审计中重要性的含义和价值。
7. 分析审计证据与法律证据的关系。
8. 论述审计证据的衡量规则。
9. 试析立法对审计职业判断的要求。
10. 审计实施方案应当如何调整？

推荐阅读书目：

1. 何艳青：“制定经济责任审计准则之设想”，《则会月刊》（综合），2008 年第 5 期。

2. 张庆龙：“走向良治的政府审计宪政建构研究”，《中央财经大学学报》，2008 年第 3 期。

3. 江金满：《自由心证在审计证据判断评价中的借鉴与运用研究——以防范和控制国家审计风险为考量》，http：//www. jssj. gov. cn/newsfiles/203/2011-11/24025. shtml。

4. 丁厚银：《关于审计记录的思考》，http：//www. audit. gov. cn/n1992130/n1992150/n1992576/2748755. html。

5. 王如燕、梁星：《审计工作底稿理论与实务》，立信会计出版社 2008 年版。

6. 谢盛纹："审计证据理论研究"，《西南财经大学学报》2007 年版。

7. 于庆华：《审计学与审计法》，中国政法大学出版社 2005 年版。

8. 王金标：《浅析调查了解记录与审计工作底稿的区别》，http：//www. hbsjj. gov. cn/a/lilunyushiwutansuo/2011/1102/3511. html。

第六章

审计信息披露制度

本章导读：

审计信息披露制度是审计程序完成的重要标志，是国家审计制度实现审计目标，满足社会需求的基本方式。审计信息披露制度的内容包括审计报告制度和审计公告制度，这是整个审计程序的最终归属。审计信息披露制度是实现审计目标，完成审计程序的重要标志，也是社会各界判断审计工作质量、监督审计活动，进而通过国家审计监督社会公共资源的使用，制约权力的重要途径。

关键术语：

审计结果　信息披露　审计报告　审计公告

第一节　审计报告概述

审计信息披露制度是审计机关将审计结果向有关当事人进行披露的行为规范体系。审计活动的目的在于服务于社会，满足社会各界——利益相关方——对审计监督的需求，实现这一目的的重要方式就是将审计结果依法予以披露，包括向委托人[①]、政府（管理当局）、司法机关和社会公众按照法律规定的方式进行披露（公开）。

审计信息披露制度的内容包括审计报告制度和审计公告制度，它们在信息披露的对象、内容、方式和作用上均存在很大的区别。审计信息披露阶段属于审计程序的有机组成部分，是整个审计程序的最终归属，本书将其列为专章进行研究。

一、审计报告的含义

（一）审计报告概述

审计报告（accountant's opinion; auditor's certificate; auditor's opinion; auditor's report; opinion），是由独立会计师或审计师对公司财务报表进行审计之后签发的正式报告[②]。在国家审计中，审计报告是审计组织根据审计立法的规定，对被审计单位发表审计意见的书面文件。国家审计、社会审计和内部审计三种不同类型的审计在审计结果信息披露的内容、方式和目标上存在很大的差异。在国家审计中，审计报告的编制主体是审计机关，而不是审计人员。审计报告的目标和内容，因审计报告的具体形式不同而有所不同。

审计报告披露的对象是法定的主体，因审计报告种类而异：

第一，《审计准则》第154条规定，审计机关实施经济责任审计项目后，应当按照相关规定，向本级政府行政首长和有关干部监督管理部门报告经济责任审计结果，并送达被审计单位和被审计人员。

第二，专题报告、审计信息和专项审计调查报告[③]向本级政府、上一级审计机关报告。

第三，审计综合报告按照审计机关规定的程序审定后，向本级政府和上一级审计机关报送，或者向有关部门通报。

第四，审计机关依照法律法规的规定，每年汇总对本级预算执行情况和其

---

① 在审计机关接受委托人的委托，提供有关审计或非审计服务时，审计结果就需要向特定的委托人进行披露。《美国政府审计准则（2007）》（GAGAS）就对政府机构内的审计组织开展的非审计服务进行了规定，这些类型的非审计服务通常是依据法定要求或者审计组织权限，或者受监管机构或独立的外部组织的委托开展。

② 马惠明：《英汉证券投资词典》，商务印书馆2007年版，第421页。

③ 《中华人民共和国审计法》第27条。

他财政收支情况的审计报告，形成审计结果报告（稿），报送本级政府和上一级审计机关。经本级政府行政首长审定后，受本级政府委托向本级人民代表大会常务委员会报告。

第五，审计机关依法实行公告制度。审计机关的审计结果、审计调查结果除法定必须豁免披露的以外，依法向社会公布。

第六，审计决定书送达被审计单位、被调查单位、被处罚的有关责任人员[①]。

第七，审计移送处理书移送其他有关主管机关或者单位。

第八，报送本级政府和上一级审计机关。

（二）审计报告的分类

《审计准则》第119条规定，审计报告包括审计机关进行审计后出具的审计报告以及专项审计调查后出具的专项审计调查报告。因此，我国《审计准则》规定的审计报告专指以下两者：第一，审计机关进行审计后出具的审计报告[②]；第二，专项审计调查后出具的专项审计调查报告。

但是，实际上我国审计立法规定的审计机关对外进行审计信息披露的形式（途径）至少有以下数种：审计机关进行审计后出具的审计报告、专项审计调查后出具的专项审计调查报告、审计组的审计报告、专题报告、审计信息、审计通报、审计综合报告、经济责任审计结果报告、审计决定书、审计移送处理书和审计公告，它们共同构成我国审计信息披露制度的内容。本书将其分为两大类：

1. 审计公告

审计机关向外发布的审计信息、专题通报、新闻发布、审计结果公告等审计机关政务公开的内容，审计向人民公开。审计署《2006年至2010年审计工作发展规划》中指出，“到2010年，做到所有审计和专项审计调查项目的结果，除涉及国家秘密、商业秘密以及其他不宜对外披露的内容外，全部对社会公告，逐步健全科学规范的审计结果公告制度。”《审计准则》第157、158条规定，审计机关依法实行公告制度。审计机关的审计结果、审计调查结果依法

---

① 见《审计准则》第150条，严格意义上讲，审计文书（包括前文提及的经济责任审计结果）的送达是审计处理行为处罚行为的一个组成部分，但是，因其客观上起到了审计信息披露作用，也起到了满足当事人维护自己合法利益的作用，因此，本书也将其列入审计信息披露制度。

② 《审计准则》第130条规定，出具对国际组织、外国政府及其机构援助、贷款项目的审计报告，按照审计机关的相关规定执行。

向社会公布。审计机关公布的审计和审计调查结果主要包括下列信息：(1) 被审计（调查）单位基本情况；(2) 审计（调查）评价意见；(3) 审计（调查）发现的主要问题；(4) 处理处罚决定及审计（调查）建议；(5) 被审计（调查）单位的整改情况。

2. 审计报告

审计机关进行审计后最终以审计机关的名义向被审计单位出具的审计报告和专项审计调查报告[①]、审计组的审计报告、审计机关的审计工作报告[②]、专题报告、审计信息、审计通报、审计综合报告、经济责任审计结果报告、审计决定书、审计移送处理书。

这样，我国审计法理论中"审计报告"一词就获得了不同的内涵和外延。广义的审计报告制度就是审计信息披露制度，包括狭义意义上的审计报告外，还包括审计机关报送给本级政府、上一级审计机关和本级人民代表大会常务委员会等国家机关的专题报告、综合报告、分析报告[③]，以及审计机关向社会公众发布的审计信息、专题通报、新闻发布、审计结果公告等审计机关政务公开方面的内容。

狭义的审计报告包括审计机关的审计报告和审计组的审计报告。审计机关的审计报告包括，第一，审计机关进行审计后出具的审计报告。其中，最具有典型意义的是《审计法》关于财政审计的两个报告制度，《审计法》第4条规定，国务院和县级以上地方人民政府应当每年向本级人民代表大会常务委员会提出审计机关对预算执行和其他财政收支的审计工作报告。审计工作报告应当重点报告对预算执行的审计情况。必要时，人民代表大会常务委员会可以对审计工作报告做出决议。《审计法》第17条规定，审计署在国务院总理领导下，对中央预算执行情况和其他财政收支情况进行审计监督，向国务院总理提出审计结果报告。地方各级审计机关分别在省长、自治区主席、市长、州长、县长、区长和上一级审计机关的领导下，对本级预算执行情况和其他财政收支情况进行审计监督，向本级人民政府和上一级审计机关

---

① 《审计准则》第120条规定，遇有特殊情况，审计机关可以不向被调查单位出具专项审计调查报告。

② 《审计准则》第156条规定，审计机关依照法律法规的规定，代本级政府起草本级预算执行情况和其他财政收支情况的审计工作报告（稿），经本级政府行政首长审定后，受本级政府委托向本级人民代表大会常务委员会报告。

③ 这些类型报告内容不一定都向社会公众公开，可理解为"审计向领导或有关公权力主体报告"。

提出审计结果报告。

第二，专项审计调查后出具的专项审计调查报告。被审计机关列为专项审计调查项目的，审计机关应当出具专项审计调查报告，其法律依据为《审计法》第27条：审计机关有权对与国家财政收支有关的特定事项，向有关地方、部门、单位进行专项审计调查，并向本级人民政府和上一级审计机关报告审计调查结果①。

实行有区别、分层次的审计信息披露制度是各国通行的做法，以审计技术和审计立法较为先进的美国为例，在实行审计公告制度的同时，“按照GAGAS实施的审计报告是依据审计师与被审计组织之间的关系，以及报告中包含信息的性质来分发的，如果审计事项包含的材料出于安全目的被保密，或包含机密或敏感信息，审计师可以限制报告的分发。审计师应将在报告分发上的所有限制情况都予以记录。政府审计组织应该向那些负有管理职责的部门、被审计单位的适当官员，以及要求或安排审计的适当的监督主体或组织分发审计报告。审计师还应该适当地向其他有法定监管权的官员，或负责按照审计结果和建议采取措施的官员，以及其他有权收到这类报告的人分发报告的副本。”②

审计报告制度和审计公告制度两者之间在责任主体、公开程度和公开对象上存在很大的区别，需要仔细加以研究和区别。一般而言，审计报告系审计机关基于特定目的，向特定对象，进行的信息披露，公开程度较低。当然，不同形式的审计报告之间有所区别。

（1）专题报告和审计信息：审计机关在审计中发现：①涉嫌重大违法犯罪的问题。②与国家财政收支、财务收支有关政策及其执行中存在的重大问题。③关系国家经济安全的重大问题。④关系国家信息安全的重大问题。⑤影响人民群众经济利益的重大问题。⑥其他重大事项。可以采用专题报告、审计信息等方式向本级政府、上一级审计机关报告。专题报告应当主题突出、事实清楚、定性准确、建议适当。审计信息应当事实清楚、定性准确、内容精炼、格式规范、反映及时。

（2）审计综合报告：《审计准则》第153—156条和第171条对我国的

---

① 注意，此处的“向本级人民政府和上一级审计机关报告审计调查结果”，不是向“本级人民政府和上一级审计机关出具专项审计调查报告”，专项审计调查报告只向被审计单位出具。

② 胡智强、丁晓红：《美国政府审计准则（2007）》，中国法制出版社2011年版，第60页。

审计综合报告制度进行了规定：①审计机关统一组织审计项目的，可以根据需要汇总审计情况和结果，编制审计综合报告。必要时，审计综合报告应当征求有关主管机关的意见。审计综合报告按照审计机关规定的程序审定后，向本级政府和上一级审计机关报送，或者向有关部门通报。②审计机关实施经济责任审计项目后，应当按照相关规定，向本级政府行政首长和有关干部监督管理部门报告经济责任审计结果。③审计机关依照法律法规的规定，每年汇总对本级预算执行情况和其他财政收支情况的审计报告，形成审计结果报告，报送本级政府和上一级审计机关。④审计机关依照法律法规的规定，代本级政府起草本级预算执行情况和其他财政收支情况的审计工作报告（稿），经本级政府行政首长审定后，受本级政府委托向本级人民代表大会常务委员会报告。⑤审计机关在检查被审计单位整改情况以后，汇总审计整改情况，向本级政府报送关于审计工作报告中指出问题的整改情况的报告。

审计综合报告或属于行政机关内部的信息交流，或不直接影响当事人的权利义务，不具有可诉性。

（3）审计组的审计报告：审计组实施审计或者专项审计调查后向派出审计组的审计机关提交审计报告：审计组的审计报告和审计组的专项审计调查报告。此两种报告经审计机关审定后出具审计机关的审计报告，均不具有公开性和可诉性。采取跟踪审计方式实施审计的，审计组在跟踪审计过程中发现的问题，应当以审计机关的名义及时向被审计单位通报，并要求其整改。审计通报也不具有公开性和可诉性。

《审计法》将审计报告分为两个层次：审计组的审计报告和审计机关的审计报告。审计组的审计报告是审计组对审计事项实施审计后，就审计结果提出的书面报告，尽管要素和内容与审计机关的审计报告基本一致，但反映的是审计组提出的初步审计意见，是形成审计机关的审计报告的基础。审计机关的审计报告是审计机关按照审计署规定的程序对审计组的审计报告进行审议后，对被审计单位财政收支、财务收支的真实、合法、效益发表审计意见的书面文书，它是审计机关对外出具的审计法律文书，是审计结果的最终载体，反映的是审计机关的最终审计意见。

审计组的审计报告和审计机关的审计报告，二者在法律地位和法律效力等方面存在明显差异。《审计法》第40条规定，“审计组对审计事项实施审计后，应当向审计机关提出审计组的审计报告”，并将审计组的审计报告“征求被审计对象的意见”，强调“审计组应当将被审计对象的书面意见一并报送审计机关”。审计机关要研究被审计对象对审计组的审计报告提出的意见[①]，保障被审计对象的意见得到审计机关应有的重视，从而保证审计结论更加客观与公正。审计机关的审计报告是审计机关对外发表审计意见的审计法律文书，《审计法》第 41 条规定，审计机关应当将审计机关的审计报告送达被审计单位和有关主管机关、单位。

（4）审计决定书：审计机关对审计或者专项审计调查中发现被审计单位违反国家规定的财政收支、财务收支行为，依法应当由审计机关在法定职权范围内做出处理处罚决定的，应当出具审计决定书。审计决定书具有公开性和强制性，《审计法》第 47 条规定，审计机关在法定职权范围内做出的审计决定，被审计单位应当执行。审计机关依法责令被审计单位上缴应当上缴的款项，被审计单位拒不执行的，审计机关应当通报有关主管部门，有关主管部门应当依照有关法律、行政法规的规定予以扣缴或者采取其他处理措施，并将结果书面通知审计机关。由于审计决定书直接影响当事人的权力和义务，因此具有可诉性[②]。《审计法》第 41 条规定，审计机关应当将审计机关的审计决定送达被审计单位和有关主管机关、单位。审计决定自送达之日起生效。《审计法》第 48 条规定，被审计单位对审计机关做出的有关财务收支的审计决定不服的，可以依法申请行政复议或者提起行政诉讼。被审计单位对审计机关做出的有关财政收支的审计决定不服的，可以提请审计机关的本级人民政府裁决，本级人民政府的裁决为最终决定。

（5）审计移送处理书：审计机关审计或者专项审计调查发现的依法需要移送其他有关主管机关或者单位纠正、处理处罚或者追究有关人员责任的事项，应当出具审计移送处理书。审计移送处理书不具有公开性，间接地影响当事人的权力和义务，因此不具有可诉性。

---

① 《审计法》第 41 条。

② 审计决定书是一种可诉的具体行政行为，如审计署、国家计委、财政部、国家经贸委等六部委联合印发的《建设项目审计处理暂行规定》对国家建设项目竣工决算的行政处理、处罚作了如下规定：“工程价款结算中多计少计的工程款应予调整；建设单位已签证多付工程款的，应予收缴。施工单位偷工减料、虚报冒领工程款金额较大、情节严重的，除按违纪金额处以 20% 以下罚款外，对质量低劣的工程项目，应由有关部门查明责任并由施工单位限期修复，费用由责任方承担。”审计决定书对承包方的权利义务产生实际影响，人民法院应当以该审计决定书作为判决建筑工程承包合同案件的依据。施工单位如欲否定审计决定书的效力，可以提起行政复议或行政诉讼。

二、审计报告的内容

审计报告的结构是影响审计制度质量和效力的形式要件，各国立法均对其要素和内容进行具体的规范。我国《审计准则》规定，审计报告应当内容完整、事实清楚、结论正确、用词恰当、格式规范。

（一）审计报告的形式要素

审计机关的审计报告（审计组的审计报告）包括下列基本要素：(1) 标题。(2) 文号（审计组的审计报告不含此项)。(3) 被审计单位名称。(4) 审计项目名称。(5) 内容。(6) 审计机关名称（审计组名称及审计组组长签名)。(7) 签发日期（审计组向审计机关提交报告的日期)。经济责任审计报告还包括被审计人员姓名及所担任职务。

（二）审计报告的内容

审计报告的内容主要包括：(1) 审计依据，即实施审计所依据的法律法规规定。(2) 实施审计的基本情况，一般包括审计范围、内容、方式和实施的起止时间。(3) 被审计单位基本情况。(4) 审计评价意见，即根据不同的审计目标，以适当、充分的审计证据为基础发表的评价意见。(5) 以往审计决定执行情况和审计建议采纳情况。(6) 审计发现的被审计单位违反国家规定的财政收支、财务收支行为和其他重要问题的事实、定性、处理处罚意见以及依据的法律法规和标准。(7) 审计发现的移送处理事项的事实和移送处理意见，但是涉嫌犯罪等不宜让被审计单位知悉的事项除外。(8) 针对审计发现的问题，根据需要提出的改进建议。审计期间被审计单位对审计发现的问题已经整改的，审计报告还应当包括有关整改情况。经济责任审计报告还应当包括被审计人员履行经济责任的基本情况，以及被审计人员对审计发现问题承担的责任。

审计机关核查社会审计机构相关审计报告发现的问题，应当在审计报告中一并反映。跟踪审计实施工作全部结束后，应当以审计机关的名义出具审计报告，反映审计发现但尚未整改的问题，以及已经整改的重要问题及其整改情况。

（三）专项审计调查报告的内容

专项审计调查的目的一般是通过开展调查，掌握国家政策法规执行中存在的问题和重大决策的落实情况，对发现问题从体制上和机制上有针对性地提出切实可行的建议和措施，促进加强宏观管理，完善制度，发挥审计监督在促进宏观决策方面的作用。因此，专项审计调查报告除符合审计报告的要素和内容要求外，还应当根据专项审计调查目标重点分析宏观性、普遍性、政策性或者体制、机制问题并提出改进建议。

（四）审计决定书的内容

审计决定书的内容主要包括：（1）审计的依据、内容和时间。（2）违反国家规定的财政收支、财务收支行为的事实、定性、处理处罚决定以及法律法规依据。（3）处理处罚决定执行的期限和被审计单位书面报告审计决定执行结果等要求。（4）依法提请政府裁决或者申请行政复议、提起行政诉讼的途径和期限。

延伸阅读：

审计决定书范本

××（审计机关全称）

审　计　决　定　书

××审××决［20××］××号

××（审计机关名称）关于××的审计决定

××（主送单位全称或者规范简称）：

自××年××月××日至××年××月××日，我署（厅、局、办）对你单位××××进行了审计（专项审计调查）。现根据《中华人民共和国审计法》第四十一条（专项审计调查项目同时引用《中华人民共和国审计法实施条例》第四十四条）和其他有关法律法规，做出如下审计决定：

一、关于××问题的处理（处罚）

××。

二、关于××问题的处理（处罚）

××。

[说明：

1. 审计决定所列问题应与审计报告或者专项审计调查报告反映相关问题的标题及排列顺序基本一致。

2. 每项决定都必须有事实、定性、处理或处罚决定以及相应法规依据，且表述应当与审计报告或者专项审计调查报告的相关表述一致。]

本决定自送达之日起生效。你单位应当自收到本决定之日起××日（审计机关根据具体情况确定）内将本决定执行完毕，并将执行结果书面报告我署（厅、局、办）。

（救济途径选项一：提请裁决）如果对本决定不服，可以在本决定送达之日起60日内，提请××（审计机关的本级人民政府，其中审计署及其派出机构的本级人民政府都是国务院）裁决。裁决期间本决定照常执行。

（救济途径选项二：申请复议或者提起诉讼）如果对本决定不服，可以在本决定送达之日起60日内，向××（按照行政复议法的规定，对审计署及其派出机构做出的审计决定不服的，应当向审计署申请行政复议；对地方审计机关做出的审计决定不服的，应当向本级人民政府或者上一级审计机关申请行政复议）申请行政复议；或者在本决定送达之日起3个月内，向××（对审计署做出的审计决定不服的，按照行政诉讼法的规定应当向北京市第一中级人民法院提起行政诉讼；对审计署特派办或者地方审计机关做出的审计决定不服的，应当按照行政诉讼法和有关司法解释的要求，结合各省的具体规定，向特派办或者地方审计机关所在地基层人民法院或者中级人民法院提起行政诉讼）提起行政诉讼。复议或者诉讼期间本决定照常执行。

（审计机关印章）

××年××月××日

资料来源：http：//wenku. baidu. com/view/16ce06bac77da26925c5b00a. html。

（五）审计移送处理书的内容

审计移送处理书的内容主要包括：（1）审计的时间和内容。（2）依法需要移送有关主管机关或者单位纠正、处理处罚或者追究有关人员责任事项的事实、定性及其依据和审计机关的意见。（3）移送的依据和移送处理说明，包括将处理结果书面告知审计机关的说明。（4）所附的审计证据材料。

三、审计信息披露制度的作用

第一，每一个审计信息披露方式均意味着特定审计活动程序的终结和特定审计活动目标的实现，因此，审计信息披露制度是实现审计目标，完成审计程序的重要标志。

第二，审计信息披露制度是社会各界判断审计工作质量、监督审计活动成效的依据。审计信息披露时各种利益相关方利益需求得以满足，完成审计制度在社会分工中应有的角色任务，社会各界据此直接判断国家审计活动的成效，并对国家审计活动进行监督。

第三，审计信息披露制度是人们通过国家审计监督社会公共资源的使用，制约权力的重要途径。国家审计信息披露使人们知晓公共资源的使用过程和使用效率，了解公权力的运行，形成对权力的有效制约。

第二节 审计报告的编审

我国审计报告的编审适用审计组组长、审计组、审计机关业务部门复核、审理机构审理和审计机关负责人签发五级质量控制制度。

一、审计组编审审计报告

（一）审计组组长的编审义务

审计组组长应当确认审计工作底稿和审计证据已经审核，并从总体上评价审计证据的适当性和充分性。

（二）审计组的编审义务

审计组在起草审计报告前，应当讨论确定下列事项：（1）评价审计目标的实现情况。（2）审计实施方案确定的审计事项完成情况。（3）评价审计证据的适当性和充分性。（4）提出审计评价意见。（5）评估审计发现问题的重要性。（6）提出对审计发现问题的处理处罚意见。（7）其他有关事项。审计组应当对讨论的情况及其结果做出记录，审计组根据不同的审计目标，以审计认定的事实为基础，在防范审计风险的情况下，按照重要性原则，从真实性、合法性、效益性方面提出审计评价意见。审计组应当只对所审计的事项发表审计评价意见。对审计过程中未涉及、审计证据不适当或者不充分、评价依据或者标准不明确以及超越审计职责范围的事项，不得发表审计评价意见。

审计组应当根据审计发现问题的性质、数额及其发生的原因和审计报告的使用对象，评估审计发现问题的重要性，如实在审计报告中予以反映。审计组对审计发现的问题提出处理处罚意见时，应当关注下列因素：(1) 法律法规的规定。(2) 审计职权范围：属于审计职权范围的，直接提出处理处罚意见，不属于审计职权范围的，提出移送处理意见。(3) 问题的性质、金额、情节、原因和后果。(4) 对同类问题处理处罚的一致性。(5) 需要审计发现被审计单位信息系统存在重大漏洞或者不符合国家规定的，应当责成被审计单位在规定期限内整改。

在不同性质的审计中，审计组应当区别不同的情况，采取不同的应对措施。在经济责任审计中，审计组应当针对经济责任审计发现的问题，根据被审计人员履行职责情况，界定其应当承担的责任。经济责任审计报告还应当征求被审计人员的意见；必要时，征求有关干部监督管理部门的意见。如果审计报告中涉及的重大经济案件调查等特殊事项，经审计机关主要负责人批准，可以不征求被审计单位或者被审计人员的意见。在审计或者专项审计调查中，审计组实施审计或者专项审计调查后，应当提出审计报告，按照审计机关规定的程序审批后，以审计机关的名义征求被审计单位、被调查单位和拟处罚的有关责任人员的意见。

被审计单位、被调查单位、被审计人员或者有关责任人员对征求意见的审计报告有异议的，审计组应当进一步核实，并根据核实情况对审计报告做出必要的修改。审计组应当对采纳被审计单位、被调查单位、被审计人员、有关责任人员意见的情况和原因，或者上述单位或人员未在法定时间内提出书面意见的情况做出书面说明。

对被审计单位或者被调查单位违反国家规定的财政收支、财务收支行为，依法应当由审计机关进行处理处罚的，审计组应当起草审计决定书。对依法应当由其他有关部门纠正、处理处罚或者追究有关责任人员责任的事项，审计组应当起草审计移送处理书。

二、审计机关业务部门复核

(一) 审计组报送材料

审计组应当将下列材料报送审计机关业务部门复核：(1) 审计报告。

(2) 审计决定书。(3) 被审计单位、被调查单位、被审计人员或者有关责任人员对审计报告的书面意见及审计组采纳情况的书面说明。(4) 审计实施方案。(5) 调查了解记录、审计工作底稿、重要管理事项记录、审计证据材料。(6) 其他有关材料。

(二) 审计机关业务部门复核

审计机关业务部门应当对下列事项进行复核，并提出书面复核意见：(1) 审计目标是否实现。 (2) 审计实施方案确定的审计事项是否完成。(3) 审计发现的重要问题是否在审计报告中反映。(4) 事实是否清楚、数据是否正确。(5) 审计证据是否适当、充分。(6) 审计评价、定性、处理处罚和移送处理意见是否恰当，适用法律法规和标准是否适当。(7) 被审计单位、被调查单位、被审计人员或者有关责任人员提出的合理意见是否采纳。(8) 需要复核的其他事项。

三、审理机构审理

审计机关业务部门应当将复核修改后的审计报告、审计决定书等审计项目材料连同书面复核意见，报送审理机构审理。

审理机构以审计实施方案为基础，重点关注审计实施的过程及结果，主要审理下列内容：(1) 审计实施方案确定的审计事项是否完成。(2) 审计发现的重要问题是否在审计报告中反映。(3) 主要事实是否清楚、相关证据是否适当、充分。(4) 适用法律法规和标准是否适当。(5) 评价、定性、处理处罚意见是否恰当。(6) 审计程序是否符合规定。

审理机构审理时，应当就有关事项与审计组及相关业务部门进行沟通。必要时，审理机构可以参加审计组与被审计单位交换意见的会议，或者向被审计单位和有关人员了解相关情况。

审理机构审理后，可以根据情况采取下列措施：(1) 要求审计组补充重要审计证据。(2) 对审计报告、审计决定书进行修改。审理过程中遇有复杂问题的，经审计机关负责人同意后，审理机构可以组织专家进行论证。

审理机构审理后，应当出具审理意见书。

四、审计机关负责人签发

审理机构将审理后的审计报告、审计决定书连同审理意见书报送审计机关负责人。

审计报告、审计决定书经审计机关负责人签发后，按照下列要求办理：(1) 审计报告送达被审计单位、被调查单位。(2) 经济责任审计报告送达被审计单位和被审计人员。(3) 审计决定书送达被审计单位、被调查单位、被处罚的有关责任人员。

审计报告、审计决定书原则上应当由审计机关审计业务会议审定；特殊情况下，经审计机关主要负责人授权，可以由审计机关其他负责人审定。

审计决定书经审定，处罚的事实、理由、依据、决定与审计组征求意见的审计报告不一致并且加重处罚的，审计机关应当依照有关法律法规的规定及时告知被审计单位、被调查单位和有关责任人员，并听取其陈述和申辩。

对于拟做出罚款的处罚决定，符合法律法规规定的听证条件的，审计机关应当依照有关法律法规的规定履行听证程序。

第三节 审计公告制度

一、审计公告概述

审计公告是指审计机关依法将审计结果和审计调查结果依法向社会公布的行为和结果。审计公告制度由审计结果公布、审计结果公布豁免、审计结果公布程序等一系列制度内容构成。

国家审计的终极服务对象是社会公众，审计机关完成政府的受托责任后，最终必须向托付人——社会公众公布，审计公告制度是政府受托责任的内在要求。审计是一种监督制约机制，只有增强公开性，才能更好地发挥审计监督的作用，使审计监督与立法监督、司法监督、行政监督、舆论监督和社会监督等各种监督机制协同发挥作用。在美国，审计结果公告率高达97%，这种公布方式将审计机关一家的监督扩大成为全社会的监督，从而大大增强了审计监督的威慑力。“美国审计总署做出审计报告，在必要时由国会参、众议院召开听证会，在会上公开审计报告，公众可以参加，记者可以采访，并根据需要在报纸上发表、电台上播放和网站上公开，同时赋予公众审查审计报告的权利。迄今为止，审计总署已经参加此类听证会200多次”。从世界范围看，积极有效地推行审计公告制度已成为国际通行做法和保障审计监督职能的关键措施，是审计先进性的标志性特征①。

我国《审计准则》第四节为“审计结果公布”，但从其实际规定的内容来看，却是审计公告制度。从语义上分析，审计结果公布应当包括各种类型的审计信息披露，涵盖审计报告和审计公告两大块内容，因此。今后宜将其改为“审计公告制度”。

二、审计公告制度的内容

（一）审计机关的法定公告义务

我国《政府信息公开条例》（2007 年）规定了政府信息公开的范围、方式和程序。我国《审计准则》第 157 条规定，审计机关依法实行公告制度。审计机关的审计结果、审计调查结果依法向社会公布。因此，审计结果公告是审计机关的法定义务。值得研究的是，此种义务的法律性质如何？因为强制性义务和非强制性义务对当事人具有不同的含义，决定了审计制度具有不同的透明度和社会效用。《审计法》第 36 条也规定，审计机关可以向政府有关部门通报或者向社会公布审计结果。《审计准则》第 3 条规定，“本准则中使用‘应当’、‘不得’词汇的条款为约束性条款，是审计机关和审计人员执行审计业务必须遵守的职业要求。本准则中使用‘可以’词汇的条款为指导性条款，是对良好审计实务的推介。”可见，我国立法关于审计结果公告的规定属于任意性规范，不具有强制性。“对于当前我国政府的审计体制而言，不公告是常态”②。

但是，从世界各国立法的基本规律和审计公告制度本身的性质来看，应当将审计结果公告界定为审计机关的强制性披露义务。《审计署 2003 年至 2007 年审计工作发展规划》提出，到 2007 年力争做到所有审计事项和专项审计调查项目的结果，除涉及国家秘密、商业秘密及其他不宜对外披露的内容外，全部对社会公告。这表明，审计公告制度已在我国虽然逐步确立起来，今后，我国的审计公告制度仍应朝着强制性制度规范发展，做到内容完整、程序科学的方向发展，确保审计公告制度真正发挥效用。

（二）审计公告的内容

审计机关公布的审计和审计调查结果主要包括下列信息：（1）被审计

---

① 《审计公告》，http：//baike.baidu.com/view/4262131.htm。

② 陈尘肇：“国家审计结果公告制度的博弈分析”，《审计研究》，2009 年第 3 期。

（调查）单位基本情况。（2）审计（调查）评价意见。（3）审计（调查）发现的主要问题。（4）处理处罚决定及审计（调查）建议。（5）被审计（调查）单位的整改情况。

（三）审计公告豁免制度

审计公告豁免制度是指法律直接豁免审计机关对特定信息的公告义务或授权审计人员自由裁量特定信息是否需要公告。世界各国均对该制度进行了规定，美国政府审计准则（2007）规定，某些特定信息可能属于机密或被联邦、州或当地法律或规章或因为公众安全原因而禁止向公众披露，或者由于该信息的机密性或敏感性而被剔除在报告范围之外。但是，要求（1）审计师应该判断，如果不披露，是否可能歪曲审计结果，或隐瞒不适当的或违法的行为。（2）需要遵守《公共信息法案》时，审计师可就适用《公共信息法案》问题咨询法律顾问。同时，可以变通地以书面报告的形式来传递一般信息，并通过口头方式表达详细信息。（3）审计师可以就有必要不披露特定信息的情形向法律顾问咨询。应该在审计报告中说明未披露该信息的情况，以及不予披露的理由或其他原因。（4）审计师可以出具一份单独、保密或限制用途的包含这些信息的报告，只分发给法律或法规授权接收这种报告的人员①。

为了平衡当事人利益和社会公众对审计信息知情权之间的矛盾，我国同样规定了审计公告豁免制度。立法规定，在公布审计和审计调查结果时，审计机关不得公布下列信息：（1）涉及国家秘密、商业秘密的信息。（2）正在调查、处理过程中的事项。（3）依照法律法规的规定不予公开的其他信息。

涉及商业秘密的信息，经权利人同意或者审计机关认为不公布可能对公共利益造成重大影响的，可以予以公布。

（四）审计公告程序制度

审计机关公布审计和审计调查结果应当客观公正。审计机关公布审计和审计调查结果按照国家有关规定需要报批的，未经批准不得公布。

审计机关公布审计和审计调查结果，应当指定专门机构统一办理，履行规定的保密审查和审核手续，报经审计机关主要负责人批准。审计机关统一组织不同级次审计机关参加的审计项目，其审计和审计调查结果原则上由负责该项目组织工作的审计机关统一对外公布。审计机关内设机构、派出机构和个人，未经授权不得向社会公布审计和审计调查结果。

---

① 胡智强、丁晓红：《美国政府审计准则（2007）》，中国法制出版社2011年版，第40页。

三、审计公告制度的意义

审计结果公告制度作为推进民主与法治的有效工具，是国家民主与法制建设的具体体现。审计结果公告制度改变了国家审计机构和外部之间的沟通模式，将审计监督机制与舆论监督机制相结合，对国家权力形成强有力的制约，因此对改变国家行政方式，形成廉洁高效的政府，具有重要作用。目前，全世界设立独立审计机构的国家中，绝大多数均以各种形式进行公告。审计公告制度在我国有较长的历史，在古代就有负有审计职责的部门对官员贪赃枉法做出处罚决定，通过张榜公布让百姓了解事实真相①。

（1）审计公告制度增加公民知情权，促进行政公开。

（2）审计公告制度是反腐败机制的重要组成部分。审计公告制度使公众了解被审计单位情况，并运用强大的社会舆论、行政甚至司法力量，促使被审计单位落实审计决定，发挥审计在遏制违纪犯罪中的作用。

（3）实施审计公告制度强化了公众对审计执法行为的监督。

（4）审计公告制度促进了审计质量的提高。

（5）审计公告制度维护了公共资源、国有资产权益和国家经济安全，巩固了公有制的经济基础。

四、审计整改检查制度

（一）概述

审计制度的监督本质决定了在现实生活中，审计工作必然遇到不同程度的阻力，我国自建立国家审计制度以来，地方审计机关审计难、处理难、落实审计决定难问题依然存在，严重制约审计职能作用发挥，审计执法权威性受到影响。建立审计整改检查制度可以促进解决我国审计实践中的“三难”问题，推进审计事业的发展。

审计整改督查权是行政型国家审计体制特有的一项权能，充分发挥该制度的作用，有助于实现国家审计制度的价值，因此，我国审计立法规定，审计机关应当建立审计整改检查机制，督促被审计单位和其他有关单位根据审计结果进行整改。

（二）审计整改检查的内容

---

① 尚兆燕：“我国政府审计公告制度中存在的问题及其对策”，《会计师》，2008 年第 9 期。

1. 审计整改检查的时间

审计整改检查可以发生在审计活动的任何一个阶段，体现了审计执法的能动性和对社会生活的干预与调整作用。在审计组在审计实施过程中，审计组应当及时督促被审计单位整改审计发现的问题。对于定期审计项目，审计机关可以结合下一次审计，检查或者了解被审计单位的整改情况。审计机关在出具审计报告、做出审计决定后，应当在规定的时间内检查或者了解被审计单位和其他有关单位的整改情况。《审计法》第 4 条第 2 款规定，国务院和县级以上地方人民政府应当将审计工作报告中指出的问题的纠正情况和处理结果向本级人民代表大会常务委员会报告。

2. 审计整改检查的内容

审计机关在审计整改检查中主要检查或者了解下列事项：（1）执行审计机关做出的要求在督促被审计单位和其他相关单位整改审计查出问题的同时，如发现审计机关错误事项要及时纠正。（2）对审计机关移送处理事项采取措施的情况。

《审计准则》第 170 条规定，审计机关对审计决定书中存在的重要错误事项，应当予以纠正。这表明，要求在督促被审计单位和其他相关单位整改审计查出问题的同时，如发现审计机关错误事项要及时纠正。

3. 审计整改检查的方式

审计机关可以采取下列方式检查或者了解被审计单位和其他有关单位的整改情况：（1）实地检查或者了解。（2）取得并审阅相关书面材料。（3）其他方式。

4. 审计整改检查的程序

审计机关指定的部门负责检查或者了解被审计单位和其他有关单位整改情况，并向审计机关提出检查报告。检查或者了解被审计单位和其他有关单位的整改情况应当取得相关证明材料。检查报告的内容主要包括：（1）检查工作开展情况，主要包括检查时间、范围、对象、和方式等。（2）被审计单位和其他有关单位的整改情况。（3）没有整改或者没有完全整改事项的原因和建议。审计机关对被审计单位没有整改或者没有完全整改的事项，依法采取必要措施。

审计机关汇总审计整改情况，向本级政府报送关于审计工作报告中指出问题的整改情况的报告。审计整改情况综合报告通过领导批示、批转后，可以进一步督促审计查出问题整改和审计建议采纳，提高审计执法权威。

复习思考题：

1. 我国审计信息披露制度的内容？
2. 专项调查报告的内容、特点和作用如何？
3. 审计整改检查机制的内容和作用有哪些？
4. 试析审计报告制度和审计公告制度的不同作用？
5. 审计公告制度的意义如何？
6. 论述我国审计整改检查制度的内容和意义？

推荐阅读书目：

1. 张庆亚：《对审计报告和审计决定书几个问题的思考》，http：//www.hnfzw.gov.cn/news/20108/2010812183019199.shtml。

2. 陈尘肇："国家审计结果公告制度的博弈分析"，《审计研究》，2009 年第 3 期。

3. 胡贵安："试析审计公告法律制度的双向权力制约性"，《法制与社会》，2006 年第 6 期。

4. 高志明："国家建设项目审计决定与承包合同的法律效力及其协调"，《审计与经济研究》，2007 年第 3 期。

5. 尚兆燕："我国政府审计公告制度中存在的问题及其对策"，《会计师》，2008 年第 9 期。

第七章

审计质量控制制度

本章导读：

审计质量控制包括计划、实施、检查、分析和反馈等一系列活动。审计质量控制是保证审计质量，防止审计风险，提高审计权威的重要途径。

审计质量控制属于审计程序的有机组成部分，是整个审计程序的最终归属。由于审计质量控制制度的特殊性，本书将其专列单章进行研究。

关键术语：

审计准则　质量控制

第一节　概　　述

一、审计质量控制制度概述

按照国际审计准则词汇表的解释，审计质量控制是指审计组织为保证审计质量而制定的政策和程序，这些政策和程序为审计组织及其人员遵守职业准则、法律法规，以及审计组织或人员根据具体情况出具恰当的审计报告提供合理保证。有些审计组织甚至将职业道德规范纳入质量控制制度之中，如 IFAC 国际审计准则体系通过《职业会计师职业道德规范》明确职业会计师从事业务必须遵守的职业道德要求，如何运用职业道德规范概念框架识别存在的威胁职业道德的因素，以及当存在威胁时如何消除或将威胁降至可接受的水平。审计人员遵守职业道德规范，是保证业务质量的基础。在我国，审计质量控制制度是为确保审计工作质量，提高审计工作效率而制定的各项方法、标准、责任和程序的规范总称。审计质量控制包括计划、实施、检查、分析和反馈等一系列活动。审计质量控制是保证审计质量，防止审计风险，提高审计权威的重要途径。

国际审计组织和外国审计机关审计准则的结构有基本的共同点，都将质量控制准则纳入准则体系，成为其有机组成部分。IFAC 职业准则框架体系就包括质量控制准则（International Standards On Q1lality Colltr01），规范了对质量控制承担的领导责任，制定政策和措施确保遵守职业道德规范，处理客户关系和接受与保持具体业务，确保人力资源，对业务进行指导、监督、复核、咨询等，对质量控制情况进行记录。INTOSAI 制定了专门的质量控制指南；美国 GAGAS 同样包含了质量控制准则。

我国在 2004 年颁布了《审计项目质量控制办法》（2004 年审计署第 6 号令[①]），但是《审计项目质量控制办法》的定位不明确，没有区分其与准则的关系。除其中的复核程序外，仍主要是现场审计准则和审计报告准则应规范的内容，没有按国际通行做法，从总体上对审计项目确定、人力和时间、业务督导等方面提出明确要求，难以对实质性的审计质量进行有效控制。2010 年新的《审计准则》在制定统一审计准则文本的前提下，借鉴美国 GAGAS 的做法，将质量控制准则纳入审计准则体系，使我国的审计制度体系更加完整、科学。

二、审计质量控制制度要素和目标

（一）审计质量控制制度要素

在审计工作中，很多因素都会影响审计质量，如审计的独立性、审计方法的创新等，但合理、科学、有效的审计质量控制制度只能是就特定要素构成的有机体系。所以，确定审计质量控制制度要素是审计质量控制制度的前提，ISSAI 准则要求审计机关应该针对以下几个方面制定政策和程序，以使审计机关及其人员符合一定的质量要求：（1）招募合格的人员。（2）开发和培训人员，使其具有有效开展业务的能力，并且明确将其作为审计人员和其他人员晋

① 2010 年《中华人民共和国审计准则》实施生效后，该办法同时废止。

升的基础。(3) 提供指导审计工作的手册、书面指南和说明。(4) 为最高审计机关内获取经验和技能提供支持，并识别技能方面存在的不足；为开展审计业务做出合理的技术安排并指派足够的审计人员；保持职业审慎，合理计划和监督目标的实现。(5) 评价最高审计机关内部标准和程序的有效性和效果。围绕上述5个要素，一般准则对制定政策和程序需要考虑的因素、关注的重点和应采取的措施做了进一步说明。美国GAGAS质量控制的政策和程序针对的要素与IFAC准则完全相同，均包括 (1) 业务质量的领导责任。(2) 职业道德。(3) 业务的开始、承接和继续。(4) 人力资源。(5) 业务的实施、记录和报告。(6) 监控。

我国审计准则规定，审计机关应当针对以下5个要素建立审计质量控制制度：(1) 审计质量责任。(2) 审计职业道德。(3) 审计人力资源。(4) 审计业务执行。(5) 审计质量监控。

(二) 审计质量控制制度的目标

我国审计质量控制制度的目标为：第一，审计组织和审计人员遵守法律法规和有关审计活动规范性文件；第二，审计组织和审计人员通过科学、合理、有效的审计活动做出恰当的审计结论；第三，审计机关能够依法进行处理处罚。

审计质量控制制度因各国审计体制不同而有一定的区别，由于行政型审计体制不仅具有信息揭示机能，同时还具有处理处罚权能，因此，保证审计机关能够依法进行处理处罚就顺理成章地成为其审计质量控制制度的一项极为重要的内容，在其他类型的审计体制中就没有相应的内容。

第二节 审计业务分级质量控制制度

一、审计业务分级质量控制制度概述

在我国，社会审计组织的质量控制制度见于《中国注册会计师职业规范准则》(2006年版) 中的《会计师事务所质量控制准则第5101号——业务质量控制》，这是专门就会计师事务所如何制定质量控制制度，合理保证会计师事务所及人员遵守职业准则、相关的法律法规，以及根据具体情况出具报告做出规定。其相关规定与IFAC的质量控制准则的内容完全相同。

我国国家审计制度中，关于质量控制的内容主要反映在《审计机关审计项目质量控制办法（试行）》、《审计机关审计复核准则》、《审计机关审计项目质量检查暂行规定》、《审计机关审计档案工作准则》等规范性文件中。对质量控制概念的理解相当宽泛，不仅将督促审计人员遵守职业准则的措施作为质量控制的内容如审计复核、记录归档等，而且将规范审计组和审计人员行为的内容也理解为质量控制制度的内容，如有关审计方案、审计实施和审计报告的规范等。实际上是将所有规范审计组织和审计人员行为的要求作为质量控制的内容，成为具体审计准则的浓缩体，质量控制规范与审计准则混为一体。

审计准则是审计机关和审计人员履行法定审计职责的行为规范，是执行审计业务的职业标准。审计准则着眼于对全部审计工作进行规范，评价和保障审计质量，审计质量控制制度着眼于具体的审计实施过程，两者之间是一般和特殊的关系，不可相互替代。将质量控制规范与审计准则规范体系混同，实际上取消了审计质量控制制度存在的必要性，至少不利于其起到应有的效果。

2011 年实施的审计准则在整个审计准则框架内设计了审计质量控制制度，与整个审计准则制度既融为一体，两者相互融合，有效衔接，保障了我国国家审计质量的提高。由于影响审计质量的因素具有多样性，为了完成一个审计项目，往往需要多人参与审计过程，因此，各国审计制度采用分级质量控制的办法来保障审计质量。

二、审计业务分级质量控制制度内容

《审计准则》第 174 条规定，审计机关实行审计组成员、审计组主审、审计组组长、审计机关业务部门、审理机构、总审计师和审计机关负责人对审计业务的五级质量控制制度，分别明确了审计组成员、审计组主审、审计组组长、审计机关业务部门、审理机构和审计机关负责人各自的工作职责和责任。

（一）审计组成员的工作职责

审计组成员的质量控制是整个审计业务分级质量控制制度的第一个环节，是整个质量控制制度的基础。我国审计准则规定，审计组成员的工作职责包括：第一，遵守审计准则，保持审计独立性。第二，按照分工完成审计任务，获取审计证据。第三，如实记录实施的审计工作并报告工作结果。第四，完成分配的其他工作。

为保障审计组成员工作职责能够切实履行，《审计准则》第176条还规定了审计组成员对下列事项应当承担责任：（1）未按审计实施方案实施审计导致重大问题未被发现。（2）未按照准则的要求获取审计证据导致审计证据不适当、不充分。（3）审计记录不真实、不完整。（4）对发现的重要问题隐瞒不报或者不如实报告。

根据工作需要，审计组可以设立主审。主审根据审计分工和审计组组长的委托，主要履行下列职责：（1）起草审计实施方案、审计文书和审计信息。（2）对主要审计事项进行审计查证。（3）协助组织实施审计。（4）督导审计组成员的工作。（5）审核审计工作底稿和审计证据。（6）组织审计项目归档工作。（7）完成审计组组长委托的其他工作。

（二）审计组组长的工作职责

审计组组长的工作职责包括：（1）编制或者审定审计实施方案。（2）组织实施审计工作。（3）督导审计组成员的工作①。（4）审核审计工作底稿和审计证据。（5）组织编制并审核审计组起草的审计报告、审计决定书、审计移送处理书、专题报告、审计信息。（6）配置和管理审计组的资源。（7）审计机关规定的其他职责。

为保障审计组组长的工作职责能够切实履行，《审计准则》第179条还规定了审计组组长对下列事项应当承担责任：第一，审计组组长应当对审计项目的总体质量负责。第二，审计实施方案编制或者组织实施不当，造成审计目标未实现或者重要问题未被发现。第三，审核未发现或者未纠正审计证据不适当、不充分问题。第四，审核未发现或者未纠正审计工作底稿不真实、不完整问题。第五，得出的审计结论不正确。第六，审计组起草的审计文书和审计信息反映的问题严重失实。第七，提出的审计处理处罚意见或者移送处理意见不正确。第八，对审计组发现的重要问题隐瞒不报或者不如实报告。第九，违反法定审计程序。

审计组组长将其工作职责委托给主审或者审计组其他成员的，仍应当对委托事项承担责任。受委托的成员在受托范围内承担相应责任。审计项目归档工作实行审计组组长负责制，审计组组长应当确定立卷责任人。立卷责任人应当

---

① 《审计准则》第178条规定，审计组组长应当从下列方面督导审计组成员的工作：（1）将具体审计事项和审计措施等信息告知审计组成员，并与其讨论。（2）检查审计组成员的工作进展，评估审计组成员的工作质量，并解决工作中存在的问题。（3）给予审计组成员必要的培训和指导。

收集审计项目的文件材料，并在审计项目终结后及时立卷归档，由审计组组长审查验收。

（三）审计机关业务部门的工作职责

审计机关业务部门的工作职责包括：（1）提出审计组组长人选。（2）确定聘请外部人员事宜。（3）指导、监督审计组的审计工作。（4）复核审计报告、审计决定书等审计项目材料。（5）审计机关规定的其他职责。

审计机关业务部门统一组织审计项目的，应当承担编制审计工作方案，组织、协调审计实施和汇总审计结果的职责。

为保障审计机关业务部门的工作职责能够切实履行，审计准则还规定，审计机关业务部门应当及时发现和纠正审计组工作中存在的重要问题，审计机关业务部门对下列事项应当承担责任：（1）对审计组请示的问题未及时采取适当措施导致严重后果。（2）复核未发现审计报告、审计决定书等审计项目材料中存在的重要问题。（3）复核意见不正确。（4）要求审计组不在审计文书和审计信息中反映重要问题。

业务部门对统一组织审计项目的汇总审计结果出现重大错误、造成严重不良影响的事项承担责任。

（四）审计机关审理机构的工作职责

审计机关审理机构的工作职责包括审查修改审计报告和审计决定书、提出审理意见，以及完成审计机关规定的其他职责。审理意见不正确、对审计报告、审计决定书做出的修改不正确，以及审理时应当发现而未发现重要问题的，审计机关审理机构应当承担责任。

（五）审计机关负责人的工作职责

审计机关负责人是在审计工作中最重要的因素，尤其是在行政型审计体制中。我国审计准则规定，审计机关负责人负责审定审计项目目标、范围和审计资源的配置；指导和监督检查审计工作；审定审计文书和审计信息以及完成审计管理中的其他重要事项。审计机关负责人对审计项目实施结果承担最终责任。

审计机关实行审计业务质量检查制度。审计机关对其业务部门、派出机构和下级审计机关的审计业务质量进行检查。审计机关可以通过查阅有关文件和审计档案、询问相关人员等方法，检查的内容包括：（1）建立和执行审计质量控制制度的情况。（2）审计工作中遵守法律法规和本准则的情况。（3）与审计业务质量有关的其他事项。审计业务质量检查应当重点关注审计结论的恰当性、审计处理处罚意见的合法性和适当性。审计机关开展审计业务质量检查，应当向被检查单位通报检查结果。

审计机关实行审计责任追究制度。审计机关在审计业务质量检查中，发现被检查的派出机构或者下级审计机关应当做出审计决定而未做出的，可以依法直接或者责成其在规定期限内做出审计决定；发现其做出的审计决定违反国家有关规定的，可以依法直接或者责成其在规定期限内变更、撤销审计决定。对审计人员违反法律法规和审计准则的行为，应当按照相关规定追究其责任。

审计机关应当按照国家有关规定，建立健全审计项目档案管理制度，明确审计项目归档要求、保存期限、保存措施、档案利用审批程序等。

审计机关应当建立审计业务考核奖励制度。审计机关应当对审计质量控制制度及其执行情况进行持续评估，及时发现审计质量控制制度及其执行中存在的问题，并采取措施加以纠正或者改进。审计机关应当对其业务部门、派出机构实行审计业务年度考核制度，考核审计质量控制目标的实现情况。审计机关可以定期组织优秀审计项目评选，对被评为优秀审计项目的予以表彰。

审计机关可以结合日常管理工作或者通过开展审计业务质量检查、考核和优秀审计项目评选等方式，对审计质量控制制度及其执行情况进行持续评估。

复习思考题：

1. 审计组成员的工作职责？
2. 审计机关审理机构的作用如何？
3. 审计机关实行审计质量责任追究制度？
4. 审计质量控制制度的内容和意义如何？

推荐阅读书目：

1. 张家庆：“浅议审计质量控制”，《北方经贸》，2011 年第 7 期。

2. 邹嫄：“审计质量与制度安排”，《广西民族学院学报》（哲学社会科学版），2005 年第 3 期。

3. 徐丽艳：“国家建设项目审计质量控制研究”，《东北石油大学硕士论文》，2011 年。

4. 剧杰："降低审计质量的审计行为研究"，《南京大学博士论文》，2010年。

5. 陈雪辉："基层审计机关审计质量管理分析"，《财会通讯》，2011年第1期。

6. 项文卫："新审计准则视角下审计质量控制若干问题新探"，《现代审计与经济》，2011年第4期。

7. 赵保卿、盛君："基于成本预算视角的国家审计质量控制"［A］，《中国会计学会审计专业委员会2010年学术年会论文集》［C］，2010年。

8. 汪其水："上海健全26项审计质量控制制度"，《中国审计报》，2011年。

第八章

经济责任审计制度

本章导读：

经济责任审计是我国特有的国家审计制度，旨在明确国家机关和国有企业事业单位领导人经济责任，在健全领导干部的监督管理，促进廉政建设等方面，发挥了重要的作用。经济责任审计丰富和发展了传统国家审计的内涵，使国家审计制度与代议民主制度中的政党制度、执政党的执政方式、国家公务员制度等内容相互紧密结合，推动了我国社会主义民主政治的发展。今后，我国应当进一步研究经济责任审计的理论基础，建立健全经济责任审计准则体系，规范经济责任审计行为。并深入研究领导者任期目标经济责任的确定方式与方法，为经济责任审计评价提供科学、合理的导向与依据，探索经济责任审计方法体系，充分发挥经济责任审计制度的作用。

关键术语：

审计　经济责任　干部管理　权力监督　民主　法治

经济责任审计是一项具有中国特色的审计监督制度，经过近几十年的发展，已经成为我国审计工作的重要的组成部分。然而，由于审计署1983年才成立，经济责任审计工作实施时间不长，加之西方审计理论与实务基本不涉及经济责任审计这个单独的类型，可供参考与借鉴的文献和实践经验较少，因此我国经济责任审计理论和实践研究的总体水平尚不尽如人意，本章以中国特色社会主义审计理论为指导，立足我国经济责任审计工作实际，着重介绍经济责任审计的一般原理及其在实践中的应用。

第一节 经济责任审计制度概述

经济责任审计制度是我国特有的国家审计制度，厘定其基本概念，明确其特点及意义，探究其产生的理论基础及其定位，把握其发展的历史脉络并预测其研究及发展的趋势，是开展经济责任审计制度理论与实证研究的前提与基础。

一、经济责任审计的概念、特点及意义

（一）经济责任审计的基本概念

1. 责任

通常意义上说，“责任”一词包括两层含义：第一层意为应尽的职责（responsibility），即分内应做之事，对应于“职责”和“义务”，如校长的责任、家长的责任；第二层意为承担的过失（liability），即因不履行所负义务而应承担的不利后果，如刑事责任、推卸责任。一般认为，这两层含义分别体现着以下两个方面的评价：一是主体的自我评价，对应前者；二是其他社会成员和社会对责任主体的评价，可称之为社会评价。就主体自我评价而言，它是个体对于集体、社会所赋予的职责或义务的理解和认识。这一般涉及权益与义务的关系问题。就社会评价而言，一个人负有责任的行为和行为后果，必然会对他人和社会产生影响，也必然会受到他人和社会的审查与评价，它体现着社会成员相互之间以及社会与社会成员之间的关系。可以说，责任的第一层含义是第二层含义的基础，第二层含义是第一层含义的落实。

2. 经济责任

一般认为，经济责任是一种与违宪责任、刑事责任、民事责任、行政责任、诉讼责任一起共同构成了法律责任体系的法律责任。从实践的角度上看，一个企业、事业或政府部门的负责人对于其所在单位，至少应当担负三个方面的经济责任，即依法行政（或经营）的责任、规范管理的责任、创造效益的责任[①]。在这三个方面中，依法行政（或经营）是基础，规范管理是手段，创

---

① 王雷：“经济责任的界定、确认与评价”，《中国内部审计》2006 年第 12 期。

造效益是目的。这三个方面的经济责任要求，对于单位负责人来说是一个法定的要求，也是一个原则性的要求。具体来说，经济责任的内容主要包括：(1) 依法行政（或经营）的责任。对于党政干部来说，是依法行政；对于企业负责人来说，是依法经营。现代经济是市场经济，同时也是法治经济。因此作为组织的负责人，必须带领所在的组织，在法律框架允许的范围内活动，而不能逾越这个范围。对于所在组织的行为的合法性，负责人必须承担责任，这就是其依法行政或经营的责任。(2) 规范管理的责任。作为组织的负责人，需要使其组织在一个有效的秩序下运行，其本人也必须受这个秩序的约束。那么，这个秩序是否建立，是否科学、合理，是否得到有效运行，就构成了领导者在规范管理方面的责任。(3) 创造效益的责任。创造效益是一个组织的目标。效益既包括效率，也包括效果，是效率与效果的统一；既包括已经创造的效益，也包括拓展的未来效益空间，是过去与未来的兼顾；既包括经济效益，也包括社会效益，是经济效益与社会效益的结合。

3. 经济责任审计

众所周知，审计产生的客观条件之一就是财产所有权与经营管理权的分离，其主要目的就是为了保护财产的安全和完整，保证会计资料的真实和可靠，明确财产经营管理者的经营管理责任。因此，从根本上看，任何一种审计都是经济责任审计，也就是说，广义的经济责任审计包括一切审计。狭义的经济责任审计，则是特指中国在近些年来出现的旨在明确国家机关和国有企业事业单位领导人经济责任而进行的一种审计活动，也就是我们常说的任期经济责任审计或者离任审计。本书所称的经济责任审计，除有特殊的说明外，专指狭义的概念。

作为中国特有的一项国家审计制度，经济责任审计的形成与发展过程，同时也是理论界对其概念不断深化认识的过程。从时间先后的次序上看，李千予（1987）认为①，经济责任审计就是由独立的审计机构或人员，依据党和国家的方针、政策、财经法规、计划、预算等，对经济责任关系主体经济责任的履行情况所进行的审查、评价、证明和监督。姜彦秋（1999）认为②，经济责任审计是指对经济责任关系的主体之经济责任的履行情况所进行的监督、鉴证和评价活动，任期经济责任审计的内容包括任期经营目标的实现情况、重大经营

① 李千予："审计研究——经济责任审计概念的探讨"，《审计研究》1987年第6期。

② 姜彦秋："谈谈经济责任审计"，《审计研究》1999年第5期。

活动的决策是否具有民主性与科学性、资产、负债、损益的真实性、职工收入及福利情况、遵纪守法的情况等。于保和、张相洲（2002）认为①，经济责任审计，是特指审计机关或其他审计组织，接受干部管理部门的委托，依据国家法律法规和有关政策，审计领导干部任职期间所在部门、单位财政、财务收支真实性、合法性和效益性，以及领导干部本人对有关经济活动应当负有的责任，借以评价领导干部履行经济职责情况的较高层次的经济监督活动。彭振威（2005）认为②，企业经济责任审计是指审计部门对企业领导人任职期间所在企业的资产、负债、损益情况的真实性、合法性、效益性以及有关经济活动应当负有的经济责任所进行的审计监督、鉴证和评价的活动，是在企业财务收支审计的基础上，把审计结果人格化，将审计结果落实到人的经济责任上。

另一方面，就实务的角度来看，比较简单的方法是通过对经济责任的定义来明确经济责任审计的概念。在中共中央办公厅、国务院办公厅2010年12月颁布实施的《党政主要领导干部和国有企业领导人员经济责任审计规定》中，通过第4、5条两个条款的组合，界定了经济责任审计的基本概念。其中，第4条规定，本规定所称经济责任，是指领导干部在任职期间因其所任职务，依法对本地区、本部门（系统）、本单位的财政收支、财务收支以及有关经济活动应当履行的职责、义务。第5条规定，领导干部履行经济责任的情况，应当依法接受审计监督。

鉴于此，吸收理论界定义的合理元素，结合实务界定义简单明了的特点，我们可将经济责任审计定义为，国家审计机关依法对领导干部因其任职期间所任职务，而对本地区、本部门、本单位的财政收支、财务收支以及有关经济活动应当履行的职责和义务，进行审计监督的活动。具体而言，这一定义包含以下内涵：（1）经济责任审计的目标是通过审计，查明领导干部在任职期间因其所任职务，依法对本地区、本部门、本单位的财政收支、财务收支以及有关经济活动应当履行的职责、义务，并进一步评价其业绩，为管理机构评价和任用该领导干部提供重要依据。（2）经济责任审计的主体是审计机关及审计人员，而由纪检、组织、审计、监察、人力资源社会保障和国有资产监督管理等部门组成的经济责任审计工作联席会议，主要起到的是组织和领导经济责任审计工作的作用，具体负责研究制定有关经济责任审计的政策和制度，监督检

---

① 于保和、张相洲："经济责任审计中的内部控制评审"，《审计研究》2002年第3期。

② 彭振威："审计研究——经济责任审计概念的探讨"，《审计研究》2005年第2期。

查、交流通报经济责任审计工作开展情况，协调解决工作中出现的问题。(3) 接受经济责任审计的领导干部范围极为广泛，既包括地方各级党委和政府主要领导干部，又包括党政工作部门、审判机关、检察机关、事业单位和人民团体等单位主要领导干部，还包括国有企业领导人员。

（二）经济责任审计的主要特点

现有的研究表明，经济责任审计与财务收支审计有着本质上的相同点和不可分割的内在联系，但作为新型审计业务，经济责任审计与财务收支审计无论在理论内涵上，或者在外在表象上，还是实际操作中又有自身鲜明的特点[①]。概括而言，与财务收支审计相比，经济责任审计的特点主要表现在以下几个方面。

1. 经济责任审计的对象范围

经济责任审计的对象是法人代表、自然人[②]，通过审计评价的是领导干部经济行为及其任职期间履行经济责任的情况。审计监督既对“事”，但最终主要是对“人”。经济责任审计将对“人”和对“事”的监督明确地结合在了一起。这种结合使党政领导干部经济责任审计实质上成为对特定人群财政权力进行监督的手段，进而成为考核和任用干部的重要辅助手段[③]。近年来，随着经济责任审计工作的深入，纳入到经济责任审计对象的层级与范围呈日渐扩大的趋势。如 1999 年出台的《县级以下党政领导干部任期经济责任审计暂行规定》和《国有企业及国有控股企业领导人员任期经济责任审计暂行规定》，明确的审计对象只包括县级以下党政主要领导干部、国有及国有控股企业的法定代表人。2005 年，党政领导干部经济责任审计范围扩大到地厅级。2010 年出台的《党政主要领导干部和国有企业领导人员经济责任审计规定》，则将审计对象涵盖了从乡镇级到省部级的党政领导干部，以及国有企业的法定代表人。与经济责任审计相比，通常的财务收支审计对象则主要是法人和单位的财政财务收支账目及其经济活动情况。审计检查监督的对象是单位，主要针对经济业务。

---

① 梁雪俄：“经济责任审计与财务收支审计比较分析”，《审计研究》2009 年第 6 期。

② 除我国以外，也有少数国家尽管没有开展专门的经济责任审计，但仍立足国情需要将自然人纳入国家审计权的对象范围。如根据以色列《国家审计长法——1958》（修订版）第 9 条的规定，以色列国家审计权作用的对象除政府机构、国有企业等团体人外，还包括与政府签订合同的个人，以及代表国家管理和控制国有资产的个人。胡贵安：《国家审计权法律配置的模式选择》，中国时代经济出版社 2010 年版，第 23 页。

③ 刘颖斐、余玉苗：“宪政视角下的党政领导干部经济责任审计”，《审计研究》2007 年第 3 期。

2. 经济责任审计的项目立项方法

经济责任审计项目一般是根据干部管理、监督工作的需要和党委、政府的意见，由干部管理部门与审计机关或者其他部门充分协商后，委托审计机关立项实施。《党政主要领导干部和国有企业领导人员经济责任审计规定》第 13 条明确规定，经济责任审计应当有计划地进行。组织部门每年提出下一年度经济责任审计委托建议，经联席会议办公室研究后提出经济责任审计计划草案，由审计机关报请本级政府行政首长审定后，纳入审计机关年度审计工作计划并组织实施。与经济责任审计相比，通常的财务收支审计项目则是根据经济工作情况，根据上级审计机关部署、本级政府工作要求或宏观管理需要，基本由审计组织自行确定项目计划。

3. 经济责任审计的监督依据

对于经济责任审计的依据，无论是作为法律的《审计法》还是《审计准则》，其规定均十分含糊。其中，《审计法》第 25 条规定，审计机关按照国家有关规定，对国家机关和依法属于审计机关审计监督对象的其他单位的主要负责人，在任职期间对本地区、本部门或者本单位的财政收支、财务收支以及有关经济活动应负经济责任的履行情况，进行审计监督。《国家审计准则》第 7 条第 2 款也规定，审计机关按照国家有关规定，对依法属于审计机关审计监督对象的单位的主要负责人经济责任进行审计。即审计机关按照“国家有关规定”进行经济责任审计。一般理解，此处的“国家有关规定”，既包括国家财经法规，也包括相关部门规章；既应当执行审计署有关业务制度，也要执行省、市、自治区以及地方制定的具体办法；既要依照国家有关经济政策和行政法规进行检查，还可以参照有关行业制度和标准进行评价；既要依据干部管理制度和纪检监察部门的有关规定进行，还要依据地方审计机关业务有关要求开展工作。可见，经济责任审计依据具有多重性、多层次和综合性。与经济责任审计相比，通常的财务收支审计多是依照《预算法》、《会计法》等其他有关财政经济法律法规进行的监督检查活动，其他非财务活动的规定和要求不是财务收支审计检查的内容，一般也不称其为依据。

4. 经济责任审计的管辖权限

根据现行政策法规，经济责任审计的管辖权限必须严格按干部管理权限划分。《党政主要领导干部和国有企业领导人员经济责任审计规定》第 6 条规定，领导干部的经济责任审计依照干部管理权限确定，地方审计机关主要领导干部的经济责任审计，由本级党委与上一级审计机关协商后，由上一级审计机关组织实施。审计署审计长的经济责任审计，报请国务院总理批准后实施。与经济责任审计相比，通常的财务收支审计则主要是根据财政财务隶属关系或国有资产管理关系确定的。《审计法》第 28 条规定，审计机关根据被审计单位的财政、财务隶属关系或者国有资产监督管理关系，确定审计管辖范围。一般来说，本级预算单位及其下属核算单位是本级审计机关的监督对象，内设机构或下属单位同时又是部门内部审计组织的检查范围。

5. 经济责任审计的主要目的

经济责任审计的主要目的是为了加强干部管理监督，维护经济秩序，促进廉政建设，提高执政能力，具有浓厚的行政监督特色。《党政主要领导干部和国有企业领导人员经济责任审计规定》第 1 条即开宗明义的宣布，本规定的立法目的主要是为健全和完善经济责任审计制度，加强对党政主要领导干部和国有企业领导人员的管理监督，推进党风廉政建设。与经济责任审计相比，通常的财务收支的主要目的是查错纠弊、防范经营风险，促进管理，具有明显的经济性。

6. 经济责任审计的内容重点

经济责任审计是对领导干部任职期间经济活动的检查，所属部门或企事业单位都应是监督检查的范围，重大问题还可以追溯到以前年度或延伸其他单位。《党政主要领导干部和国有企业领导人员经济责任审计规定》第 14 条规定，经济责任审计应当以促进领导干部推动本地区、本部门（系统）、本单位科学发展为目标，以领导干部守法、守纪、守规、尽责情况为重点，以领导干部任职期间本地区、本部门（系统）、本单位财政收支、财务收支以及有关经济活动的真实、合法和效益为基础，严格依法界定审计内容。与经济责任审计相比，通常的财务收支审计一般而言是对某部门或单位的财务活动进行的监督活动，是以既定会计期间为界限，进行的业务检查。另一方面，经济责任审计重点一般是根据被审计对象所在单位的职能、个人职责分工、重大经济活动确定的。现阶段经济责任审计重点主要应当围绕领导干部履行经济决策权、管理权、执行权、监督权所遵守程序的合规性、所产生效果的经济性、效率性和效益性进行检查，对重大经济活动中遵守廉政规定情况进行检查。与经济责任审计相比，通常的财务收支审计的重点内容一般是对单位财务收支是否真实、开支是否合法、会计处理是否符合有关规定及其效果进行的检查，侧重于直接财务活动的监督，比较关注具体业务的错弊问题。

7. 经济责任审计的评价标准方法

经济责任审计中，根据领导干部所在部门或单位性质、行政职能和个人职责分工，依照相应政策、法规、制度和规定进行评价。由于被审计对象经济活动可能表现为政治的、经济的、文化的，或者是具体事务，或者是抽象效果和社会影响，因此，其审计评价标准既可能有很强的政策性，也可能是针对性很强的业务综合目标；有可能是静态结果，也可能是动态预测，难以确定固定统一的审计评价标准。与经济责任审计相比，通常的财务收支审计一般根据财经法规和有关制度进行分析判断，检查和评价的是经济活动某个时点上的静态反映，其依据和标准基本上是相对统一、稳定的。另一方面，经济责任审计工作是源于一个综合思维而组织实施的系统工程。审计业务检查以被审计对象的主要经济活动和行政行为为内容，有的放矢地综合应用多种检查、鉴证和评价方法进行。审计外围工作则尽可能适应当地政治、经济、法律、文化和组织容许范围，选择多种行政协调方式，以减少制度摩擦、体制损耗和成本浪费，补充现行审计手段的不足，争取审计目标和效果的统一。与经济责任审计相比，通常的财务收支审计一般来说是根据审计内容选择相应的审计业务技术方法即可，其他方面的要求涉及较少。

（三）经济责任审计的作用及意义

我国的经济责任审计制度无论在理论上还是在实践上都具有重要的作用与意义。理论上说，经济责任审计是构建中国特色国家审计模式的重要组成部分，经济责任审计的产生丰富和发展了传统的国家审计理论。主要体现为[①]：(1) 经济责任审计丰富和发展了传统国家审计的内涵，经济责任审计进一步深入到代议民主制度中的政党制度、执政党的执政方式、国家公务员制度等方面。(2) 经济责任审计是执政权力的体现，主要反映了执政党与国家机关之间的委托代理关系。(3) 经济责任审计作为一种政党型审计，使我国的国家审计体制模式由行政型变成了混合型。(4) 经济责任审计有助于党对经济工作的领导，扩展了国家审计的职能。(5) 经济责任审计作为绩效审计的一个新的增长点，有助于推动我国绩效审计的发展。

从多年的经济责任审计实践来看，柏继民（2000）认为[②]，应当从贯彻依法治国方略，加强干部队伍建设，促进改革和社会主义市场经济发展的高度来

---

① 崔孟修："经济责任审计对国家审计的丰富和发展"，《审计研究》2007 年第 6 期。

② 柏继民："坚持任期经济责任审计—促进党风廉政建设"，《审计研究》2000 年第 5 期。

充分认识实行任期经济责任审计制度的重要意义；刘满堂（2000）认为[①]，经济责任审计是国有企业改革的客观要求、是加强干部管理和监督的需要、是深化审计工作的一项重要探索。概括起来，经济责任审计制度的推行还具有以下重要的实践意义，主要包括（1）监督领导干部依法履行经济责任，促进科学民主决策。经济工作是党的工作的中心，许多领导干部在主抓经济工作时往往带有主观性和随意性。由于“决策时拍脑袋”，一些劳民伤财的“政绩工程”，让国家经济造成重大损失等现象屡见不鲜。通过经济责任审计时对决策正当性和合理性的审查，结合责任追究制度的落实，可以在一定程度上有效遏制“决策时拍脑袋”现象。（2）披露损失浪费与资产流失，完善行政问责制度。根据《党政主要领导干部和国有企业领导人员经济责任审计规定》，领导干部对于未经民主决策、相关会议讨论而直接决定、批准、组织实施重大经济事项，并造成重大经济损失浪费、国有资产（资金、资源）流失等严重后果的行为，以及主持相关会议讨论或者以其他方式研究，但是在多数人不同意的情况下直接决定、批准、组织实施重大经济事项，由于决策不当或者决策失误造成重大经济损失浪费、国有资产（资金、资源）流失等严重后果的行为等应当承担直接责任。（3）预防和惩治腐败，推动党风廉政建设。对于审计过程中发现的腐败问题，经济责任审计及时给予揭露，并与纪检、监察、检察、公安等部门一起依法进行处理处罚。据统计[②]，1998 年至 2010 年 10 月，全国经济责任审计共查出由领导干部直接责任造成的违规问题金额和损失浪费问题金额合计 684 亿多元，各级党委和干部管理、纪检监察部门参考审计结果，免职、降职、降级、撤职和其他处分共计 18100 人，移送纪检监察和司法机关 7200 人。（4）完善人事任免机制，作为任免干部的重要参考。《党政主要领导干部和国有企业领导人员经济责任审计规定》第 39 条规定，经济责任审计结果报告应当归入被审计领导干部本人档案，有关部门和单位应当根据干部管理监督的相关要求运用经济责任审计结果，将其作为考核、任免、奖惩被审计领导干部的重要依据。

---

① 刘满堂：“论经济责任审计的重要意义”，《审计研究》2000 年第 6 期。

② 数据来源：中央人民政府网站，http：//www. gov. cn/zxft/ft212/content_ 1764959. htm，2011 年 12 月 23 日。

二、经济责任审计的理论基础及定位

（一）经济责任审计的理论基础

由于经济责任审计是我国特有的审计监督制度，没有明确的国外文献借鉴，且形成时间不长，因而，对于其产生动因或其产生的理论基础等基本问题的研究目前学界还没有统一结论。巫昌国、程庆（1997）研究认为[①]，民主思想的确立、公有制是催生官员经济责任审计的两个关键社会因素；曹松等（2002）认为[②]，经济责任审计的理论基础包括权力制衡理论、权责一致理论、人本管理和行为科学理论、受托审计理论和“人民监督”理论；陈波（2005）认为[③]，我国独特的制度背景形成了对于经济责任审计的独特需求；李季秀（2001）认为[④]，经济责任审计是随着委托代理关系的产生和发展而产生和发展起来的；陈宋生（2000）认为[⑤]，委托代理理论是经济责任审计的理论基础。

尽管学者们的意见目前尚未完全一致，但对委托代理理论是经济责任审计的理论基础的观点多数学者持认同态度的。委托代理理论认为，交易中拥有信息优势的一方为代理人，另一方为委托人。由于经济活动中“两权分离”的存在，委托人无法观察到代理人的行动，导致委托代理双方拥有的信息不对称，代理人凭藉其信息优势易产生事前的逆向选择及事后的道德风险。为了解决代理人的道德风险问题，委托人必须设计出一套行之有效的激励、约束和监督机制，使委托人的意愿能够尽可能多地得到实现，并最终解除代理人的经济责任。随着劳动分工的专业化发展，委托代理关系日趋复杂，财务编报技术与经济活动事项日益复杂，由国家审计机关及其专职人员对作为代理人的党政机关、国有企事业单位的领导干部进行经济责任审计，并向委托人报告审计结果，就成为比较经济的选择（如图 8－1 所示）。由此审查代理人是否符合“全面有效”的目标要求，以促使经济责任得到全面有效地履行。另外，本期任期经济责任审计有助于摸清单位家底，使下轮委托代理双方在签订合同时知晓更多信息，使双方信息更对称，对防止代理人由于掌握更多的信息而产生的

---

① 巫昌国、程庆：“对古希腊官吏经济责任审计的思考”，《审计与经济研究》1997 年第 6 期。

② 曹松等：“论党政领导干部经济责任审计的理论基础”，《山东审计》2002 年第 8 期。

③ 陈波：“经济责任审计的若干基本理论问题”，《审计研究》2005 年第 5 期。

④ 李季秀：“略论委托代理与经济责任审计”，《审计研究》2001 年第 6 期。

⑤ 陈宋生：“任期经济责任审计理论诠释”，《江西审计与财务》2000 年第 12 期。

事前逆向选择。由此可见，经济责任审计是随着委托代理关系的产生和发展而产生和发展起来的。

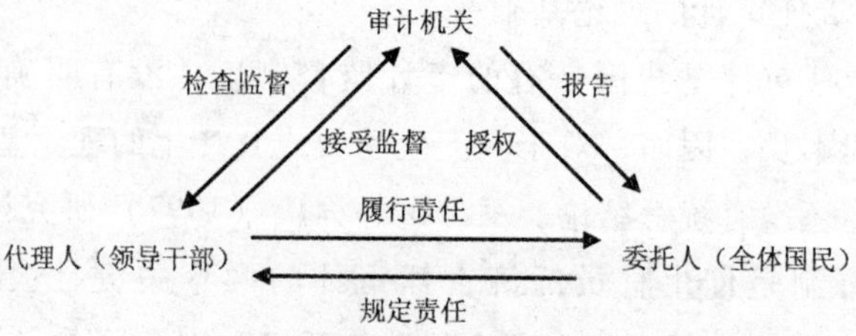

图 8－1 受托责任理论下的经济责任审计

（二）经济责任审计的定位：一种新的审计类型或形式

学者的研究普遍认为①，经济责任审计能够或可以独立为一种新的审计类型或形式，即“经济责任审计独立化”，主要依据如下：

首先，由审计产生发展之内在依据（或规律）决定的。受托经济责任关系乃经济责任审计产生的首要前提。在经济转型中的中国，为适应建立有中国特色社会主义市场经济体制的需要，当受托经济责任的要求进一步提高到指向受托行为本人和地方党政机关和部门、国家事业单位以及国有和国有控股企业主要负责人，要求其对任职期内本地区、本部门或本单位的财政收支、财务收支以及有关经济活动承担经济责任时，便自然产生了经济责任审计。因此，经济责任审计本身就是基于特定受托经济责任关系，针对特定受托经济责任具体内容而产生的一种新的审计类型或形式，实现经济责任审计独立化具有特殊的意义和价值。

其次，受托经济责任内容和形式与时俱进的创新与发展是经济责任审计独立发展的内在依据。一种新的审计行为的产生必然是由其自身具有一些独有特征决定的，或换言之，一种审计行为活动能否独立化、能否从一般审计中分野出来形成一种新的、独立的、专门的审计行为活动，关键要看该种审计行为活动是否具有与一般审计相比较的明显的特征或特点。从上文经济责任审计的“主要特点”中可以看出，与财务收支审计相比，经济责任审计具有自身鲜明的特点。

最后，经济责任审计独立化是审计产生之历史本原的回归。如果考察中外

① 蔡春、陈晓媛：“关于经济责任审计的定位、作用及未来发展之研究”，《审计研究》2007 年第 1 期。

审计史，我们会惊奇地发现，早期的审计特别是政府审计，主要就是关注于审查、评价官员或受托行为人本人经济责任的履责情况，其审计所运用的方式与方法与现在我们开展的经济责任审计俨然相似。因此我们可以认为，早期的审计在其萌芽之时就已蕴含经济责任审计之意味。

三、经济责任审计制度变迁及其发展趋势

（一）经济责任审计的历史渊源

经济责任审计不是现代的产物，我国历史上从未中断过经济责任审计的实践。与审计一样，经济责任审计也有其悠久的历史。在《周礼》有关“宰夫”的职责范围有以下记载：“掌治法以考有官、府群都县鄙之治，乘其财用之出入，凡失财用物辟名者以官刑治家宰而诛之，其足用长财善物赏之。”换言之，若造成财产损失、账实不符、弄虚作假的应受到惩罚，而收支平衡、有节余、资财管理好的应受到奖赏。简而言之，“宰夫”的职掌就是“考其出入，以定刑赏”。由此可见，我国早在周朝时期就设有专职官吏“宰夫”负责对有关官吏进行经济责任审计。经历了春秋的“复计著”制度，到秦汉的御史监察制度、隋唐的比部制后，明清的都察院制度更是充分体现了经济责任审计的思想。如《明会典》中就明确记载：“郎中等官，遇有升迁及吏役满日，一应经手钱粮等卷，本部委司务共同清查明白，方许离任起送。如有不明侵欺等项奸弊，听部参究”，这是历史上国家审计对官员离任经济责任审计的明确表述。

（二）经济责任审计的制度现状

我国现代经济责任审计最早可溯及 20 世纪 70 年代末，始于 1978 年的经济体制改革，着眼于对企业放权让利，让企业留有利润。1984 年，我国企业陆续实行了厂长负责制、承包制和租赁制，审计机关在开展财务收支审计中发现少数企业的厂长（经理）通过弄虚作假、违法乱纪的手段，反倒成了先进典型和劳动模范，得到各种奖励，而部分注重企业发展后劲、实事求是、守法经营的厂长（经理）却不被认可和赏识。针对这一新的经济情况，1985 年 4 月，黑龙江省齐齐哈尔市审计局在全国率先开展了“厂长（经理）离任经济责任审计”，受到上级的充分肯定。1986 年 6 月，中共中央、国务院在颁布的《全民所有制工业企业厂长工作条例》中明确规定：“厂长离任前，企业主管机关（或会同干部管理机关）可以提请审计机关对厂长进行经济责任评议。”同年 12 月，审计署发出了《关于开展厂长离任经济责任审计工作几个问题的

通知》，对贯彻执行厂长离任经济责任审计的内容做了具体规定。自此，企业领导人员离任经济责任审计在全国逐渐推广开来。1988 年，全国大范围推广承包经营责任制，国务院在 2 月颁布的《全民所有制企业承包经营责任制暂行条例》第 7 条规定“实行承包经营责任制，由国家审计机关及其委托的其他审计组织对合同双方及其经营者进行审计”。同年 7 月，审计署相应发布了《关于全民所有制企业承包经营责任审计的若干规定》，对承包经营责任审计进行了规范。另一方面，随着企业领导人员经济责任审计的作用逐渐被认识和肯定，全国不少地方自 1993 年以来在党政机关和事业单位也试行了领导干部的离任审计制度，尤其是山东荷泽地区在这方面的成功做法引起中央领导重视。1998 年 2 月中纪委等五部委联合印发了《关于印发〈关于荷泽地区实行领导干部离任审计制度的调查报告〉的通知》，向全国推广荷泽离任审计经验。1999 年 5 月中共中央办公厅、国务院办公厅联合下发了《县级以下党政领导干部任期经济责任审计暂行规定》和《国有企业及国有控股企业领导人员任期经济责任审计规定》，对审计目的、对象、范围、内容、程序等做了规定。自此，经济责任审计对象由国有企业领导人员扩展到党政机关和事业单位领导人员。

2006 年《审计法》的修正，更是使经济责任审计的发展步入了快车道。修正后的《审计法》首次明确了经济责任审计的法律地位，为开展经济责任审计进一步提供了法律依据。在第 25 条明确规定，审计机关按照国家有关规定，对国家机关和依法属于审计机关审计监督对象的其他单位的主要负责人，在任职期间对本地区、本部门或者本单位的财政收支、财务收支以及有关经济活动应负经济责任的履行情况，进行审计监督。2010 年 10 月，为了进一步细化《审计法》有关规定，中共中央办公厅、国务院办公厅印发了被称为“指导经济责任审计工作的纲领性文件”[①] 的《党政主要领导干部和国有企业领导人员经济责任审计规定》。该规定对经济责任审计监督制度作了更加全面、系统和具体的规定，在许多方面取得了新突破，对审计工作提出了新要求。主要包括一是明确并扩大了审计对象的范围，提高了经济责任审计领导干部的级别。该规定将审计范围明确为党政工作部门、审判机关、检察机关、事业单位和人民团体等单位主要领导干部和国有企业领导人员，目前审计署已对省部级行政领导干部进行了经济责任审计试点。2000—2010 年，审计署共对 53 名省

---

① 王秀明：“指导经济责任审计工作的纲领性文件”，《审计研究》2011 年第 1 期。

部长进行了经济责任审计，且规模在逐渐扩大，仅2009年和2010年就达到37名[①]。二是明确了审计内容和重点，更加关注领导干部履行经济责任的过程和效果。该规定分别确定了地方党委政府、党政工作部门、国有及国有控股企业领导人员经济责任审计的不同内容，更加明确具体，更具有可操作性。三是明确了审计评价的依据及原则，提出了责任种类及划分标准。该规定主要增加了国家有关政策以及责任制考核目标和行业标准等审计评价的依据，提出了经济责任审计评价必须坚持客观公正、实事求是的原则，明确了被审计领导干部应当承担经济责任的三种类型：直接责任、主管责任和领导责任。四是强化了对经济责任审计工作的组织领导和结果运用。该规定进一步完善了经济责任审计联席会议制度，明确要求各级党委和政府应当加强对经济责任审计工作的领导，明确要求各级干部管理和监督部门应当将审计结果作为考核、任免和奖惩被审计领导干部的重要依据等等。

（三）经济责任审计的未来展望

概括来说，经济责任审计未来发展中需重点研究与探讨的问题主要包括[②]：

第一，增强领导干部责任意识，逐渐形成领导干部自觉接受经济责任审计的良好文化氛围。责任意识和观念的强弱程度与管理工作的效率与质量密切相关，同时也是行政执行力的重要决定因素。经济社会本身就是一张受托经济责任网，要让每位领导干部都明确知道自己是特定组织责任主体的特定责任人，其本人的履责情况将直接影响或决定组织的履责情况。

第二，建立健全经济责任审计准则体系，规范经济责任审计行为。特定审计行为必须以特定审计准则来规范。按照国际惯例，任何特定类型的审计都应制定相应的审计准则予以规范。审计准则既是指导审计工作的准绳，也是评判和控制审计质量的标准。经济责任审计准则体系可以包括三个方面的内容：即一般准则、工作准则和报告准则。其中，一般准则主要是针对经济责任审计人员能力、素质、独立性等一般要求的规范；工作准则主要是针对经济责任审计过程中计划制定、证据收集及方法运用的技术性要求的规范；报告准则主要是针对经济责任审计报告基本要素的基本规范，包括报告的格式、结构与内容，

---

① 数据来源：中央人民政府网站，http：//www.gov.cn/zxft/ft212/content_1764959.htm，2011年12月28日。

② 蔡春、陈晓媛：“关于经济责任审计的定位、作用及未来发展之研究”，《审计研究》2007年第1期。

报告的措词以及报告中审计人员发表审计意见的种类和方式等。

第三，深入研究领导者任期目标经济责任的确定方式与方法，为经济责任审计评价提供科学、合理的导向与依据。事实上，目前领导者普遍缺乏清晰明确的任期目标经济责任或委任、聘任领导干部时，对其任期目标经济责任缺乏科学、合理的确定方式与方法是约束我国经济责任审计健康发展的重要原因。要进一步完善和推动我国的经济责任审计，必须深入探索、研究和寻找到确立各级领导者任期目标经济责任的科学、合理的方法与机制。就目前来说，这种任期目标经济责任的确定可以由上级管理部门在委任或聘任时提出，也可以由受任者本人提出，但最好通过合法有效合约的形式予以确定，作为离任审计和任中审计的重要依据。

第四，系统研究经济责任审计方法体系。方法是实现目标的手段，经济责任审计是一种特殊类型的审计，其方法应具有特殊性。在这方面，未来应关注经济责任审计中证据调查特殊性的研究；责任量化与评价方法的研究；任前审计、任中审计与离任审计方法的研究；以及识别错弊和腐败行为方法的研究等。

第五，健全审计问责体系，实现审计问责体系转型。审计问责体系的转型包括三大转型，即从行政问责转向法律问责、从组织问责转向个人问责和从行为问责转向后果问责。行为问责与后果问责存在一种递进关系，前者构成后者的前提和基础，是追究责任的一种快速反应方式，而后者为进一步的纪律追究和法律追究扫除障碍。可以说，健全审计问责体系是经济责任审计健康发展的重要制度保障和机制保证，而从行政问责转向法律问责是问责程度的加深，从组织问责转向个人问责是问责范围的扩大，从行为问责转向后果问责是问责效率的提升。

第二节 经济责任审计评价

在领导干部任期经济责任审计工作诸环节中，审计评价是一个极为关键的环节，既是重点和难点，又是组织部门、被审计领导干部本人以及有关方面关注的焦点。审计评价是否客观公正，关系到领导干部任期经济责任和工作业绩是否真实、准确，事关领导干部升迁去留和任用。

一、经济责任审计评价概述

（一）经济责任审计的基本概念及其主要特点

一般认为，作为经济责任审计的重要组成部分，经济责任审计评价有两层涵义：一是指在整个审计过程中，审计人员根据财经法规及审计证据对被审计领导人员所在单位财政、财务收支的正确性、合法性、效益性进行评判，并对被审计领导人员的经济责任进行界定的行为；二是指审计机关通过对党政机关和企事业单位领导人员任职期间的财政，财务收支及有关经济活动进行审计，在审计报告中对其应负经济责任而做出的结论性评语。其中，第二层涵义是在第一层涵义审计评价的基础上形成的。因此，我们所称的经济责任审计评价主要是指其第二层涵义。

概括而言，与组织人事部门对干部的考察相比，经济责任审计评价的主要特点包括：（1）客观性。经济责任审计评价是根据审计所获得的充分证据来进行的，没有充分、适当的审计证据，审计评价就不能进行，因而经济责任审计评价具有客观性。与组织人事部门对干部的考察相比，其对群众主观感觉的依赖程度相对较弱；（2）专业性。经济责任审计评价是对被审计领导干部任期内经济责任履行情况的评价，不是对被审计领导干部所承担的各方面责任的履行情况所作的全面评价，因而经济责任审计评价具有专业性，不像组织人事考察、评价那样具有综合性。（3）参考性。经济责任审计评价结论能够为干部管理监督部门更好地考察、管理和监督干部提供参考性意见，但它不能替代干部管理监督部门对干部的考察、管理和监督，也不能要求干部监督、管理部门必须接受经济责任审计评价意见，因此，经济责任审计评价在干部管理监督中具有咨询性，不像组织人事考察、评价那样具有决策性。

（二）经济责任审计的评价原则

经济责任审计是一项责任大、风险大、要求高的工作，因此在经济责任审计评价过程中，遵循正确的原则尤为重要。然而，关于经济责任审计评价原则，学者们目前尚未形成统一的意见。李凤鸣、时现（2001）研究认为[①]，经济责任审计评价应当遵循独立性、依法性、权责制、公正性、重要性原则；廖洪（2001）研究认为[②]，经济责任审计的评价原则包括相关性、可比性、重要

① 李凤鸣、时现：《经济责任审计》，北京大学出版社 2001 年版，第 47—51 页。

② 廖洪："论经济责任审计评价指标的作用及设置原则"，《审计研究》2001 年第 3 期。

性、速度与效益相结合、成本效益、与计划统计、财政财务指标相结合等6项原则，其中，相关性原则和可比性原则是最重要的；河南省审计科研所经济责任审计评价科学化课题组（2005）研究认为①，实现经济责任审计评价科学化，必须坚持重要性、客观性、谨慎性、科学性、历史性、统一性6项原则。

通过对上述学者关于经济责任审计评价原则不同意见进行分析与提炼，在经济责任审计评价过程中，除了应当遵循重要性、客观性、谨慎性、公正性、独立性等国家审计工作的一般原则外，更应当注重遵循以下原则。

1. 权责统一的原则

经济责任承担者在履行经济责任过程中，要对其行使权力的行为及由此而产生的结果承担责任。它是划分责任归属的一个基本标准。一般来说，经济责任和经济权力存在着严格的对应关系，也就是说领导者有多大权力，就应该承担多大责任。因此，在经济责任审计时，必须根据经济责任关系主体享有职权的大小，来确定其应该履行的经济责任的范围和内容，从责任期间、责任主体、责任形式等方面评价其经济责任的履行状况。（1）从时间上看，由于领导者任期的阶段性和单位经营管理活动的连续性，因此，经济责任审计过程中必须在划清不同时期责任归属的基础上，注意区分不同责任时期的权力行为对任期外的影响，避免由于责任期的更替而混淆经济责任。（2）从责任主体上看，划分不同人员的责任归属。经济责任关系是多方面的，不同的责任主体使用相应的权力，并承担相应的经济责任。（3）从责任形式上看，在划分不同人员的责任归属的前提下，界定被审计的领导人员应当承担直接责任、主管责任或是领导责任。如《党政主要领导干部和国有企业领导人员经济责任审计规定》不仅在第34条明确规定了被审计的领导人员应当承担经济责任的3种形式，而且还在第35—37条明确了承担直接责任、主管责任或是领导责任的具体情形。

2. 经济责任为主的原则

审计机关的职责和权限决定了经济责任审计检查评价的是经济行为和经济责任，主要是对领导干部所在单位的财政收支、财务收支的真实性、合法性和效益性进行审计，检查和确认其任职期间在本单位实际经济活动中应承担的经济责任。对于被审计领导干部没有关系的经济活动事项一般不予评价，即使是

---

① 河南省审计科研所经济责任审计评价科学化课题组：“经济责任审计评价科学化研究”，《审计研究》2005年第5期。

需要向有关部门反映的和需要处罚的违纪违规问题，如与被审计领导干部无关，也无需在审计结果报告中进行评价。

3. 政绩量化分析的原则

经济责任审计的实行，弥补了干部管理监督部门全面了解领导干部经济活动和经济行为情况时往往不能客观评价领导干部的缺陷。审计人员通过科学计算经济责任目标、经济社会指标完成情况等指标比率，如任期内收入增长率、预算收入完成率、资产负债率等，并通过任期前后指标数据的“纵比”、“横比”，可以科学地将领导干部任期内所在单位的经济活动全面反映出来。

二、经济责任审计评价内容

（一）确定评价经济责任审计内容的基本要求

《党政主要领导干部和国有企业领导人员经济责任审计规定》第 14 条对经济责任审计评价内容的确定进行了原则性的规定，即经济责任审计应当以促进领导干部推动本地区、本部门（系统）、本单位科学发展为目标，以领导干部守法、守纪、守规、尽责情况为重点，以领导干部任职期间本地区、本部门（系统）、本单位财政收支、财务收支以及有关经济活动的真实、合法和效益为基础，严格依法界定审计内容。在此基础上，并结合吴秋生（2009）、卫蓉（2010）等人的研究成果①，确定经济责任审计评价内容时应符合以下几个方面的基本要求：

1. 根据财政财务收支范围确定经济责任审计的内容

与真实性审计、合法性审计、效益性审计一样，经济责任审计也是以审查财政收支、财务收支以及有关经济活动为基本手段进行审计的。财政收支、财务收支以及有关经济活动是各种审计的基本内容；离开了对这些基本内容的审查，就不能成为审计；各项审计目标所要求的审计内容范围都应当以财政收支、财务收支以及有关经济活动为限。因此，与被审计人所在地区、部门或单位财政收支、财务收支以及有关经济活动无关的方面，如领导干部在组织人事活动中收受个人贿赂，领导干部的政治素质、生活作风等等方面，就不应当是经济责任的审计内容，即要正确划分经济责任与非经济责任的界限。

2. 根据领导干部的职责范围确定经济责任审计的内容

---

① 吴秋生：“论经济责任审计职责的落实”，《会计之友》2009 年第 9 期（上）；卫蓉：“经济责任审计评价研究”，《山西财经大学硕士学位论文》2010 年，第 12—13 页。

经济责任审计需要审查的财政收支、财务收支以及有关经济活动应当是被审计领导干部任职期间的；应当是被审计领导干部应当负责且能够负责的。因此，任职之前的经济责任履行情况，法定职责范围之外的事项，超过任期目标责任之外的责任要求，都不应当成为经济责任审计的内容。如《党政主要领导干部和国有企业领导人员经济责任审计规定》第 19 条就规定，有关部门和单位、地方党委和政府的主要领导干部由上级领导干部兼任，且实际履行经济责任的，对其进行经济责任审计时，审计内容仅限于该领导干部所兼任职务应当履行的经济责任。

3. 根据经济责任的内涵确定经济责任审计的内容

责任的内涵包括两个方面：积极责任和消极责任。积极责任是分内应做的事，是责任的基本内涵；消极责任是没有做好分内的事而应承担的不利后果，是为保证积极责任能得到充分履行所衍生出来的责任。两者相辅相成，密不可分。因此，经济责任审计的内涵也应当包括积极经济责任和消极经济责任两个方面。积极经济责任是被审计领导干部应当履行的岗位经济职责；消极经济责任是被审计领导干部没能履行好自己的经济职责而按规定所应当承担的不利后果。经济责任审计就是对被审计领导干部应负经济责任的履行情况进行审计，包括对积极经济责任履行情况的审计和消极经济责任履行情况的审计。只有从积极和消极两个方面全面审计被审计领导干部经济责任的履行情况，才能得出客观公正的审计结论，否则，就有可能把经济责任审计当成是经济问题审计，或当成是经济业绩考评，显然，这两者都不能得出有关经济责任履行情况的客观公正的审计结论。

（二）经济责任审计评价主要内容

根据上述基本要求，经济责任审计评价的内容既包括对积极经济责任履行情况的评价，又包括对消极经济责任履行情况的评价。

1. 积极经济责任履行情况的审计评价

《党政主要领导干部和国有企业领导人员经济责任审计规定》分两个层次确定积极经济责任履行情况的审计评价内容，具体包括：第一个层次是普适性的规定，即对各类领导人员进行审计评价中均应有的内容；第二个层次是特殊性的规定，即分门别类地列举了三类领导人员审计评价中应有的特殊内容。就两个层次的关系来说，第一层次内容是第二层次内容的基础，即每一类领导人员审计评价内容包括第一层次内容的全部和第二层次中自身特有的内容。

第一层次的内容主要归纳在《党政主要领导干部和国有企业领导人员经

济责任审计规定》的第18条，即在经济责任审计时，应当普遍关注领导干部在履行经济责任过程中的下列情况：贯彻落实科学发展观，推动经济社会科学发展情况；遵守有关经济法律法规、贯彻执行党和国家有关经济工作的方针政策和决策部署情况；制定和执行重大经济决策情况；与领导干部履行经济责任有关的管理、决策等活动的经济效益、社会效益和环境效益情况；遵守有关廉洁从政（从业）规定情况等。

第二层次的内容主要归纳在《党政主要领导干部和国有企业领导人员经济责任审计规定》的第15—17条，具体包括（1）地方各级党委和政府主要领导干部经济责任审计的主要内容是：本地区财政收支的真实、合法和效益情况；国有资产的管理和使用情况；政府债务的举借、管理和使用情况；政府投资和以政府投资为主的重要项目的建设和管理情况；对直接分管部门预算执行和其他财政收支、财务收支以及有关经济活动的管理和监督情况。（2）党政工作部门、审判机关、检察机关、事业单位和人民团体等单位主要领导干部经济责任审计的主要内容是本部门（系统）、本单位预算执行和其他财政收支、财务收支的真实、合法和效益情况；重要投资项目的建设和管理情况；重要经济事项管理制度的建立和执行情况；对下属单位财政收支、财务收支以及有关经济活动的管理和监督情况。（3）国有企业领导人员经济责任审计的主要内容是：本企业财务收支的真实、合法和效益情况；有关内部控制制度的建立和执行情况；履行国有资产出资人经济管理和监督职责情况。

2. 消极经济责任履行情况的审计评价

通过消极经济责任的评价，要明确领导干部对本部门、本单位财政收支、财务收支中不真实、资金使用损失浪费以及违反国家财经法规问题应当负有的责任，并对其应承担的责任进行界定。一般认为，消极责任包括直接责任、主管责任和领导责任三个方面。《党政主要领导干部和国有企业领导人员经济责任审计规定》在第35—37条对消极责任的界定做了较为明确的规定。

三、经济责任审计评价指标体系

从审计实践看，审计人员要对领导干部的积极经济责任履行情况和消极经济责任履行情况进行评价，必须首先要建立一套科学合理的审计评价指标体系，以此作为开展评价的“参照系”。可以说，科学合理的审计评价指标体系既是公正评价领导干部工作业绩和经济责任的客观需要，也是防范审计风险的有效措施。从当前的审计实践看，审计评价指标体系的建立已成为当前经济责任审计发展的“瓶颈”。

（一）经济责任审计评价指标体系研究的主要观点

根据张勇（2009）所做的综述研究[①]，目前学界关于如何对经济责任审计评价指标体系进行设计，可谓仁者见仁，莫衷一是，主要学术观点包括：

张建国、沈潞嵘（2001）认为[②]，应以经费自给率、资产负债率、负债增减率、资产保值增值率、资产增长率等13个指标对事业单位党政领导干部任期内经济责任审计进行评价；洪承旭、阎建军（2002）认为[③]，商业银行领导人员任期经济责任审计评价指标体系可从发展能力指标、资产安全性指标、资产流动性指标和财务效益性指标四个方面予以确定；吕文基（2002）认为[④]，应以财政收入增长率、税费上缴增长率、国有资产保值增值率等10个指标建立综合评价模型，来评价党政领导干部的经济责任；李晓群（2002）认为[⑤]，对企业领导人经济责任的审计应从财务效益状况、资产营运状况、偿债能力状况、发展能力状况、社会贡献与积累状况、投资状况6个方面来评价；李诗银(2003)[⑥] 将审计评价指标划分为财政收入状况等6大类30项指标来评价乡镇领导干部的经济责任；王学龙（2003）认为[⑦]，应以经济性指标体系和非经济标准来评价党政领导干部的经济责任，其中经济性指标体系包括效益性指标体系和真实合法性指标体系，在效益性指标体系中有19项指标分别衡量经济增长质量、经济增长潜力、产业结构优化与经济增长协调性等三个方面；同时还有财政财务真实率、违规违纪金额比率、税金上缴增长率、国有资产保值增值率四个指标来评价真实合法性；刘慧斌和任宏伟（2003）[⑧] 提出用经济决策指标、制度落实指标、经费管理指标、物资管理指标、事业保障指标、廉洁从政

---

① 张勇：“经济责任审计理论研究述评”，《审计研究》2009年第3期。

② 张建国、沈潞嵘：“事业单位党政领导干部任期经济责任审计评价指标”，《审计月刊》2001年第12期。

③ 洪承旭、阎建军：“商业银行领导经济责任审计评价指标初探”，《审计与经济研究》2002年第2期。

④ 吕文基：“党政领导干部经济责任审计的思考及评价体系”，《审计与经济研究》2002年第1期。

⑤ 李晓群：“论建立企业领导人员任期经济责任审计评价体系”，《审计理论与实践》2002年第2期。

⑥ 李诗银：“乡镇领导干部经济责任审计评价指标体系”，《中国审计》2003年第7期。

⑦ 王学龙：“党政领导干部经济责任审计指标体系及其评价”，《财会研究》2003年第12期。

⑧ 刘慧斌、任宏伟：“论军队领导干部经济责任审计的评价内容及指标体系”，《审计研究》2003年第2期。

指标6大指标来量化经济责任审计评价。张英福、马丽莹（2008）[①] 提出领导干部经济责任审计评价通用指标体系包括财务活动的真实性合法性、国有资产保值增值、内部控制制度、重大经济决策、执行财经法纪和个人廉洁自律、实现可持续发展的评价指标6项。

（二）经济责任审计评价指标体系设置的原则

归纳起来，评价指标体系设置应当遵循的原则主要包括：

1. 分门别类原则

分门别类原则有两层含义：一是党政领导干部和企业领导人员的经济责任存在很大差异，指标体系的设置要分开进行；二是就单一种类的指标来说，也应分为基本指标、选择性指标和前瞻性指标等不同层次。基本指标是指经济责任审计必须完成的审计指标；选择性指标是充分考虑到经济责任审计的特殊性而设计的指标，该种指标依不同委托单位的特殊要求而设计；前瞻性指标是从发展的观点设计的一类指标。

2. 纵横同步原则

纵向指标是指自己与自己相比的指标，包括今年与去年、本期与前期、现任与前任的比较指标。横向指标是指同类行政单位、同类企业在外部环境和内部条件基本相同的情况下的比较指标。纵向指标考核事业的进步与否，横向指标则考核其发展的速度。一般情况下，纵向与横向指标的变化趋势是一致的。当变化不一致时，评价领导干部经济责任履行情况，应以横向指标为主。这些比较指标不必重新计算，可利用计算机技术自动生成。

3. 量性结合的原则

定量指标是指能够用数值表示的指标，包括绝对数与相对数，如财政收入增长量与财政收入增长率、利润与利润率等。定性指标是指不能够直接用数值表示的指标，如内部控制制度的健全性与有效性。对于定性指标也要给以一定的权重，使其定量化，以避免评价时的随意性或以偏概全。

（三）经济责任审计评价指标体系的具体设置

按照分门别类原则，党政领导干部和企业领导人员的评价指标体系应当分开，但由于评价指标体系本身是一个系统、复杂的工程，每一类领导干部所履行的经济责任差别较大，且对各类领导干部履行经济责任的评价存在一定的共

---

① 张英福、马丽莹："领导干部经济责任审计评价通用指标体系的构建"，《会计之友》2008年第3期（下）。

性，因此，现主要介绍具有共性的评价指标体系，即通用评价指标体系。

1. 财务活动的真实、合法评价指标

财务活动的真实、合法是各类领导干部的基本经济责任，是评价他们履行经济责任情况所依赖的一系列指标的前提。所谓真实性，强调的是财务活动及财务信息的真实可靠程度，领导干部有责任保证单位财务活动的客观真实，准确地反映单位的各项财务活动，并客观地予以列示。所谓合法性，强调领导干部所在单位的各项经济活动应当符合国家的各项法律、法规的要求。

（1）数据差错率。数据差错率是被审计领导干部所在单位的审计数据差错占其提供的账面数的百分比。差错数据是由于被审计单位未能如实反映财务活动而产生，一般是指账务处理错误造成的财务信息的差错。数据差错率的计算公式如下：数据差错率 = （差错数据 ÷ 被审计单位原账面数）× 100%。总之，数据差错率是一个反向指标，该指标越低，说明被审计单位的财务活动及其真实程度越高，反之，则说明被审计单位的财务活动及其披露的真实程度较低，领导干部未履行应当履行的经济管理责任。

（2）违法违规率。违法违规率是被审计领导干部所在单位各项审计资金总额中各项违法违规资金额所占的百分比。该指标反映了财务收支的合法程度，根据实施审计后是否发现被审计领导干部个人及其任期内本单位存在财务收支违法违规事实来确认。这是评价被审计领导干部任期经济责任的又一项重要指标。违法违规率的计算公式如下：违法违规金额比率 = （任期内违法违规资金总额 ÷ 审计资金总额）× 100%。

上述两个指标能够分别从一般账务处理差错和恶意违反财经法纪法规两个方面，较为客观地反映出领导干部履行保证单位财务活动的真实性、合法性的责任情况，同时指标计算所需要的数据，可以通过财务审计获得，审计实务中的操作性较强。

2. 国有资产保值、增值评价指标

领导干部经济责任审计要审查领导干部在职期间国有资产的管理、使用及保值、增值情况，着重查清资产存量的真实性、资产增减变动的合规性、资产结构的合理性以及国有资产保值增值职责的履行情况。在查实国有资产真实、账实相符的前提下审计评价国有资产管理是否做到了安全完整、保值增值并有效使用。国有资产保值、增值评价指标为：

（1）国有资产保值增值率 = （期末国家所有者权益 ÷ 期初国家所有者权益）× 100%。

(2) 净资产收益率(所有者权益收益率)=(税后净利润÷所有者权益)×100%。

(3) 总资产收益率=(税后净利润÷资产总额)×100%。

(4) 投资收益率=(投资收益÷长期投资)×100%。

根据以上四个指标，综合确定国有资产保值、增值程度。审计实践中，在界定不良资产时应重点关注长期结存的应收预付款、银行已付企业未付的长期未达账项、账面单价明显高于销售价的商品、报废、呆滞、积压的存货、长期闲置、不需使用而影响使用价值的固定资产等内容。

3. 内部控制制度评价指标

对内部控制制度的审计评价应重点关注内部控制制度的健全性和有效性，应设置内部控制制度健全率和内部控制制度有效执行率两个指标。内部控制制度的建立与有效执行是经济管理活动的核心环节，因此，通过考核内部控制的健全率与有效率，可以在很大程度上反映领导干部经济管理工作的科学性，从而实现经济责任审计的拓展目标。

(1) 内部控制制度健全率。内部控制制度健全率是反映被审计领导干部任期内本单位内部控制制度建立和完善情况的指标。计算公式为：内部控制制度健全率=（实际建立的内部控制制度项数÷应设置的内部控制制度项数）×100%。其中，应设置的内部控制制度项数是指企业为加强内部控制应制定的内部控制制度的项数；实际建立的内部控制制度项数是指被审计单位已建立的内部控制制度项数总和。根据健全率的计算结果，将制度健全性评价分为健全、基本健全、不健全三个等次。其中，健全等次的标准为所有的控制点齐全，达到控制目标，各项制度均符合内部控制的要求；基本健全等次的标准为控制点基本齐全，基本达到控制目标，各项制度基本符合内部控制的要求；不健全等次的标准为关键控制点有疏漏，出现重大违纪违规问题，不能满足控制目标的要求。

(2) 内部控制制度有效执行率。内部控制制度有效执行率是被审计单位实际执行的内部控制制度占建立的内部控制制度数量的百分比。它的计算公式为：内部控制制度执行率=（实际执行的内部控制制度项数÷实际建立的内部控制制度项数）×100%。其中，实际执行的内部控制制度项数是指被审计单位实际执行的各种内部控制制度项数的总和；实际建立的内部控制制度项数是指被审计单位已建立的内部控制制度项数总和。根据执行率的计算结果，将有效性评价分为有效、基本有效、无效三个等次。其中，有效等次的标准为内控制度健全，有关人员的资格和能力能够胜任控制的职能，实现控制目标，没有出现内部管理控制问题；基本有效等次的标准为内控制度健全，但有关人员的控制能力有一定差距或不能全面执行内控制度，没有出现重大控制漏洞，基本实现控制目标；无效等次的标准为内控制度健全，但没有配备具有相应资格的控制人员，出现重大违纪违规问题，没有实现控制目标。

4. 重大经济决策的评价指标

重大经济决策的内容主要是指建设项目、招商引资、对外投资、土地出让、大宗物资采购、大额资金分配、产权制度改革以及国有资产处置等方面的决策。对领导干部重大经济决策的评价应当从合法性和科学性两个方面来考虑。对重大投资决策评价应设置指标是重大投资决策违规率和重大投资决策损失率两个指标。

（1）重大投资决策违规率。重大投资决策违规率是领导干部任期内未按程序做出的重大投资额占任期内重大项目投资额的比重。计算公式为：重大投资决策违规率 =（任期内未按程序决策投资额 ÷ 任期内重大项目投资总额）×100%。该指标能够衡量领导干部所在单位重大投资决策违反规定程序的情况。具体来说，评价“任期内是否按程序决策”可从以下几个方面进行：一是是否建立了重大经济决策议事规则；二是重大经济决策方案有无可行性研究报告和专家论证意见；三是决策的内容有没有违反国家经济政策和财经法规；四是决策关键环节是否建立相应的控制措施；五是重大事项是否实行集体决策。

（2）投资损失率。投资损失率是领导干部任期内所造成的投资损失金额占任期内重大投资总额的比重。计算公式为：投资损失率 =（任期内投资损失金额 ÷ 任期内重大投资总额）×100%。该指标反映领导干部重大投资决策失误所造成的损失情况。

5. 执行财经纪律评价指标

执行财经纪律评价指标较多，财产损失比率是审计实践中经常使用的一个。财产损失比率 = 任期内财产损失总额 ÷ 任期内年均资产总额 ×100%。本指标主要针对领导干部失职、渎职行为造成任期内企业财产损失的评价，应根据金额大小设置分段扣分的方法进行评价。根据对该比率以及其他指标的计算结果，将执行经济政策和财经法规合法性评价分为合法、基本合法、不合法三个等次。其中，合法等次的标准为领导干部做出的决策和与经济有关的行政行为符合国家经济政策、财经法规；基本合法等次的标准为领导干部做出的决策和与经济有关的行政行为有违反国家经济政策和财经法规的现象，但不涉及重大原则问题；不合法等次的标准为领导干部做出的决策和与经济有关的行政行为违反国家的政策和财经法规，或违反重大原则问题。

6. 个人廉洁自律评价指标

对领导干部个人廉洁自律的评价，主要审计评价领导干部个人有无违反干部廉洁自律有关规定的行为，违反规定的金额及其程度如何。由于这个评价指标可以说是领导干部政治生命的“一票否决权”，因而必须慎之又慎，但这个指标的评价基础单纯在财务资料中又很难得到，使这项评价更加困难和复杂。其中，个人违规资金比率，是依据国家财经法规规定审计查出的领导干部违规资金总额占被审计单位平均资产总额的比重，可以从一个侧面部分反映个人廉洁自律。计算公式为：个人违规资金比率 =（个人违规资金 ÷ 审计资金总额）×100%。

当然，上述列举的几项指标是为了审计评价的方便，实际上它们之间是密切联系而不可分割的。例如，由于内控制度的制订与执行与单位负责人主观思想之间有着必然联系，内控制度是否健全有效，一方面能反映领导干部的领导能力；另一方面又可反映出领导干部对廉政建设的态度，因而与个人廉洁自律评价指标密切相关。

第三节　经济责任审计程序和方法

经济责任审计程序是指经济责任审计从开始到结束的全过程所实施的工作步骤和内容，经济责任审计方法则是审计人员在审计过程中用来作用于审计对象，收集审计证据，实现审计目标的技术和手段的总和。由于审计方法的使用也是贯穿于审计程序之中，审计程序与审计方法是密不可分的，因此，本节将两者合并介绍。

一、经济责任审计的程序

除了《审计法》规定的通用审计程序外，《党政主要领导干部和国有企业领导人员经济责任审计规定》明确规定了经济责任审计的基本程序。

（一）审计项目的计划

《党政主要领导干部和国有企业领导人员经济责任审计规定》第10、12、

13 条明确规定，各级党委和政府应当加强对经济责任审计工作的领导，建立经济责任审计工作联席会议制度。联席会议由纪检、组织、审计、监察、人力资源社会保障和国有资产监督管理等部门组成。联席会议下设办公室，与同级审计机关内设的经济责任审计机构合署办公，负责日常工作。联席会议办公室的主要职责之一就是研究提出年度经济责任审计计划草案。

经济责任审计项目计划的基本流程是：组织部门每年提出下一年度经济责任审计委托建议，经联席会议办公室研究后提出经济责任审计计划草案，由审计机关报请本级政府行政首长审定后，纳入审计机关年度审计工作计划并组织实施。

（二）审计项目的实施

《党政主要领导干部和国有企业领导人员经济责任审计规定》第 4 章“审计实施”的第 21—26 条中，明确规定由审计机关根据年度经济责任审计计划，组成审计组并实施经济责任审计，审计实施的主要步骤包括：

（1）审计机关应当在实施经济责任审计 3 日前，向被审计领导干部及其所在单位或者原任职单位送达审计通知书。遇有特殊情况，经本级政府批准，审计机关可以直接持审计通知书实施经济责任审计。

（2）审计机关实施经济责任审计时，应当召开有审计组主要成员、被审计领导干部及其所在单位有关人员参加的会议，安排审计工作有关事项。联席会议有关成员单位根据工作需要可以派人参加。审计机关实施经济责任审计，应当进行审计公示。

（3）审计机关在经济责任审计过程中，应当听取本级党委、政府和被审计领导干部所在单位有关领导同志，以及本级联席会议有关成员单位的意见。

（4）审计机关在进行经济责任审计时，被审计领导干部及其所在单位，以及其他有关单位应当提供与被审计领导干部履行经济责任有关的下列资料：一是财政收支、财务收支相关资料；二是工作计划、工作总结、会议记录、会议纪要、经济合同、考核检查结果、业务档案等资料；三是被审计领导干部履行经济责任情况的述职报告；四是其他有关资料。

（5）被审计领导干部及其所在单位应当对所提供资料的真实性、完整性负责，并做出书面承诺。

（6）审计机关履行经济责任审计职责时，可以依法提请有关部门和单位予以协助，有关部门和单位应当予以配合。

（三）审计项目的完成

《党政主要领导干部和国有企业领导人员经济责任审计规定》第27—32条，对审计项目实施后的基本程序也进行了明确规定。归纳起来，审计项目实施后的基本程序主要包括：

（1）审计组实施审计后，应当将审计组的审计报告书面征求被审计领导干部及其所在单位的意见。根据工作需要可以征求本级党委、政府有关领导同志，以及本级联席会议有关成员单位的意见。被审计领导干部及其所在单位应当自接到审计组的审计报告之日起10日内提出书面意见；10日内未提出书面意见的，视同无异议。

（2）审计机关按照《审计法》及相关法律法规规定的程序，对审计组的审计报告进行审议，出具审计机关的经济责任审计报告和审计结果报告。

（3）审计机关应当将经济责任审计报告送达被审计领导干部及其所在单位。

（4）审计机关应当将经济责任审计结果报告等结论性文书报送本级政府行政首长，必要时报送本级党委主要负责同志；提交委托审计的组织部门；抄送联席会议有关成员单位。

（5）被审计领导干部所在单位存在违反国家规定的财政收支、财务收支行为，依法应当给予处理、处罚的，由审计机关在法定职权范围内做出审计决定。审计机关在经济责任审计中发现的应当由其他部门处理的问题，依法移送有关部门处理。

（6）关于被审计领导干部的救济权利与措施，相关法律政策明确规定，被审计领导干部对审计机关出具的经济责任审计报告有异议的，可以自收到审计报告之日起30日内向出具审计报告的审计机关申诉，审计机关应当自收到申诉之日起30日内做出复查决定；被审计领导干部对复查决定仍有异议的，可以自收到复查决定之日起30日内向上一级审计机关申请复核，上一级审计机关应当自收到复核申请之日起60日内做出复核决定。上一级审计机关的复核决定和审计署的复查决定为审计机关的最终决定。

二、经济责任审计的方法

除了通常财政财务收支的审计方法外，经济责任审计还有一些较为特殊的常用方法，主要包括以下两个方面。

（一）积极经济责任评价方法

积极经济责任评价方法是审计人员用来确定被审计领导干部所承担的经济

责任履行是否充分的方法。由于积极经济责任是指被审计领导干部所承担的经济职责，主要是任期经济责任目标，审计评价的目的是确定积极经济责任履行的充分性。

责任指标分析法是积极经济责任评价的常用方法，该方法的实施一般包括以下几个步骤：一是选取与被评价人及所处区域、部门或单位具体情况相适应的经济责任评价指标；二是根据评价指标影响被评价人经济责任的重要程度，给每个评价指标确定一个权数，权数应在 0（不重要）到 1（很重要）之间，各个评价指标的权数总和应等于 1；三是按 10 分制给每个评价指标打分；四是将每个评价指标的权数和分数相乘得到某一评价指标的加权分数；五是将每个评价指标的加权分数相加，其总和就是评价总加权分数。

需要说明的是，通过这一指标数值反映被审计人履行经济责任情况的总体概括和水平，而评价指标的选取与权重的分配，是否与被审计人所在部门或单位职责属性相适合是模型建立的前提与关键。

（二）消极经济责任评价方法

消极经济责任评价方法是审计人员用来评价被审计领导干部所承担的经济责任的履行是否存在应予追究责任的问题的方法。由于消极经济责任是指被审计领导干部所承担严格按照国家法律、法规和党的方针、政策履行积极经济责任的责任，审计评价的目的是确定被审计领导干部在经济责任履行过程中是否存在应予追究责任的弄虚作假、违法乱纪、损失浪费等问题。所以，消极经济责任的评价方法就是通过审查、调查等方法验证被审计领导干部所在地区、部门或单位的财政收支、财务收支及有关经济活动的实际情况，对照国家相关财经法律、法规，以及党的方针、政策，确定是否存在弄虚作假、违法乱纪、损失浪费等问题以及存在问题的具体内容、性质和情形，最后根据查明的每一个问题的性质和情形，确定被审计领导干部应负责的责任类型：直接责任、主管责任还是领导责任。因此，消极经济责任评价方法也可称为问题责任区分法。

根据《党政主要领导干部和国有企业领导人员经济责任审计规定》的规定，领导责任是指除直接责任和主管责任外，领导干部对其不履行或者不正确履行经济责任的其他行为应当承担的责任。换言之，需要承担责任的领导干部，承担的不是直接责任和主管责任，则肯定为领导责任。因此，审计实践中较难区分的主要是直接责任和主管责任。对此，《党政主要领导干部和国有企业领导人员经济责任审计规定》采取列举式将直接责任和主管责任进行了界定，具体包括：

（1）直接责任，是指领导干部对履行经济责任过程中的下列行为应当承担的责任：一是直接违反法律法规、国家有关规定和单位内部管理规定的行为；二是授意、指使、强令、纵容、包庇下属人员违反法律法规、国家有关规定和单位内部管理规定的行为；三是未经民主决策、相关会议讨论而直接决定、批准、组织实施重大经济事项，并造成重大经济损失浪费、国有资产（资金、资源）流失等严重后果的行为；四是主持相关会议讨论或者以其他方式研究，但是在多数人不同意的情况下直接决定、批准、组织实施重大经济事项，由于决策不当或者决策失误造成重大经济损失浪费、国有资产（资金、资源）流失等严重后果的行为；五是其他应当承担直接责任的行为。

（2）主管责任，是指领导干部对履行经济责任过程中的下列行为应当承担的责任：一是除直接责任外，领导干部对其直接分管的工作不履行或者不正确履行经济责任的行为；二是主持相关会议讨论或者以其他方式研究，并且在多数人同意的情况下决定、批准、组织实施重大经济事项，由于决策不当或者决策失误造成重大经济损失浪费、国有资产（资金、资源）流失等严重后果的行为。

第四节　经济责任审计处理与结果运用

作为经济责任审计的落脚点，经济责任审计处理与结果运用水平的高低，既涉及到能否维护经济责任审计的权威，也是对经济责任审计质量高低的一种检验。对被审计单位和被审计领导干部违反财政财务收支行为采取处理措施，科学合理地运用经济责任审计结果，日益为党委政府和人民群众所普遍关注。

一、经济责任审计处理

（一）经济责任审计处理的基本概念

广义的审计处理，是指审计机关根据审计结果，对违反国家规定的财政收支、财务收支行为及其主要实施者（包括被审计单位及相关责任人）所进行的处理；狭义的审计处理，是指审计机关根据审计查证结果，对违反国家规定的财政收支、财务收支行为（不包括主要实施者）所进行的处理。

概括地说，广义概念与狭义概念之间的最大差别在于，前者处理的对象既包括“行为”也包括“人”，后者处理的对象仅限于“行为”。经济责任审计处理的概念采用的是审计处理的广义概念，即审计机关根据经济责任审计结果，对被审计单位与被审计领导干部违反国家规定的财政收支、财务收支行为所进行的处理。需要说明的是，经济责任审计处理具有强制性，被审计单位、被审计领导干部及有关部门必须执行。

（二）经济责任审计处理的主要内容

1. 对财政收支、财务收支行为的处理

根据《审计法》第45条的规定，对本级各部门（含直属单位）和下级政府违反预算的行为或者其他违反国家规定的财政收支行为，审计机关、人民政府或者有关主管部门在法定职权范围内，依照法律、行政法规的规定，区别情况采取下列处理措施：（1）责令限期缴纳应当上缴的款项。（2）责令限期退还被侵占的国有资产。（3）责令限期退还违法所得。（4）责令按照国家统一的会计制度的有关规定进行处理。（5）其他处理措施。

审计机关通过下达审计决定书的形式对财政收支、财务收支行为进行处理。《国家审计准则》第126条规定，对审计或者专项审计调查中发现被审计单位违反国家规定的财政收支、财务收支行为，依法应当由审计机关在法定职权范围内做出处理处罚决定的，审计机关应当出具审计决定书。第127条还对审计决定书的具体内容进行规定，其内容主要包括：（1）审计的依据、内容和时间。（2）违反国家规定的财政收支、财务收支行为的事实、定性、处理处罚决定以及法律法规依据。（3）处理处罚决定执行的期限和被审计单位书面报告审计决定执行结果等要求。（4）依法提请政府裁决或者申请行政复议、提起行政诉讼的途径和期限。另外，根据《审计法》第47条规定，对于审计机关在法定职权范围内做出的审计决定，被审计单位必须执行。审计机关依法责令被审计单位上缴应当上缴的款项，被审计单位拒不执行的，审计机关应当通报有关主管部门，有关主管部门应当依照有关法律、行政法规的规定予以扣缴或者采取其他处理措施，并将结果书面通知审计机关。

2. 对被审计领导干部的处理

审计机关一般通过审计移送处理书的形式对被审计领导干部进行处理。《国家审计准则》第128条规定，审计或者专项审计调查发现的依法需要移送其他有关主管机关或者单位纠正、处理处罚或者追究有关人员责任的事项，审计机关应当出具审计移送处理书。第129条还对审计移送处理书的主要内容进行了具体规定，其内容主要包括：（1）审计的时间和内容。（2）依法需要移送有关主管机关或者单位纠正、处理处罚或者追究有关人员责任事项的事实、定性及其依据和审计机关的意见。（3）移送的依据和移送处理说明，包括将处理结果书面告知审计机关的说明。（4）所附的审计证据材料。根据《审计法》第49条规定，审计机关认为对直接负责的主管人员和其他直接责任人员依法应当给予处分的，应当提出给予处分的建议，被审计单位或者其上级机关、监察机关应当依法及时做出决定，并将结果书面通知审计机关。

为进一步规范审计移送行为，提高审计移送工作的质量，审计署于2006年12月1日发布了《审计署关于进一步规范审计移送工作的意见》（审法发［2006］66号）。根据该意见，有关单位或个人涉嫌经济犯罪的案件，应移送公安机关或检察机关查处；没有涉嫌经济犯罪，但有关人员违反党纪政纪规定需要追究责任的，应移送纪检监察机关或相关干部管理部门查处；应由主管部门（单位）、监管部门或各级政府进行处理的其他问题，应移送有关部门（单位）或政府。具体包括（1）审计发现的涉嫌经济犯罪案件，应依照国家有关规定分别移送相关司法机关查处，其中涉嫌贪污贿赂、渎职以及国家机关工作人员利用职权实施的其他重大犯罪等职务犯罪案件，移送检察机关查处；涉嫌其他经济犯罪案件，移送公安机关查处。涉嫌经济犯罪案件只向一个机关移送。同一案件既涉嫌职务犯罪又涉嫌其他犯罪，检察和公安机关分别具有管辖权的，应向对主要涉嫌的犯罪有管辖权的机关移送，不得向两个或两个以上机关同时移送。（2）审计发现有关人员违反党纪政纪规定需要追究责任的，应向涉及的被反映人其担任职务的同级纪检监察机关移送，同时担任两个以上职务的，一般应向与其担任最高职务同级的纪检监察机关移送。根据党政机关行文的规定以及纪检与监察部门合署办公的实际情况，审计发现需要向纪检监察机关移送的事项，一般应向监察机关移送。（3）审计发现需要由有关主管部门（单位）、监管部门或各级政府移送进行处理的，根据被审计单位级别或问题的性质向直接具有管辖权的主管部门（单位）、监管部门或各级政府移送。此外，该意见还对移送处理书的格式分三类进行了明确规定，即适用公安检察机关、适用纪检监察机关、适用主管、监管部门或政府。其中，适用公安检察机关的移送处理书的基本格式如下：

＊＊＊＊（审计机关全称）

审计移送处理书

审＊移〔＊〕＊号

＊＊＊＊关于＊＊＊涉嫌＊＊罪的
审计移送处理书

______：

我署（办）在＊＊＊＊的审计中发现，＊＊＊（涉案单位名称或人员姓名）有＊＊＊行为，依据《中华人民共和国刑法》第＊条＊款规定，涉嫌构成＊＊罪。根据《中华人民共和国审计法》和《行政执法机关移送涉嫌犯罪案件的规定》（国务院令第310号）等有关规定，现移送你＊（院、厅、局）依法处理。具体案件情况如下：

……（涉嫌犯罪的单位名称、性质或人员姓名、身份；涉嫌犯罪行为的时间；涉案金额；涉嫌犯罪行为所侵害的对象以及造成的后果等）。

……（因审计手段有限等原因未能进一步查明的，或需要说明的其他问题）。

请将立案情况及查处结果及时书面告知我署（办）。

附件：1.

2.

（证明材料共＊页，只送主送机关）

（审计机关全称印章）

＊＊＊＊年＊月＊日

二、经济责任审计结果的运用

经济责任审计结果的运用是经济责任审计工作的关键环节和主要目的，也是经济责任审计工作效果的最终体现，可以说，结果运用水平的高低直接关系到经济责任审计制度实施的效果，关系到对党政主要领导干部和国有企业领导人员的管理监督力度以及党风廉政建设水平。

（一）经济责任审计结果运用的主要形式

概括起来，当前经济责任审计结果运用的主要形式包括以下三个方面。

1. 经济责任审计情况通报

所谓经济责任审计情况通报，主要是指经济责任审计结束后，审计机关应当将被审计领导干部任职期间履行经济责任的情况、存在的主要问题以及审计整改要求，向纪检（监察）、组织（人事）、人力资源社会保障、国有资产监督管理等部门以及被审计领导干部所在地区、部门和企事业单位进行通报。《党政主要领导干部和国有企业领导人员经济责任审计规定》第 39 条明确规定，有关部门和单位应当根据干部管理监督的相关要求运用经济责任审计结果，将其作为考核、任免、奖惩被审计领导干部的重要依据，并以适当方式将审计结果运用情况反馈审计机关。经济责任审计结果报告应当归入被审计领导干部本人档案。

2. 经济责任审计结果公开

审计机关或经济责任审计工作联席会议，通过召开新闻发布会、通报会、门户网站等多种形式，定期或不定期地将本辖区内的经济责任审计情况尤其是经济责任审计的结果情况，向公众进行公开。将审计结果进行公开是一把双刃剑，既是对审计机关审计质量的考验，也是对被审计单位、被审计领导干部存在问题的曝光，有利于加强群众对领导干部的监督，有利于密切党群干群关系，有利于对审计查出的问题迅速进行整改。《党政主要领导干部和国有企业领导人员经济责任审计规定》第 38 条也明确规定，要逐步探索和推行经济责任审计结果公告制度。例如，湖北省经济责任审计领导小组于 2011 年 2 月专门召开经济责任审计情况通报会，向媒体通报了 2010 年度省本级经济责任审计结果情况，同时对审计查出问题的整改工作提出了明确要求。通报会要求，被审计领导干部及所在地方、部门、单位要针对审计发现的问题，切实加强审计整改。对审计指出来的问题，提出的审计建议，以及有关领导、部门的批示要求，认真整改落实好；围绕问题多发易发的重要领域和关键环节，特别是在土地出让、财政资金管理、专项资金分配使用、重点项目建设等方面，不断健全制度完善管理；建立健全单位内控和财务管理制度，提高财务人员的素质和能力，抓好制度的落实和日常的监督检查，加强对所属二、三级单位内部控制和管理，形成内部规范运行的长效机制①。

3. 经济责任审计问责

经济责任审计是对领导干部经济责任的履行情况进行监督，对领导的经济责任进行认定和划分，揭示领导干部角色责任和个人责任，旨在确认和解除领导干部任期目标经济责任的履行情况，严格了经济责任追究制度，增强了领导干部的责任意识。从审计实践中可以看出，实施经济责任审计后，大部分被审计单位能认真整改、及时纠正、制定相关制度、规范内部管理，大多数领导干部普遍意识到肩负的责任，增强了事业心和责任感。而且，经济责任审计工作推动了政府部门依法行政，强化了对权力的监督和制约，强化了政府对领导干部的管理和监督，强化了政府责任。党委、政府可根据审计结果对相关责任人进行问责，如对于一般性的经济责任，组织部门可以直接根据有责任认定的审计结果对领导干部进行诫勉谈话；对于较严重的经济责任，审计机关可以根据法律赋予的权限，直接进行处理处罚；政府还可以根据审计结果及时启动对单位和领导个人的行政问责程序；对经济责任审计中发现严重违法的领导干部，则需移送给纪检监察或司法部门做进一步审查。

（二）经济责任存在的问题

随着社会主义民主法治建设进程的推进，经济责任审计结果运用工作日益为各级党委、政府所重视。通过将审计结果进行科学合理的转化利用，在加强干部监管、推进依法行政、促进党风廉政建设等方面发挥了积极作用。但是这项工作在发展过程中，尤其是要使审计结果在领导干部的选拔任用上发挥重要作用，还存在一些困难和问题。

1. “先离任后审计”易于造成“审用”脱节

当前的经济责任审计工作是在被审计领导干部离任后才开始实施的，这种“先离任后审计”模式存在种种弊端，主要表现在三个方面：首先，审计对象联系不便，审计核实工作难以进行，直接影响审计工作质量、审计效率和审计人员的工作情绪；其次，被审计领导干部已离开原单位，接任者推崇“新官不理旧账”，相当一部分接任者抱着一种事不关己的心态对待审计，有的以不清楚前任者为由搪塞审计，在资料提供、人员配合上不积极、不主动，使一些问题的核实和取证难度加大；最后，有的被审计领导干部已升职，审计出的问

---

① “湖北通报2010年度省本级经济责任审计结果情况”，资料来源：人民网，http：//cpc.people.com.cn/GB/164113/13930390.html，2012年1月23日。

题无论大小，提出并处理起来难度较大，且有的审计处理（比如罚款、收缴款项等）需要在原单位落实，接任者怨言大，审计决定难以执行。

2. 联席会议制度协调配合机制不完善制约审计问责制度的落实

从目前情况看，各地虽都建立了经济责任审计联席会议制度，但相关单位对联席会议的主要职能认识不到位，联席会议的召开和议题的确定带有较大随意性，成员单位协调配合机制不够完善，职责履行不够充分，可以说，联席会议制度的协调配合机制尚不完善，影响了经济责任审计结果的全面运用。具体表现在以下几个方面：一是与审计结果运用有关系的部门之间协调配合尚未实现经常化、制度化。相关单位条块管理比较明显，在审计结果运用工作中没有很好地合为一体，合力作用没有得到充分发挥。二是重对事的处理、轻对人的处理。有的县市区近几年没有运用审计结果处理一名领导干部，某种程度上造成“审用”脱节。三是不同部门工作人员间的配合不够默契。由于审计人员对干部管理与监督的知识掌握不够，有的审计行为脱离了审计目的；组织人事、纪检监察部门的工作人员对审计专业知识缺乏了解，反过来又影响了审计结果与干部监管之间的对接。四是对于审计部门根据审计中发现的违纪问题提出处理意见，干部管理部门和执纪执法机关往往未及时进行处理并将处理情况反馈审计部门，导致许多重大案件中的涉嫌人员逃之夭夭。

3. 经济责任审计结果运用中的不透明影响经济责任审计效果

现代民主国家审计公开制度的建立，将有利于政府及其他公营部门经济活动透明度的提高，有利于维护纳税人的知情权。严格意义上说，目前我国的国家审计仍然是政府的内部监督，不仅对审计问责信息的公开没有明确的规定，更没有形成动态的审计问责机制。按照规定，经济责任审计结束后，审计机关根据审计情况撰写的审计结果报告，在报委托部门的同时，抄送纪检监察部门和其他有关部门，审计机关的经济责任审计结果却不公开披露，且组织人事部门和纪检监察部门如何运用审计结果等没有明确规定，至于存在什么经济问题的干部应提醒、谈话、诫勉、追究责任以及降职、免职等也没有具体标准。审计结果不公开、不透明，在一定程度上造成了经济责任审计与领导干部任用脱节的问题，从而影响到经济责任审计的实际效果。

（三）完善经济责任审计的对策及建议

对于上述存在的主要问题，只有对症下药，注重从体制、机制、制度层面提出解决与改进的建议，经济责任审计结果运用制度才能逐步得以完善。

1. 前移审计关口，加大任中经济责任审计力度加大对任期期间、尚未离职的领导干部的经济责任审计力度，以增强经济责任审计结果运用的时效性，是完善经济责任审计结果运用制度的重要环节。在当前“先审计、后离任”原则难以落实的环境下，加大任中经济责任审计力度，不失为一项重要的补充措施，既可有效地增加预防力度，防患于未然，还可将审计工作化整为零，减轻审计机关和审计人员的工作压力。为此，要进一步完善经济责任审计计划管理办法，将任中审计作为经济责任审计工作的重点，逐步提高其所占的比重。在具体工作中，干部管理部门应与审计机关及时沟通，研究提出经济责任审计名单。审计机关要根据干部管理部门的要求，优先把经济责任审计项目列入审计计划，并根据考察干部的实际需要，突出审计重点，提高审计效率，按时保质完成任务。

2. 强化审计问责，健全联席会议制度协调配合机制

为保证联席会议成员单位充分履行职责，要进一步强化审计结果运用工作责任制度。主要内容包括：一是按照“谁审计，谁负责”的原则，建立审计质量终身负责制，在明确执法责任的前提下对审计质量进行评估、考核，把审计人员的工作好坏与个人利益紧密挂钩，对造成审计结果不真实、责任评价不客观，影响审计结果运用的，视情况严肃追究有关责任人的责任；二是健全审计结果综合通报制度，对组织人事部门不认真采用审计结果，未将其作为考核、任免、奖惩被审计领导干部的重要依据，从而导致用人失误失察的，视情况严肃追究干部任用机关有关责任人的责任，防止和杜绝领导干部“带病上岗”、“带病履职”、“带病提拔”等问题；三是完善审计查出问题整改情况反馈机制，对审计结论提出的问题，纪检监察、财政、国资管理等部门要充分发挥职能作用，依法履行部门职责，根据审计机关的决定书、建议书、移送处理书等，对审计发现的违纪违规问题依法予以及时处理，对相关责任人依纪予以处分，并将处理结果及时通知审计机关。无正当理由不处理的，应承担相应责任。各审计结果运用主体要充分履行职责，加强协调配合，及时向联席会议办公室反馈审计结果运用情况。经济责任审计工作领导小组要对审计结果运用情况进行跟踪检查，针对存在的问题提出对策和办法。各级党委政府应将审计结果运用落实情况列入工作督查范围，促进审计结果切实运用到位。

3. 推行审计公开，完善经济责任审计结果公告制度

诚如美国联邦最高法院法官布兰代斯所言：“公开制度作为社会与产业弊

病的矫正政策而被推崇，阳光是最好的防腐剂，电灯是最有效的警察。”① 通过经济责任审计就是要促进领导干部正确行使手中的权力，促进决策的科学化，全面推进权力运行的公开、透明，将经济责任审计结果公开作为经济责任成果运用的一个重要方面，可以让群众更全面、更具体地了解拟任用的领导干部，尤其是经济管理方面的工作能力。将经济责任审计结果纳入干部任前公示的内容，实现审计结果运用与干部任前公示相结合，一方面，可以进一步完善公示制度，让群众更全面、更具体地了解拟任用的干部情况，尤其是经济上的问题，对于那些严格遵守国家财经纪律，认真履行经济责任，工作成绩突出的领导干部是一种表彰和鼓励，而对于那些在任职期间严重违反国家财经纪律规定，损公肥私或者玩忽职守，给国家财产造成损失浪费的领导干部，是一种警示和约束；另一方面，还可以增强经济责任审计的作用和效果，提高经济责任审计在群众中的威信。

第五节　经济责任审计项目案例

理论知识的学习关键在于运用，经济责任审计也不例外。本节将结合具体的经济责任审计个案②，突出经济责任审计理论在实践中的具体应用。

一、审计项目背景

2011 年初，中共 A 省组织部接到人民来信，反映刚刚 K 汽车集团有限公司的董事长、总经理王某某同志存在经济决策盲目造成国有资产流失浪费等问题。K 汽车集团有限公司是 A 省国有企业，董事长、总经理王某某同志属省管干部。同年 2 月，A 省组织部致函该省审计厅，委托审计机关对 K 汽车集团有限公司的董事长、总经理王某某同志的经济责任履行情况进行任中审计。

为了完成好审计任务，审计组首先与 K 汽车集团有限公司相关的省委组织部、省国有资产管理委员会等部门进行交流，了解 K 汽车集团以及王某某同志的基本情况、人民来信反映的问题。经初步调查，K 集团由 FH 汽车制造

① Louis D. Brandeis, *Other People' s Money and How the Bankers Use It*, New York: Frederick A. Stokes Company, 1914, p. 92.

② 该案例资料初源于合肥工业大学 2007 年王飞的硕士学位论文“经济责任审计与结果运用问题研究”，为便于教学科研的需要，在编入此书时对该审计项目的案情做了较大改动。

厂于1997年底改制组建，现有控股子公司12家，职工4500多人。集团本部主要负责对外投资、融资管理、后勤保障等项工作，各子公司直接从事生产经营活动，股份公司——K汽车股份公司是核心企业。然后，审计组调阅了该集团近年来政府有关部门审计、检查和社会审计报告，加深对被审计单位经济业务活动特点和管理风险的把握。最后，审计组在审前深入K汽车集团及其各下属公司、生产厂现场调查，调阅财务资料，发现疑点、把握重点问题。在做了充分准备工作的前提下，审计组讨论修改审计工作方案后，着手开展正式的项目审计。

二、审计实施情况

审计组根据规定向K汽车集团有限公司及董事长、总经理王某某同志分别送达审计通知书，通过到被审单位召开座谈会、审查账册资料等多种形式，对王某某同志任职的K集团本部和上市企业——K汽车股份公司进行了重点审计，对集团控股的车桥制造厂、车辆制造公司、专用车制造公司、物资公司和汽车销售公司等五个子公司进行了延伸审计，对合肥K作了专题调查，对重庆K采取函证调查，督促集团派人对厦门K、西安K有关财务情况进行核查。通过调查分析，审计组科学设置了此次审计的经济责任评价标准体系，对积极经济责任和消极经济责任进行了全面评价。经审计，发现的问题主要包括：

（一）盈亏反映不真实，虚增利润

经审计，截至2011年6月底，集团本部及各子公司虚增利润合计7683万元，扣除集团内部交易形成的利润1117万元，集团实际虚增利润6566万元。其中，提前报产报销和虚列收入虚增利润3564万元（其中，集团内883万元），少摊销无形资产1067万元，少计固定资产折旧2466万元，少计费用和损失586万元（其中，集团内234万元）。

（二）不良资产数量较多，形成潜亏

据初步统计，集团各控股子公司共有不良资产17424万元。其中，应收款项5906万元，主要是回收无望的应收款项2122万元，难以收回的应收款项1031万元，已起诉的应收款项2753万元；存货9645万元，主要是待报废和已无使用价值的1847万元，长期积压4639万元，折价存货2257万元，未结转成本形成盘亏902万元；待处理损失挂账1780万元；未入账负债潜亏94万元。

（三）募集资金使用不到位，虚做工程投资和资产

募股、配股资金使用不到位。股份公司股票上市和配股，合计筹集资金46512万元。按照募、配股说明书的要求，主要用于豪华大中型客车和客车底盘生产线的改扩建项目。至2011年6月末，募、配股资金实际投入使用的31960万元，尚结存14552万元。

虚增工程投资和资产。为了更多地体现募、配股工程进度，股份公司通过虚开发票形式，虚列资产6280万元，其中固定资产3419万元，在建工程2463万元，工程物资398万元。

（四）对外投资决策程序不规范，投资项目存在损失

2010年8月28日，王某某代表集团与S农用车公司签订轻客项目合作协议及合资企业章程。8月30日，与对方签订补充协议（协议书规定，由集团人员出任董事长，而章程规定，由对方人员出任董事长。补充协议中，集团承诺不按股份分利，由对方承包经营）。9月6日，集团董事会才开会研究投资事项。又如厦门K项目，2010年5月集团董事会上，发言的同志大部分不同意合作项目，但王某某代表集团仍与对方签订合资协议以及补充协议，同时召开董事会会议，推荐出任厦门K董事、监事、总经理人选。此外，西安K、厦门K项目中投入的无形资产，事先也未经事务所评估，事后也未经国有资产管理部门确认。

为此，集团近几年投资重庆K、西安K、厦门K共计1620万元（其中，货币资金410万元、实物510万元、无形资产700万元）。根据集团提供的会计报表，经审计初步计算，累计亏损680.38万元。其中，重庆K累计亏损383万元，同时欠集团本部及子公司款项3180万元；西安K报表反映经营亏损99万元；厦门K报表反映累计亏损199万元。此外，包头K的控股公司包头车轮总厂已于2010年破产，包头K已停产一年多，现仍欠集团各子公司货款291万元难以收回。

（五）经营管理措施不够完善，个别工作人员涉嫌经济犯罪

开发8.5米客车损失。2008年，股份公司自行研制开发8.5米客车，投放市场不久，由于存在严重质量问题，许多购车单位要求维修或退货，导致停产，造成直接和潜在损失2121万元。其中，专项投资损失122万元，整改报废117万元，整改更换件851万元，应收账款1031万元（客户拒付货款831万元）。

销售合同管理不够完善，个别工作人员涉嫌经济犯罪。F快运公司2008

年6月从股份公司购6台大客共1392万元，合同规定提车前付清300万元，结果只收20万元即提车，到2011年6月，仍有1964万元货款未收回。审计进点谈话时，多位职工谈及集团负责销售合同管理的苟经理，曾收受F快运公司代购的房产2处。

三、审计基本评价

审计认为，王某某同志作为K汽车集团公司的主要领导，对K的发展做出了重要贡献。尤其是近几年来，集团不断消化吸收豪华大客车生产技术，提高企业的自主开发能力，市场经营由单一的高档豪华大客车向多系列、多品种转变。通过改制重组，于2007年成立了股份公司，并完成了6000万A股上市和配股工作，筹集资金46512万元，主要用于生产线改扩建工程、归还技改贷款和增加项目配套流动资金，为企业的进一步发展打下了基础。

然而，对于集团及股份公司在生产经营和管理方面也存在一些重要问题，王某某同志也负有责任。王某某同志作为集团董事长、总经理，主持集团重大决策和日常工作，对集团盈亏不实、不良资产较多、虚列资产和因管理不善致使的属下涉嫌经济犯罪等问题，应负主管责任；对集团的部分对外投资项目损失，尤其对在集团董事会上发言的大部分班子成员不同意个别合作项目的情况下仍“拍板”决定投资所致的损失，由于是王某某同志主持会议决定的，是主要决策人，应负直接责任。

四、审计结果运用情况

审计结束后，审计组及时撰写审计结果报告，审计机关对集团中存在的财务管理等问题进行了审计处理，并将涉嫌经济犯罪人员移交相关部门，还对审计结果进行了公开。主要内容包括：

一是审计机关将审计结果向参加联席会议的纪检、组织、监察、人力资源社会保障和国有资产监督管理等其他部门进行了报告，并将负责销售合同管理的涉嫌经济犯罪的苟经理等人移交纪检、监察部门。最终苟经理因犯受贿罪被人民法院判处有期徒刑12年，6名其他相关责任人员也被判处1—8年的有期徒刑。

二是省委组织部联合省国有资产管理委员会对K集团进行了重大改组，对集团领导班子进行了调整，王某某不再担任董事长、总经理，由该省的J汽车集团高管托管K汽车集团，并决定由J汽车集团控股K汽车集团，一方面引入J的企业文化和管理模式；另一方面调整企业发展战略，整合生产和经营，同时输入资金，帮助企业恢复“造血功能”。

三是审计机关会同纪检监察、组织人事部门，在K集团召开中层以上干部参加的经济责任审计结果通报会，通报王某某同志任职期间履行经济责任的情况、存在的主要问题以及审计整改要求。此外，还通过门户网站的形式，将相关审计结果向社会公众进行了必要的公告。

复习思考题：

1. 为何说经济责任审计是具有中国特色的国家审计制度？
2. 简述经济责任审计结果的处理和运用。
3. 如何完善我国的经济责任审计制度？
3. 经济责任审计制度和其他审计的区别？
4. 我国经济责任3年级制度的发展趋势如何？
5. 简述经济责任审计评价的内容和方法。

推荐阅读书目：

1. 张勇：“经济责任审计理论研究述评——基于国内1987至2007年研究的分析”，《审计研究》2009年第2期。

2. 刘君芳：“经济责任审计理论概念框架研究”，《重庆大学硕士学位论文》，2007年。

3. 刘宝玉：“关于经济责任审计的理论思考”，《黑河学刊》2002年第4期。

4. 于保和：“经济责任审计研究”，《东北财经大学博士学位论文》，2003年。

5. 卫蓉：“经济责任审计评价研究”，《山西财经大学硕士学位论文》，2003年。

6. 吴秋生：“论经济责任审计职责的落实”，《会计之友》2009年第9期（上）。

7. 王长有：“经济责任审计评价指标体系设置的几个原则”，《中国审计信息与方法》2002年第2期。

8. 张英福、马丽莹："领导干部经济责任审计评价通用指标体系的构建"，《会计之友》2008年第9期。

9. 王生花："论经济责任审计评价方法"，《山西财经大学学报》2009年第1期。

10. 王飞："经济责任审计与结果运用问题研究"，《合肥工业大学硕士学位论文》，2007年。

11. 郑颖："经济责任审计在政府问责制建设中的作用研究"，《审计研究》2009年第3期。

12. 胡天忠："关于领导干部经济责任审计结果转化运用的思考"，《中国行政管理》2003年第12期。

13. 马纯勇：《当前经济责任审计结果运用中存在的问题及对策建议》，审计署网站，http：//www. audit. gov. cn/n1057/n1072/n1342/34358. html。

第九章

社会审计制度

本章导读：

社会审计即注册会计师审计，是我国审计体系的重要组成部分。目前，我国社会审计管理体制实行以政府监管为主导的政府监管与行业自律结合混合型管理模式。注册会计师是专门从事社会审计服务的人员，世界各国都建立了注册会计师资格考试和认证制度。会计师事务所可以采用多种形式，我国会计师事务所主要是合伙制和公司制；注册会计师协会是社会审计行业自律组织。社会审计业务范围由法律法规明确规定，注册会计师从事社会审计工作必须遵守相关法律制度、执业准则和职业道德规范。社会审计程序由接受委托、准备、实施和终结四个阶段组成，审计程序结束应当出具审计报告。社会审计法律责任包括对委托人的责任和对第三方的责任；我国相关立法明确规定了社会审计法律责任。

关键术语：

社会审计　资格考试　认证　会计师事务所　执业准则　职业道德规范

第一节　社会审计制度概述

各国立法一般对国家审计和社会审计分别立法，《中华人民共和国审计法》、《中华人民共和国审计法实施条例》，以及《中华人民共和国国家审计准则》等法律法规均系关于国家审计的立法，本书的内容重点也在于研究国家审计制度。但是，国家审计和社会审计在制度渊源、理论基础、审计方法等诸多方面均存在密切联系①，因此，本书辟专章对社会审计制度进行研究，以便于读者更好地学习。

一、社会审计的概念与特点

（一）社会审计的概念

社会审计也称注册会计师审计或独立审计、民间审计，是指注册会计师接受国家机关、企事业单位或个人委托，依法独立、有偿地提供审查、验证等专门性服务的活动。社会审计是审计体系的组成部分，社会审计的产生源自财产所有权和管理权的分离。管理者受所有者委托，管理其财产并依法经营和处分，同时承担有关财产安全和有效运作的责任；所有者为了维护自身的财产权益，管理者为了证明自己对受托经济责任的履行，都需要注册会计师作为独立的第三方，对企业财务状况以及相关经济活动进行客观、公正的审核和查验。

（二）社会审计的特点

社会审计与其他类型的审计相比具有自身显著的特点，具体体现在以下几方面。

1. 社会审计的主体是注册会计师

注册会计师是获得相关资格认定，取得从事社会审计、会计咨询和服务业务执业证书的专门人员，社会审计业务属于注册会计师的法定业务范围，非注册会计师不得承办。而国家审计的主体是各级审计机关，内部审计的主体一般是本单位内部的审计机构。

2. 社会审计有特定的法律依据

社会审计的主要任务是维护市场经济秩序，保护投资者的合法权益和社会

---

① 如最新的美国政府审计准则就规定，GAGAS 可与其他权威机构颁布的专业准则结合运用，审计师也可在审计报告中适当引用其他标准，包括美国注册公共会计师协会（AICPA）颁布的适用于注册公共会计师（CPA）对上市公司以外的被审计对象进行审计的财务审计准则和鉴证业务准则；PCA-OB（美国公共公司会计监督委员会）建立的适用于发行人的财务审计及鉴证业务职业准则；IAASB（国际审计和鉴证准则委员会）建立的适用于财务审计与鉴证业务的职业准则。在绩效审计中，审计师可以将其他专业准则与 GAGAS 结合运用，它们分别是：《内部审计专业实务标准》，由国际内部审计师协会颁布；《评估师指导原则》，由美国评估协会颁布；《项目评估准则》，教育评估准则联合委员会颁布；《教育与心理测试准则》，美国心理学协会颁布。胡智强、丁晓红：《美国政府审计准则（2007）》，中国法制出版社 2011 年版，第 5—6 页。

公共利益，依法审计是社会审计的基本要求，我国专门针对社会审计制定了相关的法律、法规、规章以及行业准则等，社会审计的主要法律依据是《注册会计师法》。而国家审计的主要法律依据是《审计法》及其实施细则，内部审计的主要依据是各项内部审计准则。

3. 社会审计是受托审计

社会审计组织本身是没有审计监督权的，社会审计的权限范围主要来自于委托方的授权，委托方的范围非常广泛，可以是国家机关、企事业单位、社会团体或个人。国家审计的权限是直接由立法授予的，内部审计则直接在单位所确定的职责范围内开展工作，无需另行接受委托。

4. 社会审计具有高度独立性

社会审计独立于委托人和被审计人之外，具有较强的独立性，一旦接受了委托，注册会计师必须依法独立进行审计，不受任何机关、单位、团体和个人的干预，以保证审计结论的客观性、公正性。国家审计机关是代表政府（或立法机关）进行审计，这种审计活动虽然独立于被审计单位，但通常是代表所有者利益，并非完全独立[①]；而内部审计由于受本部门或本单位负责人的领导，只具有相对独立性。

5. 社会审计是有偿的服务活动

社会审计组织本身是自负盈亏的审计服务提供者，注册会计师接受委托提供审查、验证等专业服务，有权根据国家有关规定以及行业管理规定向委托方收取服务费用。国家审计机关的审计经费和审计人员的报酬来自于财政拨款，而内部审计的审计经费和审计人员的报酬则是单位内部的开支。

6. 社会审计的审计报告具有广泛的使用范围

社会审计虽然是受托进行的，其审计报告是向委托人出具的，但委托人一般会将审计报告作为其财务报告或其他经济资料的补充信息提供给相关的组织和人员，包括主管部门、银行、股东、客户等。国家审计的审计报告一般只送达被审计单位或报送给特定主管部门，公告只是例外；内部审计报告则只在单位内部使用。

二、社会审计制度的产生与发展

（一）国外社会审计制度的产生与发展

① 中国审计体系研究课题组：《中国审计体系研究》，中国审计出版社 1999 年版，第 172 页。

一般认为，西方国家社会审计是商品经济发展的产物，其源自于意大利合伙企业制度的产生，形成于英国股份制企业制度的建立，发展和完善于美国资本市场。社会审计产生和发展的过程同时也是社会审计制度产生、发展和完善的过程。

1. 社会审计的萌芽

16 世纪末，地中海沿岸商品贸易的不断发展导致了合伙企业制度的产生，部分合伙人只出资不参与经营管理，财产所有权与经营权初步分离，不参加经营管理的合伙人需要了解合伙企业的经营状况，执行合伙事务的合伙人也希望能够证明自己的经营管理能力，因此，聘请独立的会计人员来承担查账和监督的工作便成为双方的需求，这被认为是社会审计的萌芽。这一时期虽然已经存在社会审计活动但并没有形成具体的制度。

2. 社会审计制度的产生

18 世纪中后期，资本主义工业革命开始，资本主义国家的生产社会化程度进一步提高，企业所有权与经营权分离的情况更加普遍，对会计师查账和监督的需求也就更加普遍，出现了大量以查账为职业的独立会计师，1720 年，英国南海公司破产案导致公司股东和债权人遭受了巨大的经济损失，会计师查尔斯·斯内尔受议会聘请对公司账目进行了检查，并以“会计师”名义出具了一份“查账报告书”，揭示出南海公司的财务报告存在严重舞弊，南海公司案直接催生了注册会计师。1844 年，英国《公司法》规定股份公司必须设监察人，审查公司账目。第二年又进一步修订，规定股份公司必要时可以聘请会计师协助办理审计业务。同时，英国政府还对一批独立会计师进行了资格认证[①]。至此，社会审计基本形成，社会审计制度初步建立。

3. 社会审计制度的发展

社会审计的蓬勃发展是在 19 世纪末 20 世纪初的美国，由于美国资本市场的迅速发展，所有权与经营权分离愈加普遍，企业融资时银行也要求提供经独立审计的资产负债表，会计师的独立审计业务大幅度增长。1896 年纽约州通过了《注册会计师法案》，标志着与社会审计有关的专门立法的开端。1993 年美国《证券法》和 1934 年的《证券交易法》明确规定，各公司有价证券上市时，需要向美国证券交易委员会和证券交易所提出上市申请书并提交经过注册会计师审计的财务报表，并且以后每年定期报送这种经过审

① 刘明辉、史德刚主编：《审计》（第四版），东北财经大学出版社 2011 年版，第 2 页。

计的财务报表。此后，注册会计师资格考试和认证制度逐步推行，相关审计准则不断建立和完善，社会审计不断发展，社会审计制度逐步走向完善。

（二）我国社会审计制度的产生和发展

我国的社会审计最早可以追溯到辛亥革命之后的北洋军阀政府时期。当时，一批爱国的会计学者为了打破外国注册会计师对相关会计业务的垄断，开始创建我国的注册会计师事业。1918 年，作为注册会计师事务主管部门的北洋军阀政府农商部颁布了我国历史上第一部注册会计师法规——《会计师暂行章程》，同年，著名会计学家谢霖先生被批准为中国第一位注册会计师，并创办了中国第一家会计师事务所——正则会计师事务所。此后，上海、天津、广州等大城市逐步建立了一批会计师事务所。

新中国成立之后的社会审计制度是 20 世纪 80 年代以后发展起来的。建国后一段时间内，由于受前苏联的影响，社会审计基本没有生存的空间，直到 20 世纪 70 年代末，社会审计才再次提上日程。1979 年全国各地陆续设立会计顾问处；1980 年 12 月，财政部颁布了《关于成立会计顾问处的暂行规定》，这是新中国成立之后第一部有关社会审计的立法性文件；1981 年 1 月在上海成立了恢复社会审计制度后的第一家会计师事务所——上海会计师事务所；1986 年 7 月，国务院颁布了《中华人民共和国注册会计师条例》，对注册会计师审计进行了全面规定；1988 年 11 月国务院颁布了《中华人民共和国审计条例》，对社会审计工作作了明确规定；1988 年和 1992 年分别成立了中国注册会计师协会和中国注册审计师协会，社会审计的行业管理制度基本形成；1989 年 7 月 5 日审计署发布了《关于社会审计工作的规定》，是专门针对社会审计制定的部门规章；1994 年 1 月《中华人民共和国注册会计师法》施行，社会审计立法位阶提升；1995 年，中国注册会计师协会和中国注册审计师协会实行联合，成立统一的中国注册会计师协会，同年，财政部批准发布了《中国注册会计师独立审计基本准则》等，我国社会审计制度逐步完善。

虽然我国社会审计事业起步较晚，但在党和政府的高度重视下，发展非常迅速。据财政部统计，截至“十一五”末期，全国共有会计师事务所约 7000 家（不含分所），目前执业注册会计师 9.5 万人，全行业从业人员接近 30 万人。但执业注册会计师的比重仅占 30% 左右，相对于发达市场经济国家而言，仍存在较大差距。因而在 2011 年 9 月，财政部颁发的《会计改革与发展“十二五”规划纲要》中指出，未来 5 年，会计行业将下大力气培养注册会计师，争取到“十二五”末期，行业总收入再翻一番，达到或接近800亿元；执业注册会计师达到12万人左右，比“十一五”增加2.5万名左右。同时，社会审计制度体系虽然已经基本建立，但仍然存在一些不健全的地方，比如行业自律未能充分发挥作用，执业规范体系有待完善，注册会计师的责任追究机制不健全等，尚需进一步完善。

三、社会审计管理体制

社会审计管理体制是对社会审计实施监管所形成的监管体系和制度，根据政府介入程度的不同，社会审计管理体制可分为政府主导型、行业自律型、独立管制型三种模式。需要说明的是，社会审计的这三种管理体制模式划分只是一种理论上的划分，在实践中，大多数国家都表现为两种或三种管理方式相结合的情况，即混合型管理模式，正如有学者所言，在现代市场经济环境中，各国诸多行业的管制都呈现出自我管制、政府管制与独立管制相配合的方式，只不过有的以自我管制为主，有的以政府管制为主，有的以独立管制为主。换言之，从纯粹的非管制到严格的管制之间存在着一个广阔的灰色空间，存在不同程度的管制，也即存在非管制与管制并存的混合管制方式或状态。混合管制方式的具体形态是多种多样的，可能以自我管制为主，也可能是以政府管制或独立管制为主①。

（一）国外社会审计管理体制

1. 英国

英国的社会审计管理体制经历了从高度行业自律模式向政府监管下的独立管制模式发展的过程。

1853年，爱丁堡会计师公会成立，标志着英国首开社会审计行业自律的先河。经过一百多年的发展，英国基本形成了以行业自律为主的社会审计管理体制。英国有六大会计职业团体：英格兰和威尔士特许会计师协会（ICAEW）、苏格兰特许会计师协会（ICAS）、爱尔兰特许会计师（ICAI）、特许注册会计师协会（ACCA）、特许管理会计师协会（CIMA）、特许公共财务与会计协会（CIPFA）。在这六大会计职业团体中，只有前四家有权批准其会

---

① 谢德仁：“注册会计师行业管制模式的国际比较”，《审计研究》2001年第4期。

员从事独立审计业务并颁发执业执照①。20 世纪末之前，英国的注册会计师职业团体高度自律，注册会计师和注册会计师事务所都必须经过职业团体的资格认定和会员注册才能从事社会审计服务，《公司法》还明确授予职业团体作为注册会计师的管理机构，有权制定有关规则并采取惩戒措施对会计师事务所的审计工作行为进行规范。除了公司审计、投资业务和破产清算领域，英国的法律没有规定对注册会计师进行其他监管。

20 世纪末，由于一系列财务丑闻的爆发，英国政府开始提出转变社会审计管理体制的设想，1998 年 3 月，会计团体咨询委员会提出建立一个独立的监管体系的建议。英国贸工部认可了这种方式，并在 1998 年 11 月公布了“会计职业独立的监管体系”方案，广泛征求社会各界的意见。会计团体咨询委员会的建议包括 5 个方面：（1）建立一个独立的基金会，资金来源于会计职业团体。该委员会负责任命复核委员会、审计实务委员会、调查和惩戒委员会。政府在 1998 年 9 月声明中认为，基金会同样有权任命道德准则委员会。（2）成立一个由非执业会计师占多数的复核委员会，以保证其独立性和促进外界对监管体系的参与。该委员会负责处理调查和惩戒委员会管辖范围之外的投诉、案件调查和惩戒事项。（3）改造审计委员会，其成员由基金会任命，包括“很大一部分独立于审计职业的成员”。该委员会负责制定审计准则。（4）成立一个道德准则委员会，其成员至少 60% 独立于会计职业界。该委员会负责制定道德准则。（5）成立一个调查和惩戒委员会，成员至少 60% 独立于会计职业界。该委员会负责查处重大违规案件②。此后，英国对社会审计的管理逐步转变成为在政府的监督下，由独立的管制机构对会计职业团体进行管制。进入 21 世纪之后，英国政府又进一步加强了政府监管的力度。

2. 美国

美国社会审计管理体制也经历了从政府监管下的行业自律为主的混合管理模式向政府监管下的独立管制模式转变的过程。

1886 年，美国成立了第一个职业会计师团体——美国公共会计师协会，几经发展，该协会演变成今天的美国注册会计师协会（AICPA）。美国注册会计师协会是美国社会审计行业自律的核心，美国注册会计师协会主要负责制定

①② 笑雪：“英国、美国注册会计师管理模式及其对我国的主要启示”，《会计之友》2001 年第 11 期。

和解释审计准则、质量控制准则、鉴证准则、职业道德准则等，同时负责组织注册会计师资格考试以及对作为会员的注册会计师和会计师事务所进行行业监管。对社会审计的政府监管主要是通过各州会计事务委员会和美国证监会（SEC）进行，各州会计事务委员会是管制注册会计师职业最直接的机构，负责制定有关的执业规则和监督实施各州的会计成文法；美国证监会实际上并不直接对注册会计师审计业务进行管制，但其可以暂停或取消注册会计师审计上市公司的资格。一直到20世纪末，美国对社会审计长期采取政府监管下的行业自律管理模式。

2001年安然事件的爆发，充分暴露了美国注册会计师行业的管制存在重大的制度缺陷和漏洞。2002年《萨班斯法案》出台，对注册会计师行业的管制、审计独立性、财务信息披露、法律责任等诸多方面做了新的规定，并据此成立了一个完全独立于注册会计师协会的公众公司会计监督委员会（PCAOB），实施对注册会计师行业的统一管制，明确赋予其管制职责和权限，包括对审计准则的制定权，对会计师事务所的注册权、监督权、调查权、处罚权以及其他必要的职责和权限。从而导致美国社会审计管理体制从传统的行业自律模式向政府监督下的独立管制模式转变。

3. 德国

德国对社会审计采取在相关法律规范下，以行业自律管理为核心，政府监督、公共监督与行业自律管理相结合的管理体制①。

德国社会审计行业管理主体集中于以下三个机构：德国联邦经济部、德国注册会计师公会（WPK）和德国审计师监督委员会（AOC）。德国《注册会计师法》规定，德国联邦经济部对审计行业进行管理和监督。德国有两个社会审计职业团体，注册会计师公会（WPK）和注册会计师协会（IDW），前者是1961年依法成立的对审计职业者进行行业管理和自治的公法社团，在政府的监督下开展工作，对注册会计师的执业资格和质量进行监督管理。而审计师监督委员会则从公共利益的角度监督注册会计师公会履行职责。

国外社会审计大多经历了一个从单一管理模式向混合管理模式转变的过程，而且在这个过程中，两大法系出现了相互融合的现象，英美法系国家从高

---

① 中注协行业管理培训班："德国注册会计师行业管理培训与考察报告"，《中国注册会计师》2008年第3期。

度行业自律向加强政府和独立监管的方向转变，大陆法系国家则从政府主导向加强行业自律和公共监督的方向转变。

（二）我国社会审计管理体制

我国社会审计管理体制也经历了一个发展变化的过程：第一阶段从 20 世纪 80 年代社会审计制度建立直到 1988 年注册会计师协会成立之前，该阶段社会审计管理是典型的政府主导型管理模式，由财政部直接对注册会计师行业进行管理；第二阶段是 1988 年注册会计师协会成立到 1993 年《注册会计师法》颁布，该阶段社会审计管理是政府监管为主、行业团体辅助的管理模式，注册会计师协会成立时，经财政部批准的协会章程规定，注册会计师协会协助财政机关对注册会计师和会计师事务所进行管理；第三阶段是 1993 年《注册会计师法》颁布到 2002 年，该阶段社会审计管理是政府监管与行业自律结合的混合型管理模式；第四阶段是 2002 年 11 月以后，我国加强了对社会审计的政府监管，受安然事件爆发以及国内加强注册会计师行业管理需求的影响，财政部提出进一步加强注册会计师行业管理的意见，决定将原委托中国注册会计师协会行使的行政管理职能予以收回，由财政部有关职能机构行使①。

我国目前社会审计管理体制中，政府监管形成了财政、审计、工商、税务以及证券监管等部门对注册会计师行业的监管体系，其中又以财政、审计、证券监管部门的监管为核心。《注册会计师法》第 5 条规定："国务院财政部门和省、自治区、直辖市人民政府财政部门，依法对注册会计师、会计师事务所和注册会计师协会进行监督、指导。"《审计法》第 30 条规定："社会审计机构审计的单位依法属于审计机关审计监督对象的，审计机关按照国务院的规定，有权对该社会审计机构出具的相关审计报告进行核查。"根据财政部和证监会联合颁发的《关于从事证券业务的会计师事务所、注册会计师资格确认的规定》第 1 条："根据国务院《关于进一步加强证券市场宏观管理的通知》的规定，财政部和中国证券监督管理委员会（以下简称"证监会"）对从事证券业务的会计师事务所和注册会计师的执业资格进行审核确认，并对取得资格的会计事务所和注册会计师在执行上述业务时进行监督。"在政府监管下我国社会审计实行行业自律管理。中国注册会计师协会作为我国社会审计行业组织，依法对社会审计行业进行自律管理，拟定

---

① 参见财政部：《关于进一步加强注册会计师行业管理的意见》（财会［2002］19 号）。

执业准则、制定规范指南、监督和检查注册会计师和会计师事务所的业务质量等。

由于经济往来的全球化、经济环境的复杂化以及现行监管体制下我国社会审计业已出现的各种问题，完善我国社会审计管理体制、加强社会审计行业监管一直是备受关注的话题。从国内外社会审计管理体制的发展变化来看，单纯的政府监管或行业自律都不能实现社会审计管理的目标，注册会计师行业管制变革的方向应当是政府力量和市场力量的有机结合。许多学者认为，注册会计师行业的独立管制模式吸收了市场力量和政府力量，同时具备了自我管制模式和政府管制模式的优点[①]，我国应当设立一个类似于美国PCAOB的独立的社会审计行业监管机构，统一负责对社会审计的监管[②]。也有学者认为我们应当学习德国，建立“适应国际化发展要求与保持国内协调稳定有机统一”的行业管理模式[③]。我们更赞同后者的观点，加强社会审计管理必须将政府力量和市场力量有机结合，强化政府监管的同时，加强行业自律，即便设立一个独立的监管机构，也必须考虑如何设置以及权利、义务、职责在政府部门、独立监管机构以及行业协会之间的配置问题，应当与我国的国情相适应。

第二节 社会审计人员与机构

一、注册会计师

（一）注册会计师的概念和特点

注册会计师是依法取得注册会计师证书并接受委托从事审计和会计咨询、会计服务业务的执业人员。

注册会计师是从事社会审计专门服务的人员，与一般的单位内部会计人员有所不同：首先，注册会计师必须通过统一的考试，取得注册会计师资格；其次，注册会计师必须加入一个会计师事务所才能执行业务；再次，注册会计师

① 谢德仁：“注册会计师行业管制模式：理论与分析”，《会计研究》2002年第2期。

② 陈波：“注册会计师行业独立型监管模式有效性研究——基于美国PCAOB运作情况的分析”，《审计与经济研究》2010年第1期。

③ 中注协行业管理培训班：“德国注册会计师行业管理培训与考察报告”，《中国注册会计师》2008年第3期。

是接受客户委托从事执业活动的人员；最后，注册会计师必须对委托事项做出独立、客观的判断，对所出具的审计、验证报告的真实性、合法性、正确性承担责任。

（二）注册会计师资格的取得

1. 国外注册会计师资格取得制度比较[①]（见表 9－1）

表 9－1

国家	报考条件	考试	资格认定
英国（英格兰及威尔士特许会计师协会）（ICAEW）特许会计师资格	高中以上毕业的学历；报考人员一般应与 ICAEW 会员的事务所（必须为英国本土、塞浦路斯、马来西亚注册的事务所）签订一份为期 3 年的培训协议；否则，只能先参加职业级考试，支付的考试费用总计为 1515 镑（2002 年，折合人民币约为 21210 元），再参加高级考试。且在参加高级考试前必须再与事务所签订培训协议	考试共分两个层次，第一层次为职业级考试，第二层次为高级考试。职业级考试共有 6 个科目：会计、审计与鉴证、企业财务、企业管理、财务报告、税法。每科考试的时间为 3 小时，另外还要通过法律方面的评估，每年 4 次考试。高级考试有 3 个科目，其中两门为高级技术胜任能力测试（均为综合性试卷，内容涵盖较宽），另外一门为高级案例分析（试卷为开卷考试），前两个科目的试卷考试时间为 3.5 小时，高级案例分析为 4 小时，每年两次考试	通过职业级考试后，学员将发给职业会计证书。通过高级考试，并完成 3 年培训计划后，将取得特许会计师证书，并成为 ICAEW 的会员

① 参见：中国注册会计师协会考试工作考察团："英国和法国的注册会计师考试考察报告"，《中国注册会计师》2003 年第 11 期；代娟编辑整理："美国注册会计师考试（AICPA）概览"，《财会通讯》2010 年第 9 期（上）；刘成："各国注册会计师考试制度比较"，《湖北经济学院学报》（人文社会科学版）2011 年第 2 期；彭兰香："英德注册会计师行业准入管制制度比较及启示"，《经济论坛》2010 年第 3 期。欧浜："中国与加拿大注册会计师行业准入资格比较"，《全国商情》（理论研究）2010 年第 9 期。恒毅："英国、美国、德国的注册会计师考试制度比较"，《中国注册会计师》2005 年第 12 期。

续表

国家		报考条件	考试	资格认定
美国		美国CPA考试不同的州对考生的报名条件不同，大部分的州要求150学分的学历（相当于硕士研究生），但也有少数的州允许120学分的大学学历，特拉华州目前是唯一只要求60学分大专学历报考条件的州	一年按照4个季度分为4个考试窗口开放考试，除了每年的3、6、9、12月不能考以外其他每个月的每一天都可以考试。考试时间不能是美国国家假日，同时每周周日不开放考试。 考试内容和形式2011年起进行了重大调整，被称为“机考变革”：（1）增加有关国际财务报告准则（IFRS）的试题；（2）AICPA四个部分（财务会计与报告、审计、商法与职业责任以及商业理念与经营环境）的试题结构与分数权重发生变化；（3）考试时间总体为14小时不变，但审计由4.5小时改为4小时；商业环境由2.5小时改为3小时	在注册会计师资格认定方面，AICPA对经验的要求十分严格，对全职和兼职的工作时间有不同的规定（一般不低于80小时），而且还规定了以审计服务为主的具体工作经验内容；AICPA对申请资格认定应提供的资料要求进行公正，确保证明资料的真实可靠性
加拿大	特许会计师（CA）	加拿大特许会计师考试考生报考资格由各省确定，一般包括两条：一是考生要有大学以上文凭；二是考生要有规定的会计课程学分，考生要参加各省协会提供的教育课程，有的地方是由当地协会主办，有的则是授权大学承办。有些省还有经验要求，还要求特许会计师协会要求申请人必须具备基础、学术和经验上的良好知识，如果是非会计专业还需要经过会计公共课程的进修	加拿大特许会计师的考试是1年一次，于9月份进行，为期4天，第1天的考试为5个小时，接下来两天每天4个小时，考试内容基本是案例分析，侧重测试考生的专业判断能力。第1天为综合考试，给考生提供一套企业财务资料，从中发现问题；第2天和第3天的考试是涉及不同领域或同一领域不同方面的内容，一般是为考生提供企业存在的问题，让其从中依据重要性原则找出重点问题；第4天的考试是单科考试，如考核考生在企业信息系统设计、填报纳税申报单等方面的能力	考试达到加拿大特许会计师协会规定的4科考试及格线，并具有在事务所及专业服务领域执业2500小时的经验之后，方可在当地申请注册

续表

国家		报考条件	考试	资格认定
加拿大	注册会计师（CGA）	CGA 对报考资格的要求并不严格，但要求成为 CGA 会员前应取得学士学位。CGA 拥有固定的学位合作伙伴，如阿萨巴斯卡大学、劳伦先大学等，这些学校提供远程学历教育等快捷方式。对已取得一定学历的报考人员可免试部分考试科目	CGA 的认证课程体系包括 2 门职业发展方向课程考试和 2 门专业应用课程考试。考试科目分为 3 级，即基础课程级、专业提高课程级和执业核心课程级。专业应用课程分为职业实践、战略财务管理两部分，前者主要考查考生向客户提供审计、税务、商业咨询与顾问服务方面的职业技能，后者考查向内部会计师或财务经理提供战略财务管理方面的知识。专业应用课程考试注重对考生技能的评估，考生将通过参加商业模拟实战来证明自己在商业战略、变革管理、职业道德等方面的核心竞争力	与特许会计师要求基本相同
德国		报名者要具备大学学历，鼓励具备工商管理学位（会计）或法律专业学位的人士报名。如果考生没有大学学历，则要求在法定审计师事务所有至少 10 年的审计工作经历，或者在公共会计师事务所或担任税务顾问有至少 5 年的经历。对于实践经验要求，考生要具备不少于 3 年的执业经验。其中考生至少有 2 年以上参加财务报表审计工作的实践经验，同时还应具备完成法定审计后撰写审计报告的能力	法定审计师的考试包含笔试和面试两部分。笔试考试包括 7 科试卷：审计、企业估价和职业规则（一），审计、企业估价和职业规则（二），企业管理和经济学（一），企业管理和经济学（二），税法（一），税法（二），公司法。如果部分考试科目未通过，可连续参加考试，但如果失败 3 次，则不能再参加考试。在参加笔试后，如果考生取得合格成绩，则可以参加面试。面试的知识范围与笔试基本相同，但增加了关于《职业法》的考试内容，最终根据笔试和面试的成绩决定考生是否通过，在通常情况下，笔试成绩占 60%，面试占 40%	考试合格后，考生通过申请，由州最高权力机关授权获得审计师资格

续表

国家	报考条件	考试	资格认定
日本	第1次考试资格无特殊限制，以下人员免考：大学（包括短期大学）毕业者、读过大学的一般教学课程者、高等专门学校毕业者、司法第1次考试或不动产鉴定师第1次考试合格者、司法第2次考试合格者。但通过第1次考试或第1次考试免考人员方可参加第2次考试；通过第2次考试后，已经过1年期的实际业务补习及两年期的业务助理或有实际业务经验者方可参加第3次考试	考试分3次：第1次考试的考试科目包括国语、外语、数学和论文；第2次考试的目的是判断是否具有注册会计师的专门知识。考试科目包括簿记、财务报表理论、审计学、成本计算、商法、经营学。在大学任教教授或副教授3年以上及获得博士学位者、司法考试第2次合格者、不动产鉴定师考试第2次合格者，可免试相关科目。第2次考试合格后从事1年的实务或者辅助注册会计师业务2年以上者可参加第3次考试。第3次考试是为判断是否具有注册会计师必要的高层次专业应用能力。考试科目有：财务分析，财务审计和其他有关实务、论文。第1次考试形式为笔试，每年3月份举行1次；第2次考试形式为笔试，每年7月份举行1次；第3次考试形式为笔试和口试两部分，每年举行两次	3次考试合格，具有一定实践经验并经注册会计师审查委员会审查通过，可注册登记为注册会计师

从上述各国注册会计师资格取得制度可见，大部分国家对注册会计师资格控制是非常严格的，其中最突出的是德国，按部就班地取得注册会计师从业资格一般在35岁左右。

2. 我国注册会计师资格取得制度

我国《注册会计师法》第7条至第10条规定了注册会计师资格取得制度。我国实行注册会计师全国统一考试和注册制度。注册会计师全国统一考试办法由国务院财政部门制定，由中国注册会计师协会组织实施。

（1）报考条件。具有高等专科以上学校毕业的学历、或具有会计或者相关专业中级以上技术职称的中国公民，可以申请参加注册会计师全国统一考试；具有会计或者相关专业高级技术职称的人员，可以免予部分科目的考试。

（2）考试。2009年，中国注册会计师协会对注册会计师考试进行了改革，这次改革的主要内容为：①将注册会计师考试由原来的一阶段考试改为两阶段考试，第一阶段，即专业阶段，主要测试考生是否具备注册会计师执业所需的专业知识，是否掌握基本技能和职业道德要求；第二阶段，即综合阶段，主要测试考生是否具备在注册会计师执业环境中运用专业知识，保持职业价值观、职业态度与职业道德，有效解决实务问题的能力。考生在通过第一阶段的全部考试科目后，才能参加第二阶段的考试。两个阶段的考试，每年各举行1次。②调整考试科目，在现行考试制度5个科目的基础上，进行分拆、补充和整合，对考试科目做以下调整：第一阶段，设会计、审计、财务成本管理、公司战略与风险管理、经济法、税法等6科；第二阶段，设综合1科。第一阶段和第二阶段各科目均不设英文附加题。③调整成绩有效期，第一阶段的单科合格成绩5年有效。对在连续5年内取得第一阶段6个科目合格成绩的考生，发放专业阶段合格证。第二阶段考试科目应在取得专业阶段合格证后5年内完成。对取得第二阶段考试合格成绩的考生，发放全科合格证。

（3）注册条件。参加注册会计师全国统一考试成绩合格，并从事审计业务工作两年以上的，可以向省、自治区、直辖市注册会计师协会申请注册。除具有下列情形外，受理申请的注册会计师协会应当准予注册：①不具有完全民事行为能力的。②因受刑事处罚，自刑罚执行完毕之日起至申请注册之日止不满5年的。③因在财务、会计、审计、企业管理或者其他经济管理工作中犯有严重错误受行政处罚、撤职以上处分，自处罚、处分决定之日起至申请注册之日止不满两年的。④受吊销注册会计师证书的处罚，自处罚决定之日起至申请注册之日止不满5年的。⑤国务院财政部门规定的其他不予注册的情形的。注册会计师协会应当将准予注册的人员名单报国务院财政部门备案。国务院财政部门发现注册会计师协会的注册不符合规定的，应当通知有关的注册会计师协会撤销注册。注册会计师协会依照第10条的规定不予注册的，应当自决定之日起15日内书面通知申请人。申请人有异议的，可以自收到通知之日起15日内向国务院财政部门或者省、自治区、直辖市人民政府财政部门申请复议。

我国注册会计师资格考试在改革之后提高了考试难度，更加注重实践技能，但与国外注册会计师考试和注册条件相比，我国注册会计师资格取得制度还存在相当的差距。首先，“具有高等专科以上学校毕业学历”而对所学专业没有限制的报名条件还是偏低，不利于培养高素质、高竞争力的社会审计职业人员；其次，2004年5月19日国务院发布的《关于第三批取消和调整行政审批项目的决定》取消了注册会计师执行证券、期货相关业务的许可证核发，这意味着考生只要通过注册会计师的全国统考就可以同时具备从事证券、期货业务审计的从业资格。这样的变化无形中降低了注册会计师从事证券、期货相关业务的从业门槛。而众所周知，执行证券、期货业务的注册会计师承担更重要的社会责任，对其业务水平要求也更高。因此我们认为，注册会计师资格考试的报名条件应进一步提高，如必须具有大学以上学历、有规定的会计课程学分才能报考，从事证券、期货业务的注册会计师则应当具备证券、期货相关基本知识；再次，对于资格考试合格的考生在取得执业资格之前应具备3—5年的从业经验，以保证注册会计师有必要的执业经验和专业判断能力。

（三）注册会计师资格的丧失

为保证注册会计师的执业能力和社会审计的质量，各国一般都建立了在特定情况下取消或剥夺注册会计师资格的制度，如英国注册会计师执业监管部门对不遵守职业操守、违反职业道德、损害职业形象的，将取消其会员资格及各种执业资格；德国《审计师行业管理办法》也规定对审计师违反职责行为的处罚措施包括警告、处罚、罚款、开除出本行业等①。

我国《注册会计师法》第13条规定：已取得注册会计师证书的人员，除本法第11条第1款规定的情形外，注册后有下列情形之一的，由准予注册的注册会计师协会撤销注册，收回注册会计师证书：（1）完全丧失民事行为能力的。（2）受刑事处罚的。（3）因在财务、会计、审计、企业管理或者其他经济管理工作中犯有严重错误受行政处罚、撤职以上处分的。（4）自行停止执行注册会计师业务满1年的。

被撤销注册的当事人有异议的，可以自接到撤销注册、收回注册会计师证书的通知之日起15日内向国务院财政部门或者省、自治区、直辖市人民政府财政部门申请复议。依照前述规定被撤销注册的人员可以重新申请注册，但必须符合本法第9条和第10条有关注册会计师申请注册条件的规定。

二、会计师事务所

（一）会计师事务所的组织形式

世界各国会计师事务所的组织形式主要有四种：独资形式、普通合伙形式、有限责任形式、有限责任合伙形式。

1. 独资会计师事务所

---

① 彭兰香："英德注册会计师行业准人管制制度比较及启示"，《经济论坛》2010年第3期。

独资会计师事务所又称个人会计师事务所，由具有注册会计师执业资格的个人单独开设，其最大的特征是只有一个所有者，且承担无限责任。独资会计师事务所的优点在于开设简单、执业灵活，容易满足小型企业的服务需求；缺点在于资金和规模有限，难以承担大型业务。

2. 普通合伙会计师事务所

普通合伙会计师事务所是由两位或两位以上注册会计师作为合伙人组成的合伙组织。参加合伙的注册会计师以自己的财产对会计师事务所的债务承担无限连带责任。其特点是各合伙人共同出资、共同经营、共享收益、共担风险。普通合伙会计师事务所的优点在于在无限连带责任的制约下，可以促使合伙人提高服务质量，防范服务奉献；缺点是在事务所以及业务规模的扩大上需要一个漫长的过程，而且，任何一个合伙人不当的执业行为都可能导致整个会计师事务所的覆灭。

3. 有限责任会计师事务所

有限责任会计师事务所也称公司制会计师事务所，是由众多注册会计师共同出资的，具有有限责任性质的会计师事务所。其特点是会计师事务所以其全部资产对事务所的债务承担责任，各注册会计师以出资为限对会计师事务所的债务承担有限责任。有限责任会计师事务所的优点在于可以通过有限责任制度迅速集聚起大量注册会计师，业务拓展迅速；缺点在于有限责任机制降低了风险责任对注册会计师执业行为的制约，弱化了注册会计师的责任，不利于客户及社会公众利益的保护。

4. 有限责任合伙会计师事务所

有限责任合伙是英美法国家的称谓，在我国实际上是特殊的普通合伙，特殊的普通合伙会计师事务所中，一个合伙人或者数个合伙人在执业活动中因故意或者重大过失造成合伙企业债务的，应当承担无限责任或者无限连带责任，其他合伙人以其在合伙企业中的财产份额为限承担责任。合伙人在执业活动中非因故意或者重大过失造成的合伙企业债务以及合伙企业的其他债务，由全体合伙人承担无限连带责任。其最大特点是既吸收了普通合伙和公司制会计师事务所的优点，又摒弃了其不足，因此，虽然特殊的普通合伙会计师事务所兴起时间较短，但发展非常迅速，短短几年时间内，原“六大”国际会计公司在美国的执业机构已全部完成了向特殊的普通合伙的转型。

根据我国《注册会计师法》第 23 条和第 24 条规定，我国会计师事务所可以采取合伙制和公司制形式。为了趋利避害，我国大多数会计师事务所都采用了公司制形式，据统计，截至2008年底，全国共有会计师事务所7247家，实行有限责任公司制的占85.86%，合伙制事务所仅占14.14%，超过100个注册会计师的27家较大规模会计师事务所，全部为有限责任事务所①。这样的组织形式状况显然不利于提高社会审计服务质量，不利于保护客户和社会公众的合法权益，也不利于我国的会计师事务所参与国际竞争。因此，2010年财政部颁发了《关于推动大中型会计师事务所采用特殊普通合伙组织形式的暂行规定》（财会［2010］12号，以下简称《规定》），在该《规定》中，财政部明确要求大型会计师事务所应当于2010年12月31日前转制为特殊普通合伙组织形式；鼓励中型会计师事务所于2011年12月31日前转制为特殊普通合伙组织形式。所谓大型会计师事务所，是指在人才、品牌、规模、技术标准、执业质量和管理水平等方面居于行业领先地位，能够为我国企业“走出去”提供国际化综合服务，行业排名前10位左右的会计师事务所。所谓中型会计师事务所，是指在人才、品牌、规模、技术标准、执业质量和管理水平等方面具有较高水准，能够为大中型企事业单位、上市公司提供专业或综合服务，行业排名前200位左右的会计师事务所（不含大型会计师事务所）。

（二）会计师事务所的设立

1. 设立条件

（1）普通合伙会计师事务所。《注册会计师法》第23条规定：“会计师事务所可以由注册会计师合伙设立。合伙设立的会计师事务所的债务，由合伙人按照出资比例或者协议的约定，以各自的财产承担责任。合伙人对会计师事务所的债务承担连带责任。”

（2）公司制会计师事务所。《注册会计师法》第24条规定：“会计师事务所符合下列条件的，可以是负有限责任的法人。①不少于30万元的注册资本；②有一定数量的专职从业人员，其中至少有5名注册会计师；③国务院财政部门规定的业务范围和其他条件。”

2. 设立程序

设立会计师事务所，由国务院财政部门或者省、自治区、直辖市人民政府财政部门批准。

申请设立会计师事务所，申请者应当向审批机关报送下列文件：（1）申

---

① 安广实、杨山鹰：“会计师事务所组织形式：基于完善《注册会计师法》的若干思考”，《广西财经学院学报》2011年第3期。

请书。(2) 会计师事务所的名称、组织机构和业务场所。(3) 会计师事务所章程，有合伙协议的应报送合伙协议。(4) 注册会计师名单、简历及有关证明文件。(5) 会计师事务所主要负责人、合伙人的姓名、简历及有关证明文件。(6) 负有限责任的会计师事务所的出资证明。(7) 审批机关要求的其他文件。

审批机关应当自收到申请文件之日起 30 日内决定批准或者不批准。省、自治区、直辖市人民政府财政部门批准的会计师事务所，应当报国务院财政部门备案。国务院财政部门发现批准不当的，应当自收到备案报告之日起 30 日内通知原审批机关重新审查。

会计师事务所设立分支机构，须经分支机构所在地的省、自治区、直辖市人民政府财政部门批准。

(三) 会计师事务所转制

会计师事务所转制是指普通合伙会计师事务所或公司制会计师事务所根据财政部的有关要求，转制成为特殊的普通合伙会计师事务所。

1. 转制条件

(1) 对会计师事务所的要求。根据财政部颁发的《关于推动大中型会计师事务所采用特殊普通合伙组织形式的暂行规定》，会计师事务所转制为特殊普通合伙组织形式，应当具备以下条件：①有 25 名以上符合条件的合伙人。②50 名以上的注册会计师。③人民币 1000 万元以上的资本。

(2) 对合伙人的要求。特殊普通合伙会计师事务所的合伙人应当具备以下条件：①在会计师事务所专职执业。②成为合伙人前 3 年内没有因为执业行为受到行政处罚。③有取得注册会计师证书后最近连续 5 年在会计师事务所从事下列审计业务的经历，其中在境内会计师事务所的经历不少于 3 年：一是审查企业会计报表，出具审计报告；二是验证企业资本，出具验资报告；三是办理企业合并、分立、清算事宜中的审计业务，出具有关的报告；四是法律、行政法规规定的其他审计业务。④成为合伙人前 1 年内没有因采取隐瞒或提供虚假材料、欺骗、贿赂等不正当手段申请设立会计师事务所而被省级财政部门做出不予受理、不予批准或者撤销会计师事务所的决定。⑤年龄不超过 65 周岁。此外，注册资产评估师、注册税务师、注册造价工程师可以担任特殊普通合伙会计师事务所的合伙人，但应当符合下列条件：①在会计师事务所专职执业。②成为合伙人前 3 年内没有因为执业行为受到行政处罚。③有取得相应执业资格后最近连续 5 年从事相关工作的经验。④该类合伙人人数不得超过会计师事务所合伙人总数的20%。⑤该类合伙人所持有的合伙财产份额不得超过会计师事务所合伙财产的20%。⑥该类合伙人不得担任执行合伙事务的合伙人。⑦年龄不超过65周岁。会计师事务所转制为特殊普通合伙组织形式后，持有合伙财产份额前5位的合伙人应当具备注册会计师执业资格。

2. 转制程序

大中型会计师事务所申请转制为特殊普通合伙会计师事务所，应当向所在地省级财政部门提交以下材料：(1) 转制申请书。(2) 股东会、合伙人会议决议。(3) 合伙人身份证明复印件，合伙人情况汇总表。(4) 合伙人的注册会计师证书或者其他执业资格证书复印件。(5) 合伙协议。(6) 经审计的上年度财务报告。(7) 验资报告。(8) 能证明本暂行规定第7条各项条件的社会保险、工资关系等相关资料。转制为特殊普通合伙组织形式的会计师事务所，应当在合伙协议中至少明确下列事项：(1) 合伙人入伙、退伙机制。(2) 合伙事务的执行。(3) 利益分配和风险分担方式。(4) 争议解决办法。(5) 解散与清算。

会计师事务所转制应当向省级财政部门提出申请，省级财政部门批准转制，应当按照下列程序办理：(1) 对申请人提交的申请材料进行审查，并核对有关复印件与原件是否相符。对申请材料不齐全或者不符合法定形式的，应当当场或者在5日内一次告知申请人需要补正的全部内容。对申请材料齐全、符合法定形式，或者申请人按照要求提交全部补正申请材料的应当受理。受理申请或者不予受理申请，应当向申请人出具加盖本行政机关专用印章和注明日期的书面凭证。(2) 对申请材料的内容进行审查，并将申请材料中有关会计师事务所名称以及合伙人执业资格及执业时间等情况予以公示。(3) 自受理申请之日起30日内做出批准或者不予批准的决定。(4) 做出批准转制决定的，应当自做出批准决定之日起10日内向申请人下达批准文件、换发会计师事务所执业证书，并予以公告。

省级财政部门做出不予批准转制决定的，应当自做出不予批准决定之日起10日内书面通知申请人。书面通知中应当说明不予批准的理由，并告知申请人享有依法申请行政复议或者提起行政诉讼的权利。

大中型会计师事务所转制过程中涉及合伙人变更的，应当在申请转制的同时，按照《会计师事务所审批和监督暂行办法》有关规定向省级财政部门办理变更备案手续，并向财政部备案。

省级财政部门做出批准转制决定的，应当自做出批准决定之日起30日内将批准文件连同下列材料报送财政部和中国注册会计师协会：(1) 批准会计师事务所转制情况备案表。(2) 会计师事务所合伙人情况汇总表。财政部发现批准不当的，应当自收到备案材料之日起 15 日内书面通知省级财政部门重新审查。省级财政部门下达的批准文件应当抄送所在地的省级注册会计师协会。

转制为特殊普通合伙组织形式的会计师事务所应当持财政部门的转制批复文件办理有关工商登记手续。有限责任公司制的会计师事务所转制为特殊普通合伙组织形式，应当办理合伙企业的设立登记，同时原有限责任公司应当办理注销登记；原组织形式为普通合伙制的大中型会计师事务所，按变更登记办理。

3. 转制后果

大中型会计师事务所转制为特殊普通合伙组织形式的，转制前的经营期限、经营业绩可连续计算，执业资格相应延续，转制前因执业质量可能引发的行政责任由转制后的事务所承担。

(四) 会计师事务所的运营规则

第一，依法纳税和建立职业风险基金。会计师事务所应当依法纳税；会计师事务所按照国务院财政部门的规定建立职业风险基金，办理职业保险。

第二，依法受理业务。会计师事务所受理业务，不受行政区域、行业的限制；但是，法律、行政法规另有规定的除外。委托人委托会计师事务所办理业务，任何单位和个人不得干预。

第三，会计师事务所在受理和承办业务的过程中有依法回避、保密的义务，同时必须依照执业准则和规则出具审计报告，有权拒绝客户的不合理要求。

三、注册会计师协会

(一) 概述

注册会计师协会是依法成立的注册会计师的行业组织，是社会审计行业自律的核心。世界各国都设立了自己的注册会计师行业组织，一些国家的注册会计师行业组织已经颇具国际影响，比如英国英格兰及威尔士特许会计师协会 (ICAEW)、特许公认会计师公会 (ACCA)，美国注册会计师协会 (AICPA)、加拿大注册会计师协会 (CGA)、特许会计师协会 (CICA) 等。

根据我国《注册会计师法》的规定，注册会计师应当加入注册会计师协会。我国的注册会计师协会成立于1988年11月，具有社会团体法人资格，是注册会计师行业的全国组织，各省、自治区、直辖市注册会计师协会是注册会计师行业的地方组织。中国注册会计师协会依法接受财政部、民政部的监督、指导。

（二）中国注册会计师协会的职责

根据《注册会计师法》和《中国注册会计师协会章程》规定，中国注册会计师协会的主要职责包括：

（1）审批和管理本会会员，指导地方注册会计师协会办理注册会计师注册。

（2）拟订注册会计师执业准则、规则，监督、检查实施情况。

（3）组织对注册会计师的任职资格、注册会计师和会计师事务所的执业情况进行年度检查。

（4）制定行业自律管理规范，对会员违反相关法律法规和行业管理规范的行为予以惩戒。

（5）组织实施注册会计师全国统一考试。

（6）组织、推动会员培训和行业人才建设工作。

（7）组织业务交流，开展理论研究，提供技术支持。

（8）开展注册会计师行业宣传。

（9）协调行业内、外部关系，支持会员依法执业，维护会员合法权益。

（10）代表中国注册会计师行业开展国际交往活动。

（11）指导地方注册会计师协会工作。

（12）承担法律、行政法规规定和国家机关委托或授权的其他有关工作。

（三）中国注册会计师协会会员

中国注册会计师协会会员分为团体会员和个人会员。依法批准设立的会计师事务所，为团体会员。凡参加注册会计师全国统一考试全科合格并经申请批准者和依照规定原考核取得本会会员资格者，为个人会员。个人会员分为执业会员和非执业会员。其中，依法取得中国注册会计师执业证书的，为执业会员。

截至2010年10月31日，中注协有团体会员（会计师事务所）7790家（含分所799家），个人会员近18万人，其中注册会计师95378人，非执业会员8.3万余人，全行业从业人员30万人。注册会计师提供服务的企业超过

350 万家[①]。

（四）中国注册会计师协会组织机构

中国注册会计师协会最高权力机构为全国会员代表大会，全国会员代表大会选举产生理事会。理事会选举产生会长、副会长、常务理事会，理事会设若干专门委员会和专业委员会。常务理事会在理事会闭会期间行使理事会职权。协会下设秘书处，为其常设执行机构。

目前，理事会下设 12 个专门委员会和 1 个专业委员会。12 个专门委员会为战略委员会、行业信息化委员会、审计准则委员会、职业道德准则委员会、财务委员会、惩戒委员会、申诉与维权委员会、教育培训委员会、注册管理委员会、执业责任鉴定委员会、会计师事务所内部治理指导委员会、《中国注册会计师》编辑委员会；1 个专业委员会即专业技术指导委员会。

秘书处设 14 个职能部门，包括办公室、考试部（财政部注册会计师考试委员会办公室）、注册部、继续教育部、业务监管部、专业标准与技术指导部、研究发展部、国际及港澳台事务部、财务部、期刊编辑部、信息技术部、人事部、党委办公室、服务部。

第三节　社会审计业务范围与规范

一、社会审计业务范围

社会审计业务范围是由法律、法规规定的注册会计师可以承办的社会审计事项，我国《注册会计师法》明确规定，注册会计师可以从事以下审计业务：

（1）审查企业会计报表，出具审计报告。

（2）验证企业资本，出具验资报告。

（3）办理企业合并、分立、清算事宜中的审计业务，出具有关的报告。

（4）法律、行政法规规定的其他审计业务。

根据《中外合资经营企业法》、《中外合作经营企业法》、《外商投资企业法》及其实施条例或实施细则的规定，外商投资企业的验资业务、年度会计报表审计业务以及清算会计报表审计业务必须由中国注册会计师办理。

① 参见中国注册会计师协会概况，2010 年 12 月 14 日中国注册会计师协会网站更新，http://www.cicpa.org.cn/association_intro/association_introduction/gl/201012/t20101215_26970.htm。

二、社会审计执业规则

社会审计执业规则是由法律、法规规定的注册会计师执行审计业务所必须遵守的制度，《注册会计师法》对注册会计师行使审计职权、履行审计职责作出了明确规定。

1. 注册会计师的审计职权

注册会计师执行业务，可以根据需要查阅委托人的有关会计资料和文件，查看委托人的业务现场和设施，要求委托人提供其他必要的协助。

2. 注册会计师的回避和保密义务

注册会计师与委托人有利害关系的，应当回避；委托人有权要求其回避。注册会计师对在执行业务中知悉的商业秘密，负有保密义务。

3. 注册会计师拒绝出具审计报告的职责

注册会计师执行审计业务，遇有下列情形之一的，应当拒绝出具有关报告：(1) 委托人示意其做不实或者不当证明的。(2) 委托人故意不提供有关会计资料和文件的。(3) 因委托人有其他不合理要求，致使注册会计师出具的报告不能对财务会计的重要事项做出正确表述的。

4. 注册会计师出具审计报告时的禁止行为

注册会计师执行审计业务，必须按照执业准则、规则确定的工作程序出具报告。注册会计师执行审计业务出具报告时，不得有下列行为：(1) 明知委托人对重要事项的财务会计处理与国家有关规定相抵触，而不予指明。(2) 明知委托人的财务会计处理会直接损害报告使用人或者其他利害关系人的利益，而予以隐瞒或者做不实的报告。(3) 明知委托人的财务会计处理会导致报告使用人或者其他利害关系人产生重大误解，而不予指明。(4) 明知委托人的会计报表的重要事项有其他不实的内容，而不予指明。对委托人有前述行为，注册会计师按照执业准则、规则应当知道的，适用前款规定。

5. 注册会计师执业过程中的禁止行为

除了在出具审计报告时的禁止行为之外，注册会计师在执业过程中还不得有下列行为：(1) 在执行审计业务期间，在法律、行政法规规定不得买卖被审计单位的股票、债券或者不得购买被审计单位或者个人的其他财产的期限内，买卖被审计单位的股票、债券或者购买被审计单位或者个人所拥有的其他财产。(2) 索取、收受委托合同约定以外的酬金或者其他财物，或者利用执行业务之便，谋取其他不正当的利益。(3) 接受委托催收债款。(4) 允许他人以本人名义执行业务。（5）同时在两个或者两个以上的会计师事务所执行业务。（6）对其能力进行广告宣传以招揽业务。（7）违反法律、行政法规的其他行为。

三、社会审计执业准则

社会审计执业准则是指注册会计师在执行业务的过程中应当遵守的职业规范。社会审计准则作为规范注册会计师执行审计业务的基本标准，对提高审计执业质量，降低审计风险，维护社会公众利益具有重要作用。中国注册会计师协会成立之后一直致力于制定和完善社会审计准则的工作，经过近 20 年的努力，目前我国已经建立起社会审计准则体系，并在一定程度上实现了与国际审计准则的接轨。尤其是最近几年来，中国注册会计师协会对社会审计准则进一步系统完善，2010 年财政部《关于印发〈中国注册会计师审计准则第 1101 号——注册会计师的总体目标和审计工作的基本要求〉等 38 项准则的通知》（财会［2010］21 号）公告了修订后的注册会计师执业准则，新的执业准则将于 2012 年 1 月 1 日起付诸实施。

（一）社会审计执业准则基本体系

根据财政部发布的《中国注册会计师执业准则（2010）》，我国社会审计执业准则体系主要包括三个部分：鉴证业务准则、相关服务准则和质量控制准则。其中，鉴证业务准则包括鉴证业务基本准则、审计准则、审阅准则和其他鉴证业务准则；相关服务准则包括商定程序、代编财务信息等。我国社会审计执业准则基本体系如表 9－2 所示。

表 9－2

<table>
<tr><td rowspan="6">中国注册会计师执业准则</td><td rowspan="3">鉴证业务准则</td><td rowspan="3">鉴证业务基本准则</td><td>审计准则</td></tr>
<tr><td>审阅准则</td></tr>
<tr><td>其他鉴证业务准则</td></tr>
<tr><td rowspan="2">相关服务准则</td><td colspan="2">对财务信息执行商定程序</td></tr>
<tr><td colspan="2">代编财务信息</td></tr>
<tr><td colspan="3">质量控制准则</td></tr>
</table>

（二）鉴证业务准则

鉴证业务准则共 48 项，包括鉴证业务基本准则、审计准则、审阅准则和其他鉴证业务准则，其中，审计准则是我国社会审计执业准则的核心内容，新的注册会计师执业准则基本涵盖了国际审计准则中的所有项目，采用了国际审计准则的基本原则和核心程序，在一般原则与责任、风险评估与应对、审计证据、利用其他主体的审计工作、审计结论与报告以及特殊领域审计等重要方面，与国际审计准则保持一致。

注册会计师具体审计准则共有 45 项，包括注册会计师的总体目标和审计工作的基本要求、就审计业务约定条款达成一致意见、对财务报表审计实施的质量控制、审计工作底稿、财务报表审计中与舞弊相关的责任、财务报表审计中对法律法规的考虑、与治理层的沟通、向管理层和管理层通报内部控制缺陷、前任注册会计师和后任注册会计师的沟通、计划审计工作、通过了解被审计单位及其环境识别和评估重大错报风险、计划和执行审计工作时的重要性、针对评估的重大错报风险采取的应对措施、对被审计单位使用服务机构的考虑、评价审计过程中识别出的错报、审计证据、对存货、诉讼和索赔、分部信息等特定项目获取审计证据的具体考虑、函证、分析程序、审计抽样、审计会计估计（包括公允价值会计估计）和相关披露、关联方、持续经营、首次审计业务涉及的期初余额、期后事项、书面声明、对集团财务报表审计的特殊考虑、利用内部审计人员的工作、利用专家的工作、对财务报表形成审计意见和出具审计报告、在审计报告中共发表非无保留意见、在审计报告中增加强调事项段和其他事项段、比较信息：对应数据和比较财务报表、注册会计师对含有已审计财务报表的文件中的其他信息的责任、对按照特殊目的编制基础编制的财务报表审计的特殊考虑、验资、对单一财务报表和财务报表特定要素审计的特殊考虑、对简要财务报表出具报告的业务、商业银行财务报表审计、银行间函证程序、与银行监管机构的关系、财务报表审计中对环境事项的考虑、衍生金融工具的审计、电子商务对财务报表审计的影响；审阅准则和其他鉴证业务准则包括财务报表审阅、历史财务信息审计或审阅以外的鉴证业务、预测性财务信息的审核三项。

（三）其他执业准则

除了鉴证业务以外，注册会计师协会还制定了注册会计师相关服务准则和会计师事务所质量控制准则。注册会计师相关服务准则有两项：对财务信息执行商定程序和代编财务信息，分别从业务约定书、计划、程序与记录、报告等方面对注册会计师执行商定程序和代编财务信息业务进行了规范；质量控制准则即会计师事务所对执行财务报表审计和审阅、其他鉴证和相关服务业务实施的质量控制，主要包括落实对业务质量的领导责任、确保职业道德规范得以遵守、客户关系和具体业务的接受与保持、人力资源、业务执行等，旨在规范会计师事务所的业务质量控制，明确会计师事务所及相关人员的质量控制责任。

四、社会审计职业道德规范

注册会计师职业道德是指注册会计师职业品德、职业纪律、专业胜任能力及职业责任等的总称。职业道德规范是职业组织以公约、守则等形式公布的，其会员自愿接受的执业行为标准。注册会计师的职业性质决定了其对社会公众应当承担的责任，各国注册会计师协会都制定了社会审计相关职业道德规范。国际会计师联合会道德委员会自 1980—1988 年制定了 12 项《国际会计职业道德准则》。我国注册会计师协会于 1992 年发布了《中国注册会计师职业道德守则》（试行），1996 年 12 月 26 日，经财政部批准，中国注册会计师协会印发了《中国注册会计师职业道德基本准则》（下称《基本准则》），2002 年 6 月 25 日，中国注册会计师协会又印发《中国注册会计师职业道德规范指导意见》（下称《指导意见》），于 2002 年 7 月 1 日起施行，这是我国主要的社会审计职业道德规范。虽然社会审计职业道德规范没有法律的强制效力但具有行业自律的作用，中国注册会计师协会关于印发《指导意见》的通知中指出："会计师事务所、注册会计师违反《指导意见》的，各地注册会计师协会应当视情节轻重给予强制培训、谈话提醒、公开谴责、通报批评、限期整改等行业自律性惩戒。"社会审计职业道德规范可以分为两个层次：一是基本原则，二是具体要求。

（一）基本原则

社会审计职业道德的基本原则是对注册会计师应当具备的品质做出的一般性规定。《基本准则》和《指导意见》对注册会计师职业道德的基本要求包括：

1. 独立、客观、公正

注册会计师执行审计、审核和审阅等鉴证业务，应当恪守独立、客观、公正的原则。

2. 具备专业胜任能力和应有的职业谨慎

注册会计师应当保持应有的职业谨慎，保持和提高专业胜任能力，遵守独立审计准则等职业规范，勤勉尽责。

3. 保密

注册会计师应当履行对客户的责任，对执业过程中获知的客户信息保密。

4. 协作

注册会计师应当与同行保持良好的工作关系，配合同行的工作。

（二）具体要求

1. 独立性

注册会计师执行鉴证业务时应当保持实质上和形式上的独立，不得因任何利害关系影响其客观、公正的立场。可能损害独立性的因素包括经济利益、自我评价、关联关系和外界压力等：（1）会计师事务所和注册会计师应当考虑经济利益对独立性的损害，可能损害独立性的情形主要包括：①与鉴证客户存在专业服务收费以外的直接经济利益或重大的间接经济利益；②收费主要来源于某一鉴证客户；③过分担心失去某项业务；④与鉴证客户存在密切的经营关系；⑤对鉴证业务采取或有收费的方式；⑥可能与鉴证客户发生雇佣关系。

（2）会计师事务所和注册会计师应当考虑自我评价对独立性的损害，可能损害独立性的情形主要包括：①鉴证小组成员曾是鉴证客户的董事、经理、其他关键管理人员或能够对鉴证业务产生直接重大影响的员工；②为鉴证客户提供直接影响鉴证业务对象的其他服务；③为鉴证客户编制属于鉴证业务对象的数据或其他记录。

（3）会计师事务所和注册会计师应当考虑关联关系对独立性的损害，可能损害独立性的情形主要包括：①与鉴证小组成员关系密切的家庭成员是鉴证客户的董事、经理、其他关键管理人员或能够对鉴证业务产生直接重大影响的员工；②鉴证客户的董事、经理、其他关键管理人员或能够对鉴证业务产生直接重大影响的员工是会计师事务所的前高级管理人员；③会计师事务所的高级管理人员或签字注册会计师与鉴证客户长期交往；④接受鉴证客户或其董事、经理、其他关键管理人员或能够对鉴证业务产生直接重大影响的员工的贵重礼品或超出社会礼仪的款待。

（4）会计师事务所和注册会计师应当考虑外界压力对独立性的损害，可能损害独立性的情形主要包括：①在重大会计、审计等问题上与鉴证客户存在意见分歧而受到解聘威胁；②受到有关单位或个人不恰当的干预；③受到鉴证客户降低收费的压力而不恰当地缩小工作范围。当识别出损害独立性的因素时，会计师事务所和注册会计师应当采取必要的措施以消除影响或将其降至可接受水平。

会计师事务所应当从整体上维护其独立性。维护独立性的措施主要包括：（1）会计师事务所的高级管理人员重视独立性，并要求鉴证小组成员保持独立性；（2）制定有关独立性的政策和程序，包括识别损害独立性的因素、评价损害的严重程度以及采取相应的维护措施；（3）建立必要的监督及惩戒机制以促使有关政策和程序得到遵循；（4）及时向所有高级管理人员和员工传达有关政策和程序及其变化；（5）制定能使员工向更高级别人员反映独立性问题的政策和程序。

在承办具体鉴证业务时，会计师事务所应当维护其独立性。维护独立性的措施主要包括：（1）安排鉴证小组以外的注册会计师进行复核；（2）定期轮换项目负责人及签字注册会计师；（3）与鉴证客户的审计委员会或监事会讨论独立性问题；（4）向鉴证客户的审计委员会或监事会告知服务性质和收费范围；（5）制定确保鉴证小组成员不代替鉴证客户行使管理决策或承担相应责任的政策和程序；（6）将独立性受到损害的鉴证小组成员调离鉴证小组。当维护措施不足以消除损害独立性因素的影响或将其降至可接受水平时，会计师事务所应当拒绝承接业务或解除业务约定。

2. 专业胜任能力

注册会计师应当通过教育、培训和执业实践保持和提高专业胜任能力。注册会计师不得宣称自己具有本不具备的专业知识、技能或经验。注册会计师不得提供不能胜任的专业服务。在提供专业服务时，注册会计师可以在特定领域利用专家协助其工作。在利用专家工作时，注册会计师应当对专家遵守职业道德的情况进行监督和指导。

3. 保密

注册会计师应当对在执业过程中获知的客户信息保密，这一保密责任不因业务约定的终止而终止。注册会计师应当采取措施，确保业务助理人员和专家遵守保密原则。注册会计师不得利用在执业过程中获知的客户信息为自己或他人谋取不正当的利益。

注册会计师在以下情况下可以披露客户的有关信息：（1）取得客户的授权；（2）根据法规要求，为法律诉讼准备文件或提供证据，以及向监管机构报告发现的违反法规行为；（3）接受同业复核以及注册会计师协会和监管机构依法进行的质量检查。

在决定披露客户的有关信息时，注册会计师应当考虑以下因素：（1）是否了解和证实了所有相关信息；（2）信息披露的方式和对象；（3）可能承担的法律责任和后果。

4. 收费与佣金

在确定收费时，会计师事务所应当考虑以下因素，以客观反映为客户提供专业服务的价值：（1）专业服务所需的知识和技能；（2）所需专业人员的水平和经验；（3）每一专业人员提供服务所需的时间；（4）提供专业服务所需承担的责任。

在专业服务得到良好的计划、监督及管理的前提下，收费通常以每一专业人员适当的小时费用率或日费用率为基础计算。专业服务的收费依据、收费标准及收费结算方式与时间应在业务约定书中予以明确。

如果收费报价明显低于前任注册会计师或其他会计师事务所的相应报价，会计师事务所应当确保：（1）在提供专业服务时，工作质量不会受到损害，并保持应有的职业谨慎，遵守执业准则和质量控制程序；（2）客户了解专业服务的范围和收费基础。

除法规允许外，会计师事务所不得以或有收费方式提供鉴证服务，收费与否或多少不得以鉴证工作结果或实现特定目的为条件。会计师事务所和注册会计师不得为招揽客户而向推荐方支付佣金，也不得因向第三方推荐客户而收取佣金。会计师事务所和注册会计师不得因宣传他人的产品或服务而收取佣金。

5. 与执行鉴证业务不相容的工作

注册会计师不得从事有损于或可能有损于其独立性、客观性、公正性或职业声誉的业务、职业或活动。注册会计师应当就其向鉴证客户提供的非鉴证服务与鉴证服务是否相容做出评价。会计师事务所不得为上市公司同时提供编制会计报表和审计服务。会计师事务所的高级管理人员或员工不得担任鉴证客户的董事（包括独立董事）、经理或其他关键管理职务。

6. 接任前任注册会计师的审计业务

后任注册会计师在接任前任注册会计师的审计业务时不得蓄意侵害前任注册会计师的合法权益。在接受审计业务委托前，后任注册会计师应当向前任注册会计师询问审计客户变更会计师事务所的原因，并关注前任注册会计师与审计客户之间在重大会计、审计等问题上可能存在的意见分歧。

后任注册会计师应当提请审计客户授权前任注册会计师对其询问做出充分的答复。如果审计客户拒绝授权，或限制前任注册会计师做出答复的范围，后任注册会计师应当向审计客户询问原因，并考虑是否接受业务委托。

前任注册会计师应当根据所了解的情况对后任注册会计师的询问做出及时、充分的答复。如果受到审计客户的限制或存在法律诉讼的顾虑，决定不向后任注册会计师做出充分答复，前任注册会计师应当向后任注册会计师表明其答复是有限的。

如果审计客户委托注册会计师对已审计会计报表进行重新审计，接受委托的注册会计师应视为后任注册会计师，而之前已发表审计意见的注册会计师则视为前任注册会计师。如果后任注册会计师发现前任注册会计师所审计的会计报表存在重大错报，应当提请审计客户告知前任注册会计师，并要求审计客户安排三方会谈，以便采取措施进行妥善处理。

7. 广告、业务招揽和宣传

注册会计师应当维护职业形象，在向社会公众传递信息时，应当客观、真实、得体。

会计师事务所不得利用新闻媒体对其能力进行广告宣传，但刊登设立、合并、分立、解散、迁址、名称变更、招聘员工等信息以及注册会计师协会为会员所做的统一宣传不在此限。

会计师事务所和注册会计师不得采用强迫、欺诈、利诱或骚扰等方式招揽业务。会计师事务所和注册会计师在招揽业务时不得有以下行为：（1）暗示有能力影响法院、监管机构或类似机构及其官员；（2）做出自我标榜的陈述，且陈述无法予以证实；（3）与其他注册会计师进行比较；（4）不恰当地声明自己是某一特定领域的专家；（5）做出其他欺骗性的或可能导致误解的声明。

会计师事务所和注册会计师进行宣传时，不得有以下行为：（1）利用政府委托或特别奖励谋取不正当利益；（2）当会计师事务所将其名称、地址、电话号码以及其他必要的联系信息载入电话簿、信纸或其他载体时，含有自我标榜的措辞；（3）当注册会计师就专业问题参与演讲、访谈或广播、电视节目时，抬高自己及其会计师事务所；（4）当会计师事务所通过新闻媒体发布招聘信息时，含有抬高自己的成分。

会计师事务所可以将印制的手册向客户发放，也可以应非客户的要求向非客户发放，但手册的内容应当真实、客观。注册会计师在名片上可以印有姓名、专业资格、职务及其会计师事务所的地址和标识等，但不得印有社会职务、专家称谓以及所获荣誉等。

第四节 社会审计程序

社会审计的审计程序由接受委托、准备、实施和终结四个阶段组成。

一、接受委托

社会审计是受托审计，因此，社会审计并不需要编制年度审计项目计划，接受委托方的委托是开展审计工作的前提，注册会计师进行审计必须先了解被审计单位的基本情况，与委托方就审计业务达成一致，签订审计业务约定书。

（一）了解情况

根据社会审计相关执业准则第1111号，在签订审计业务约定书之前，会计师事务所应当了解被审计单位的基本情况，评价审计风险，并就约定事项与委托人进行商议，然后达成一致意见。

1. 了解被审计单位的基本情况

会计师事务所在接受委托之前，应当对被审计单位的基本情况做初步了解，包括被审计单位的业务性质、经营规模、组织结构；经营状况与经营风险；以前年度接受审计的情况以及其他与签订审计业务约定书有关的重要事项，其中特别注意确定审计的前提条件存在。所谓审计的前提条件，即管理层在编制财务报表时采用可接受的财务报告编制基础，以及管理层对注册会计师执行审计工作的前提的认同。为了确定审计前提条件是否存在，注册会计师应当：确定管理层在编制财务报表时采用的财务报告编制基础是否是可接受的；就管理层认可并理解其责任与管理层达成一致意见。

2. 初步评价审计风险

会计师事务所在了解了被审计单位的基本情况之后，应当对审计风险进行初步评估，至少包括：第一，了解委托人的委托目的和委托动机，如果委托人对审计工作的范围施加限制，以致审计人员认为这种限制将导致其对财务报表发表无法表示意见，那么就不应当接受该项审计业务。第二，评价会计师事务所的胜任能力，根据审计业务的范围、规模、事项判断自己是否具有顺利完成该项委托事务的能力，如果超出会计师事务所的能力范围，则应当拒绝接受委托。第三，审计机构的独立性，主要判断在该项委托事务上是否具有严重影响审计机构独立性的因素，如有，则也不应当接受委托。

（二）商议约定条款

在了解被审计单位的基本情况之后，会计师事务所应当与委托方洽谈审计业务约定书的具体内容。除了在社会审计相关法律法规、准则中规定的不可变更的条款之外，审计业务约定书中的其他内容应当经过双方协商确定，比如审计范围、审计收费、审计时间、违约责任等。

（三）签订审计业务约定书

审计业务约定书是指会计师事务所与委托人共同签订的，据以确认审计业务的委托与受托关系，明确委托目的、审计范围及双方责任与义务等事项的书面合约。审计业务约定书一经签订就成为约束会计师事务所与委托人的具有法律效力的合同。

审计业务约定书至少应当包括以下主要内容：（1）财务报表审计的目标与范围；（2）注册会计师的责任；（3）管理层的责任；（4）指出用于编制财务报表所适用的财务报告编制基础；（5）提及注册会计师拟出具的审计报告的预期形式和内容，以及对在特定情况下出具的审计报告可能不同于预期形式和内容的说明。除了上述核心内容之外，审计业务约定书一般还包括：（1）出具审计报告的时间要求；（2）审计报告的使用责任；（3）审计收费条款；（4）审计业务约定书的有效时间；（5）违约责任；（6）签约时间以及双方认为应当约定的其他事项。

二、准备

签订审计业务约定书之后，审计人员应当开始审计准备，主要就是计划审计工作，包括针对审计业务制定总体审计策略和具体审计计划。

计划审计工作有利于注册会计师执行审计工作，具体而言：（1）有助于注册会计师适当关注重要的审计领域；（2）有助于注册会计师及时发现和解决潜在的问题；（3）有助于注册会计师恰当地组织和管理审计业务，以有效的方式执行审计业务；（4）有助于选择具备必要的专业素质和胜任能力的项目组成员应对预期的风险，并有助于向项目组成员分派适当的工作；（5）有助于指导和监督项目组成员并复核其工作；（6）在适当的情况下，有助于协调组成部分注册会计师和专家的工作。

（一）计划审计工作的前期准备

根据审计任务和目标计划审计工作，对审计工作做出合理安排，一般需要做好以下准备工作：

（1）了解被审计单位的基本情况，包括其有关会计报表、合同、章程、内部控制制度、重要会议记录等。

（2）查阅前期相关审计档案，注意其对本期审计工作的影响，比如计划年度会计报表审计工作时，应当查阅上一年度的审计意见类型、审计计划和审计总结、重要审计调整事项、管理建议要点等。

（3）考虑相关重要因素，包括委托目的、审计范围及审计责任、被审计单位的经营规模及业务复杂程度、被审计单位经营环境及内部管理的变化对审计的影响、国家相关法律法规对审计工作的影响、被审计单位会计政策及其变更等。

（4）考虑初步业务活动的结果，对审计风险进行适当评估，并考虑审计项目组人员、资源、时间等的配置。

（二）计划审计工作的内容

（1）总体审计策略。总体审计策略是对审计的预期范围和实施方式所做的规划，制定总体审计策略主要是确定审计工作范围、时间安排和方向，并用以指导具体审计计划的制定。总体审计策略的基本内容包括被审计单位的基本情况；审计目的、审计范围；重要会计问题及重点审计领域；审计工作进度、费用预算；审计组成员及分工；审计重要性的确定及审计风险的评估；对专家、内部审计人员及其他审计人员工作的利用等。

（2）具体审计计划。具体审计计划是根据总体审计策略制定的实施审计的具体规划和说明。具体审计计划的基本内容包括审计目标；审计程序；执行人及执行时间；审计工作底稿的索引号等。

总体审计策略和具体审计计划制定之后，应当经过会计师事务所有关业务负责人审核和批准，并将审核和批准意见记录于审计工作底稿。

三、实施

社会审计实施阶段是审计人员根据审计计划确定的审计范围、审计重点、审计步骤和方法，对各审计项目进行详细审查，收集审计证据并进行评价，以形成审计结论的过程，主要是进行审计测试、取得审计证据、形成工作底稿。

（一）内部控制测评

注册会计师对被审计单位进行审计时，应当研究和评价被审计单位的相关内部控制制度，据以确定实质性测试的性质、时间和范围。审计人员可以对拟予信赖的内部控制进行符合性测试。通过符合性测试，注册会计师应对被审计单位内部控制的可信赖程度及控制风险做出进一步的评价，并据此确定实质性测试的范围和重点。如果认为在准备阶段对内部控制的评价有误，则应及时修订原审计计划。

（二）运用审计方法获得审计证据

在对内部控制进行测评的基础上，审计人员应当依照审计计划进行实质性测试。实质性测试是运用各种审计技术方法，对被审计单位会计报表各项目认定的正确性与公允性进行的证实性测试。它包括对交易和余额的详细测试和对会计信息及非会计信息的分析性复核。需要注意的是，尽管大多数的会计报表审计都要执行符合性测试程序，但并不是每次会计报表审计都必须执行这类程序。而实质性测试程序则是在每次会计报表审计中都必须执行的，甚至在某些情况下，可以完全依赖实质性测试程序来获取审计证据。除了运用符合性测试和实质性测试获取审计证据外，审计人员还可以采用检查、监盘、观察、查询及函证、计算和分析性复核等审计技术方法，获取所需要的审计证据。

（三）重新确定重要性水平

注册会计师应根据在准备阶段所确定的重要性标准，评价所发现的问题是否重要。由于在项目审计实施阶段，注册会计师往往会获得许多有关审计项目的意外信息，并且经常会受到许多诸如审计环境变化等因素的影响，重要性可能会变化，这就需要重新确定重要性水平。

（四）编制和复核审计工作底稿

审计工作底稿是审计人员在审计过程中形成的审计工作记录和获取的资料。在审计工作中，审计人员必须编制审计工作底稿，审计工作底稿应当如实反映审计计划的制定及实施情况。

注册会计师编制审计工作底稿，应当包括被审计单位名称，审计项目名称，审计项目时点或期间，审计过程记录，审计标识及其说明，审计结论，索引号及页次，编制者姓名以及编制日期，复核者姓名及复核日期以及其他应说明事项。审计工作底稿中由被审计单位、其他第三者提供或代为编制的资料，注册会计师除应注明资料来源外，还要在实施必要的审计程序过程中，形成相应的审计记录。

会计师事务所应当建立审计工作底稿复核制度。各复核人在复核审计工作底稿时，应做出必要的复核记录，书面表示复核意见并签名。在复核中，各复核人如发现已执行的审计程序和做出的审计记录存在问题，应指示有关人员予以答复、处理，并形成相应的审计记录。

四、终结

审计人员实施必要的审计程序后，应当以经过核实的审计证据为依据，分析、评价审计结论，形成审计意见，出具审计报告，终结审计程序并归档。

（一）出具审计报告

1. 审计报告的概念和内容

审计报告是注册会计师根据审计准则的规定，在实施审计工作的基础上对被审计单位财务报表发表审计意见的书面文件。注册会计师在实施必要的审计程序后，应当形成审计意见，出具审计报告。审计报告中应当说明审计范围、会计责任与审计责任、审计依据和已实施的主要审计程序等事项。同时，审计报告应当说明被审计单位会计报表的编制是否符合国家有关财务会计法规的规定，在所有重大方面是否公允地反映了其财务状况、经营成果和资金变动情况，以及所采用的会计处理方法是否遵循了一贯性原则。

2. 审计报告的类型

审计工作完成，注册会计师应根据具体情况，出具无保留意见、保留意见、否定意见、无法表示意见审计报告或在审计报告中增加强调事项段和其他事项段。如果认为财务报表符合下述所有条件，注册会计师应当出具无保留意见的审计报告：（1）财务报表已经按照适用的会计准则和相关会计制度的规定编制，在所有重大方面公允反映了被审计单位的财务状况、经营成果和现金流量；（2）注册会计师已经按照审计准则的规定计划和实施审计工作，在审计过程中未受到限制。保留意见审计报告是注册会计师对财务报表的反映有所保留的审计意见，如果认为财务报表整体是公允的，但还存在下列情形之一的，注册会计师应当出具保留意见审计报告：（1）在获取充分、适当的审计证据后，注册会计师认为错报单独或汇总起来对财务报表影响重大，但不具有广泛性；（2）注册会计师无法获取充分、适当的审计证据以作为形成审计意见的基础，但认为未发现的错报（如存在）对财务报表可能产生的影响重大，但不具有广泛性。注册会计师在获取充分、适当的审计证据后，如果认为错报单独或汇总起来对财务报表的影响重大且具有广泛性，应当出具否定意见的审计报告。如果无法获取充分、适当的审计证据以作为形成审计意见的基础，但认为未发现的错报（如存在）对财务报表可能产生的影响重大且具有广泛性，注册会计师应当出具无法表示意见的审计报告。在表示保留意见、否定意见或无法表示意见时，应当明确说明理由，并在可能的情况下，指出其对会计报表反映的影响程度。此外，如果认为必要，注册会计师可以在审计报告中提供下列补充信息（强调事项段或其他事项段），以提醒使用者关注：（1）尽管已在财务报表中列报或披露，但对使用者理解财务报表至关重要的事项；（2）未在财务报表中列报或披露，但与使用者理解审计工作、注册会计师的责任或审计报告相关的事项。

3. 出具审计报告的程序

审计报告初稿完成之后，应当征求被审计单位的意见，如果被审计单位有不同意见，应当慎重考虑被审计单位意见合理与否，并对审计报告进行重新审核，确定是否修改。审计报告定稿后，应当经过会计师事务所业务负责人审核，由审计人员签章，并加盖会计师事务所公章。审计报告经会计师事务所签章后，即可报送委托人，无须经其他单位审定。对于审计结果的处理和做出何种处理决定，以及对决定的监督执行，也完全属于委托人的事情，与注册会计师及会计师事务所无关。注册会计师应对所出具的审计报告的真实性、合法性负责。

（二）建立审计档案

审计工作完成后，注册会计师应对审计工作底稿进行分类整理，形成审计档案。根据对审计资料的使用期限和作用大小，可将审计档案分为永久性档案和当期档案。会计师事务所应当建立审计档案保管制度，以确保审计档案的安全、完整。

第五节　社会审计法律责任

一、概述

社会审计法律责任是指注册会计师在办理社会审计事务过程中违反相关法律法规以及与委托人的合同应承担的责任，包括刑事责任、行政责任和民事责任。由于注册会计师社会审计业务的特殊性和广泛影响，各国社会审计法律责任呈现出日益强化的趋势。

（一）社会审计法律责任近况

20 世纪 80 年代以后，由于各国法律环境的变化以及对注册会计师执业要求的提高，注册会计师法律责任不断强化，尤其是近十几年来，由于“安然”、“世通”等事件的影响，注册会计师法律责任发生了显著的变化。

1. 加大了注册会计师的经济赔偿责任

诸如“安然”、“世通”等企业经营失败或管理层舞弊导致的破产案件激增，导致投资者和贷款人遭受了巨大的损失，针对注册会计师的诉讼大量增加，出于对公共利益的考量以及提高注册会计师执业能力和责任心的需求，西方国家先后出台了强化注册会计师责任的法案，法院在判决时也倾向于加大注册会计师的经济赔偿责任。

2. 拓展了注册会计师对第三方的责任

在判例法国家，早期的法律制度中比较注重注册会计师对客户的责任，并没有关于承担对没有合同关系的第三方的责任的规定，法院在审判过程中也倾向于限制注册会计师承担对第三方的责任，但20世纪后半叶，法官逐渐放弃了限制注册会计师对第三方责任范围的判例原则，转而倾向于强调注册会计师对已知的第三方使用者或财务报表的特定用途必须承担法律责任。

3. 深化了注册会计师法律责任的内涵

传统的注册会计师法律责任仅限于财务报表符合公认会计原则的公允性，但相关使用者和利益集团不断要求注册会计师对委托人的会计记录差错、管理舞弊、经营破产可能性及违反有关法律法规的行为都承担检查和报告责任，从而促使许多会计职业团体都修订有关审计准则，要求注册会计师在进行财务报表审计时，必须设计和实施必要的审计程序，为发现错误和舞弊提供合理的保证，从而深化了注册会计师法律责任的内涵。

（二）社会审计法律责任的类型

1. 根据责任性质的不同，可以将社会审计法律责任分为刑事责任、行政责任和民事责任

刑事责任是注册会计师从事社会审计工作违反国家法律法规，情节严重，构成犯罪而应当承担的法律后果，包括主刑和附加刑两种；主刑有管制、拘役、有期徒刑、无期徒刑和死刑，附加刑有罚金、剥夺政治权利和没收财产。行政责任是注册会计师从事社会审计工作违反了与行政管理相关的法律、法规，尚未构成犯罪，依法应当承担的法律后果，主要是行政处罚，包括警告、罚款、没收违法所得、没收非法财物、责令停产停业、暂扣或吊销许可证、执照、行政拘留等。民事责任是注册会计师因违反与委托方的合同或不履行其他法律义务，侵害国家、集体的财产，侵害他人财产、人身权利依法应当承担的民事法律后果，包括停止侵害、排除妨碍、消除危险、返还财产、修理、更换、重作、赔偿损失、支付违约金、消除影响、恢复名誉、赔礼道歉等。

2. 根据责任的对象不同，可以将社会审计法律责任分为对委托方的责任和对第三方的责任

对委托方的责任是指注册会计师因故意或过失违反与委托方的合同或在审

计过程中侵犯了委托方的合法权益而应当对委托方承担的违约责任和侵权责任。对第三方的责任是指注册会计师在执业过程中因故意或过失侵害委托方以外的第三方的合法权益而应当承担的责任，如对股东、贷款人的责任。

（三）社会审计法律责任的认定

注册会计师要承担法律责任必须具有法律规定的承担责任的必备条件，即法律责任的构成要件。根据法律责任的类型不同，注册会计师承担责任的构成要件也有所区别。

1. 民事责任

注册会计师承担的民事责任包括违约责任和侵权责任，违约责任的承担主要是根据《合同法》的规定，承担违约金、定金等违约责任只要求有违约行为即可，赔偿损失的违约责任要求有违约行为和损害结果，同时违约行为和损害结果之间还应当有因果关系。侵权责任的构成要件包括四个方面：主观过错、侵权行为、损害结果、行为与结果之间的因果关系。首先，注册会计师的主观过错包括故意和过失，其中，过失是注册会计师承担侵权责任的主要情况。其次，注册会计师必须具有侵权行为，比如故意或过失出具了不恰当的审计报告。再次，注册会计师的行为导致了委托方或者第三方的损失，造成了损害结果。最后，注册会计师的过错行为与受害人遭受的损害之间具有因果关系。

2. 行政责任

注册会计师承担行政责任的构成要件主要包括主观过错和违法行为两个方面。首先，注册会计师在从事审计活动过程中具有主观过错，包括故意或过失，未尽应有的职业谨慎。其次，注册会计师在审计活动中有违法行为，违反了行政管理相关法律法规的规定。

3. 刑事责任

注册会计师承担刑事责任的构成要件包括：首先，主观方面，注册会计师在审计活动中具有主观过错，包括故意或过失的心理状态。其次，客观方面，注册会计师在审计活动中从事了危害社会的犯罪行为。第三，注册会计师所从事的行为侵害了刑法所保护的社会关系。

二、国外社会审计法律责任

（一）对委托人的责任

国外注册会计师对委托人的责任主要是注册会计师根据合同约定和职业法

律法规规定对委托人负有的责任，包括违约责任、疏忽的责任、违反保密要求的责任、失察舞弊的责任等。

注册会计师只要接受委托，执行审计业务，就应符合恪尽职守、保持职业谨慎的义务。因此，如果注册会计师过失给委托人造成了经济损失，就应当承担相应的法律责任。除了违约责任以外，国外注册会计师对委托人承担责任最常见的情况就是未能查出委托人的员工盗用公款之类的舞弊事件，遭受损失的委托人往往指控注册会计师具有过失，要求赔偿。

如果委托人对注册会计师提起诉讼，一般而言，委托人应当举证证明自己的损失，并证明这种损失是由于注册会计师的过错造成的。而被告的注册会计师可以援引下述理由进行抗辩：（1）注册会计师本身并无过失，即在执业时严格遵循了专业标准的要求，保持了职业上应有的认真与谨慎；（2）注册会计师虽有过失，但这种过失并不是委托人受到损失的直接原因；（3）委托人涉及共同过失，即委托人自己对造成注册会计师的过失负有责任或者对相关人员的过失未能保持合理的谨慎[①]。

（二）对第三人的责任

1. 判例法的做法

英美法系国家法院判定注册会计师对第三人的法律责任经历了一个从无到有、不断强化的过程。美国在1931年厄特马斯公司诉道奇会计师事务所（Ultramares Corp v. Touche）一案中确立了“只有故意欺诈和重大过失时，注册会计师的注意义务才扩大到未知的第三人”的原则，被称为“厄特马斯主义”。直到1963年，英国法院审理赫德利·伯恩诉赫勒尔案（Hedley Byrne & Co Ltd v Heller and Partners Ltd），注册会计师应当对已知第三人承担侵权赔偿责任的观点才开始被确认并被广泛接受。在该案中，英国最高司法机关上议院的法官明确指出：被告对信息真实性做出明确保证，本应该对“已知依赖其信息的第三人”承担违反保证的侵权赔偿责任，本案中被告侥幸逃脱责任是因为其信息保证中含有免责条款。该案明确了对信息（包括但不限于审计报告）承担真实性保证的一方对无合同关系的已知第三人承担侵权赔偿责任。到1982年，在JEB法斯特呐斯诉马克思等案（JEB Fastners Ltd v Marks, Bloom & Co）中，英国法官明确指出，注册会计师应当对虽不明确知晓但“可以合理预见的第三人”承担注意义务，以及由此产生的侵权赔偿责任。该

---

① 刘明辉、史德刚主编：《审计》（第四版），东北财经大学出版社2011年版，第76页。

案的判决顺应了社会需要，进一步将注册会计师对第三人的侵权责任由“已知的第三人”扩张到可以“可预见的第三人”。[①] 受英国法院判决该案的影响，1983 年美国新泽西州最高法院在罗森布鲁姆诉阿德勒（Rosenblum v Adler）一案中也采纳了“可预见第三人”的标准。本案中原告依赖审计报告进行投资，导致损失。法官认定注册会计师存在过失性不实陈述，原告作为依据审计报告的投资人，属于注册会计师可合理预见的审计信息使用人，判决注册会计师对原告（可合理预见的第三人）承担侵权赔偿责任。

判例法下注册会计师对第三人的责任案中，举证责任主要在原告，如果第三人提起诉讼，那么他必须向法院证明：（1）他遭受了损失；（2）他依赖了令人误解的已审财务报表；（3）这种依赖是他受到损失的直接原因；（4）注册会计师具有某种程度的过失。

2. 成文法的规定

在美国，涉及注册会计师法律责任的成文法主要有三个：《1933 年证券法》、《1934 年证券交易法》以及《2002 年公众公司会计改革和投资者保护法案》（即《萨班斯法案》）。《1933 年证券法》规定：凡是公开发行证券的公司，必须向证券交易委员会呈送登记表，其中包括由注册会计师审计过的财务报表。如果登记表中有重大的误述或遗漏事项，那么呈送登记表的公司和其注册会计师对于证券的原始购买人负有责任，注册会计师仅对登记表中经其审核和报告的误述或遗漏负责。《1934 年证券交易法》规定：每个在证券交易委员会管辖下的公开发行公司（具有 100 万美元以上的总资产和 500 位以上的股东），均需向证券交易委员会呈送经注册会计师审计过的年度财务报表。如果这些年度财务报表令人误解，呈送公司和其注册会计师对于买卖公司证券的任何人负有责任，除非被告确能证明其本身行为出于善意，且并不知道财务报表是虚伪不实或令人误解的。《萨班斯法案》规定：在证券交易委员会监督下，公众公司会计监督委员会（PCAOB）有权调查、处罚和制裁违反该法案、相关证券法规以及专业准则的会计师事务所和个人。PCAOB 对会计师事务所和个人进行处罚和制裁的形式包括：临时或永久吊销注册；临时或永久禁止个人在会计师事务所执业；临时或永久限制事务所或个人的执业活动、职能等；对于故意、明知故犯、不计后果的行为或者屡犯的过失行为，可对自然人处以

---

① 郭丹：“注册会计师对第三人审计法律责任的扩张与收缩”，《中国注册会计师》2010 年第 5 期。

75万美元以下的罚款，对单位处以1500万美元以下的罚款；对于过失行为，自然人罚款不超过10万美元，单位不超过200万美元；谴责；强制要求参加附加的专业培训和教育；其他处罚形式。

在英国，注册会计师法律责任相关成文法主要包括：《1989年公司法》、《1968年盗窃法》、《1958年防止欺诈法》。在这些法律规范中，均规定了注册会计师的刑事责任，如《1958年防止欺诈法》规定可以对任何参与编制误解的、错误的和欺骗性的说明、许诺或预测，以引诱购买证券或提供资金的人员提起刑事犯罪诉讼。

日本《证券交易法》以及2003年修订的《公认会计士法》也强化了注册会计师的责任。《证券交易法》规定上市公司的重要文书必须真实，如有虚假行为，将对有关责任人员处以300万日元以下罚款或3年以下徒刑，还要对审计法人处以3亿日元以下的罚款。如因审计失误，造成对投资者的误导，那么该公认会计士要负民事赔偿责任，同时还会被取消资格。《公认会计士法》规定：公认会计士盗用或泄漏在审计过程中得知的秘密的，处以2年以下徒刑，或处以100万日元以下的罚款；内阁总理大臣要求公认会计士协会提供有关报告或资料，或要求公认会计士、见习公认会计士、审计法人提供有关报告或资料时，有关当事人不让提供或提供伪造的报告或资料的，处以100万日元以下的罚款。

三、我国社会审计法律责任

（一）我国社会审计法律责任现状

我国《注册会计师法》、《公司法》、《证券法》、《刑法》等法律以及有关法规和司法解释都规定了社会审计的法律责任。

1. 行政责任

《注册会计师法》第39条规定："会计师事务所违反本法第20条、第21条规定的，由省级以上人民政府财政部门给予警告，没收违法所得，可以并处违法所得1倍以上5倍以下的罚款；情节严重的，并可以由省级以上人民政府财政部门暂停其经营业务或者予以撤销。注册会计师违反本法第20条、第21条规定的，由省级以上人民政府财政部门给予警告，情节严重的，可以由省级以上人民政府财政部门暂停其执行业务或者吊销注册会计师证书"。《公司法》第208条规定："承担资产评估、验资或者验证的机构提供虚假材料的，由公司登记机关没收违法所得，处以违法所得1倍以上5倍以下的罚款，并可以由有关主管部门依法责令该机构停业、吊销直接责任人员的资格证书，吊销营业执照。承担资产评估、验资或者验证的机构因过失提供有重大遗漏的报告的，由公司登记机关责令改正，情节较重的，处以所得收入1倍以上5倍以下的罚款，并可以由有关主管部门依法责令该机构停业、吊销直接责任人员的资格证书，吊销营业执照。”《证券法》第201条规定：“为股票的发行、上市、交易出具审计报告、资产评估报告或者法律意见书等文件的证券服务机构和人员，违反本法第45条的规定买卖股票的，责令依法处理非法持有的股票，没收违法所得，并处以买卖股票等值以下的罚款。”第223条规定：“证券服务机构未勤勉尽责，所制作、出具的文件有虚假记载、误导性陈述或者重大遗漏的，责令改正，没收业务收入，暂停或者撤销证券服务业务许可，并处以业务收入1倍以上5倍以下的罚款。对直接负责的主管人员和其他直接责任人员给予警告，撤销证券从业资格，并处以3万元以上10万元以下的罚款。”

《股票发行与交易管理暂行条例》第73条规定：“会计师事务所、资产评估机构和律师事务所违反本条例规定，出具的文件有虚假、严重误导性内容或者有重大遗漏的，根据不同情况，单处或者并处警告、没收非法所得、罚款；情节严重的，暂停其从事证券业务或者撤销其从事证券业务许可。对前款所列行为负有直接责任的注册会计师、专业评估人员和律师，给予警告或者处以3万元以上30万元以下的罚款；情节严重的，撤销其从事证券业务的资格。”

2. 民事责任

《注册会计师法》第42条的规定“会计师事务所违反本法规定，给委托人、其他利害关系人造成损失的，应当依法承担赔偿责任”。《公司法》第208条第3款规定：“承担资产评估、验资或者验证的机构因其出具的评估结果、验资或者验证证明不实，给公司债权人造成损失的，除能够证明自己没有过错的外，在其评估或者证明不实的金额范围内承担赔偿责任。”《证券法》第173条规定：“证券服务机构为证券的发行、上市、交易等证券业务活动制作、出具审计报告、资产评估报告、财务顾问报告、资信评级报告或者法律意见书等文件，应当勤勉尽责，对所依据的文件资料内容的真实性、准确性、完整性进行核查和验证。其制作、出具的文件有虚假记载、误导性陈述或者重大遗漏，给他人造成损失的，应当与发行人、上市公司承担连带赔偿责任，但是能够证明自己没有过错的除外。”

为了明确注册会计师的民事赔偿责任，最高人民法院下达了四个司法解释，即法函［1996］56号、法释［1997］10号、法释［1998］13号和2002年出台的《最高人民法院关于受理证券市场因虚假陈述引发的民事侵权纠纷案件有关问题的通知》。前三个司法解释文件专门针对注册会计师验资赔偿责任，对如何确定会计师事务所的赔偿金额进行了说明，《最高人民法院关于受理证券市场因虚假陈述引发的民事侵权纠纷案件有关问题的通知》是对《证券法》中上市公司虚假陈述责任承担规定的落实，但规定了对虚假陈述民事赔偿案件被告人的虚假陈述行为，须经中国证监会及其派出机构调查并做出生效处罚决定后，法院方可依法受理。

3. 刑事责任

《注册会计师法》第39条、《公司法》第216条、《证券法》第231条都规定了注册会计师的违法行为如构成犯罪的，都要依法追究刑事责任。《刑法》第229条规定："承担资产评估、验资、验证、会计、审计、法律服务等职责的中介组织的人员故意提供虚假证明文件，情节严重的，处5年以下有期徒刑或者拘役，并处罚金；前款规定人员如索取他人财物或者非法收受他人财物的，犯前款罪的，处5年以上10年以下有期徒刑，并处罚金；第1款人员如果严重不负责任，出具的证明文件有重大失实的，造成严重后果的，处3年以下有期徒刑或者拘役，并处或者单处罚金"。

2001年4月《最高人民检察院公安部关于经济犯罪案件追诉标准的规定》中，对《刑法》第229条第1款和第2款中介组织人员提供虚假证明文件案规定了追诉标准，即中介组织的人员故意提供虚假证明文件涉嫌如下情形之一的，应予追诉：（1）给国家、公众或者其他投资者造成的直接经济损失数额在50万元以上的；（2）虽未达到上述数额标准，但因提供虚假证明文件，受过行政处罚两次以上，又提供虚假证明文件的；（3）造成恶劣影响的。同时该案件追诉标准对《刑法》第229条第3款中介机构出具证明文件重大失实案也规定了追诉标准，即中介组织的人员严重不负责，出具的证明文件有重大失实的，涉嫌下列情形之一的，应予追诉：（1）给国家、公众或者其他投资者造成的直接经济损失数额在100万元以上的；（2）造成恶劣影响的。

（二）我国社会审计法律责任存在的问题及完善

1. 我国社会审计法律责任存在的问题

（1）不同法律规定之间存在矛盾。从上述有关社会审计法律责任的规定可见，《证券法》和《注册会计师法》强调注册会计师的工作程序与应承担法律责任之间的因果关系，而《公司法》、《刑法》以及《股票发行与交易管理暂行条例》等法律，则强调注册会计师的工作结果与应承担法律责任之间的联系，不同立法对注册会计师法律责任的判断标准不同。

（2）司法解释对注册会计师法律责任进行限制。《最高人民法院关于受理证券市场因虚假陈述引发的民事侵权纠纷案件有关问题的通知》规定对虚假陈述民事赔偿案件被告人的虚假陈述行为，必须经中国证监会及其派出机构调查并做出生效处罚决定后，法院方可依法受理，显然限制了对注册会计师法律责任的追究。

（3）在责任认定上欠缺判断标准。首先，《注册会计师法》和《刑法》都规定注册会计师"故意"和"重大过失"才承担法律责任，但目前并没有明确的区分"故意"、"普通过失"和"重大过失"的具体标准，只能依赖法官的自由裁量。其次，在英美国家，独立审计准则已逐渐成为法官判定注册会计师法律责任的重要依据，是判断注册会计师在执业过程中是否有违规或过失的技术标准，但我国审判实践中法官极少采用《审计准则》作为判决依据，一方面由于很少有法官了解《审计准则》；另一方面《审计准则》只是执业准则，并没有明确成为法律文件。

2. 我国社会审计法律责任完善对策

（1）统一立法。无论是《注册会计师法》还是《公司法》、《证券法》、《刑法》等法律或其他法规、规章、司法解释，在注册会计师法律责任的构成要件和责任内容上应当统一，避免法律、法规、司法解释等之间的冲突。

（2）明确注册会计师承担法律责任的判断标准。对"故意"、"一般过失"、"重大过失"进行明确界定；同时，明确将独立审计准则作为判断注册会计师是否应当承担法律责任的技术标准。

（3）建立注册会计师责任相关鉴定制度。由于注册会计师是否承担责任是一个兼具法律裁量和会计专业技术标准的综合判断，法律所能提供的只能是一个定性的标准，具体的案例将需要具体的情况分析，而法官是最终的裁判者；但因涉及的注册会计师诉讼案件专业性强、职业判断复杂，法官将难以独立对案件做出合理界定。因此，对涉诉案例，法官需要一个权威性的认定意见做参考，建立起注册会计师责任相关鉴定制度，比如虚假审计报告鉴定，有利于法官认定案件事实和性质，做出公正的判决。

典型案例：

四川德阳公司验资案①

20世纪90年代初，发生在四川省德阳市的注册会计师验资法律纠纷案，成了中国注册会计师事业中具有里程碑意义的大事，它给我们的启示：通过四川德阳会计师事务所的验资诉讼案，应该给注册会计师行业敲响业务质量警钟。注册会计师应将业务质量视为他们的第二生命，这是注册会计师行业特殊性质所赋予他们的使命。事实证明，注册会计师行业发展亟须既懂会计又通晓法律的复合型法务会计专门人才，以深入调查违规事项，甄别舞弊行为，从而有效规避会计师事务所的业务风险与法律风险。

1993年5月8日，四川省德阳东方贸易公司业务员武×手持该公司介绍信，来到山西省某化工厂供销部，要求订购氯化胆碱24吨。经过一番斤斤计较的讨价还价，最后，以总价129600元成交，双方签订了一份供销合同，内容为山西某化工厂先发货，待德阳市东方贸易公司收到货物并验收后，再按合同约定的价格付款。山西某化工厂在按合同发货后，却迟迟不见汇款的到来，急忙派人到四川德阳市去追查，方知德阳东方贸易公司经办人在骗到货物后，已将货物转移，而具体经办人也逃之夭夭。在追讨无门的情况下，化工厂抱着“逃得了和尚逃不了庙”的心态，一纸诉状，把四川德阳东方贸易公司及其所属的主管单位四川德阳东方企业总公司告上了法庭，要求法院追究这两家公司的赔偿责任。

法院对此案进行了初步调查，确认了德阳东方贸易公司及四川德阳东方企业总公司在该起经济纠纷中应负主要责任之后，判令该公司或四川德阳东方企业总公司予以赔偿。然而，像大多数经济案件一样，东方贸易公司的负责人付××尽管再三承诺，愿意分期偿还上述债务，但一牵涉到具体还款计划时，就支支吾吾，无法做出具体安排。于是，法院开始进一步调查该公司的偿债能力。在调查过程中发现，该公司是在1992年11月，由德阳市东方企业总公司向德阳市市政府协作办申请注册成立的。在成立过程中，该公司以联营方式，向某县乡镇供销公司某商场以及成都市某文化用品商贸部各拆借了490000元及322500元商品，作为实收资本的投入。为此，上述两公司分别与东方贸易公司签署了联营协议，并开具了打字纸、白布以及牙膏等物资调拨单三张，计

① 翁晓健：“论注册会计师审计失败的归责原则”，《厦门大学法律评论》2001年第2期。

人民币 812500 元，由四川德阳市会计师事务所据此出具验资报告，并经当地工商局批准成立。在追查这些作为资本投入的商品经营情况时，法院发现，这些商品根本就没有进入到东方贸易公司，所以，上述的所谓折借，其实只不过是纸上谈兵而已，该公司一直是在无本经营。在进一步调查过程中，法院还发现，在注册会计师填写的由当地工商局统一负责印制的“国内企业验资报告”的表格中，除了阐述注册会计师的验资过程外，在第 7 页上的“企业法人注册资金证明”中有这样一段话“……上列情况属实。如果发生经济赔偿时，由我单位负责承担证明金额内的赔偿责任。”据此，法院认为，既然注册会计师做出了承诺，那么，就应将这一承诺视做一种担保。现在发生了承诺中所出现的现象，就应理所当然地将注册会计师作为追加被告。因此，在法院的建议下，山西省某化工厂就将德阳市会计师事务所列为第三被告。

1994 年 6 月 17 日及 20 日，德阳市某区法院发应诉通知书给德阳会计师事务所，要求会计师事务所于 7 月 4 日作为第三被告，参加这起债权债务案件的审理。事务所接到应诉通知书后，大为惊讶。他们毫无心理准备，从没想到因为验资而以被告身份出现在法庭上。在紧张之余，不得不按照我国过去体制下经常沿用的解决纠纷的方法，一方面两次派人去当地法院汇报情况，认为法院不应把会计师事务所列为第三被告，要求法院撤销其被告的身份；另一方面在法庭辩论前，于 1994 年 6 月 28 日，又向当地政府写了专题报告。重申了该所在验资过程中一贯认真负责、坚持验资标准的立场。同时，他们也向当地政府汇报了当时大量验资是为了贯彻深化改革的 12 条规定的文件。在报告中事务所还声称，如果法院任意把会计师事务所列为被告，会不必要地减轻债务当事人的责任。当地政府比较重视会计师事务所的申诉报告，并于 7 月初专门召开了由市长助理主持的座谈会，参加会议的不仅有法院的领导、工商局的代表、市政府经济协作办的成员，事务所的法人代表也参加了会议。在这次会议中，市长助理作了总结发言，其要点是：（1）1992 年全市贯彻市委 12 条，办了许多公司，对促进经济发展作用很大；（2）经济纠纷三角债多是全国性的，应依法处理；（3）德阳会计师事务所验资工作是认真的，希望法院不要把会计师事务所牵连进去。

1994 年 7 月 4 日，四川省德阳市某区法院开庭审理了这起并不很复杂的民事经济案件，会计师事务所对此事也相当谨慎认真，聘请了专职律师，并撰写了答辩书，参加了这起债权债务的法庭审理。在法庭辩论中，事务所强调了 4 点理由：（1）会计师事务所出具的验资报告合法、真实，符合 1986 年国务院颁布的《注册会计师条例》、中国注册会计师协会1991年颁布的《注册会计师验资规则》，以及国务院鼓励开展横向经济联合的规定；(2) 当时验资依据市政府经协办批文、法人代表文件、两个联营单位的出资协议和以物资作为出资的商品调拨单；(3) 这起案件纯属债权人和债务人之间的经济纠纷案件；(4) 被告债务人已在法庭上承诺分期偿还债务。据此，他们认为，会计师事务所与本案原告未发生民事法律责任关系，也未参与原、被告所签订的合同，更没有为哪一方担保或向哪一方保证，所以，不具有本案当事人的资格，至于原告要求承担赔偿的责任，是无法律依据的。会计师事务所还进一步解释了验资报告中的那一段有关承诺的话，认为那是企业法人注册登记申请书中老表格中的一页，当实行由会计师事务所提供的《企业注册资本验证报告书》制度后，已不再使用，所以该表格在法律上已经失去效力。在答辩书中，会计师事务所认为当时填写这一页内容是具体工作中的失误。为了进一步证明会计师事务所的说法，会计师事务所事后还找到当地工商局，要求其对印制在表格中注册会计师承诺一事，予以证明。当地工商局以简函方式，开出了一张证明，其内容如下：

证　明

在企业法人注册登记中，我局要求德阳会计师事务所提供的资金到位证明，仅以验资证明为准，会计师事务所不承担担保责任。特此证明。

1994年10月18日

（工商局盖章）

经过法庭辩论后，审判员亦觉得难以做出处理，于是做出庭外协商解决的建议，然后宣布休庭。德阳会计师事务所的法定代表人如释重负，长长地舒了一口气，并为此结局感到庆幸与满意。

为了避免今后节外生枝，德阳会计师事务所还进一步整理了已存档的验资工作底稿，发现不少类似东方贸易公司的验资业务。为了杜绝今后不再发生这样的纠纷，会计师事务所于1994年6月24日以德会办［1994］字第20号文《关于重新验证注册资金的通知》，要求过去在该所验证注册资金的171家客户，在1994年7月15日前，来会计师事务所重新验资，“如到期不来重验，我所将声明原验资报告无效”。在此期间，有146家企业重新办理了验证手续，但有25家企业还存在一定问题。其中特别是东方企业总公司及其下属的6家公司，原来用于验资的资金已全部被抽走，长期负债经营，债务纠纷较多，偿债能力很差。为此，会计师事务所5次派人到这7家公司复查，并向东方企业总公司指出问题的严重性，但该公司每次都表面承诺愿意注入资金，但实际上却从无行动。相反地，更加变本加厉地以公司名义搞物资经销贸易，并拖欠客户货款不还。为此，德阳会计师事务所不得不于1995年元月9日，以德会办［1995］字第001号文件的方式，发函给德阳市工商局，说明了东方企业总公司及其下属6家公司注册资金的复查情况，并建议工商局首先对这7家公司进行年检，重点审核其注册资金，并对结果按工商管理法规予以处理。在了却上述隐患之后，德阳会计师事务所才真正感到松了一口气，并为自己能果断采取这些纠正措施而感到欣慰。就在上述案件审理后不久，该地区法院把此案材料进行整理，并将其中的一些观点予以摘编，以案件研究的方式，将此案报给了四川省高级人民法院。四川省高级人民法院接到此案后，经过审阅，也认为该案有许多值得进一步研究的东西。特别是牵涉到作为中介机构——会计师事务所的法律责任问题，在当时颇为鲜见，找不到适合的法律依据。于是，四川省高级人民法院以请示的方式，将此案进一步汇报给中华人民共和国最高人民法院。1996年4月4日，最高人民法院以法函［1996］56号的方式，发出了《最高人民法院关于会计师事务所为企业出具虚假验资证明应如何处理的复函》（以下简称56号函）。复函称："德阳市会计师事务所为德阳市东方贸易公司出具虚假验资证明，并在证明中明确承诺，以上货币资金及固定资产业经逐项验证属实，如有虚假，由我单位负责承担证明金额内的赔偿责任。因德阳市东方贸易公司注册时，事实上并无资金和财产，因此德阳市会计师事务所应依其承诺对德阳市东方贸易公司的全部债务在其证明金额内承担赔偿责任。在山西太原南郊化工厂诉德阳市东方企业贸易公司购销合同货款纠纷案中，山西太原南郊化工厂申请追加德阳市会计师事务所为诉讼当事人，并要求其承担赔偿责任，符合法律规范。经审理，判定德阳市东方贸易公司承担债务后，所清偿债务的不足部分由德阳市会计师事务所在其证明金额内承担赔偿责任。此外，即使会计师事务所出具的虚假验资证明无特别注明，给委托人、其他利害关系人造成损失的，根据《中华人民共和国注册会计师法》第42条的规定，亦应当依法承担赔偿责任。"

四川省高级人民法院接到该份复函后，立刻将此函转到德阳市某区法院。该区法院根据此函，于1996年11月19日做出一审判决，并签发了［1993］

德经初字第398号民事判决书。在该判决书中，法院认为：东方企业总公司在资金不到位的情况下开办贸易公司，而事务所为贸易公司注册资金所作的验证是不真实的，致使贸易公司在对外经营中，不能独立承担民事责任，故贸易公司与化工厂签订的购销协议无效，被告事务所的辩称理由不能成立，酿成纠纷，被告贸易公司应负主要责任，原告及被告总公司、事务所均有一定责任。依照《中华人民共和国经济合同法》第7条、第16条及中华人民共和国最高人民法院发函［1996］56号函之规定，判决如下：（1）购销合同无效。（2）由被告贸易公司、总公司共同返还原告化工厂氯化胆碱价款129600元，于判决生效1个月内付清，如逾期未付，由被告事务所承担连带责任。

以为万事大吉的德阳会计师事务所怎么也没料到，已过了两年的旧案又会翻过来，更没有料到最后的判决还是要他们承担连带责任。而且，他们清楚地意识到，所谓的连带责任，实际上是全额赔偿原告的所有经济损失。因为在1994年他们对东方企业总公司的注册资本进行复查时，该公司早就是一个资不抵债的空壳子。心急慌忙之余，德阳会计师事务所不得不在收到判决书的15天之内，匆匆向德阳市中级人民法院递交了民事上诉书，表示不服某区人民法院［1993］德经初字第398号民事判决，认为原判事实不清，适用的法律有误，定性不准，要求撤销原判决或发回重审。在上诉状中，德阳会计师事务所提出了三条理由：（1）原判决认为会计师事务所“验资不实”、“出具虚假证明”缺乏事实根据。他们认为，会计师事务所是根据当时的验资程序（规则）进行审核，无任何违法和主观上过错，不构成承担民事责任的法定条件。（2）在该案中如以民事法律责任关系追究责任，也只能按照《关于企业开办的企业被撤销或者歇业后民事责任承担问题的批复》等文件精神处理，应追究投资人的民事法律责任，而不应追究注册会计师的责任。而且，56号函关于注册会计师对有关当事人负连带责任的规定不应具有溯及力。因为该案发生在1992年11月，而注册会计师法却是于1994年1月1日才生效。而依据1986年颁布的《中华人民共和国注册会计师条例》，其中没有对有关当事人负民事责任的法律规定。（3）会计师事务所认为该案应以诈骗或挪用公款定性，移送公安、检察机关查处。在中级人民法院接到上诉书正式审理之前，德阳会计师事务所也通过律师进行多方斡旋。事实上，会计师事务所也认识到，既然最高人民法院已对此问题进行了专门的答复，要想通过上诉来撤销原判的可能性不大。再说，他们也确实承认了在验资过程中有所失误，如在验资报告中填写了承诺的语句，在验资过程中只注意了凭证的审核，而没有对投入的实物予以专门的盘点。最后，经过协商、调解，该区法院在执行赔偿时，适当降低了赔偿金额，会计师事务所只承担了全部赔偿金额的1/3，即赔偿4.6万元现金，其余金额仍向第一、第二被告追索。对于这样的结果，会计师事务所也只好认为是不幸之中的大幸了，以同意接受这样的处理而告终。

最高人民法院56号函的回复很快就不胫而走，在司法界中广为流传。特别是在四川、云南、贵州、广东、浙江等地，每当涉及经济债务纠纷案时，很多原告都会援引56号函，首先复查注册会计师当时的验资报告。只要发现验资报告的结果与事实有出入，立即将注册会计师列为第三被告、第四被告…直至第十几被告。于是乎，西南某省某市有一家会计师事务所，一年之中连续被诉四次，累计标的金额高达200多万元。浙江省某县的一家会计师事务所，因验资纠纷案被判承担连带赔偿责任，事务所的财产全部被执行拿走，最后连一把椅子都不留，家徒四壁，空空如也。华东某市的一家会计师事务所，仅仅因一起验资诉讼案，法院一审判决的连带赔偿责任金额已高达119万元。以至于有报纸还以此为内容，写出《帮人家搞大，活该你放血》的耸人听闻的标题。有的甚至是五六年前的债权债务纠纷案，此时也纷纷效仿56号函的做法，要求追究注册会计师当时的验资不实的法律责任。据某个权威机构统计，自从56号函颁布之后，全国每年以验资不实为由，要求注册会计师对有关债权债务承担连带责任的案件已高达近500起，这还是最保守的估计，不包括那些私下和解的一些案例。尽管如此，人们还是认为，四川德阳会计师事务所的验资纠纷案以及最高人民法院56号函有相当重要的现实意义，它不仅第一次以案例形式确定了中国注册会计师在开展业务过程中要对业务的委托人负责，而且也要对与此有关的第三者负责。它不仅要担负一般民事责任，而且还要承担具体的经济赔偿责任。因此，说它具有划时代的理论意义与里程碑式的含义是毫不夸张的。

复习思考题：

1. 简述社会审计的概念和特点。
2. 试述社会审计管理体制。
3. 简述我国注册会计师资格取得制度。
4. 简述会计师事务所的组织形式。
5. 简述社会审计业务范围。

6. 试述社会审计程序。

7. 简述社会审计对第三人的责任。

8. 简述社会审计法律责任与国家审计法律责任的不同。

推荐阅读书目：

1. 翁晓健："论注册会计师审计失败的归责原则"，《厦门大学法律评论》2001 年第 2 期。

2. 中国审计体系研究课题组：《中国审计体系研究》，中国审计出版社 1999 年版。

3. 刘明辉、史德刚：《审计》（第四版），东北财经大学出版社 2011 年版。

4. 谢德仁："注册会计师行业管制模式的国际比较"，《审计研究》2001 年第 4 期。

5. 笑雪："英国、美国注册会计师管理模式及其对我国的主要启示"，《会计之友》2001 年第 11 期。

6. 陈波："注册会计师行业独立型监管模式有效性研究——基于美国 PCAOB 运作情况的分析"，《审计与经济研究》2010 年第 1 期。

7. 代娟："美国注册会计师考试（AICPA）概览"，《财会通讯》2010 年第 9 期（上）。

8. 刘成："各国注册会计师考试制度比较"，《湖北经济学院学报》（人文社会科学版）2011 年第 2 期。

9. 彭兰香："英德注册会计师行业准入管制制度比较及启示"，《经济论坛》2010 年第 3 期。

10. 安广实、杨山鹰："会计师事务所组织形式：基于完善《注册会计师法》的若干思考"，《广西财经学院学报》2011 年第 3 期。

11. 郭丹："注册会计师对第三人审计法律责任的扩张与收缩"，《中国注册会计师》2010 年第 5 期。

第十章

内部审计制度

本章导读：

内部审计是促进组织实现目标，提高效率的重要制度，与国家审计和社会审计共同构成我国审计体系的三大组成部分。内部审计机构和人员应当履行其法定职责，遵守法律法规、内部审计准则以及职业道德规范，在审计过程中具有法定权限并承担法定义务。内部审计程序一般包括准备、实施和终结三个阶段，特殊情况下还可能进行后续审计。内部审计协会是我国内部审计的行业自律组织。内部审计法律责任包括审计人员及相关负责人的责任和被审计单位或人员的责任，责任形式主要是行政责任和刑事责任。

关键术语：

内部审计　资格　内部审计准则　职业道德规范　内部审计职责
后续审计

第一节　内部审计制度概述

一、内部审计的概念和类型

（一）内部审计的概念

国际内部审计协会对内部审计的定义是：内部审计是一种独立、客观的确认工作和咨询活动，其目的是为组织增加价值，并提高组织的运作效率。它采取系统化、规范化的方法对风险管理、控制及治理程序进行评价，提高他们的效率，从而帮助实现组织目标。根据该定义，对现代内部审计本质的认识应当把握以下几点：首先，内部审计的最终目的是帮助组织实现目标；其次，内部审计的其核心是强调内部审计对组织的增值作用；再次，内部审计所采用的主要手段是确认和咨询；最后，内部审计的重心已由事后评价控制转向事前风险管理和控制过程。

内部审计与国家审计和社会审计共同构成我国审计体系的三大组成部分。

（二）内部审计的类型

根据开展内部审计的主体不同，可以将内部审计分为部门内部审计和单位内部审计两种。部门内部审计专指在政府部门内设置审计机构，对本部门及其所管辖的企事业单位的财政、财务收支及经济活动进行审计。单位内部审计是指在各企事业单位内部设置的审计机构，在其主要负责人的领导下，对其经济活动和财务收支活动进行的监督与咨询。本章主要针对单位内部审计展开论述。

二、内部审计的特点

内部审计与国家审计和社会审计相比具有自身的特点：

1. 服务的内向性

在我国的审计体系中，国家审计必须对上级审计机关和本级人民政府负责并报告工作，注册会计师则受委托人委托进行审计并提交审计报告，审计人员都是对外服务；而内部审计的目的主要在于提高本单位、本部门的经营管理效益，审计机构和人员一般来自于单位或部门内部，对本单位或本部门的领导负责并报告工作。

2. 工作的相对独立性

虽然内部审计和国家审计、社会审计一样应当具有独立性，但国家审计和社会审计都是单位或部门外部机构和人员进行的审计，具有较强的独立性；内部审计由于审计机构和人员来自于单位内部，与被审计单位和部门之间有各种各样的联系，一方面受人事安排的限制；另一方面受各种利益关系的限制，因而内部审计的独立性和权威性是相对而言的。

3. 审计范围的广泛性

内部审计师对一个单位或部门的综合经济进行监督，审计范围非常广泛，既包括了单位或部门的财务状况，又包括了单位或部门的计划、预算、合同、协议的合理性、合规性，还包括单位或部门的工作效率、管理水平等，涵盖整个单位或部门经济活动的全过程，比国家审计和社会审计的范围要广。

4. 审计实施的及时性

由于内部审计机构和人员都来自于单位内部，因此，可以根据需要随时展开审计工作。既可以根据计划进行定期审计，又可以根据要求进行不定期审计，或在发现问题时立即开展审计工作，并迅速与有关职能部门沟通，或向负责的管理者反映，以便采取整改和补救措施，在时间上比国家审计和外部审计更及时。

5. 以经济效益作为审计工作的中心

国家审计的基本职能是监督，社会审计注重审计的鉴证职能；内部审计组织内部控制和风险管理，并在此基础上以改进建议等方式提供咨询服务，目的是发现并预防错误和舞弊，都是围绕提高单位或部门的经营效率、增加价值而展开的。

三、内部审计与其他类型审计的关系

（一）内部审计与国家审计的关系

首先，国家审计依法对内部审计进行监督和指导。我国现行《审计法》规定，国家审计机关有责任对政府各部门和国有企业、事业单位等的内部审计机构进行业务指导和监督。指导和监督的主要内容有制定内部审计事业发展的规划和措施，并组织实施；指导和监督部门单位依据法规和有关规定建立健全内部审计制度，开展内部审计工作；对内部审计的工作质量进行监督检查；推广内部审计工作经验，宣传内部审计的工作成果；制定发布有关内部审计工作的规章制度；帮助部门和企事业单位培训审计人员；指导内部审计职业组织——内部审计协会的工作；指导内部审计准则的制定工作等。其次，国家审计可以利用内部审计的工作成果。内部审计是单位内部控制的组成部分，与国家审计在工作上具有一定程度的一致性，国家审计人员在对内部审计工作进行评价之后，可以部分或全部利用内部审计工作成果，以节约审计资源，提高工作效率。

国家审计对内部审计进行监督和指导实际上是一种行业管理和业务指导关系，不应当因此影响国家审计和内部审计的独立性。

（二）内部审计与社会审计的关系

内部审计与社会审计在审计内容、范围、标准、依据、程序、方法等方面都有很多相通或相近之处。内部审计可以借鉴社会审计的工作技术和方法，利用社会审计所指出的薄弱环节和发现的问题线索，进行重点跟踪调查、核实，提高内部审计的工作效率。同时，内部审计可以对社会审计进行适度监督，通过内部审计工作检验社会审计工作结论，确保社会审计报告的客观性和真实性。社会审计可以向内部审计了解情况，在对内部审计工作质量和效率事先核查的基础上充分利用内部审计工作成果，通过内部审计对内部控制的健全性和有效性的评价，确定社会审计程序和重点范围，降低社会审计结论产生重大误差的风险。同时，社会审计可以对内部审计工作进行适度监督，在工作中检验内部审计工作成果的客观性、真实性和有效性，并对内部审计的重大遗漏或违规之处进行提醒和通报。二者互相借鉴和监督，做到信息共享，扩大审计影响和成果。

四、内部审计制度的产生与发展

（一）国外内部审计制度的产生与发展

国外内部审计制度的历史与国家审计制度一样悠久，通说认为，内部审计制度萌芽于奴隶社会，形成于中世纪，发展于19世纪后期。在中世纪的欧洲，宗教寺院、封建庄园、自治城市以及行会等为了保护财产的安全、完整，在内部设置专门的监督人员，对财物收支和会计记录进行审查，这一时期的内部审计主要是寺院审计、城市审计、行会审计、庄园审计等形式。近代内部审计制度产生于19世纪后期，随着资本主义垄断组织的发展，企业开始实行分权管理，企业内部管理层次增加，从而产生了对企业内部经济进行管理控制和监督的需要，现代内部审计迅速产生并发展起来。1875年，德国克虏伯公司实行了内部审计制度；在美国的铁道部门，配备内部审计人员，负责巡视各铁路售票机构，检查现金记录的正确性，这些人员称为“巡回审计师”。1941年美国成立了国际内部审计师协会（IIA），随即制定了《内部审计职责说明》，对内部审计人员的职责和工作范围进行规范。1968年IIA通过了第一个道德规则《内部审计协会道德规则》，概括了协会职业行为的标准。1972年制定并颁布了第二个道德规则《注册内部审计师职能道德规则》。1978年6月，内部审计师协会制定了《内部审计实务标准》，对内部审计的含义、职责、独立性、机构人员以及工作范围和工作程序等都做了较具体的规定，使内部审计的开展有了较完备的行为规范和衡量标准。这是目前世界上有关内部审计影响最大、最具权威性的一份标准。安然事件之后，西方国家纷纷加强了对内部审计的要求，内部审计制度进一步完善。如美国2002年7月发布的《萨班斯法案》第404节（a），要求公众公司的管理层评估和报告公司最近年度的财务报告的内部控制的有效性。2003年11月4日，美国证券交易委员会批准了《纽约证券交易所和纳斯达克证券市场条例》，该条例要求所有上市公司必须设立内部审计机制。

（二）我国内部审计制度的产生与发展

我国的内部审计制度虽然同样发源于奴隶社会，《周礼》中就有关于对帝王开支进行内部审计的记载，但我国早期内部审计并没有大的发展，尤其是在我国重农抑商的封建制度下，相当长的一段时间内，我国内部审计并未跟上西方国家内部审计发展的步伐，缺乏如同西方国家一样阶梯式发展的历程。我国早期内部审计的基本特点为：（1）定期审查财政财务：最早可见于我国周朝的“上计”制，定期审核地方官吏经手的财产、物资的收支业务的合法性。（2）御使监督制：在封建社会的一定历史时期，由皇帝指派的御使到各地巡查执行监查任务。（3）建立了对贪官污吏的惩罚制度，对于违法者，轻者罢官，重者杀头①。我国近代内部审计实际上在民国时期就已经诞生，在铁路、银行系统，新中国成立前就已经建立了较为健全的内部稽核制度。新中国成立后不久，一些大、中性企业也设有专门的内部审计部门和专职审计人员，但1953年之后，受前苏联的影响，内部审计部门被取消。在西方国家近现代内部审计的发展阶段，我国正处于社会动荡和体制变革时期，内部审计没有任何发展。通说认为，我国现代内部审计起步于20世纪80年代，是我国经济体制改革的产物。1983年8月20日，审计署成立前夕，国务院转发了审计署《关于开展审计工作几个问题的请示》，报告中提出建立内部审计监督制度问题，指出：建立和健全部门、单位的内部审计，是搞好国家审计监督的基础。根据国务院的指示精神，我国的有关部门和企事业单位开始组建内部审计机构，开展内部审计活动。我国现代内部审计制度建立之初，与西方国家有本质区别，它并非起源于内部受托责任，而是通过国家力量强制性建立的，是作为国家审计的补充而存在的，它从属于国家审计，是国家审计职能的延伸。

---

① 莫庆华：“从内部审计的历史轨迹浅论我国内部审计的地位和作用”，《江汉石油职工大学学刊》1994年第3期。

20世纪80年代至今是我国内部审计制度蓬勃发展的时期。1984年中国内部审计学会成立。1985年8月29日国务院发布《关于审计工作的暂行规定》。同年12月5日，审计署发布《关于内部审计工作的若干规定》，此项规定成为我国开展内部审计的法律依据。1987年7月国务院办公厅又转发了《审计署关于加强内部审计工作的报告》，大大加快了内部审计机构组建的速度。1994年我国颁布《审计法》，将内部审计以法律形式予以肯定，明确了其法律地位。1995年审计署又发布《关于内部审计工作的规定》，对内部审计作了进一步具体规定。《审计法》出台之后，我国陆续制定和完善了一系列内部审计部门规章，包括《中央企业内部审计管理暂行办法》、《国务院机关事务管理局内部审计工作规定》、《教育系统内部审计工作规定》、《交通行业内部审计工作规定》、《中国科学院审计工作条例》等，同时，一些部门在有关规章中明确了内部审计的重要性和必要性，如1997年证监会发布《上市公司章程指引》，要求所有上市公司实行内部审计制度，配备专职审计人员，对公司财务收支和经济活动进行内部审计监督；包括江苏、福建、黑龙江、云南等在内的全国大部分省、市、自治区都制定了内部审计地方性法规。2002年，中国内部审计学会更名为中国内部审计协会，迄今为止，制定了《内部审计基本准则》以及34项内部审计具体准则和实务指南。据不完全统计，截至2006年，中国企业建立内部审计职能的已达7.3万多个，而内部审计人员的人数更高达20多万人。[①] 2008年5月，财政部等五部委共同制定了被称为中国的“萨班斯法案”的《企业内部控制基本规范》，强调企业应当加强内部审计工作，并对内部审计工作提出了更高的要求，标志着我国内部审计制度的进一步完善。

五、内部审计实施范围

根据我国《审计法》第29条规定：“依法属于审计机关审计监督对象的单位，应当按照国家有关规定建立健全内部审计制度”。根据《审计法实施条例》的有关规定，属于审计机关审计监督对象的单位主要包括国家机关、国有的以及国有资本占控股或主导地位的金融机构、企业、事业组织。审计署于2003年发布的《内部审计规定》中规定：内部审计“只适用于国有企业、事业单位”，非国有经济组织开展内部审计工作，“可参照本项法规的有关条款

---

① 邱伟文：“中国内部审计的发展轨迹”，http：//www. symc. edu. cn/sjc/ShowArticle. asp？ArticleID = 2055。

执行”。证监会颁布的《上市公司章程指引》中要求所有上市公司实行内部审计制度。可见，在我国，并非所有的单位都实施内部审计，只有属于国家审计监督对象的单位以及所有的上市公司才必须实施内部审计，其他单位如私营企业并不强制实行内部审计制度，而是根据自身管理的需要建立内部审计制度。

我国内部审计实施范围与发达国家相比存在相当的差距，比如在德国，内部审计工作比较规范，无论是私营企业还是国有公司，小到几百人，大到几十万人，都设有内审部门，并配备了相应的内审人员①。加拿大 1000 人以上的企业都设有内部审计机构②。同时，我国内部审计实施范围与国际公约的相关要求之间也存在一定的差距，比如《联合国反腐败公约》第 12 条“私营部门”规定：“应当确保私营企业实行有助于预防和发现腐败的充分内部审计控制，并确保这种私营企业的账目和必要的财务报表符合适当的审计和核证程序。”而且，我国有关统计数字显示，截至2008 年，我国私营企业的数量远远超过了国有企业的数量，而且增长迅速③，意味着私营企业在我国市场经济中已经占据着重要地位，但绝大多数私营企业并不属于应当强制实施内部审计的范围，可见，我国在扩大内部审计实施范围上大有可为。

第二节 内部审计人员和机构

一、内部审计人员

（一）内部审计人员的资格

1. 国外内部审计人员资格

（1）美国。在美国，内部审计已发展成为一个公认的专门职业，因此，对其人员有最基本的要求：包括注册内部审计师和内部审计师在内的审计人员

---

① 曹增强：“德国内部审计及借鉴思考”，《航天工业管理》2008 年第 2 期。

② 李德全：“加拿大内部审计情况考察及学习体会”，《中国审计信息与方法》1997 年第 6 期。

③ 2009 年公布的第二次全国经济普查结果显示，2008 年末，我国私营企业达到 359. 6 万个，与 2004 年第一次全国经济普查相比，增加 161. 4 万个。2008 年末，我国企业法人共有 495. 9 万个，与 2004 年相比增加 170. 9 万个，其中，国有企业 14. 3 万个，减少 3. 6 万个，下降 20%。企业资产中，国有企业占 23%，比 2004 年下降 8. 1 个百分点；股份有限公司占 28. 7%，比 2004 年增加 7. 7 百分点；私营企业占 12. 3%，比 2004 年增加 3. 3 个百分点。资料来自：大理日报网，http：//www. dalidaily. com/guonei/120091227/1094743. html。

要具备丰富的专业知识，注册内部审计师资格必须经过资格考试获得。专业人员必须严格遵守注册内部审计师协会制定的职业道德准则。内部审计人员还应具备相应的知识体系。为了实施审计师职称注册计划，1971 年美国内部审计师协会设立教育委员会，专门研究内部审计师应具备的知识结构，根据该委员会的研究报告，提出内部审计必须掌握以下各门学科知识：会计与财务、行为科学、经济学、经济法规、定量分析方法、会计与管理制度程序设计、电子信息处理等①。

（2）德国。德国企业内部内审人员的配备和组织机构没有统一标准，由企业自行确定。内审人员可以不受学历、专业、经历的限制，但实际上由于用人单位对内审人员的要求很高，所以德国的内审人员一般都是大学本科以上学历，并要求具有经济、工商管理、会计专业等方面的专业知识和技能，根据业务开展情况有的还会配有 IT、人事、技术等方面的专家②。

（3）加拿大。加拿大非常注重内部审计人员的选用，担任内部审计师必须具有大学本科以上学历，具有两年以上会计、审计经历，同时还需具有一个以上的技术资格，如注册会计师③。

（4）澳大利亚。澳大利亚规定从事内部审计的人员必须是注册会计师，必须具有职业资格证书④。

由于发达国家对从事内部审计人员资格要求相对较高，因而从内部审计人员素质来看，发达国家的内部审计人员大多具有较好的综合素质。比如，日本内部审计人员约有 2/3 有专门化的趋势，80% 以上的企业都配置有信息系统审计的专门人才⑤。

2. 我国内部审计人员资格

2003 年 11 月，由中国内部审计协会颁行的《内部审计人员岗位资格证书实施办法》规定：内部审计人员岗位资格证书（以下简称资格证书）是从事内部审计工作专兼职人员应具备的任职资格证明。取得内部审计资格必须具备一定的条件，如具有国际内部审计师资格，或审计、会计及相关专业本科以上学历工作满两年以上，以及大专学历工作满 4 年以上等。但该办法只是内部审

① 陈珊珊、唐东：“美国内部审计发展现状及启示”，《审计月刊》2006 年第 9 期（下）。
② 曹增强：“德国内部审计及借鉴思考”，《航天工业管理》2008 年第 2 期。
③ 李德全：“加拿大内部审计情况考察及学习体会”，《中国审计信息与方法》1997 年第 6 期。
④ 王宝庆：《现代内部审计》，立信会计出版社 2007 年版，第 87 页。
⑤ 王光远：“内部审计在世界”，《财会月刊》2003 年第 3 期。

计协会的指导性规范，并不是法律法规的强制性规定，因此，内部审计人员具备岗位资格证书并非从事内部审计工作的必要条件。从现实情况来看，我国企业内部审计人员的素质普遍偏低，具体表现为：

第一，虽然内审人员的学历层次有所提高，但仍然不尽如人意。根据江苏省内部审计协会 2002 年统计，我国内部审计人员中研究生占 1.1%，本科生占 15.56%，大专生占 73.89%，真正从正规院校审计、会计专业的毕业的人员数量有限[①]。根据湖南省郴州市 2006 年对内部审计的调查，全市有内部审计人员 748 人，其中专职 228 人，兼职 520 人。在 748 名内审审人员中，有研究生学历的 4 人，占 0.005%；本科生 247 人，占 33%；大专 376 人，占 50%；中专及以下 121 人，占 17%。

第二，内部审计机构人力资源专业构成单一。根据湖南省郴州市 2006 年的调查，在 748 名内部审计人员中，学审计专业的 27 人，会计专业 420 人、法律专业 37 人，工程专业 31 人，管理专业 58 人、其他 175 人（包括学历较低无专业划分人员），这种构成至多只能适应财务审计，限制了内部审计的工作范围。

第三，内部审计人员资质较浅，具有职业资格的内部审计师缺乏。截至 2004 年，我国拥有国际注册内部审计师（CIA）人员仅有 4472 人，而具有丰富理论和实践经验的人员更是凤毛麟角[②]。内部审计人员的素质在一定程度上影响了内部审计职能的发挥。根据 IIA 内部审计标准说明，内部审计师应当具备财务、会计、企业管理、统计、计算机、概率、线性规划、审计、工程、法律等多方面的知识。而我国目前各单位对内部审计人员的要求并不统一，内部审计人员大多以财务人员为主，复合型人才不多，素质参差不齐，影响了内部审计功能的实现。

可见，全面提高内部审计人员的素质刻不容缓。应当逐步建立起审计人员资格认定和持证上岗制度，同时对现有的内部审计人员加强培训，要求内部审计人员定期学习并进行考核，强化内部审计人员对管理、法律等各方面知识和技能的学习和掌握，全面提高其综合素质。同时，还应当明确担任内部审计人员的消极条件。考虑到内部审计工作对内部审计人员职业道德的要求，应当明确特定人群在一定期限内不得担任内部审计人员，如因违反会计、审计法被追究法律责任的人员，因违法被吊销会计、审计资格证书的人员，因犯罪被剥夺

① 冯罗恒："公司治理视角中的内部审计问题研究"，《金卡工程·经济与法》2009 年第 1 期。
② 同上。

政治权利的人员在剥夺政治权利期限内不得作为内部审计人员或内部审计机构的负责人。

（二）内部审计人员的教育和培训制度

1. 国外内部审计人员的教育和培训

（1）美国。美国 1941 年成立的内部审计师协会专门为内部审计人员服务，致力于内部审计师的教育和培训工作。该协会定期或不定期地举办短期培训班，就一些普遍需要的内容进行培训，以使内部审计人员不断适应变化的环境。1972 年该协会还专门设立了向内部审计师签发证书的项目，推行注册内部审计师考试。现在每年两次在美国和世界其他地方进行内部审计师考试。此外，企业管理当局也常常鼓励内部审计人员参与各种学术团体活动，并为其提供继续受教育的机会[①]。

（2）加拿大。加拿大的内部审计人员要参加所在的注册会计师协会组织的培训，培训课程包括会计、审计、财务、税制和管理信息系统学等领域的最新发展，课程全面结合信息技术以及职业道德规范的内容[②]。

（3）澳大利亚。澳大利亚建立了内部审计人员专业评估机制，定期对内审人员进行专业评估和培训[③]。

2. 我国内部审计人员的教育和培训

我国内部审计协会专门制定了《内部审计人员后续教育实施办法》，后来被《内部审计具体准则第 29 号——内部审计人员后续教育》取代，该准则规定："本准则所称的后续教育，是指内部审计人员为保持和提高其专业胜任能力，掌握和运用相关新知识、新技能和新法规所进行的学习与研究。本准则所称的内部审计人员，是指取得内部审计人员岗位资格证书或国际注册内部审计师（CIA）资格证书的人员。后续教育应当区分内部审计机构负责人、审计项目负责人和审计助理人员三个层次，突出重点、按需施教。"

内部审计人员后续教育的主要内容包括：（1）国家颁布的有关法律法规；（2）内部审计准则及内部审计人员职业道德规范；（3）内部审计理论与实务；（4）会计理论与方法；（5）信息技术理论与应用技术；（6）公司治理、内部控制和风险管理理论；（7）其他相关专业知识与技能。

---

① 陈珊珊、唐东："美国内部审计发展现状及启示"，《审计月刊》2006 年第 9 期（下）。

② 李德全："加拿大内部审计情况考察及学习体会"，《中国审计信息与方法》1997 年第 6 期。

③ 刘东喜、罗琴："澳大利亚内部审计的经验和启示"，《审计月刊》2005 年第 7 期。

后续教育一般采取以下形式：（1）参加国际内部审计师协会和亚洲内部审计联合会组织的专业会议及培训活动；（2）参加中国内部审计协会和省级内部审计（师）协会举办的各种培训及考察活动；（3）参加中国内部审计协会和省级内部审计（师）协会召开的专业会议及经验交流；（4）参加中国内部审计协会和省级内部审计（师）协会认可的有关大专院校的专业课程进修；（5）参加经中国内部审计协会或省级内部审计（师）协会授权的市、县级内部审计（师）协会组织的专业培训及经验交流。此外，内部审计人员自学是后续教育的重要补充方式，包括参加网络教育、单位开展的技术培训、主持相关研究课题、出版专业著作或发表专业论文、专业学习或实务研究等。

从上述规定可见，我国内部审计人员继续教育有以下特点：首先，我国内部审计人员后续教育只针对取得内部审计人员岗位资格证书和CIA证书的人员，而许多没有取得相关资格和证书但实际从事内部审计的人员则不在后续教育范围之内；其次，我国内部审计后续教育的方式很多，包括参加学术会议、发表学术论文等，是比较灵活的后续教育模式；再次，对内部审计人员的后续教育只在内部审计协会的行业规范中规定，没有法律法规的强制性规定，效力层级相对较低。

二、内部审计机构

（一）国外内部审计机构设置模式

国外内部审计的设置模式，大体上可分为以下三种类型：第一种，内部审计机构直接受董事会或董事会下设的审计委员会领导，大部分国家的企业内部审计采用这种模式，如澳大利亚、英国、美国、法国，据统计，美国90%的企业设有审计委员会，加拿大和英国则达到了82%。第二种，内部审计机构由总经理领导，采用这种模式的国家主要是德国。德国少数企业在董事会下设内部审计机构且隶属于董事会①。第三种，内部审计部门受管理当局和董事会或监事会的双重领导，对管理当局受托管理责任的履行情况进行审计②。

在上述模式下，尤其是第一种模式下，内部审计机构有较强的独立性和权威性，可以直接把企业风险管理、内部控制等方面的成效、存在的问题以及改

① 王宝庆：《现代内部审计》，立信会计出版社2007年版，第88页。

② 庞士林、刘玉利："我国企业内部审计机构设置的构想"，《商场现代化》2007年第6期。

进建议报告给董事会及其审计委员会（或监督董事会、监事会），使其有的放矢地促进和帮助管理层全面有效地履行其受托管理责任。

（二）我国内部审计机构设置

1. 我国内部审计机构设置现状

国务院国有资产监督管理委员会颁发的《中央企业内部审计管理暂行办法》第7条规定："国有控股公司和国有独资公司，应当依据完善公司治理结构和完备内部控制机制的要求，在董事会下设立独立的审计委员会。企业审计委员会成员应当由熟悉企业财务、会计和审计等方面专业知识并具备相应业务能力的董事组成，其中主任委员应当由外部董事担任。"除此之外，我国没有统一的内部审计机构设置要求，各企业在借鉴国外经验方面也不尽一致，内部审计机构设置存在多种模式，包括内部审计机构隶属于财务部门、内部审计机构隶属于总经理或总会计师、内部审计机构设在监事会、内部审计机构设在董事会或董事会下设的审计委员会、内部审计机构由董事会和总裁双重领导等。其中，直接隶属于董事会或审计委员会的很少，这就导致了内部审计机构受各方面利益牵制，无法独立开展经济监督活动。根据2007年湖南省组织的对12940个单位进行的内审普查，"独立型"的内审机构很少，"业务兼容型"所占比重大，影响审计人员独立客观公正地执业。在3567个设立内审机构的单位中，只有739个单位设置了独立的内审机构，占20.7%，79.3%的单位是与其他部门合署办公，其中与财务部门合署办公的占69.3%。在已设立内审机构的单位中，由行政正职、最高主管或审计委员会领导的也只有33.2%。兼职内部审计人员占62%，而兼职的大部分是单位的财务人员。他们既是审计者，又是被审计对象，担当了"运动员和裁判员"的双重角色，很难独立地开展工作。由于机构不独立，兼职人员多，严重影响了内部审计的独立性和审计执业的客观公正性①。与社会审计一样，审计经费的来源在一定程度上影响到内部审计的独立性，而根据重庆大学工商管理学院2006年"中国内部审计调查"的结果：仅有19.32%的内部审计机构经费由董事会批准，39.77%的内部审计机构经费由总经理批准，19.32%的样本企业内部审计经费由财务部门划拨②。

---

① 凌生春："关于我国内部审计定位的思考"，《湖南省审计学会五届三次理事会首次理事论坛论文集》。

② 邓雪玲："内部审计在内部控制中发挥作用的对策探讨"，《现代商业》2009年第12期。

2. 我国内部审计机构设置完善建议

内部审计机构的隶属模式一共有五种，理论界对上述模式也存在不同的观点。一种观点认为，建立监事会领导下的企业内部审计管理模式是最佳方案。其理由在于：内部审计机构由监事会领导更有利于公司法人治理结构的健全和完善。公司法人治理结构是公司规范化管理和实行健康发展的重要保证，而公司法人治理结构的核心，是进一步规范和完善"三会四权"的权力制衡机制，避免权力过分集中和内部人控制等弊端。目前我国公司法人治理结构不健全和不完善的重要原因，就是由于监事会尚未发挥监督检查作用。因此，强化监事会监督检查权威，将公司内部审计机构改由监督会领导并向其报告工作，可以避免监事会再次陷入形同虚设的尴尬境地，保证公司权力制衡机制正常运转，进而健全和完善公司法人治理结构，保证公司生产经营健康发展。内部审计由监事会领导，更有利于理顺公司内部管理体制，避免出现多个监督检查中心的混乱现象。有学者认为，内部审计机构由董事会和总裁双重领导的模式最具优势。因为内部审计处于在董事会和总裁的双重领导下，就能最大限度地发挥内部审计的独立性和权威性。但绝大多数观点认为，内部审计机构隶属于董事会下设的审计委员会，审计委员会的组成应当由董事长、非执行董事、独立董事等组成的模式为最佳模式。在审计业务上，向审计委员会负责并报告工作，不受其他部门在人事管理、经费来源等方面的制约，而且可以直接向企业的负责人汇报内部审计工作情况，具有最高的独立性和权威性①。笔者认为，可以根据企业的规模选择内部审计机构设置模式。对于大中型企业而言，内部审计机构直接受董事会下设的审计委员会领导，可以直接深入到经营管理的各个层面，并协助董事会对生产经营风险进行了解和监控，直接为公司治理提供咨询和建议；对于规模较小、人数较少的企业而言，由于没有完备的公司治理结构，内部审计机构可由企业负责人直接领导，直接对企业负责人负责并报告工作。

三、内部审计组织

（一）国际内部审计组织

国际内部审计师协会（英文缩写 IIA）是世界范围的内部审计师组织。由 24 名美国内部审计师发起，于 1941 年成立于美国纽约。该协会在联合国经济

① 王开志："设立审计委员会制度，提高内部审计独立性"，《决策与信息》2008 年第 10 期。

和社会开发署享有顾问地位，是最高审计机关国际组织的常任观察员，是国际政府财政管理委员会、国际会计师委员会的团体会员。协会现有196个分会，分布在全球100多个国家和地区。国际内部审计师协会的宗旨是为会员履行各项专业职责和促进内部审计事业的发展提供服务。

国际内部审计协会的组织机构主要有理事会、执行委员会、国际委员会和总部：

1. 理事会

理事会是协会的最高领导机构，由执行委员会委员、大区组织和地区组织的主任和一般主任组成。他们是来自各行各业的内部审计师，作为志愿者为协会无偿服务，任期1年。理事会的主要职责是审批协会工作计划，预算，受理各委员会提出的建议，指导协会的工作。

2. 执行委员会

由理事会主席、第一副主席、3位副主席、国际秘书、国际司库、3名近期前任理事会主席组成。负责监督协会日常工作。

3. 国际委员会

国际委员会是下列各机构的总称，在组织体系上属于执行委员会领导，各国际委员会的成员全部是由志愿者担任：①专业实务部，负责发表《内部审计实务标准》（或称《内部审计实务准则》）。②高级技术委员会，负责发表《内部审计实务标准公告》。③专业标准委员会，负责发表《内部审计实务标准说明》。④专业问题委员会，就一些专业性问题向协会提出建议。

4. 总部

总部负责处理协会的日常事务工作，由协会常任主席领导，设在美国佛罗里达州。总部下设与执行委员的各国际委员会对口的机构以为其服务。总部还设有财务部，以处理协会日常财务收支。

协会成立以来，为在全球范围内推动内部审计事业的发展做了卓有成效的工作。其中最重要的成果是：1947年制定《内部审计职责说明》，是协会最早颁布的重要文件。对内部审计及其职责下了定义。1968年首次颁布内部审计人员《职业道德准则》，是协会会员和注册内部审计师必须遵守的行为规范。其制定和颁布被认为是在提高内部审计人员的地位和作用方面一个最大的进步。从1974年起，协会在例示指定地点举行注册内部审计师资格考试，给考试及格者颁发注册内部审计证书。为内部审计师取得合法地位，得到更高层次的培训和晋升创造了条件。1978年，协会开始制定和颁布《内部审计实务标准》，并于1993年、2001年和2007年分别进行了修订。它的颁布和完善为内部审计这一特殊职业制定了职业规范和判断标准，对外树立了一定的质量标准和可信性；对内要求内部审计机构和人员承担一定的责任，提高了内部审计的可信性。

（二）我国内部审计组织

中国内部审计协会前身为中国内部审计学会，成立于1984年。2002年经民政部批准，学会更名为协会，使其成为对企业、事业行政机关和其他事业组织的内审机构进行行业自律管理的全国性社会团体组织。中国内部审计协会依据《中华人民共和国审计法》、《审计署关于内部审计工作的规定》、《中国内部审计协会章程》开展工作。秉承服务、管理、宣传、交流的宗旨，为中国内部审计的规范化建设、理论探索和实践经验的创新、交流、内审人员岗位培训及后续教育、指导内审机构的业务建设、开展国际间的互动学习、提高内审工作的科学技术水平提供全方位的服务。

中国内部审计协会的组织机构包括中国内部审计协会会员代表大会、理事会、常务理事会、各专业委员会、办事机构、协作组和团体会员等。理事会是会员代表大会的执行机构，领导中国内部审计协会工作，对会员代表大会负责。理事会下设常务理事会，对理事会负责。常务理事会下设办事机构，负责协会的日常工作。中国内部审计协会设有几个专业委员会，包括编辑委员会、考试委员会、准则委员会、培训委员会和学术委员会，分别负责编辑出版相关学术刊物、国际注册内部审计师（CIA）资格和内部审计人员岗位资格考核、内部审计准则的研究和制定、内部审计人员培训和后续教育以及内部审计学术研究工作。迄今为止，中国内部审计协会共有35个省市地方内部审计协会会员单位和数百个企事业单位内部审计机构会员，制定和颁布了包括《内部审计基本准则》等在内的35项内部审计准则和实务指南。

第三节　内部审计的职责与义务

一、内部审计职责

（一）一般规定

根据审计署《关于内部审计工作的规定》，内部审计机构应当履行以下职责：

（1）对本单位及所属单位（含占控股地位或者主导地位的单位，下同）的财政收支、财务收支及其有关的经济活动进行审计。

（2）对本单位及所属单位预算内、预算外资金的管理和使用情况进行审计。

（3）对本单位内设机构及所属单位领导人员的任期经济责任进行审计。

（4）对本单位及所属单位固定资产投资项目进行审计。

（5）对本单位及所属单位内部控制制度的健全性和有效性以及风险管理进行评审。

（6）对本单位及所属单位经济管理和效益情况进行审计。

（7）法律、法规规定和本单位主要负责人或者权力机构要求办理的其他审计事项。

（二）企业内部审计职责

根据国资委颁发的《中央企业内部审计管理暂行办法》，企业的审计委员会应当履行以下主要职责：

（1）审议企业年度内部审计工作计划。

（2）监督企业内部审计质量与财务信息披露。

（3）监督企业内部审计机构负责人的任免，提出有关意见。

（4）监督企业社会中介审计等机构的聘用、更换和报酬支付。

（5）审查企业内部控制程序的有效性，并接受有关方面的投诉。

（6）其他重要审计事项。

企业的内部审计机构应当履行以下主要职责：

（1）制定企业内部审计工作制度，编制企业年度内部审计工作计划。

（2）按企业内部分工组织或参与组织企业年度财务决算的审计工作，并对企业年度财务决算的审计质量进行监督。

（3）对国家法律法规规定不适宜或者未规定须由社会中介机构进行年度财务决算审计的有关内容组织进行内部审计。

（4）对本企业及其子企业的财务收支、财务预算、财务决算、资产质量、经营绩效以及其他有关的经济活动进行审计监督。

（5）组织对企业主要业务部门负责人和子企业的负责人进行任期或定期经济责任审计。

（6）组织对发生重大财务异常情况的子企业进行专项经济责任审计工作。

(7) 对本企业及其子企业的基建工程和重大技术改造、大修等的立项、概（预）算、决算和竣工交付使用进行审计监督。

(8) 对本企业及其子企业的物资（劳务）采购、产品销售、工程招标、对外投资及风险控制等经济活动和重要的经济合同等进行审计监督。

(9) 对本企业及其子企业内部控制系统的健全性、合理性和有效性进行检查、评价和意见反馈，对企业有关业务的经营风险进行评估和意见反馈。

(10) 对本企业及其子企业的经营绩效及有关经济活动进行监督与评价。

(11) 对本企业年度工资总额来源、使用和结算情况进行检查。

(12) 其他事项。

二、内部审计机构的权限

(一) 一般规定

根据审计署《关于内部审计工作的规定》，单位主要负责人或者权力机构应当制定相应规定，确保内部审计机构具有履行职责所必需的权限。

1. 要求报送材料的权力

即内部审计机构有权要求被审计单位按时报送生产、经营、财务收支计划、预算执行情况、决算、会计报表和其他有关文件、资料。

2. 会议参加和召集权

即内部审计机构有权参加本单位有关会议，召开与审计事项有关的会议。

3. 参与制定相关规章制度的权力

即内部审计部门有权参与研究制定有关的规章制度，提出内部审计规章制度，由单位审定公布后施行。

4. 检查权

即内部审计部门检查有关生产、经营和财务活动的资料、文件和现场勘察实物；检查有关的计算机系统及其电子数据和资料。

5. 调查取证权

即内部审计部门有权对与审计事项有关的问题向有关单位和个人进行调查，并取得证明材料。

6. 临时制止权

即内部审计部门有权对正在进行的严重违法违规、严重损失浪费行为，做出临时制止决定。

7. 证据保全权

即内部审计部门对可能转移、隐匿、篡改、毁弃会计凭证、会计账簿、会计报表以及与经济活动有关的资料，经本单位主要负责人或者权力机构批准，有权予以暂时封存。

8. 建议权

即内部审计部门有权提出纠正、处理违法违规行为的意见以及改进经济管理、提高经济效益的建议；对违法违规和造成损失浪费的单位和人员，提出给予通报批评或者提出追究责任的建议；对本单位有关部门及所属单位严格遵守财经法规、经济效益显著、贡献突出的集体和个人，可以向单位主要负责人或者权力机构提出表扬和奖励的建议。

（二）企业内部审计机构的权限

根据国资委颁发的《中央企业内部审计管理暂行办法》第 19 条规定，企业应当依据国家有关法律法规，完善内部审计管理规章制度，保障内部审计机构拥有履行职责所必需的权限。

1. 参加会议和参与制定规章制度的权力

即企业的内部审计机构有权参加企业有关经营和财务管理决策会议，参与协助企业有关业务部门研究制定和修改企业有关规章制度并督促落实。

2. 检查权

即企业内部审计机构有权检查被审计单位会计账簿、报表、凭证和现场勘察相关资产，有权查阅有关生产经营活动等方面的文件、会议记录、计算机软件等相关资料。

3. 调查取证权

即企业内部审计机构有权对与审计事项有关的部门和个人进行调查，并取得相关证明材料。

4. 临时制止和报告权

即企业内部审计机构对正在进行的严重违法违规和严重损失浪费行为，可做出临时制止决定，并及时向董事会（或企业主要负责人）报告。

5. 证据保全权

即企业内部审计机构对可能被转移、隐匿、篡改、毁弃的会计凭证、会计账簿、会计报表以及与经济活动有关的资料，经企业主要负责人或有关权力机构授权可暂予以封存。

6. 处罚权

即企业主要负责人或权力机构在管理权限范围内，应当授予内部审计机构必要的处理权或者处罚权。

三、内部审计机构和人员的义务

根据《审计法》、《审计法实施细则》、《审计署关于内部审计工作的规定》以及《中央企业内部审计管理暂行办法》等法律法规、规章的规定，内部审计机构和人员应当承担以下义务：

1. 提高内部审计业务质量的义务

内部审计机构应当不断提高内部审计业务质量，实现内部审计目标。

2. 接受监督的义务

内部审计机构应当依法接受审计机关对内部审计业务质量的检查和评估。

3. 恪尽职守的义务

内部审计人员办理审计事项，应当严格遵守有关法律法规和内部审计职业规范，忠于职守，做到独立、客观、公正、保密，不得滥用职权，徇私舞弊，泄露秘密，玩忽职守。

4. 依法回避的义务

为保证内部审计工作的独立、客观、公正，内部审计人员与审计事项有利害关系的，应当回避。

第四节 内部审计职业规范

一、内部审计职业道德规范

我国内部审计协会 2003 年颁布了《内部审计人员职业道德规范》，规定内部审计人员在履行职责的过程中应当遵守以下职业道德规范。

（1）内部审计人员在履行职责时，应当严格遵守中国内部审计准则及中国内部审计协会制定的其他规定。

（2）内部审计人员在履行职责时，应当做到独立、客观、正直和勤勉。

（3）内部审计人员在履行职责时，应当保持廉洁，不能从被审计单位获得任何可能有损职业判断的利益。

（4）内部审计人员应当保持应有的职业谨慎，并合理使用职业判断。

（5）内部审计人员应当保持和提高专业胜任能力，必要时可聘请有关专家协助。

（6）内部审计人员应诚实地为组织服务，不做任何违反忠诚性原则的事情。

（7）内部审计人员应当遵循保密性原则，按规定使用他们在履行其职责时所获取的资料。

（8）内部审计人员不得从事损害国家利益、组织利益和内部审计职业荣誉的活动。

（9）内部审计人员在审计报告中应客观地披露他们所了解的全部重要事项。

（10）内部审计人员应具有较强的人际交往技能，妥善处理好与组织内外相关机构和人士的关系。

（11）内部审计人员应不断接受后续教育，提高服务质量。

二、内部审计准则

中国内部审计协会依据《中华人民共和国审计法》、《审计署关于内部审计工作的规定》及相关法律法规制定了我国的内部审计职业标准，即内部审计准则，包括《内部审计基本准则》和34项内部审计具体准则与实务指南。

（一）制定我国内部审计准则的目标

（1）贯彻落实《中华人民共和国审计法》、《审计署关于内部审计工作的规定》以及相关法律法规，加强内部审计工作，实现内部审计的制度化、规范化和职业化。

（2）促使内部审计机构和人员按照统一的内部审计准则开展内部审计工作，保障内部审计机构和人员依法行使职权，保证内部审计质量，提高内部审计效率，防范审计风险，促进组织的自我完善与发展。

（3）明确内部审计机构和人员的责任，发挥内部审计在强化内部控制、改善风险管理、完善组织治理结构、促进组织目标实现等的作用。

（4）建立与国际内部审计准则相衔接的中国内部审计准则。

（二）我国内部审计准则体系

我国内部审计准则体系由内部审计基本准则、内部审计具体准则、内部审计实务指南三个层次组成。

1. 内部审计基本准则

内部审计基本准则是内部审计准则的总纲，是内部审计机构和人员进行内部审计时应当遵循的基本规范，是制定内部审计具体准则、内部审计实务指南的基本依据。

2. 内部审计具体准则

内部审计具体准则是依据内部审计基本准则制定的，是内部审计机构和人员在进行内部审计时应当遵循的具体规范。迄今为止，我国内部审计协会已经颁布了29项内部审计具体准则，内容包括审计计划、审计通知书、审计证据、审计工作底稿、内部控制审计、舞弊的预防、检查与报告、审计报告、后续审计、内部审计督导、内部审计与外部审计的协调、结果沟通、遵循性审计、评价外部审计工作质量、利用外部专家服务、分析性复核、风险管理审计、重要性与审计风险、审计抽样、内部审计质量控制、人际关系、内部审计的控制自我评估法、内部审计的独立性与客观性、内部审计机构与董事会或最高管理层的关系、内部审计机构的管理、经济性审计、效果性审计、效率性审计、信息系统审计、内部审计人员后续教育。

3. 内部审计实务指南

内部审计实务指南是依据内部审计基本准则、内部审计具体准则制定的，为内部审计机构和人员进行内部审计提供的具有可操作性的指导意见。我国内部审计协会目前已经颁布了5项内部审计实务指南，内容包括建设项目内部审计、物资采购审计、审计报告、高校内部审计、企业内部经济责任审计指南。

（三）我国内部审计准则的约束力和适用范围

1. 我国内部审计准则的约束力

内部审计基本准则、内部审计具体准则是内部审计机构和人员进行内部审计的执业规范，内部审计机构和人员在进行内部审计时应当遵照执行；内部审计实务指南是对内部审计机构和人员实施内部审计的具体指导，内部审计机构和人员在进行内部审计时应当参照执行。

2. 我国内部审计准则的适用范围

中国内部审计准则适用于内部审计机构和人员进行内部审计的全过程；中国内部审计准则适用于各类组织，无论组织是否以营利为目的，也无论组织规模大小和组织形式如何，内部审计机构和人员在进行内部审计时，都应遵循内部审计准则。

（四）我国内部审计准则与国际内部审计准则比较

经过十几年的修订和完善，总体上，我国内部审计准则基本上实现了与国际内部审计准则（IIA《内部审计实务标准》）的趋同，但我国内部审计准则与IIA《内部审计实务标准》相比，在以下几方面还存在着一定的差距。

1. 关于内部审计的基本功能界定

根据我国《内部审计基本准则》，“内部审计是在组织内部的一种独立客观的监督和评价活动，它通过审查和评价经营活动及内部控制的真实性、合法性和有效性来促进组织目标的实现。”而《内部审计规定》第2条规定，“内部审计是独立监督和评价本单位及所属单位财政收支、财务收支、经济活动的真实、合法和效益的行为，以促进加强经济管理和实现经济目标。”显然，我国内部审计功能界定首先存在着不统一的问题，同时，这种界定与IIA对内部审计的最新界定相比存在明显的差距。如前所述，根据IIA的最新定义，内部审计已经不再局限于“监督和评价”，而是“保证和咨询”。

2. 关于内部审计的目的、权力和责任

我国的内部审计基本准则中对于内部审计的目的没有专门规定，针对内部审计的责任也是原则性地简单带过，而IIA《内部审计实务标准》中首先就明确内部审计的目的、权力和责任应当正式写入IIA宪章并与准则一道由董事会通过。内部审计的目的、权力和责任在内部审计制度中具有重要地位，我国内部审计立法在这一方面的薄弱不利于内部审计制度的健康发展。

3. 关于内部审计的独立性与客观性问题

我国内部审计基本准则中的相应规定极其原则化，即“内部审计机构和人员应当保持独立性和客观性，不得负责被审计单位经营活动和内部控制的决策与执行。”没有对内部审计工作的独立性和客观性作具体要求。相比之下，IIA《内部审计实务标准》不仅明确指出了独立性和客观性的含义，而且对损害内部审计独立性与客观性的情形作了具体的列举：“内部审计的独立性是指内部审计工作应该是独立的，这就要求内部审计活动在确定内部审计的范围、实施业务和提交结果方面不受任何干扰。客观性是指审计人员的客观性，即内部审计师应该有公正的、不偏不倚的态度，并避免利害冲突。……损害内部审计独立或客观性的情形有：①内部审计师应该避免评价自己以前负责主持的特定的经营活动，如果审计人员为自己在以前年度负责的一项业务提供鉴证服务，那么便可以认为客观性受到了损害；②对由总审计师负责的职能进行鉴证时，应该由内部审计以外的另一方进行监督；③内部审计师可以为曾负责过的经营活动提供咨询服务；④如果内部审计师提供咨询服务会对独立或客观性产生潜在损害的话，那么，内部审计在承接业务前应向客户说明。……”

4. 关于内部审计人员专业胜任能力

我国内部审计基本准则提出：内部审计人员应具备必要的学识及业务能力，熟悉本组织的经营活动和内部控制，并不断通过后续教育来保持和提高专业胜任能力；内部审计人员应具有较强的人际交往技能，能恰当地与他人进行有效的沟通。我国内部审计准则对内部审计人员的专业胜任能力要求包括学识、专业技能、熟悉情况、后续教育、交际能力。IIA《内部审计实务标准》对专业胜任能力的解释是：内部审计人员应当拥有知识、技能和其他必须的能力以履行自己的责任。在专业胜任能力方面还有具体的要求，包括（1）如果内部审计人员缺乏知识、技能或执行全部或部分业务所需的其他能力，那么，总审计师应该获得应有的建议和帮助；（2）内部审计师应有足够的知识鉴别舞弊的证据，但并不是要求其具有以发现和调查欺诈为主要职责的审计师所具有的所有专业知识；（3）如果内部审计人员缺乏知识、技能或执行全部或部分业务所需的其他能力，总审计师就应该减少咨询业务或获得应有的建议和帮助。

5. 关于内部审计质量保证

我国内部审计准则规定了内部审计质量保证措施：内部审计机构应建立有效的质量控制制度，并积极了解、参与组织的内部控制建设；内部审计机构负责人应当建立内部激励约束制度，对内部审计人员的工作进行监督、考核，评价其工作业绩。内部审计具体准则第9号还详细规定了内部审计机构负责人和审计项目负责人如何对实施审计工作的审计人员进行监督和指导。IIA《内部审计实务标准》规定：总审计师应该制定和保持一种设计内部审计活动方方面面的质量保证和改进方案，并连续监督其效果。这一过程要求：（1）对内部审计活动进行定期的自我评估，至少每5年一次；（2）总审计师应将外部评估的结果报告给董事会；（3）当内部审计师的活动符合准则规定时，应对此加以鼓励；（4）当内部审计活动为遵循最高内部审计实务标准和职业道德规范，且这种不遵守影响到内部审计业务的总体范围或经营时，应该向高级管理者和董事会进行披露。我国内部设计准则的规定与IIA《内部审计实务标准》相比，在质量保证方面侧重于负责人对工作人员的监督和指导，而IIA准则则侧重于从整体上通过自查、鼓励和报告等方式对审计质量进行保证。

可见，我国内部审计准则还可以参照IIA《内部审计实务标准》进一步完善。当然，需要指出的是，内部审计准则的国际趋同只是趋同，而非相同，在制定和完善我国的内部审计准则体系时，也要考虑国际内部审计准则的本土化问题，结合我国政治体制特点、经济发展状况和内部审计实践做出合理的调整。

第五节 内部审计程序

内部审计程序一般包括准备、实施和终结三个阶段，对于审计过程中查处问题的情况，还可能进行后续审计。

一、准备阶段

内部审计准备主要是制定内部审计工作计划。

（一）内部审计工作计划的类型

审计计划一般包括年度审计计划、项目审计计划和审计方案三个层次：年度审计计划是对年度的审计任务所作的事先规划，是组织年度工作计划的重要组成部分；项目审计计划是对具体审计项目实施的全过程所作的综合安排；审计方案是对具体审计项目的审计程序及其时间等所做出的详细安排。内部审计机构可以根据组织的性质、规模、审计业务的复杂程度等因素决定审计计划层次的繁简。

（二）内部审计工作计划的制定时间与准备

（1）年度审计计划应在下年度开始前编制完成，并报组织适当管理层批准，以指导内部审计机构下年度的工作。在制定年度审计计划前，应了解以下情况，以评价各审计项目的风险程度：组织的发展目标及年度工作重点；严重影响相关经营活动的法规、政策、计划和合同；相关内部控制的质量；相关经营活动的复杂性及其近期变化；相关人员的能力、品质及其岗位的近期变动；其他与项目有关的重要情况。

（2）项目审计计划和审计方案应在审计实施前编制完成，并经内部审计机构负责人批准。在具体实施审计项目前，审计项目负责人应充分了解被审计单位的以下情况，以制定项目审计计划：经营活动概况；内部控制的设计及运行情况；财务、会计资料；重要的合同、协议及会议记录；上次审计的结论、建议以及后续审计的执行情况；上次外部审计的审计意见；其他与项目审计计划有关的重要情况。内部审计机构应当根据批准后的审计计划组织实施内部审计活动。在计划执行过程中，若有必要，应按规定的程序对计划进行修改和补充。

（三）内部审计工作计划的内容

项目审计计划应当包括以下基本内容：（1）审计目的和审计范围；（2）重要性和审计风险的评估；（3）审计小组构成和审计时间的分配；（4）对专家和外部审计工作结果的利用；（5）其他有关内容。

审计方案应当包括以下基本内容：（1）具体审计目的；（2）具体审计方法和程序；（3）预定的执行人及执行日期；（4）其他有关内容。

二、实施阶段

（一）通知

内部审计机关实施审计前，应向被审计单位送达审计通知书，特殊审计业务可在实施审计时送达。审计通知书的内容应包括：（1）审计的范围、内容、时间和方式；（2）审计组长及其他成员的名单；（3）对被审计单位配合审计工作的要求。

（二）展开工作

与社会审计和国家审计不同，内部审计机构和人员对审计事项一般比较熟悉，因而一般无须做初步调查，也无须对内控制度进行健全性调查、符合性测试和有效性评价。审计人员依靠自己对本部门、本单位的了解，已经积累了对审计环境的认识，直接根据审计项目的内容和审计工作的要求进行审查、取证、调查和分析，对于审计中发现的问题，可随时向有关单位、部门和人员提出改进意见。

（三）形成审计工作底稿

审计工作底稿是编写审计报告的主要依据。内部审计人员通过取证、调查和分析，对具体审计事项有了较为明确的结论，应该撰写原始审计工作底稿，原始审计工作底稿是内部审计人员直接依据被审计单位提供的资料和情况编制核对的工作底稿，如内部审计师编制的现金盘点表、固定资产抽查盘点表等。原始审计工作底稿完成后，内部审计人员应当对之进行归纳、分析和整理，按照项目审计方案列示的具体审计业务内容编写汇总审计工作底稿。汇总审计工作底稿一般包括以下内容：被审计单位名称、审计事项及期间、审计程序的执行过程及执行结果、审计结论、执行人员姓名、执行日期、复核人员姓名及日期、复核意见、审计标识及相关说明等。

三、终结阶段

（一）编写审计报告

1. 编写审计报告的要求

审计报告应当客观、完整、清晰、及时、具有建设性，并体现重要性原则。具体而言：（1）审计报告的编制应实事求是、不偏不倚地反映审计事项；（2）审计报告应按照规定的格式及内容编制，做到要素齐全、格式规范，不遗漏审计中发现的重大事项；（3）审计报告应突出重点、简明扼要、易于理解；（4）审计报告应及时编制，以便适时采取有效纠正措施；（5）审计报告应针对被审计单位经营活动和内部控制的缺陷提出可行的改进建议，促进组织目标的实现；（6）审计报告形成的审计结论与建议应当充分考虑审计项目的重要性和风险水平。

2. 审计报告的内容

审计报告应当包括以下基本要素：标题；收件人；正文；附件；签章；报告日期。审计报告的正文应包括以下主要内容：（1）审计概况：说明审计立项依据、审计目的和范围、审计重点和审计标准等内容；（2）审计依据：应声明内部审计是按照内部审计准则的规定实施，若存在未遵循该准则的情形，应对其做出解释和说明；（3）审计结论：根据已查明的事实，对被审计单位经营活动和内部控制所作的评价；（4）审计决定：针对审计发现的主要问题提出的处理、处罚意见；（5）审计建议：针对审计发现的主要问题提出的改善经营活动和内部控制的建议。审计报告的附件应包括对审计过程与审计发现问题的具体说明、被审计单位的反馈意见等内容。

3. 审计报告的修改和复核

审计报告应当由被授权的审计项目小组成员以及审计项目负责人、审计机构负责人等相关人员进行严格的复核和适当的修订。审计报告复核、修改后，再经与组织适当管理层充分沟通后，才能提交给审计项目有责任的机构或个人。

（二）提交审计报告

1. 提交报告前的沟通

企业内部审计人员在出具审计报告前应当与被审计单位交换审计意见。被审计单位有异议的，应当自接到审计报告之日起一定时间内提出异议，逾期不提的，视为没有异议。如果是中央企业内部审计，被审计单位若对审计报告有异议且无法协调时，设立审计委员会的企业，应当将审计报告与被审计单位意见一并报审计委员会协调处理；尚未设立审计委员会的企业，应当将审计报告与被审计单位意见一并报企业主要负责人协调处理。

2. 提交审计报告

审计终结后，内部审计机构应向有关负责人提出审计报告。值得一提的是，由于我国内部审计部门的设置模式和隶属关系五花八门，内部审计向谁报告因各单位内部审计部门设置的特点和隶属关系而有所区别，可能是向单位负责人、董事会、审计委员会、监事会或者部门主管等报告，这种不固定的报告对象和模式在一定程度上导致了我国内部审计地位的低下，内部审计无法受到应有的重视。西方国家的内部审计报告对象经历了面向高级管理层的单轨报告、面向审计委员会及高级管理层的"反应式"双轨报告、面向审计委员会及高级管理层的"能动式"双轨报告这样三个发展阶段，第二阶段与第三阶段的区别在于，第二阶段"反应式"双轨报告是基于"经营活动和业务的发生——内部审计的监督和评价——内部审计报告"程序的被动式的双轨报告，而第三阶段"能动式"的双轨报告是基于内部审计把服务内容从"防弊"发展到"兴利"，进一步发展到风险管理、到对决策、业务过程的"能动式"的事前、事中及事后相结合的确认与咨询而产生的①。现代企业制度下，公司治理和公司管理日趋融合，内部审计作为内部控制的组成部分，是内部控制中的重要环节，贯穿于整个公司管理之中，而内部审计发挥作用正是在公司治理与公司管理交叉融合之处，这就意味着在内部审计机构设置较为完善的企业中，内部审计报告的对象不仅是审计委员会，还必须考虑高级管理层，正如 IIA《内部审计实务标准》中指出的，"为实现必要的独立性，首席审计执行官在职能上应直接向审计委员会或同类机构报告。为了行政管理的需要，在大多数情况下，首席审计执行官应直接向组织的首席执行官（CEO）报告。"简单地说，内部审计报告的对象应该概括为：职能上向审计委员会报告，行政上向高级管理层报告。我国内部审计不妨借鉴之。

（三）下达审计意见

审计报告上报企业董事会或主要负责人审定后，企业内部审计机构应当根

---

① 严晖："内部审计报告关系及职能的嬗变"，《审计理论与实践》2003 年第 11 期。

据审计结论，向被审计单位下达审计意见（决定）。

经批准的审计决定书，被审计单位必须执行。被审计单位对审计决定有异议的，可在收到审计决定书之日起一定时间内向内部审计机构所在单位主要负责人提出申诉。该负责人应及时进行处理。但被审计单位提出申诉期间，原审计意见仍须执行。

（四）建立审计档案

企业内部审计机构对已办结的内部审计事项，应当按照国家档案管理规定建立审计档案。

四、后续审计

后续审计是指内部审计机构为检查被审计单位对审计发现的问题所采取的纠正措施及其效果而实施的审计。企业内部审计机构对主要审计项目应当进行后续审计监督，督促检查被审计单位对审计意见的采纳情况和对审计决定的执行情况。

（一）后续审计的一般原则

（1）内部审计人员的责任是评价被审计单位管理层采取的纠正措施是否及时、合理、有效。

（2）内部审计机构应在规定的期限内，或与被审计单位约定的期限内执行后续审计。

（3）内部审计机构负责人应适时安排后续审计工作，并把它作为年度审计计划的一部分。

（4）内部审计机构负责人如果初步认定被审计单位管理层对审计发现的问题已采取了有效的纠正措施，后续审计可以作为下次审计工作的一部分。

（5）当被审计单位基于成本或其他考虑，决定对审计发现的问题不采取纠正措施，并做出书面承诺时，内部审计机构负责人应向组织的适当管理层报告。

（二）后续审计程序

第一，内部审计机构负责人应根据被审计单位的反馈意见，确定后续审计时间和人员安排，编制审计方案。

编制后续审计方案时应考虑以下基本因素：（1）审计决定和建议的重要性；（2）纠正措施的复杂性；（3）落实纠正措施所需要的期限和成本；（4）纠正措施失败可能产生的影响；（5）被审计单位的业务安排和时间要求。

内部审计人员在确定后续审计范围时，应分析原有审计决定和建议是否仍然可行。如果被审计单位的内部控制或其他因素发生变化，使原有审计决定和建议不再适用时，应对其进行必要的修订。

第二，对于已采取纠正措施的事项，内部审计人员应判断是否需要深入检查，必要时可提出应在下次审计中予以关注的事项。

第三，内部审计人员应根据后续审计的执行过程和结果，向被审计单位及组织适当管理层提交后续审计报告。

第六节　内部审计法律责任

内部审计法律责任包括审计人员及相关负责人的责任和被审计单位或人员的责任。内部审计有关部门规章中都明确规定了内部审计法律责任，如《中央企业内部审计管理暂行办法》（国资委［2004］8 号令）、《教育系统内部审计工作规定》（教育部［2004］17 号令）、《交通业内部审计工作规定》（交通部［2004］12 号令）以及《国务院机关事务管理局内部审计工作规定》等。内部审计法律责任的形式主要是行政责任和刑事责任。

一、审计人员及相关负责人的责任

《中央企业内部审计管理暂行办法》第 42 条和 43 条规定："对于企业出现重大违反国家财经法纪的行为和企业内部控制程序出现严重缺陷，除按规定依法追究企业主要负责人、总会计师（或者主管财务工作负责人）及财务部门负责人的有关责任外，同时还相应追究企业审计委员会及内部审计机构相关人员的监督责任。对于滥用职权、徇私舞弊、玩忽职守、泄漏秘密的内部审计人员，由所在单位依照国家有关规定给予纪律处分；涉嫌犯罪的，依法移交司法机关处理。"

《教育系统内部审计工作规定》第 30 条规定："违反本规定，有下列行为之一的内部审计机构和审计人员，由其所在部门、单位根据有关规定给予批评教育或行政处分：（1）利用职权，谋取私利的；（2）弄虚作假，徇私舞弊的；（3）玩忽职守，给国家和单位造成重大损失的；（4）泄露国家秘密和被审计单位秘密的。以上行为构成犯罪的，应当移交司法机关处理。"

《交通行业内部审计工作规定》第 31 条规定："对审计工作成绩显著的内

部审计机构和忠于职守、坚持原则、有突出贡献的内部审计人员，以及揭发检举违法行为、保护国有财产的有功人员，所在单位和上级主管部门应给予精神或物质奖励。对滥用职权、徇私舞弊、玩忽职守、泄露秘密的内部审计人员，由所在单位依照有关规定予以处理；构成犯罪的，移交司法机关追究刑事责任。”

二、被审计单位的责任

被审计单位的责任主要是不配合内部审计工作、拒不执行审计结论以及打击报复内部审计人员的责任。

《中央企业内部审计管理暂行办法》第44条规定：“对于打击报复内部审计人员问题，企业应及时予以纠正；涉嫌犯罪的，依法移交司法机关处理。受打击报复的企业内部审计人员有权直接向国资委报告相关情况。第45条规定：“被审计单位相关人员不配合企业内部审计工作、拒绝审计或者不提供资料、提供虚假资料、拒不执行审计结论的，企业应当给予纪律处分；涉嫌犯罪的，依法移交司法机关处理。”

《国务院机关事务管理局内部审计工作规定》第14条规定：“对违反本规定，拒绝或者拖延提供与审计事项有关的资料，或拒绝、阻碍检查的单位和个人，审计处有权责令其改正，并提出追究有关责任人的建议，由有关部门视情节轻重给予相应的行政或纪律处分。”

《教育系统内部审计工作规定》第29条规定：“违反本规定，有下列行为之一的单位和个人，内部审计机构根据情节轻重，可以提出警告、通报批评、经济处理或移送纪检监察机关处理等建议，报本部门、本单位主要负责人，本部门、本单位主要负责人应及时予以处理：（1）拒绝或拖延提供与审计事项有关的文件、会计资料和证明材料的；（2）转移、隐匿、篡改、毁弃有关文件和会计资料的；（3）转移、隐匿违法所得财产的；（4）弄虚作假，隐瞒事实真相的；（5）阻挠审计人员行使职权，抗拒、破坏监督检查的；（6）拒不执行审计决定的；（7）报复陷害审计人员或检举人员的。以上行为构成犯罪的，应当移交司法机关处理。”

《交通行业内部审计工作规定》（交通部令2004年第12号）第32条规定：“被审计单位不配合内部审计工作、拒绝审计或提供资料、提供虚假资料、拒不执行审计结论或报复陷害内部审计人员的，单位主要负责人或权力机构应当及时予以处理；构成犯罪的，移交司法机关追究刑事责任。”

典型案例：

世界通信公司案

2002年7月21日，在虚报巨额利润丑闻曝光4个星期后，世界通讯（Worldcom）公司（下称世通公司）正式向纽约南区地方法院递交了破产保护申请。根据破产申请文件，该公司截至2002年第1季度的资产总值超过1000亿美元，债务达310亿美元，破产涉及的资金规模是申请破产的安然公司的两倍，是当年1月份环球电讯破产案的4倍，成为美国有史以来最大规模的企业破产案。

世通公司的前身是创办于1983年的长途电话折扣公司（LDDS），上世纪90年代以来，该公司利用兼并、收购等手段疯狂扩张，一次次上演“小鱼吃大鱼”和“快鱼吃慢鱼”的戏法，迅速发展为全美第二大长途电话公司、全球第一大互联网供应商。

2001年，公司高额负债的状况引起美国证券监管机构的关注，次年3月，美国证券交易委员会（SEC）宣布对世通公司过往的兼并事件和公司向CEO伯纳德·埃伯斯提供3.66亿美元巨额贷款一事进行调查。4月30日，埃伯斯迫于董事会和大股东的强大压力黯然辞职。6月，世通新任CEO主持的一次内部审计暴露出更大的丑闻：从2001年开始，世通公司与扩建电信系统工程有关的大量费用没有被作为正常成本入账，而是作为资本支出处理，这一会计“技巧”为世通带来了38亿美元的巨额“利润”。6月25日，迫于SEC的压力，世通不得不发布声明，承认至少有38亿美元的支出被做了手脚，用来虚增现金流和利润；同时，该公司2001年14亿美元的利润和今年第1季度1.3亿美元的赢利也属子虚乌有。假账丑闻给世通公司带来了灭顶之灾。丑闻曝光的第二天，美国证券交易委员会即以民事欺诈罪正式起诉世通；正在加拿大出席西方7国首脑会议的美国总统布什怒不可遏，表示要全面调查世通一案。与此同时，世通股票市值急剧缩水到3.35亿美元，公司成为一具空壳，信用等级被降为最低级；1年前允诺向世通提供25亿美元融资的25家投资银行也相继控告世通诈骗25亿美元。7月21日，世通不得不申请破产保护。8月8日和9月19日，世通公司又被发现有两笔错账，该公司财务丑闻涉及的金额增加到90多亿美元。

2003年4月14日，公司更名为MCI，将总部从密西西比迁至维吉尼亚州。根据破产重组计划，公司向SEC支付总额75亿美金的现金和新公司股票，用以偿付受欺骗的投资者。重组后的公司负债57亿美金，拥有资金60亿美元，这60亿美元中的一半将用于善后诉讼及清算。破产前公司的债券以一美元兑35.7美分获偿，而股票投资者则血本无归。许多小债主苦等两年多也没有收回自己的本钱，其中包括许多前公司雇员。2005年2月14日，Verizon通信公司宣布以76亿美金收购MCI。2005年3月15日，伯纳德·埃伯斯被判犯有欺诈、共谋、伪造罪，获刑25年监禁，该公司其他涉案人员，亦被裁定有罪。

揭开世通公司造假黑幕的英雄，正是该公司的内部审计部门。世通公司于1993年成立内部审计部门，其职能、规模和范围随着公司发展不断增大，公司雇佣了全职的专业人员。不过，虽然公司的危机是由内部审计人员发现的，但是世界通信公司破产审查报告揭示，其内部审计存在以下先天性缺陷：(1) 管理层对内部审计的实施、范围和结果报告施加了太多的影响。内部审计实际上直接接受首席财务官的领导，破坏了审计的独立性原则。(2) 内部审计狭窄的业务范围使公司董事会无法在早期发现其公司财务处理不当的问题。(3) 内部审计部的人力资源和运作经费严重匮乏，内部审计部只有27个工作人员，内审人员的规模和平均工资只相当于其竞争对手的一半。(4) 审计委员会形同虚设，对公司财务状况根本不了解，对内部审计部缺乏应有的督导，既没有要求内部审计部报送内审计划，也没有与内部审计部建立正式的沟通渠道。(5) 内部审计部没有制定全面的年度内部审计计划，没有采用系统的方法评估和确定内部审计的重点部门和重点领域，工作随意性较为突出。(6) 内部审计师与当时的外部审计师（安达信）缺乏实质性的沟通和互动关系。

世通公司原内部审计部门副总经理辛西亚·库柏（Cynthia Cooper）因揭开造假黑幕而被《时代》杂志评为2002年度风云人物。他和擅长电脑技术的内部审计师哲恩·摩斯（Gene Morse）、高级经理格林·史密斯（Glyn Smith），将内部审计的范围由经营绩效审计秘密扩张至财务审计。2002年5月28日，从电脑记录上查出了一笔既没有原始凭证支持，也缺乏授权签字的5亿美元的电脑费用，使内部审计的调查柳暗花明；随后利用信息部安装和测试新系统的机会，获得了自由进出电脑会计系统的方法，将取证重点锁定在化整为零、频繁发生的“内部往来”，成功地收集了将20亿美元经营费用包装成资本支出的直接证据。至此，世通公司的会计造假基本上真相大白。他们的最终发现是，2001—2002年第1季度，世通公司通过将支付给其他电信公司的线路和网络费用确认为资本性支出，在5个季度内虚增利润38.52亿美元。案发后，世通公司高度重视内部审计工作，内部审计部门借机得以重构：（1）内部审计机构增加12—15名审计师；（2）除继续从事经营审计外，还从事财务审计，强调财务控制的重要性；（3）内部审计机构加强与外部审计师（KPMG）、公司管理层、审计委员会和董事会的沟通；（4）内部审计机构充分认识到来自咨询和非审计服务的风险，将先进的审计技术结合到内部审计的范围和过程中①。

复习思考题：

1. 简述内部审计的概念、特点及与外部审计的关系。

2. 试述内部审计机构设置模式以及我国内部审计机构设置模式现状与完善建议。

3. 试述内部审计机构的职责和义务。

4. 简述我国内部审计准则体系。

5. 试述内部审计程序。

6. 内部审计法律责任的特点如何？

推荐阅读书目：

1. 邱伟文：《中国内部审计的发展轨迹》，http：//www. symc. edu. cn/sjc/ShowArticle. asp？ArticleID = 2055。

2. 陈珊珊、唐东："美国内部审计发展现状及启示"，《审计月刊》2006年第9期（下）。

3. 王宝庆：《现代内部审计》，立信会计出版社2007年版。

4. 王光远："内部审计在世界"，《财会月刊》2003年第3期。

5. 冯罗恒："公司治理视角中的内部审计问题研究"，《金卡工程·经济与法》2009年第1期。

6. 庞士林、刘玉利："我国企业内部审计机构设置的构想"，《商场现代化》2007年第6期。

---

① 参见刘华：《审计治理规范与案例》，复旦大学出版社2004年版，第245页。

7. 邓雪玲："内部审计在内部控制中发挥作用的对策探讨"，《现代商业》2009 年第 12 期。

8. 王开志："设立审计委员会制度，提高内部审计独立性"，《决策与信息》2008 年第 10 期。

9. 严晖："内部审计报告关系及职能的嬗变"，《审计理论与实践》2003 年第 11 期。

第十一章

审计救济制度

本章导读：

审计救济制度是审计法律制度的重要组成部分，对于提高审计质量，防范审计风险维护当事人权益具有重要的作用。在国家审计、社会审计和内部审计中，审计救济的制度内容存在很大的不同。各国在国家审计中一般实行多层次的审计救济制度，并因国家审计体制的不同而在内容上有所差异。

关键术语：

救济　审计复议　审计诉讼　审计法律责任

审计救济是指为制止和纠正审计主体的违法或者不当行为，被审计主体依法要求审计主体对其合法权益进行补偿与救济的法律活动。审计救济在国家审计、社会审计和内部审计中均必不可少，但是在救济的内容、救济的方式等方面均有很大的差异。我国的国家审计不仅具有强制力，而且具有监督、检查、报告权，甚至处理、处罚权，对当事人的权益存在很大影响，因此，在审计主体对被审计单位进行审计监督的同时，注重对审计工作自身的再监督十分必要。建立切实可行的审计救济制度是坚持依法审计原则不可缺少的关键要素，是完善审计法律制度的重要组成部分，对于审计机关依法行使职权，防止审计监督权的滥用，规避审计风险，切实保障审计双方的合法权益均具有十分重要的意义和价值。

为保证审计机关依法行使审计监督权，防止和纠正违法或者不当的审计具体行政行为，《审计法》根据我国国家审计体制和运作规则，区分审计机关做出的不同审计决定，设定了不同的救济途径：被审计单位对审计机关做出的有关财务收支的审计决定不服的，可以依法申请行政复议或者提起行政诉讼；被审计单位对审计机关做出的有关财政收支的审计决定不服的，可以提请审计机关的本级人民政府裁决，本级人民政府的裁决为最终决定①。当被审计主体认为自身合法权益受到侵害时，享有通过上述三种途径要求国家机关进行救济的权利。

行政复议、行政诉讼和政府裁决具有不同的法律属性②，在我国，财政收支是体现国家意志的收支活动，对政府各部门的财政收支进行审计监督具有政府内部监督的性质。《审计法》第 48 条的立法原意在于将财政收支审计定性为内部行政行为，把财务收支审计定性为外部行政行为，设计了不同的救济途径。内部行政行为属于行政管理活动，依照行政行为相关制度和规则进行救济，不像外部行政行为具有可诉性。因此，按照本书的逻辑线索，本章所讲述的审计救济制度只限于国家审计制度中，对审计机关做出的有关财务收支的审计决定不服而依法申请行政复议或者提起行政诉讼③。

第一节 审计复议

一、审计复议概述

审计复议是指审计相对人认为审计机关做出的审计具体行政行为（以下简称“审计行为”）侵害其合法权益，依法向法定审计复议机关提出申请，受

① 参见《中华人民共和国审计法》第 48 条。

② 行政复议是公民、法人或者其他组织认为具体行政行为侵犯其合法权益，依法向法定的行政复议机关提出复议申请，复议机关依法对该具体行政行为进行合法性、适当性审查，并做出复议决定的行政行为。行政诉讼是公民、法人或其他组织认为行政机关及其工作人员的具体行政行为侵犯其合法权益，依照行政诉讼法向人民法院提起诉讼，由人民法院进行审理并做出裁决的活动。政府裁决是政府机关或法定授权的组织，对行政机关内部的行政纠纷进行审查并做出裁决的具体行政行为。

③ 经济责任审计实行行政救济，不具有可诉性。《党政主要领导干部和国有企业领导人员经济责任审计规定》第 32 条规定，被审计领导干部对审计机关出具的经济责任审计报告有异议的，可以自收到审计报告之日起 30 日内向出具审计报告的审计机关申诉，审计机关应当自收到申诉之日起 30 日内做出复查决定；被审计领导干部对复查决定仍有异议的，可以自收到复查决定之日起 30 日内向上一级审计机关申请复核，上一级审计机关应当自收到复核申请之日起 60 日内做出复核决定。上一级审计机关的复核决定和审计署的复查决定为审计机关的最终决定。

理申请的审计复议机关依照法定程序对引起争议的具体行政行为进行审查并做出裁决的活动。审计复议属于行政复议的一种，它应遵循《中华人民共和国行政复议法》的规定。

审计复议是审计相对人行使行政救济权的一种法律途径，是近代民主政治发展的产物。我国宪法第 41 条规定："中华人民共和国公民对于任何国家机关和国家工作人员，有提出批评和建议的权利，对于任何国家机关和国家工作人员的违法失职行为，有向有关国家机关提出申诉、控告或者检举的权利。"这是我国行政复议制度，也是审计复议制度建立的宪法依据。《行政复议法》、《中华人民共和国审计法》（以下称《审计法》）和《审计机关审计复议的规定》（以下简称《审计复议的规定》）等法律、法规的相继颁布实施为审计复议制度的建立提供了直接的法律依据。审计复议制度在本质上是一种行政救济制度，具有行政性和准司法性，体现着行政性和司法性的统一，能够防止和纠正违法或者不当的审计行为，在保护公民、法人或者其他组织的合法权益，提高审计质量、维护审计权威、防范审计风险、促进审计机关依法行政等方面具有重要意义。

审计复议具有以下主要特征。

（一）审计复议的双方当事人恒定

审计复议总是以审计相对人为复议申请人，以做出审计行为的审计机关作为复议被申请人。当事人双方这种固定的法律地位是由审计争议的性质和特点所决定的。审计复议的这一特征表明：首先，审计复议是应审计相对人申请而引起的。审计相对人是指在审计法律关系中与行使职权的审计机关相对应的另一方当事人，包括国有的金融机构、企业事业组织以及依法应当接受审计机关审计监督的其他单位和个人。申请审计复议是法律赋予审计相对人的一种权利，即复议申请权。审计复议申请权只能由被审计单位行使，行使审计权做出审计具体行政行为的审计机关是不必要也不能申请审计复议的。在审计活动中，没有审计相对人不服审计具体行政行为这一前提，就不会发生审计争议。其次，审计复议的被申请人是做出审计具体行政行为的审计机关。这里的审计机关是指国务院和县级以上地方人民政府设立的各级审计机关。

（二）审计复议的对象是审计争议

审计复议以审计争议为基础，没有审计争议，审计复议便无从谈起。所谓审计争议，就是审计机关在审计监督过程中，同审计相对人之间因审计评价和审计决定等审计行为而引起的纠纷。这种纠纷表现为审计相对人与审计机关之间的矛盾争执状态，以审计相对人对审计机关的审计评价和审计决定等具体行政行为表示不服为其前提条件；从内容来看，争执的焦点是审计机关所做的具体行政行为是否合法与适当。在现实的政治、经济和文化环境中，审计机关与其他行政机关一样，其实施的审计监督行为不能保证绝对的正确合法，特别是一些审计工作人员在法律意识和职业道德方面的欠缺或者主观认识上的局限，使其在执行公务过程中出现失误或偏差就更难以避免。由于审计相对人的权利和利益与审计机关的审计评价和审计决定等具体行政行为有着直接的利害关系，因而对审计机关违法或不当的具体行政行为的出现，一般都会做出敏感的反应；即使审计机关的具体行政行为是合法合理的，审计相对人基于错误的主观判断而表示不服的现象也会出现。因此，审计争议是不可避免的，对于这种争议，必须有相应的解决途径。建立审计复议制度的目的就是要及时解决审计争议，使审计机关做出的违法或不当的审计具体行政行为得到纠正，使审计机关做出的正确合法的审计具体行政行为得到维持，从而保护审计相对人的合法权益，维护正常的审计监督秩序。

（三）审计复议是一种行政类司法行为

审计复议产生的原因是审计争议的出现，在案件的受理上遵循“不告不理”的原则，审计复议申请必须在法定期限内向有管辖权的审计复议机关提出，审计复议的程序类似于司法程序，解决争议的审计复议机关对于争议的双方具有相对独立性，其地位类似于人民法院在行政审判中的地位等，这些具有较为明显的司法化倾向的表现，使审计复议不同于一般的管理性行政行为，而近似于司法行为。与此同时，审计复议也是在行政系统内部的上级机关对下级审计机关做出的违法或者不当审计具体行政行为实施的一种监督、纠错行为，它属于行政监督的范畴，也具有明显的行政性。因此，审计复议并非是真正的司法行为，充其量只是一种“行政类司法行为”。

（四）审计复议以书面审理为一般形式

所谓书面审理方式，是指审计复议机关通过对申请人提出的申请书和被申请人提交的答辩书以及有关材料进行审查认定，在此基础上依法做出复议裁决。审计复议实行书面审理方式，主要是由复议活动的原则和特点所决定的。一方面，审计复议遵循效率原则，这决定了其审理期限不能过长，不能使复议参加人花费大量的时间来进行庭审活动；另一方面，审计复议活动是在行政系统内部进行的，复议机关熟知审计专业知识和法律知识，对审计具体行政行为合法与否易于分辨，无需经过复杂的庭审方式来求得对具体问题的认定和把握。

（五）审计复议既审查审计行为的合法性，也审查审计行为的合理性

审计复议审查审计行为的合法性，就是要审查审计行为的主体是否合法、权限是否合法、内容是否合法、依据是否合法、程序是否合法等；审查审计行为的合理性，就是要审查审计行为是否适当，审查审计机关在法定权限内或法定幅度内做出的具体行政行为是否客观公平、恰如其分。《审计复议的规定》第 22 条规定，“审计具体行政行为明显不当的”，审计复议机构应依法决定撤销、变更或者确认该行为违法；决定撤销或者确认审计具体行政行为违法的，可以责令被申请人在一定期限内重新做出审计具体行政行为。可见，审计复议是对审计行为的合法性和合理性进行的全面审查。这一特征使其与只审查审计行为合法性的行政诉讼，在对具体行政行为的审查范围上区别开来。

二、审计复议程序

审计复议程序范围有广义与狭义之分。狭义上是指审计复议审理程序，即申请人向审计复议机关提出复议申请至复议机关做出复议决定的各项步骤、方式、顺序以及时限的总称。广义上的审计复议程序除行政复议审理程序之外，还包括行政复议的期间和送达以及行政复议决定的执行程序。本书采狭义说。审计复议程序是审计复议行为的重要环节，是审计复议内部生命力的表现，也是审计复议合法、高效运行的重要保证。《审计复议的规定》根据《行政复议法》的有关规定，依据合法、公正、公开的原则，对审计复议程序的申请、受理、审理以及决定四个环节做了规定。

（一）审计复议申请

1. 审计复议申请的概念

审计复议申请是指审计相对人认为审计机关的审计行为侵犯其合法权益，依法向有管辖权的审计复议机关提出对该审计行为进行审查和处理，以保护自己合法权益的一种意思表示。复议请求权，是宪法和法律赋予公民、法人和其他组织的一项权利。复议申请，是启动审计复议程序运行的必要步骤，没有申请人的申请，审计复议机关不主动行使复议权，但申请人的申请行为并不必然就产生复议机关行使复议权的法律后果。申请必须符合法定条件才能引起审计复议。

2. 审计复议申请的条件

审计复议申请的条件，是指审计相对人向审计复议机关申请审计复议所必

须具备的法定条件。根据《审计复议的规定》的有关规定以及审计复议的实践，提起复议申请应具备以下条件：

(1) 申请人具备提出复议申请的主体资格。首先，申请人必须是认为审计机关的审计具体行政行为侵犯了自己的合法权益的主体。即申请人合法权益的直接侵犯来自审计具体行政行为，而不是审计抽象行政行为。同时，申请人认为审计机关的审计行为侵犯的合法权益，只是一种“认为”，不要求审计行为确属违法才能申请复议。其次，申请人必须与请求复议的审计行为有直接的利害关系，即申请人认为自己的合法权益受到审计机关的不法侵害。审计行为侵犯了谁的合法权益，谁才具有申请复议的资格，也才能够成为该复议的申请人。最后，申请人只能是受审计行为侵犯的本人而不是他人。

(2) 有明确的被申请人。被申请人是审计复议不可缺少的复议参加人。没有被申请人，或者被申请人不明确，审计复议机关就无法开展复议活动，也就谈不上做出复议决定。这一条件意含两个要素：第一，申请人在其提出的复议申请中应指明实施侵犯其合法权益的审计机关。第二，所列被申请人是适合的。在实践中，被申请人的情况比较复杂，有的是一个，有的是几个，有的是做出审计行为的审计机关自身，有的则是审计机关的派出机构。申请人必须从被申请人是谁、被申请人是否适合、被申请人是否遗漏等几个方面进行考察以明确被申请的对象。此外，审计机关工作人员不能成为审计复议的被申请人，这是其法律地位所决定的。

(3) 有具体的复议请求和事实根据。复议请求，是申请人请求复议机关保护自己合法权益的具体内容。所谓具体的复议请求，有两层意思：一是申请人明确对被申请人的哪一项审计具体行政行为不服；二是申请人明确表示要求复议机关解决什么问题以及要达到的目的是什么。根据不同情况，复议请求各不相同，一般包括请求撤销或者变更审计决定的要求，请求审计复议机关责令被申请人重新做出审计决定，请求责令被申请人履行法定职责等。在提出复议请求的同时，复议申请人还必须提出支持自己请求的事实根据。事实根据，是指申请人向复议机关申请复议的复议请求所根据的事实，主要指审计行为违法或不当的事实。要求申请人提供事实根据是为了证明审计行为客观存在和有违法或者不当的行为，而不是要求申请人提供充分、确凿的证据证明审计行为违法，更不是要求申请人承担举证责任。

(4) 属于申请复议范围。复议范围与复议申请权的行使具有直接的关系，复议范围决定了申请人复议申请权的范围。如果复议申请人所要解决的问题，依法不属于审计复议的范围，就不得申请审计复议。根据《审计法》及其实施条例，除“可以提请裁决的审计决定”外，审计机关做出的其他审计决定均可以提起审计复议，《审计复议的规定》第 4 条具体规定：“向审计机关申请复议的审计具体行政行为包括：第一，审计机关做出的责令限期缴纳、上缴应当缴纳或者上缴的收入、限期退还违法所得、限期退还被侵占的国有资产等审计处理行为。第二，审计机关做出的罚款、没收违法所得等审计处罚行为。第三，审计机关采取的通知有关部门暂停拨付有关款项、责令暂停使用有关款项等强制措施行为。第四，法律、法规规定可以申请复议的其他具体行政行为。”另外，根据《行政复议法》第 7 条的规定，审计机关的抽象行政行为也在行政复议之列。被审计单位及有关责任人认为审计机关的具体行政行为所依据的有关规定（审计署规章除外）不合法，在对具体行政行为申请行政复议时，可以一并提出对该规定的审查申请。复议范围对申请人复议请求权与复议机关的复议权的行使均有直接约束力，不属于复议范围的，审计相对人不能申请复议，复议机关也无权受理。

（5）属于受理复议机关管辖。申请人申请复议，必须明确应向哪个复议机关提出申请。根据复议机关关于管辖复议案件的权限划分，申请人须向有管辖权的复议机关申请复议。对于复议机关而言，不属于自己管辖的复议案件不予受理。但应该注意的是，申请人因选择管辖上的错误，向无管辖权的复议机关申请复议并不直接导致申请复议期限延误，申请人并不因此丧失复议请求权。对不予受理的复议案件，复议机关应当告知申请人向有管辖权的复议机关提出申请。

上述五个方面是审计相对人申请复议所必须具备的条件，几者必须同时具备，缺一不可。

3. 审计复议申请的方式

审计复议申请的方式，是指审计相对人提出复议要求和表达其复议意愿的具体表现形式。《审计复议的规定》第 8 条规定：“申请人申请审计复议应当书面申请。申请人口头申请的，审计复议机关应当告知其以书面形式申请。复议申请书应当写明申请人的基本情况、复议请求、申请复议的主要事实和理由、申请时间等。”可见，审计复议申请只有一种方式，即书面形式。

书面形式，是指审计相对人通过向复议机关递交书面申请文书，表达其申请复议意愿和要求的一种形式。审计相对人所递交的书面申请文字，称为审计复议申请书。采取书面形式申请复议，比较严肃、郑重，不仅有利于复议申请人全面、准确、详尽地表达复议请求的目的、事由和根据，也有利于复议机关准确了解有关情况达到复议申请的效果。因此，申请复议应以书面的申请方式为主要方式。

复议申请书，一般应当载明下列内容：

（1）复议申请人的基本情况。具体而言，申请人是公民的，应写明复议申请人的姓名、性别、年龄、民族、籍贯、职业、住址和工作单位等情况；申请人是法人或者其他组织的，应写明法人或其他组织的名称、地址、法定代表人的姓名、职务等内容。

（2）被申请人的名称、地址，也就是侵犯申请人合法权益的审计机关的名称和地址。

（3）申请复议的具体请求与主要事实和理由。这一部分是复议申请书的主要内容。

（4）提出复议申请的时间。

此外，还应写明复议申请书致送的复议机关名称，并由申请人签名或加盖印章等。

（二）审计复议受理

1. 审计复议受理的概念

审计复议的受理，是指审计复议机关通过对复议申请的审查，认为其符合法定条件而决定立案并予以审理的活动。

复议申请与复议受理是两种不同性质却又有密切联系的活动。复议申请是公民、法人和其他组织的权利，对申请的受理则是审计复议机关的一项职权。复议申请是复议受理的前提，没有复议申请就没有复议受理。但受理又不是申请的必然结果，是否决定受理，是复议机关行使复议权对申请行为进行审查的单方面行为的结果。由此可见，审计复议缘起于申请人的申请和复议机关对申请的受理这两方面的有机结合。

审计复议的受理环节在审计复议活动中其有重要意义，复议机关决定受理后，产生一系列法律后果。首先，申请人、被申请人和复议机关之间形成审计复议法律关系。各审计复议法律关系主体均享有一定的权利，也应承担相应的义务。其次，同一申请人不能就同一复议请求，以同一理由进行重复复议，同时，也排斥了其他国家机关，包括其他复议机关对该复议案件的管辖权。再次，申请人在法定复议期限内不得向人民法院起诉。最后，对于被申请复议的审计行为，复议机关的受理并不产生停止的效果。但是有法律规定的特殊情况出现时，复议机关有权依当事人申请决定停止该具体行政行为的执行，审计机关也可自己决定停止执行。

2. 审计复议申请的审查和处理

对审计复议申请的审查和处理，是为了解决审计复议机关是否接受申请，决定是否立案而进行的复议活动。这一阶段的主要任务是审查复议申请书的内容，判断是否符合立案的条件，对申请区别不同情况进行不同处理。

（1）审查复议申请。对复议申请的审查，应主要审查以下几个方面的内容：第一，复议申请是否符合法定要件。这主要包括审计机关的具体行政行为是否涉及复议申请人的合法权益；复议申请所要解决的问题，是否属于复议的范围；被申请人是否明确等。第二，复议请求是否超过法定期限，超过法定期限有无延长期限的正当理由。关于复议申请期限，《审计复议的规定》第五条规定："被审计单位可以自知道该审计具体行政行为之日起 60 日内提出审计复议申请。因不可抗力或者其他正当理由耽误法定申请期限的，申请限期自障碍消除之日起继续计算。"不可抗力是指审计相对人不能预见、不能预防并且不可克服的客观事由，如地震、洪水等自然灾害。其他正当是指不可抗力之外的不能归责于申请人的情况，如在复议申请期限内，行政相对人突然患病，被申请人设置障碍阻止申请人申请复议等。第三，复议申请提出之前，是否已向人民法院提起诉讼，人民法院是否已经受理。根据《行政复议法》相关规定，申请人向人民法院提起行政诉讼，人民法院已经依法受理的，不得申请行政复议。

复议机关对复议申请书应当及时进行审查。根据法律规定，复议机关应当自收到复议申请之日起 5 日内，对复议申请视情况分别做出处理。

（2）对复议申请的处理。复议机关对复议申请予以审查后，应分别情况做出不同处理：第一，对于符合申请复议条件的，审计复议机关应无条件予以受理，审计复议申请自审计复议机关负责法制工作的机构收到之日起即为受理。第二，对于不符合申请复议条件的复议申请，复议机关应当决定不予受理并书面告知被审计单位。申请人不服的，可以依法向人民法院提起行政诉讼。应注意的是，对于复议申请书的格式和内容不符合法定要求以及没有提交必要的材料和证据的，复议机关不能简单地以复议申请不完备做出不予受理的决定，而应将申请书发还申请人要求其限期补正，过期不补正的再决定不予受理。第三，对符合法定条件，但是不属于本机关受理的审计复议申请，应当告知被审计单位向有关审计复议机关提出。需要明确的是，这种告知应该在收到复议申请后的5日内做出，至于以什么形式做出，法律未作明确规定。我们认为，应当以书面方式做出为宜。

3. 对审计复议受理工作的监督

为了充分保障审计相对人的复议申请权与正当的诉讼权利，对复议机关无正当理由不予受理严重影响审计相对人权利的情况，《审计复议的规定》第16条规定了相应的监督措施，即“申请人依法提出审计复议申请，审计复议机关无正当理由不予受理的，上级审计机关应当责令其受理；必要时，上级审计机关也可以直接受理。”

这一规定，应注意以下几个方面：

（1）审计复议机关对审计相对人依法提出的复议申请，负有受理的义务。审计复议机关决定受理或不受理的依据，只能是行政复议法以及有关审计复议法律规范的规定。没有法律依据不予受理，是不应该和不适当的。复议机关无正当理由不予受理的情形主要是指：①申请人提出的复议申请符合法定条件，复议机关拒绝受理的；②申请人提出的复议申请符合法定条件，但复议机关超过审查复议申请期限尚未做出受理决定的；③复议机关故意设置障碍而使申请人超过复议申请期限的；④因复议机关工作人员的过失而耽误申请人法定复议申请期限，复议机关不予受理的；⑤因复议机关发生意外情况，耽误复议申请期限，复议机关不予受理的。

（2）本条规定的“上级审计机关”，是指对拒绝受理复议申请的复议机关有行政上的领导关系的审计机关。

（3）本条所讲的“责令”，是责成、命令的意思。审计复议机关对于上级审计机关责令其受理行政复议申请的决定，应当服从。同时，为了保证这种责令监督形式的有效性。一旦申请人提出了申诉且成立的话，上级审计机关应当采取书面通知的形式，在通知复议机关的同时，也应书面通知申诉人。审计复议机关接到通知后，应当将受理的情况及时报告上级审计机关。

（4）上级审计机关责令复议机关受理的前提是申请人没有向人民法院提起行政诉讼。申请人如果已向人民法院提起行政诉讼，则一方面申请人已获得权利救济的途径；另一方面既然已提起行政诉讼，则依法不应再进行行政复议。应该指出的是，虽然在申请人已向人民法院提起行政诉讼的情况下，不必再责令复议机关受理，但复议机关违反法定义务仍应承担相应的法律责任。

（5）本条所规定的“必要时，上级审计机关也可以直接受理”的“必要时”，是指上级审计机关根据具体情况自行判断和掌握的酌定情形。一般是在采取责令审计复议机关受理的办法，明显不利于保护审计相对人的合法权益，或者客观上难以执行的时候。

（三）审计复议审理

1. 审计复议审理的概念

审计复议审理，是指审计复议机关对申请复议的案件进行实质性审查的活动。审计复议机关受理行政复议申请后，即进入审计复议的审理阶段。这一阶段的主要任务，是通过审查证据材料，全面审查审计行为的合法性和适当性。审计复议的审理，是审计复议的中心环节和核心阶段，是审计复议的各项基本原则的集中体现，也是审计复议机关正确行使复议权的关键步骤。

2. 审计复议审理前的准备

审理前的准备，是指审计复议机关在案件受理后至审理前，为保证复议工作的顺利进行和案件的正确及时审理，由审计复议机构所进行的各种准备活动。审理前的准备是审计复议审理程序的一个必经阶段。

根据《审计复议的规定》第 19 条的规定，具体而言，审理前的准备工作主要有以下几项：

（1）发送复议申请书副本或者复议申请笔录复印件。将复议申请书副本或者复议申请笔录复印件发送给被申请人是一项重要的准备工作。复议机关应当在受理之日起 7 日内，将复议申请书的副本发送给申请人。复议申请书的副本是复议申请书正本的对称，其内容和正本完全一样。《行政复议法》和《审计复议的规定》规定发送期间为 7 日内，指的是发出时间，而不是到达时间。因邮递耽误的时间和因不可抗力等非人为的因素影响耽误的时间应予扣除。

（2）被申请人答辩。被申请人应当自收到申请书副本之日起 10 日内，向复议机关提出答辩书，并提交作为出具行政行为的全部证据、依据和其他有关材料。这是被申请人在复议过程中的一项法定义务，也是被申请人接受复议机关监督的具体表现形式。复议机关在接收有关材料、证据、答辩书工作中，应当主动地行使权利，及时通知或督促被申请人在法定期间内提交。被申请人提出的有关资料不符合要求时，应尽快通知其补正。凡是被申请人不答辩、不举证的，视为该审计行为没有证据、依据，决定撤销该审计具体行政行为；就具体责任人而言，按照《行政复议法》第 36 条的规定，对被申请人违反复议法之规定，不举证、不答辩的，可以依法追究其直接负责的主管人员和其他直接责任人员的行政责任。具体包括给予警告、记过、记大过的行政处分。

（3）申请人、第三人阅卷。申请人、第三人的查阅权是其复议权利得以真正实现的保证。法律赋予其知情权，使申请人、第三人能与被申请人平等的了解案情，为申请人进一步参与复议工作、主张自己的权利创造了良好的条件，是公正、公开原则在审计行政复议中的具体体现。根据《审计复议的规定》，申请人及其委托代理人可以查阅被申请人提出的答辩书、做出审计行为的证据、依据和其他有关材料，除涉及国家秘密、商业秘密或者个人隐私外，审计复议机关、被申请人不得拒绝。实际工作中，申请人在阅卷后，想提出补充申请材料和意见时，复议机关应予接受。

3. 审计复议审查的范围

审计复议的审查范围，是指审计复议机关对复议案件中的哪些事项有权进行审查并做出裁决的范围。审计复议实行的是全面审查制，这不同于审计诉讼的不完全审查制。审计诉讼只对审计具体行政行为的合法性进行审查，而对审计具体行政行为的适当性，除法律规定的个别情况外，一般不予审查。

审计复议审查范围上的全面审查，具体而言主要有以下三层含义：

（1）复议审查不受复议申请人申请范围的限制例如，审计复议机关在审理过程中，如果发现被申请人的审计行为有两项以上的内容，而申请人仅对其中的一项提出主张，复议机关则不应仅限于该项请求而应同时对另外一项进行审查。

（2）复议审查既要审查审计行为的合法性，也要审查其适当性。这主要包括三个方面：第一，原审计行为的事实是否清楚，证据是否确凿，理由是否充分。第二，原审计行为所适用的法律、法规和其他规范性文件是否正确，引用条文是否恰当。第三，原审计行为的做出是否符合法定权限，有无违法或不当，是否符合法定程序，以及法律文书是否完备等。审计复议机关有权审查审计行为的适当性，主要是由审计机关的层级监督原则所决定的，根据这一原则，上级审计机关有权全面评价下级审计机关的活动。

（3）不仅可对审计具体行政行为进行审查还可对审计抽象行政行为审查。复议机关在审查审计行为的过程中，对于申请人所提出的审计抽象行政行为不合法的问题或者是复议机关自己发现的审计抽象行政行为所存在的问题，可以进行审查。经审查确有问题的，可以依法予以处理或转送有权机关处理。

4. 审计复议审理的方式

审计复议案件的审理有两种基本方式：一是书面审理；二是直接审理。所谓书面审理，是指审计复议机关只根据全部案卷材料进行审查，并做出复议决定的审理方式。其特点是不需要通知当事人、证人，不需要经过辩论，不需要当面询问案情和质证各方面证据。这里的案卷材料一般是指申请人的申请书和被申请人的答辩书以及被申请人提供的有关证据、依据和其他材料。所谓直接审理，是指审计复议机关除了审查案卷材料外，还通知申请人、被申请人、第三人及有关人员到复议机构，就有关问题进行调查以听取各方意见，并做出复议决定的审理方式。直接审理在必要时可采取听证的方式。直接审理不同于司法诉讼的开庭审理，它不必组成合议庭，也没有严格的形式，只须以简单的形式，查明事实真相，便可做出复议决定。根据《审计复议的规定》第 18 条的规定，审计行政复议案件的审理，以书面审理为主，以直接审理为辅。规定以书面形式为主，是由审计复议的性质所决定的，是行政效率原则的体现。直接审理则主要适用于以下几种情况：（1）案情复杂，涉及面广，影响较大。（2）审计复议机构认为仅凭书面复议难以作出复议决定。（3）当事人一方或双方要求来说明情况，复议机构认为确有必要。书面审理与直接审理并不是一成不变的。开始确定书面审理，后来发现新情况，就可转为直接审理。直接审理也不是必须要当事人都到场，而是根据案件的具体情况而定。

5. 审计复议审理依据

审计复议审理依据是指复议机关在审理审计复议案件时据以做出复议决定的标准。根据审计监督的一般原理以及我国的审计复议实践，可以认为审计复议机关审理复议案件的依据包括以下几种：法律；行政法规；地方性法规；规章；上级行政机关依法制定和发布的具有普遍约束力的决定、命令、自治条例、单行条例。

6. 审计复议审理期限

审计复议审理期限是指审计复议机关自接到复议申请之日到做出复议决定所需要的时间界限。复议机关逾期不做出复议决定，即构成程序上的违法。按照《行政复议法》第 31 条、《审计复议的规定》第 24 条的规定，审计复议审理期限分为以下几种情况：

（1）一般复议期限，是指审计复议机关应当自受理复议申请之日起 60 日内做出复议决定。规定复议期限，目的在于尽快地解决审计争议，恢复审计秩序，保障审计相对人的合法权益。复议机关收到申请书之日为申请人向复议机关直接递交申请书的日期，以及申请人通过邮寄申请行政复议时邮寄回执上注明的日期。

（2）延长的复议期限，是指对于案情复杂的案件，审计机关不能在规定的期限内做出行政复议决定，经审计复议机构的负责人批准，可以适当延长，但是最多不超过30日，并应告知申请人和被申请人。

7. 审计复议申请的撤回

审计复议申请的撤回，是指申请人向复议机关提出复议申请后，在复议决定做出以前，经复议机关同意撤回自己的复议申请的行为。申请人撤回复议申请，实质上是对复议申请权的一种处分行为。《审计复议的规定》第21条规定："审计复议决定做出前，申请人要求撤回审计复议申请的，经说明理由，可以撤回；申请人撤回审计复议申请的，审计复议终止。"

根据这一规定，撤回复议申请必须具备下列条件：

（1）撤回复议申请的只能是申请人。做出审计行为的审计机关作为被申请人，无权要求撤回复议申请；其他复议参加人除法定代理人和经申请人特别授权的委托代理外，均无权撤回复议申请。

（2）申请人撤回复议申请必须是自愿的。撤回复议申请，是申请人的一项权利，任何组织和个人不得强迫或强行动员申请人提出撤回复议申请，即使被申请人在复议期间改变或者撤销了具体行政行为，并不必然导致申请人撤回复议申请。在实践中，要特别注意申请人是否受到被申请人的胁迫或者害怕被申请人打击报复而撤回复议申请的情况。

（3）申请人必须向复议机关说明撤回复议申请的理由。一般情况下，复议机关不应干预申请人撤回申请的意愿，只须将理由记录在案。实践中，申请人要求撤回申请的主要有两种情况：一种是复议申请人认识到审计具体行政行为正确合法，自己提出的主张依据不足；另一种情况是，被申请人按照申请人的要求改变了原审计具体行政行为。撤回复议申请是否须经复议机关同意，法律没有明确规定，应当理解为无须经复议机关同意。

（4）提出撤回复议申请的时间，必须是在复议机关受理复议申请之后，做出复议决定之前。复议机关受理复议之前，不存在撤同申请的问题。复议决定做出之后，也不存在撤回复议申请的问题。因为复议机关做出的复议决定具有权威性，对复议参加人具有拘束力，非经法定程序不得改变。复议决定一经做出，就意味着复议过程已经结束，所以此时申请人无权撤回复议申请。

（四）审计复议决定

1. 审计复议决定的概念

审计复议决定是指审计复议机关在查清复议案件事实的基础上，根据事实和法律，就有争议的审计具体行政行为所进行的裁判。审计复议决定具有以下特征：第一，审计复议决定是由审计复议机构以审计复议机关的名义做出的。

这是审计复议审理程序的最终阶段，是审计复议机关审理审计争议案件活动的必然结果。第二，审计复议决定是对原审计具体行政行为的合法性和适当性行使复议审查权的结果。第三，审计复议决定，是针对原审计具体行政行为做出的新的具体行政行为。

2. 审计复议决定的种类和理由

审计复议决定，是就有争议的审计具体行政行为作出判断和处理。有争议的审计具体行政行为经过审查可能是合法、适当的，也可能是违法或不当的；即使在违法或不当的情况下，不仅违法或不当的表现形式不同，而且在违法或不当的原因和程度上也有差异，这就要求审计复议机关根据不同的情况做出不同的审计复议决定。根据《审计复议的规定》第 22 条之规定，审计复议决定可以分为以下几种：

（1）维持决定。维持决定是审计复议机关通过审理，在查清案件事实的基础上，确认被申请人的审计具体行政行为合法和适当，予以维持的裁决。根据《审计复议的规定》第 22 条第 1 款第 1 项规定："具体行政行为认定事实清楚，证据确凿，适用依据正确，程序合法，内容适当的，决定维持。"

（2）撤销决定。撤销决定指复议机关经过对审计具体行政行为的审查，认定相应具体行政行为具有《审计复议的规定》第 22 条第 1 款第 2 项情形之一的，撤销被申请人所做出的具体行政行为的裁决。法律规定决定撤销的情形有以下几种情况：①主要事实不清、证据不足的；②适用依据错误的；③违反法定程序；④超越或者滥用职权的；⑤审计具体行政行为明显不当的；⑥被申请人不按照规定提出书面答复、提交当初做出审计具体行政行为的证据、依据和其他有关材料的。

（3）变更决定。变更决定是指复议机关对于符合《审计复议的规定》第 22 条第 2 项规定情形的审计具体行政行为通过审理直接予以改变的裁决。除申请人不履行复议过程中法定义务的情况外，变更决定的条件与撤销决定相同。变更决定做出之后，被变更的具体行政行为即告废止，如果是部分变更，则该被变更部分废止。

（4）确认决定。确认决定是指复议机关通过对审计具体行政行为的审查，确认相应行为合法或违法。其适用的条件与变更决定相同。这是《行政复议法》所增加的新的决定种类，《审计复议的规定》也相应地增加了这一决定种类。这一增加及时解决了审计复议在实际工作中所面临的一些难题，例如审计机关违法行使职权时，侵害已经完成，损害已经发生，复议机关再做出变更或者撤销决定意义不大，而确认决定则可以弥补这一不足。在实践中，适用确认决定的一般有以下几种情况：①对审计机关所发生的事实侵害行为；②效力已经灭失的审计行为；③无效的审计行政行为；④不能成立的审计行为。例如根据《行政处罚法》的规定，审计机关实施行政处罚不告知当事人权利或者不履行适当的程序意义上的义务，则审计处罚不能成立。不成立就意味着该处罚还不成其为具体行政行为，也就不能适用撤销决定而应当适用确认决定，以确认其是否合法。

（5）责令重新做出具体行政行为。根据《审计复议的规定》第22条第1款第2项的规定，决定撤销或者确认该审计行为违法的，可以责令被申请人在一定期限内重新做出具体行政行为。重新做出具体行政行为是受限制的，审计复议机关责令被申请人重新做出审计行为的，被申请人不得以同一的事实和理由做出与原审计行为相同或者基本相同的审计行为。这里的基本相同，是指主要事实、主要理由与结果相同。如果是结果相同，但主要事实或者主要理由有改变的，则不属于基本相同。规定被申请人不得以同一事实和理由做出与原具体行政行为相同或者基本相同的具体行政行为，有利于保护申请人的合法权益，保证审计复议的公正性和严肃性。

3. 审计复议决定的形式

审计复议机关做出行政复议决定，应当制作审计复议决定书，并加盖印章。采用书面决定形式，是审计复议工作严肃性和规范性的要求。关于复议决定书的内容，《行政复议法》以及《审计复议的规定》并未做出具体规定。一般情况下，实际工作中制作的复议决定书应包括如下内容：

（1）复议参加人的基本情况。复议申请人的姓名、性别、年龄、工作单位、住址，如果是法人或其他组织，应写明名称、地址、法定代表人的姓名、职务；被申请人的名称、地址、法定代表人的姓名、职务；有第三人参加行政复议时，应有第三人的姓名、性别、年龄等。

（2）申请复议的主要请求和理由。主要复议请求是指申请人要求复议机关通过复议保护自己合法权益的具体内容。主要理由是指作为复议请求的主要事实依据和法律依据。

（3）复议决定所认定的事实、理由，适用何种法律、法规和规章来进行评判。事实部分，应先写明审计具体行政行为认定的基本事实，然后再写复议决定认定的事实，并针对审计具体行政行为认定事实是否正确进行论证。复议决定的理由，是对复议申请人提出的理由是否成立，审计具体行政行为是否正确进行论证。复议决定的法律依据，所引用的法律条文，应当全面、准确。

（4）经过审理所做出的处理结论。这是审计复议机关依据查明的事实，依照法律、法规、规章等的有关规定，对复议案件做出的结论。结论部分必须明确、具体。

（5）本复议决定的效力，应写明不服本决定而提起行政诉讼的期限。

（6）做出复议决定的时间。

（7）复议机关的印章。

4. 审计复议决定的效力

审计复议决定的效力，是指审计复议决定生效后所引起的和具有确定力、拘束力以及执行力的法律后果。根据《行政复议法》和《审计复议的规定》的规定，审计复议机关所做出的复议决定书一经送达，即发生法律效力。具体地说，包括以下几个方面：

（1）确定力。审计复议决定是对审计争议的及时处理，它使处于不稳定状态的审计法律关系趋向稳定，这是复议决定的确定力的直接效应。复议决定的确定力还表现为：复议决定一经送达，就具有不得任意变更的特性。

（2）拘束力。审计复议决定具有权威性，从而对有关当事人具有拘束力，它既包括对复议申请人的拘束力，也包括对被申请人的拘束力。这也意味着复议当事人必须遵守复议决定，不得违反。

（3）执行力。如果复议决定维持了被申请人所做出的审计具体行政行为，那么复议申请人就必须履行该具体行政行为对其所确定的义务，申请人假若不主动承担自己应尽的义务，审计机关就有可能依法通过行政强制执行程序，迫使其承担义务，以维护复议决定的效力。反之，被申请人如果对于复议机关所做出的复议决定不予履行的，复议机关或者有关上级审计机关应当责令其限期履行。此外，按照《行政复议法》第 37 条的规定，可以给予有关主管人员或直接责任人员以警告、记过或者记大过的行政处分，经责令履行仍拒不履行的，依法给予降级、撤职、开除的行政处分。

审计复议决定不是终局的决定，申请人对审计复议决定不服的，可以依照《行政诉讼法》的规定向人民法院提起行政诉讼。但对审计署做出的审计具体行政行为不服提起审计复议后，又对审计复议决定不服的，也可以向国务院申请裁决，国务院做出的裁决为最终裁决，申请人不得再向人民法院起诉。

5. 对审计行政赔偿的审查与处理

审计行政赔偿，是指审计机关及其工作人员违法行使职权，侵犯公民、法人或其他组织的人身权和财产权并造成损害，由审计机关依法予以赔偿的一种制度。被申请人做出的审计行政行为有时会造成公民、法人或其他组织合法权益的损害，即使由复议机关做出撤销或改变该具体行政行为的决定，仍不能恢复相对人的合法权益，这就产生了审计行政赔偿问题。对审计赔偿做出规定，从对审计相对人的合法权益的保护以及与《行政诉讼法》和《国家赔偿法》相配套的角度来看，是非常必要的。它能解决一部分赔偿纷争，有利于减少审计相对人投诉之累，减轻人民法院的负担。《审计复议的规定》在其第 23 条规定："申请人在申请审计复议时可以一并提出行政赔偿请求，审计复议机关按照国家有关法律的规定办理。"

根据《国家赔偿法》的规定，一般情况下，审计机关承担赔偿责任需具备如下条件：（1）审计行政相对人的合法权益遭受损害的事实已经发生。（2）审计行政相对人的合法权益受到损害，必须是审计机关的违法或不当审计行为所致。（3）违法审计行为与合法权益受损害的事实之间具有因果关系。

第二节 审计诉讼

一、审计诉讼概述

审计诉讼是指被审计人认为审计机关的具体行政行为侵犯其合法权益，依法向人民法院提起诉讼，由人民法院进行审理并做出裁判的活动。

在现行诉讼制度中，我国的审计诉讼属于行政诉讼的一种。国家审计的终极目标是公共利益的实现，"审计活动的公益性决定了可以将公益诉讼制度引入审计法律责任的追究与传统诉讼相比，通过公益诉讼途径追究审计法律责任具有更经济、原告范围更广、事前预防功能更强和社会影响更广等优点不同于民事诉讼和刑事诉讼。"[①] 我国的审计诉讼具有下列特征。

（一）审计诉讼是解决一定范围内的审计争议的活动

审计争议是审计机关在行使审计监督权的过程中与作为相对方被审计人发

① 颜运秋、黑白："审计法律责任与公益诉讼"，《审计与经济研究》2007 年第 5 期。

生的权利义务纠纷。审计诉讼是专门解决审计争议的诉讼。但审计诉讼也并不是解决所有的审计争议，它所解决的审计争议限于一定范围之内。我国《行政诉讼法》第 2 条规定，“公民、法人或者其他组织认为行政机关和行政机关工作人员的具体行政行为侵犯其合法权益，有权依照本法向人民法院提起诉讼。”《审计法》第 48 条规定：“被审计单位对审计机关做出的有关财务收支的审计决定不服的，可以依法申请行政复议或者提起行政诉讼。”《审计法实施细则》第 53 条则具体规定，除可以提请裁决的审计决定外，被审计单位对审计机关做出的其他审计决定不服的，可以依法申请行政复议或者提起行政诉讼。

（二）审计诉讼的核心是审查审计行为的合法性

在审计诉讼中，直接审查的对象是审计行为，且对审计行为的审查限于合法性范围，一般不审查审计行为的合理或适当性问题。审计诉讼之所以以审查审计行为的合法性为核心，是因为审计诉讼制度的主要功能在于督促审计机关依法行政，这一功能决定了审计诉讼必须重点审查审计行为的合法性，整个诉讼活动都是围绕这一问题展开的。同时，审计行为合法性问题的确认和裁判是解决其他问题的前提。此外，司法权与行政权的关系也使审计诉讼主要是审查审计行为的合法性，因为司法权既要监督行政权依法行使，又不能取代行政权直接对行政事务做出处理。

（三）审计诉讼是一种司法活动

审计诉讼的根本目的是通过处理、解决审计争议案件来监督审计机关依法行使职权和履行职责，以保护公民、法人和其他组织的合法权益不受审计机关违法行政行为的侵害。审计诉讼的这种目的决定了它具有司法监督性质，是人民法院通过审判程序对审计机关的行政活动实行监督，是以国家审判机关的司法权来督促审计机关审计监督权的正确、合法行使。

（四）审计诉讼当事人身份恒定

审计诉讼是被审计人认为审计机关的具体行政行为违法并侵犯了自己的合法权益而提起的，旨在通过审计诉讼审查审计行为是否合法并做出相应的裁判，以保护自己的合法权益。为此，审计诉讼中能够成为原告、享有起诉权的，只能是作为审计相对人的被审计人，做出具体行政行为的审计机关既没有起诉权，也没有反诉权，只能作为被告应诉。原告和被告的这种身份和位置是恒定而不能变换的，这是审计诉讼在原、被告上的重要特征。

税务行政诉讼与审计复议都以审计争议为处理对象，都是国家为审计相对人提供的救济手段。它们在法律关系上具有共同性，表现为具有“三方性”，即发生审计争议的审计机关和审计相对人各为一方，再加上作为裁决者的复议机关或人民法院一方。在这种法律关系中，争议双方的法律地位是平等的，由复议机关或人民法院根据事实和法律做出公正的裁决，因而能够体现审理机关与审理程序上的公正性。两者所追求的目标是一致的，都是为了补救审计活动所引起的不利后果，恢复被审计行为侵害的利益。

作为两种不同的救济手段，审计诉讼与审计复议之间又是有区别的，主要表现为：第一，复议属于行政活动，适用行政程序；审计诉讼属于司法活动，适用司法程序。第二，审理机关不同。审计复议机关通常为做出具体行政行为的审计机关的上级行政机关；审计诉讼的主持审理机关则为人民法院。第三，对审计行为审查的范围不同。审计复议对审计行为是否合法和适当进行全面审查；审计诉讼只对审计行为是否合法进行审查，一般不审查其适当性。第四，审理方式不同。审计复议以书面审查为原则，以其他审理方式为补充；审计诉讼一般采用开庭审理方式（一审必须开庭审理）。第五，审级不同。税务行政复议一般实行一级复议制；审计诉讼则实行两审终审制。第六，法律效力不同。审计复议决定一般不具有最终的法律效力，审计相对人对复议决定不服的，仍可以向人民法院提起审计诉讼，只有人民法院依法对案件所做的裁判才具有最终的确定力①。此外，审计诉讼与审计复议在当事人称谓、法定期限、受案范围等方面也有所不同。

在行政诉讼和行政复议的衔接问题上，修订之后的《审计法》及其实施细则改变了复议前置的做法，采用允许当事人选择立法形式，即当事人既可以先向行政机关申请复议，对复议不服再向人民法院提起行政诉讼，也可以不经过复议，直接向人民法院提起行政诉讼。需要强调的是，如果审计相对人选择了向复议机关申请复议，复议机关已经受理的，在法定审计复议期限内不得再向人民法院提起行政诉讼；如果审计相对人选择了向人民法院提起行政诉讼，人民法院已经依法受理的，不得申请审计复议。

① 《审计复议的规定》第28条规定：“申请人对审计复议决定不服的，可以依照《行政诉讼法》的规定向人民法院提起行政诉讼。但对审计署做出的审计具体行政行为不服提起审计复议后，又对审计复议决定不服的，也可以向国务院申请裁决，国务院做出的裁决为最终裁决，申请人不得再向人民法院起诉。”

二、审计诉讼程序

审计诉讼程序是指人民法院审判审计案件的全部程序，具体包括第一审程序、第二审程序、审判监督程序和执行程序，在审计诉讼审判程序中，第一审程序是必经的程序，是其他审判程序的基础和前提，具有极为重要的地位，而第二审程序和审判监督程序并不是每一审计诉讼案件都必经的程序。

（一）审计诉讼的起诉与受理

1. 审计诉讼的起诉

审计诉讼的起诉，是指被审计人认为审计机关的具体行政行为侵犯了自己的合法权益，向人民法院提出诉讼请求，要求人民法院行使国家审判权，对审计行为进行审查，以保护自己合法权益的一种法律行为。这种行为的性质是法律赋予审计相对人用以保护其合法权益的权利和手段，是审计相对人单方的诉讼行为。

（1）起诉的条件。为了防止审计相对人滥用起诉权，法律提起审计诉讼必须符合一定的条件，这就是起诉条件。根据我国《行政诉讼法》第 41 条的规定，起诉必须符合下列条件：

第一，原告是认为审计机关的具体行政行为侵犯其合法权益的被审计人。这一条件包括以下含义：原告是作为审计相对人的被审计人，在特定情况下，原告的资格可以发生转移，即有权提起诉讼的公民死亡，其近亲属可以提起诉讼；有权提起诉讼的法人或其他组织终止，承受其权利的法人或者其他组织可以提起诉讼。原告必须与被诉的审计行为具有法律上的利害关系。所谓具有法律上的利害关系，也就是指审计机关的具体行政行为对原告的权利义务已经或将会产生实际影响。这种利害关系，包括不利的关系和有利的关系，但必须是一种已经或者必将形成的关系。原告认为审计行为侵犯了其合法权益，是其主观上的一种认识，至于审计行为到底是不是侵犯其合法权益，还有待法院受理后进一步审理。因此，只要原告主观上认为审计行为侵犯了其合法权益，就可以起诉。

第二，有明确的被告。原告在起诉书中必须明确指出被告是谁，若没有明确的被告，起诉不能成立。审计诉讼中的被告，可能是审计机关，也可能是审计复议机关，还有可能是审计机关和其他行政机关作为共同被告。另外，法院除了审查起诉是否有明确的被告，还要注意审查被告的资格。对起诉对象不具备被告资格的，或者起诉对象错误的，应及时向原告指出，要求其依法变更被告，如果原告不同意变更被告，其起诉不成立，人民法院应依法裁定驳回原告的起诉。

第三，有具体的诉讼请求和事实根据。具体的诉讼请求是指原告请求人民法院通过审判程序保护自己合法权益的具体内容，通常包括请求撤销违法的审计行为；请求人民法院变更显失公正的审计处罚决定；请求人民法院责令被告重新做出审计决定；请求人民法院判令被告赔偿损失等。在提出诉讼请求的同时，原告还必须提出支持自己请求的事实根据。事实根据，主要是指证明审计行为存在的事实，证明自己的合法权益遭受侵害的事实。证明审计行为是否存在的事实，一般以审计机关的书面处理决定书为据，但有时审计机关由于工作上的疏忽，或者由于执法程序混乱，或者出于规避法律的目的，在做出审计决定后，未给相对人书面的行政处理决定书，而该审计行为确实侵犯了相对人合法权益的情况也可能发生。对此，原告起诉也应通过一定的方式证明审计行为确实存在，如陈述事实经过，提供证人证言等。最高人民法院《关于执行〈中华人民共和国行政诉讼法〉若干问题的解释》（以下简称最高人民法院《若干解释》）第40条规定，行政机关做出具体行政行为时，没有制作或者没有送达法律文书，公民、法人或者其他组织不服向人民法院起诉的，只要能证明具体行政行为存在，人民法院应当依法受理。

第四，属于人民法院的受案范围和受诉人民法院管辖。根据《行政诉讼法》和最高人民法院《若干解释》的有关规定，并非审计机关的所有行为人民法院都应受理，原告起诉，必须属于人民法院的受案范围。如果原告起诉的案件依法不属于审计诉讼的受案范围，就不能提起审计诉讼。审计诉讼的受案范围与前述审计复议的受案范围一致，此外还包括对审计复议不服所提起的行政诉讼。原告提起诉讼，必须向对案件有管辖权的人民法院起诉。根据人民法院对具体审计案件管辖分工的法律规定，原告须向有管辖权的人民法院提起诉讼。对于人民法院而言，不能受理不属于自己管辖的审计案件。应该注意的是，原告因选择管辖上的错误，向无管辖权的人民法院提起诉讼的，人民法院应告知原告向有管辖权的人民法院提起诉讼；如果无管辖权的人民法院已经受理案件的，则应将该案移送有管辖权的人民法院。

（2）起诉的期限。起诉期限是指不服审计行为的当事人有权请求人民法院保护其合法权益的法定期限。原告起诉必须在法律规定的期限内提出，超过这个法定期限，起诉将无效，当事人也将因起诉时效届满而丧失诉权，人民法院对超过起诉期限的起诉可以拒绝受理。根据《行政诉讼法》和最高人民法院《若干解释》的一般规定以及我国审计法的有关规定，审计诉讼的期限有下列情况：

第一，被审计人不服审计机关的具体行政行为而直接向人民法院提起行政诉讼的，应当在知道做出具体行政行为3个月内提起行政诉讼。

第二，被审计人不服审计机关的具体行政行为而向复议机关申请行政复议的，对复议决定不服的，可以在收到复议决定书之日起15日内向人民法院提起行政诉讼。复议机关逾期不做决定的，审计复议申请人可以在复议期满之日起15日内向人民法院提起诉讼。对复议机关决定不予受理或者受理后超过复议期限不做答复的，审计复议申请人可以自收到不予受理决定书之日起或者行政复议期满之日起15日内向人民法院起诉。

第三，审计机关做出具体行政行为时，未告知被审计人诉权或者起诉期限的，起诉期限从被审计人知道诉权或者起诉期限之日起3个月内起诉，但从知道或者应当知道具体行政行为内容之日起最长不得超过2年。

第四，起诉期限耽误的处理。起诉期限的耽误，又叫起诉期限的迟延，是指起诉行为在法定期限内未能进行或未能完成，当事人又在期限届满后再为或续为的诉讼行为。我国《行政诉讼法》第40条规定，公民、法人或者其他组织因不可抗力或者其他特殊情况耽误法定期限的，在障碍消除后的10日内，可以申请延长期限，由人民法院决定。这种起诉期限的延长，应是顺延，即把因法定事由而耽误的期限补足，耽误了几天就延展几天，而不是重新计算期限。最高人民法院的《若干解释》第43条还规定："由于不属于起诉人自身的原因超过起诉期限的，被耽误的时间不计算在起诉期间内。因人身自由受到限制而不能提起诉讼的，被限制人身自由的时间不计算在起诉期间内。"

（3）起诉的方式。起诉是原告行使起诉权请求人民法院给予司法保护的单方意思表示。当事人的起诉除了必须符合《行政诉讼法》规定的起诉条件、诉讼程序和起诉期限外，还必须具备一定的外在形式。根据《行政诉讼法》第42条、第43条规定的精神，起诉应以书面形式进行，即通过向人民法院递交书面形式的起诉状及起诉状副本来提起行政诉讼。书写起诉状确有困难的，可以口述，由人民法院记入笔录，并告知当事人。

审计诉讼的起诉状应包括以下主要内容：①当事人的情况。包括原告的姓名、性别、年龄、民族、籍贯、职业、工作单位和住址。原告是法人或者其他组织的，写明法人或组织的名称、所在地和法定代表人的姓名、职务。被告审计机关的名称、地址以及法定代表人的姓名、职务。有诉讼代理人的，还应写明代理人的姓名、工作单位、职业。②诉讼请求。即请求人民法院撤销或变更审计决定、请求人民法院责令被告重新做出审计决定、请求人民法院判令被告赔偿损失等。③请求所根据的事实和理由。包括审计纠纷形成的事实、请求所根据的理由、适用法律的根据等。④证据和证据来源、证人姓名和住址。证据在审计诉讼中主要是指反映审计机关做出的审计行为的各种法律文书。此外，起诉状还应写明接受起诉状的人民法院名称和起诉的具体日期，并由原告签名或者盖章。如果有代理人的，应附授权委托书，载明委托权限。起诉状所载事项若有欠缺，接受起诉状的人民法院可要求原告限期予以补正。

2. 审计诉讼的受理

受理。是指人民法院对公民、法人或其他组织的起诉进行审查，认为符合法律规定的起诉条件而决定立案并予审理的诉讼行为。原告起诉与人民法院受理是两种不同性质却又有密切联系的诉讼行为。原告起诉是人民法院受理的前提，因为人民法院对审计行政案件采取不告不理的原则，所以，如果没有审计相对人的起诉行为，也就没有人民法院的受理行为。但受理又不是起诉的必然结果，是否决定受理，是人民法院依据国家审判权对起诉行为进行审查的单方面行为的结果。只有经过起诉与受理这两个诉讼行为的结合，审计诉讼程序才能开始。

对起诉的审查和处理。人民法院接到审计相对人的起诉后，应从以下几个方面审查起诉的内容：①对诉讼请求的审查。审查诉讼请求是否具体明确、事实理由是否充分，请求事项是否属于行政审判权限范围、是否属于人民法院的受案范围等。②对原、被告资格的审查。审查起诉人是否具有原告诉讼主体资格，审查被告是否合适等。③对法定起诉程序的审查。审查起诉是否符合法定起诉程序，主要是指当事人起诉是否符合审计复议与审计诉讼关系的规定，是否正在审计复议程序中。④对起诉期限的审查。审查当事人是否在法定起诉期限内提起诉讼，若起诉超过了法定起诉期限，是否有延长期限的正当理由。⑤审查是否属于重复诉讼。既审查起诉人是否就已经做出生效判决、裁定的案件再次提起诉讼，又审查当事人对于其他人民法院正在审理中的同一案件，又以同一标的、同一事实根据和理由另行起诉。⑥审查代理人、代表人是否符合法定要求。主要是指法律规定必须由法定或者指定代理人、代表人为诉讼行为，是否由法定或者指定代理人、代表人为诉讼行为；由诉讼代理人代为起诉的，其代理是否符合法定要求。⑦对撤诉后再起诉的审查。已撤回起诉，再行起诉应审查是否有正当理由。⑧对起诉状内容的审查。

人民法院起诉的审查，是程序意义上的审查，即只就当事人的起诉是否符合法律规定的要件进行审查以决定是否受理。人民法院根据对各具体审计案件的审查情况，应当依法做出不同处理决定：对于符合起诉条件的，人民法院应在收到起诉书7日内立案，并及时通知当事人。对决定受理的案件，应当在受理案件通知书和应诉通知书中向当事人告知有关的诉讼权利义务，或口头告知。对起诉状内容欠缺的，要求原告限期补正，原告按期补正后，经审查符合起诉条件的，从原告补正后交人民法院之日起7日内立案。原告无法补正或者逾期不补正因而不符合起诉条件的，在7日内裁定不予受理。人民法院认为起诉不符合受理条件的，在接到起诉状之日起7日内做出裁定，通知原告不予受理。

对不符合起诉条件的，人民法院应当裁定不予受理，对于此种裁定，原告可在收到裁定书之日起10日内向上一级人民法院提出上诉。人民法院在7日内不能决定是否应当受理的，应当先予受理。受理后经审查又发现不符合起诉条件的，裁定驳回起诉。实践中有些法院在收到审计相对人的起诉状后，7日内既不立案也不做出不予受理的裁定，针对这种情况，最高人民法院的《若干解释》第32条第3款规定，起诉人可以向上一级人民法院申诉或者起诉。上一级人民法院组成合议庭进行审查后，认为符合受理条件的，予以受理；受理后根据具体情况可以移交或者指定下级人民法院审理，也可以自行审理。

3. 受理的法律后果

审计相对人的起诉被人民法院受理后，即发生一定的法律后果。对人民法院来说，受理意味着人民法院享有对该审计行政案件的审判权，并负有依法定程序按法定期限审结案件的义务，在人民法院与当事人双方之间，形成了审计诉讼上的法律关系，并排斥其他法院对该案件的管辖权。对当事人来说，受理行为意味着其审计争议已经属于法院处理范围，双方当事人由此取得原告与被告资格，各自享有法律赋予的诉讼权利，履行法律规定的诉讼义务，不得就同一案件向其他法院另行起诉。起诉成立后，意味着被告审计机关与原告审计相对人之间的行政争议进入司法程序，司法权开始制约行政权的行使。人民法院享有对该审计争议的裁决权。对于被诉的审计行为，人民法院的受理行为并不当然产生停止执行的效果。但有法律规定的特殊情况出现时，人民法院有权依当事人的申请在诉讼中停止该审计具体行政行为的执行，审计机关也可以自己决定停止执行。

（二）第一审程序

审计诉讼第一审程序是人民法院首次审理审计案件所适用的程序。第一审程序是人民法院审理审计案件的必经程序，是人民法院行使行政审判权的基础程序和中心环节。审计诉讼的第一审程序必须遵循《行政诉讼法》和《审计机关审计行政应诉管理的规定》以及其他法律的相关规定。我国《行政诉讼法》没有对第一审程序作专门的系统规定，只对行政诉讼中第一审程序与民事审判第一审程序需要加以区分的特殊方面做了规定，进行第一审程序的其他方面的规则可以参照《民事诉讼法》的有关规定。第一审程序的有关规则，除法律另有规定的以外，也适用于审计诉讼的第二审程序和再审程序。

1. 审理前的准备

审理前的准备是指人民法院受理审计案件后至开庭审理前，为保证开庭审理的顺利进行，审判人员所做的一系列准备工作。它是法律规定的必经程序，是为开庭审理创造必要的条件。审计诉讼审理前的准备工作主要包括：

（1）组成合议庭。人民法院审判审计案件，应当依法组成合议庭。合议庭可以由审判员组成，也可以由审判员、陪审员组成，合议庭的成员应当是3人以上的单数。

（2）通知被告应诉和发送诉讼文书。人民法院应当在立案之日内将起诉状副本发送被告，通知被告应诉。被告应当在收到起诉状副本之日起10日内向人民法院提交答辩状、做出审计具体行政行为的有关材料、法定代表人身份证明、授权委托书、人民法院要求提交的其他材料。人民法院应当在收到答辩状之日起5日内，将答辩状的副本发送原告。被告不答辩的，不影响人民法院对案件的审理。

（3）决定是否公开审理。开庭审理的具体方式有两种：公开审理与不公开审理。根据法律的规定，开庭审理原则上采用公开审理的方式，即审判活动向社会和群众公开，允许群众旁听，允许记者采访，但涉及国家机密、个人隐私和法律另有规定的除外。人民法院审理审计案件都必须开庭审理，但是否公开审理则应视具体案件情况而定。

（4）合议庭阅卷。审计诉讼审理前，法官只对起诉状、答辩状审查，一般不接触当事人，不进行庭前调查，当事人可提供证据目录和证人名单。

（5）更换和追加当事人。合议庭在审查案件中如发现不符合条件的当事人，应当进行更换，通知合格的当事人参加诉讼，通知不合格的当事人退出诉讼。如有符合条件的第三人提出请求，人民法院应当同意其参加诉讼。审计诉讼中征得原告同意可以依职权追加或者变更被告。应变更被告而原告不同意的，裁定驳回起诉。

(6) 财产保全。审计诉讼中的财产保全是指人民法院在对审计案件做出判决前，对于可能因当事人一方的行为或者其他原因，使将来生效的判决不能执行或者难以执行，为保证将来生效判决得到切实执行，受诉人民法院经当事人的申请，或者依职权对当事人的财产采取的临时性强制措施。原告可以对审计机关提出财产保全申请，审计机关也可以对原告提出财产保全申请。人民法院采取财产保全的措施应符合法定条件。采取财产保全的程序有两种：一种是人民法院根据当事人的申请裁定采取的；另一种是人民法院依职权主动采取的。当事人申请财产保全的，一般应提出书面申请，以口头方式提出申请的，应记录在卷，由申请人签字或盖章。人民法院采取财产保全措施，对依申请并且情况紧急的必须在48小时内做出裁定。裁定一经人民法院做出，应当立即开始执行。对财产采取保全措施，人民法院可以责令申请人提供担保，申请人不提供的，驳回申请。当事人对人民法院财产保全裁定不服的，可以申请复议一次，复议期间不停止裁定的执行。

(7) 准备开庭。上述工作完成后，即应决定开庭审理的时间、地点和方式，并将其在开庭三日前通知当事人及其他诉讼参与人。同时通知他们出席法庭。公开审理的案件还应当公告当事人的姓名、案由、开庭审理的时间、地点。

2. 开庭审理

开庭审理是指审判人员在当事人和其他诉讼参与人的参加下，依照法律规定的方式和程序在法庭上对审计案件进行全面审查并做出裁判的诉讼活动。开庭审理是全部审计诉讼法律关系主体集合性的诉讼活动，是人民法院行使审判权的重要阶段，也是当事人集中履行多种权利义务的阶段，主要包括以下具体步骤：

(1) 宣布开庭。开庭审理时，首先由审判长宣布开庭；然后依次核对当事人，宣布案由，宣布审理人员、书记员名单，告知当事人有关诉讼权利义务，询问当事人是否提出回避申请。

(2) 法庭调查。法庭调查阶段的主要任务在于：全面查清案件事实、审核各种证据，为正确认定事实和适用法律奠定基础。法庭调查依下述顺序进行：首先，当事人陈述。法庭依原告、被告、第三人及他们各自的诉讼代理人的顺序进行询问，并分别听取他们的陈述。在询问时应紧紧围绕双方所争执的焦点和与案件有关的情况进行。其次，告知证人的权利义务、证人作证、宣读未到庭证人证言。再次，宣读鉴定结论。当事人及法定代理人经审判长许可，可以向鉴定人发问。然后，出示书证、物证和视听资料。最后，宣读勘验笔录、现场笔录。

（3）法庭辩论。法庭辩论是当事人、第三人及其诉讼代理人就案件事实和适用法律问题向法庭阐明观点的活动。法庭辩论的顺序是先原告，后被告，再第三人，最后相互辩论。

（4）评议与宣判。合议庭评议案件时，首先应确定案件事实是否全部查清，案件事实应如何正确认定，在此基础上再进一步判明被告所做的审计行为是否合法有效。合议庭评议实行少数服从多数的原则。合议庭评议结束后，可以当庭宣判也可以定期宣判。当庭宣判的应当在10日内发送判决书；定期宣判的，宣判后立即发给判决书。宣告判决时必须告知当事人上诉权、上诉的上诉期限和人民法院。

3. 审理中的各项制度

审理中的各项制度主要是用来处理审计诉讼过程中出现的特殊情况。根据有关法律、法规的规定，审理中的具体制度主要包括以下几种：

（1）撤诉。审计诉讼中的撤诉是指人民法院受理审计案件后至宣告判决或者裁定前，原告自动要求撤回诉讼或者放弃诉讼请求的一种行为。它是原告行使处分权的一种体现，也是人民法院终结审计案件审理的一种方式。根据《行政诉讼法》第48条、第51条的规定，审计诉讼中的撤诉分为两种：第一种是申请撤诉。申请撤诉包括主动申请撤诉和同意申请撤诉两种情况。前者是指人民法院受理审计案件以后至宣告判决或者裁定以前，原告主动申请撤回起诉的行为；后者是指原告在被告改变其所做出的审计行为之后，表示同意并申请撤回起诉的行为，这又称为被动申请撤诉。申请人只能是原告及其法定代理人或者经原告特别授权的委托代理人，申请撤诉必须是在判决或者裁定宣告前提出，必须自愿，并且符合法律的规定，不得影响或侵犯国家、集体和他人的合法权益，不得规避法律。原告申请撤诉，应向人民法院递交申请书，是否准许，由人民法院审查后做出裁定。第二种是视为申请撤诉。视为申请撤诉也称为推定申请撤诉或者按撤诉处理，是指原告不履行特定的诉讼义务，人民法院按撤诉处理而终结诉讼的制度。视为申请撤诉一般适用于下列情况：经人民法院两次合法传唤，原告无正当理由拒不到庭的；未经法庭许可，原告中途退庭的；原告在法定期限内未预交案件受理费，又不提出缓交、减交、免交申请的，或者提出申请未获批准的，按自动撤诉处理。

不论是原告申请撤诉还是视为申请撤诉，一旦经人民法院裁定批准，均产生一定的法律后果。在实体法上产生的法律后果是诉讼请求不能实现；在程序法上产生的法律后果是终结诉讼程序，使诉讼法律关系归于消灭。人民法院裁定准许原告撤诉后，原告以同一事实和理由重新提起审计诉讼的，人民法院不予受理。准予撤诉的裁定确有错误，原告申请再审的，人民法院应当通过审判监督程序撤销原准予撤诉的裁定，重新对案件进行审理。

（2）缺席判决。缺席判决是指人民法院开庭审理时，在一方当事人或双方当事人未到庭陈述、辩论的情况下而做出判决的一种法律制度。缺席判决是法律为不正当诉讼行为所设定的一种法律后果，它对于保证人民法院及时、有效地行使审判权，维护当事人的合法权益具有重要作用。审计诉讼缺席判决有两种被告情况：①被告审计机关经人民法院两次合法传唤，无正当理由拒不到庭的，根据《行政诉讼法》第 48 条规定，可以缺席判决。②原告审计相对人申请撤诉，人民法院裁定不予准许的，原告经合法传唤无正当理由拒不到庭，或者未经法庭许可而中途退庭的，根据最高人民法院的《若干解释》第 49 条第 2 款规定，人民法院可以缺席判决。

（3）延期审理。延期审理是指人民法院确定开庭审理的日期后或者在开庭审理过程中，由于某种特殊情况使案件的审理不能按期进行或者无法继续进行时，而另定日期审理的一种法律制度。我国《行政诉讼法》没有规定延期审理，参照《民事诉讼法》的有关规定，在审计诉讼审判实践中发生延期审理的一般有：①必须到庭的当事人和其他诉讼参与人有正当理由没有到庭的；②当事人临时提出回避申请的；③需要通知新的证人到庭，调取新的物证，重新鉴定、勘验或者需要补充调查的；④其他应当延期的情形。

（4）合并审理。合并审理是指人民法院把涉及审计法律关系的几个有关联的诉讼请求合并在一个诉讼程序进行审理的制度。合并审理的基本目的在于通过一个审判程序解决多个诉讼请求，这样，有利于提高办案效率，简化诉讼程序，节省人力、物力，同时还可以防止人民法院做出互相矛盾的判决，保证办案质量。根据最高人民法院的《若干解释》第 46 条的规定，人民法院决定对审计行政案件合并审理的情形有以下几种：第一，两个以上行政机关（既可以是两个以上的审计机关，也可以是审计机关和其他行政机关）分别依据不同的法律、法规对同一事实做出具体行政行为，公民、法人或者其他组织不服向同一人民法院起诉的，人民法院可以合并审理。第二，在审计诉讼过程中，被告审计机关对原告做出新的审计行为，原告不服向同一人民法院起诉的，人民法院可以合并审理。第三，人民法院认为可以合并审理的其他情形。

（5）诉讼中止。诉讼中止是指在诉讼进行中，由于发生某种无法克服的或难以避免的特殊情况而暂时停止诉讼，待中止的原因消除后，诉讼继续进行。根据最高人民法院的《若干解释》第 51 条的规定，应当中止诉讼的情形包括：

①原告死亡，须等待其近亲属表明是否参加诉讼的。根据《行政诉讼法》的规定，原告在诉讼中死亡，其近亲属应有权参加诉讼。由于众多的近亲属可能会因是否参加诉讼、由谁参加诉讼等问题难以在短时间内形成一致意见，在他们做出决定之前，诉讼活动难以继续进行。因此，原告死亡，须等待其近亲属表明是否参加诉讼的，人民法院应先裁定中止诉讼，待原告的近亲属表明是否参加诉讼后，再恢复诉讼。

②原告丧失诉讼行为能力，尚未确定法定代理人的。在诉讼中，如果原告因病或因事故丧失诉讼行为能力，就不能亲自参加诉讼活动，此时应先确定其监护人作为法定代理人参加诉讼。在尚未确定法定代理人或虽已确定法定代理人但尚未参加诉讼前，人民法院应先中止诉讼。

③作为原告的法人或者其他组织终止，尚未确定权利义务承受人的。作为原告的法人或者其他组织如果因为合并、撤销、变更、破产等原因而终止，应确定承受其权利义务的法人或者其他组织。如在一定时间内暂时不能确定权利义务承受人的，人民法院应中止诉讼，待确定以后，再由权利义务承受人作为诉讼主体参加诉讼。

④一方当事人因不可抗力的事由不能参加诉讼的。不可抗力包括自然灾害以及当事人因生病、交通事故、工伤等原因，暂时不能参加诉讼，又难以委托代理人等情况。当事人如遇到这些不可抗拒的事由，要向人民法院提出申请，由人民法院决定这些事由是否影响其参加诉讼。

⑤案件涉及法律适用问题，需要送请有权机关做出解释或者确认的。审计机关做出的具体行政行为所依据的法律、法规、规章等发生不一致，或规定过于笼统，有待权力机关或者其他有权机关做出解释或者裁决，因其解释或者裁决对案件的审理具有重要意义，且下级法院需要逐级向上请示，所需时间较长，所以人民法院也应中止诉讼。

⑥案件的审判须以相关民事、刑事或者其他行政案件的审理结果为依据，而相关案件尚未审结的。这是指有些审计案件非常复杂，案件之间互相牵连，

一案的案件事实的认定，往往要等待另一与之相关的民事、刑事或行政案件的审理结果。如遇到这种情况人民法院应中止诉讼，等待另一案件的判决结果出现后，再恢复审理。如人民法院认为审计机关的主管人员、直接责任人员违反政纪或者有犯罪行为，将有关材料移送该审计机关、上一级审计机关或者监察、人事机关或者直接移送公安、检察机关后，人民法院在等待这些案件的处理结果时，应中止诉讼。

⑦其他应当中止诉讼的情形。这是指除以上列举可以中止诉讼的情况以外，人民法院根据具体审计案件认为可以适用中止诉讼的其他情况。这样规定，有利于人民法院灵活掌握，使诉讼顺利进行。

中止诉讼可以由当事人提出申请，也可以由人民法院依职权主动作出。中止诉讼应当以裁定的形式做出。对诉讼中采取财产保全措施没有解除的，在中止诉讼期间继续有效。中止事由消失后，可以由当事人申请，人民法院也可以依职权主动恢复诉讼程序。从法院通知或准许当事人继续进行诉讼活动之日起，诉讼中止裁定自行失去效力，无须做出新的裁定。诉讼程序恢复后，人民法院和当事人、诉讼参与人原来所为的一切诉讼行为仍然有效，并对新进入到诉讼中的当事人有约束力。

（6）诉讼终结。诉讼终结是指正在进行的诉讼程序由于遇到某种特殊情况而结束，以后不再对案件进行审理的一种法律制度。在正常情况下，诉讼程序以解决当事人之间的税务争议而告终，但如果在诉讼中出现了特殊情况，人民法院没有必要再对案件进行实体处理，不得不终结诉讼。诉讼终结与诉讼中止不同，前者是完全结束对审计案件的审理，以后不再恢复诉讼程序；后者只是诉讼程序的暂时中断，待中止事由消除后还要恢复诉讼程序。

根据最高人民法院的《若干解释》第52条的规定，应当终结诉讼的情形包括：

①原告死亡，没有近亲属或者近亲属放弃诉讼权利的。根据《行政诉讼法》的规定，有权提起诉讼的公民死亡，其近亲属可以提起诉讼。如果原告没有近亲属，那么案件就没有了原告，没有原告，诉讼就不可能继续下去，人民法院无须再对案件进行审理，当然要终结诉讼。或者原告虽有近亲属，但是其近亲属明确表示放弃诉讼权利，此时同样等于是没有了原告，人民法院只有终结诉讼。

②作为原告的法人或者其他组织终止后，其权利义务的承受人放弃诉讼权利的。根据《行政诉讼法》的规定，有权提起诉讼的法人或者其他组织终止，

承受其权利的法人或者其他组织可以提起诉讼。在审计诉讼过程中，作为原告的法人或者其他组织终止，承受其权利的法人或者其他组织有权作为本案的原告继续诉讼，但是如果承受其权利的法人或者其他组织放弃诉讼权利，案件也就不存在原告，人民法院无须对案件进行审理，当然要终结诉讼。

③当某些中止诉讼满 90 日仍无人继续诉讼的，裁定终结诉讼。这是指出现最高人民法院的《若干解释》第 51 条第 1 款第（一）、（二）、（三）项规定的中止诉讼的情况，即原告死亡，须等待其近亲属表明是否参加诉讼的；原告丧失诉讼行为能力，尚未确定法定代理人的以及作为原告的法人或者其他组织终止，尚未确定权利义务承受人的，没有人继续参承受人的，诉讼中止满加诉讼，为了避免诉讼秩序和审计法律关系长期处于不稳定的状态，人民法院应当裁定终结诉讼。

人民法院终结诉讼应当以裁定的形式做出，而不能以注销案件的方式结案。裁定应当是书面形式，裁定一经送达即产生法律效力，当事人不能上诉，也不能申请复议。

4. 审理期限和结案方式

（1）审理期限。根据《行政诉讼法》第 57 条、第 60 条规定，第一审、第二审审计案件的审理期限不同。对于第一审审计案件，人民法院应当在立案之日起 3 个月内做出第一审判决，有特殊情况需要延长的，由高级人民法院批准；高级人民法院审理第一审审计案件需要延长的，由最高人民法院批准。

（2）结案方式。根据《行政诉讼法》第 50 条、第 67 条第 3 款的规定，人民法院审理审计案件除侵权赔偿诉讼外，不能以调解方式结案，只能用判决或者裁定的方式结案。

（三）第二审程序

审计诉讼中的第二审程序，是指上级人民法院对下级人民法院就第一审审计案件所做的裁判，在其发生法律效力以前，经案件当事人上诉而对该案进行再次审理的程序。根据我国《行政诉讼法》的规定，我国行政诉讼实行两审终审制度，因此，第二审程序是对某一个审计案件的终审程序，其判决、裁定是最终产生法律效力的判决和裁定。

1. 提起上诉

（1）提起上诉的条件。审计诉讼的二审程序因当事人的上诉而启动。上诉，是指审计诉讼当事人不服地方各级人民法院未生效的判决和裁定，在法定期限内声明不服，请求上一级人民法院依法进行审理的诉讼行为。法律赋予当事人的这一诉讼权利，称为上诉权。当事人行使上诉权提起上诉，必须具备以下几个条件：

①必须有合格的上诉人。上诉人是指不服人民法院第一审判决、裁定，向上一级人民法院提起上诉的人。提起上诉是当事人对第一审人民法院的裁判不服的意思表示，任何一方当事人如果不服一审判决，均可提起上诉。当事人包括原告被审计人、被告审计机关和第三人，公民的法定代理人和当事人特别授权的委托代理人也可以提出上诉。第一审人民法院做出判决和裁定后，当事人都提出上诉的，上诉人各方均为上诉人。诉讼当事人中的一部分人提出上诉，没有提出上诉的对方当事人称为被上诉人，其他当事人依原诉讼地位列明。

②必须有法定的上诉对象。上诉对象是指当事人依法行使上诉权，请求上一级人民法院予以纠正的判决和裁定，也叫上诉的客体。根据《行政诉讼法》的规定，能够成为上诉对象的，只能是第一审人民法院所做出的尚未发生法律效力的判决、裁定。具体有地方各级人民法院第一审判决、裁定以及第二审人民法院发回原审人民法院重审后的判决。最高人民法院的一审判决、裁定和地方法院的第二审判决、裁定为终审判决、裁定，不能上诉。在裁定中，可以提起上诉的包括起诉不予受理的裁定、驳回起诉的裁定和管辖权异议的裁定三种。

③必须遵守上诉的法定期限。上诉应当在一定的期限内进行，根据《行政诉讼法》第 58 条的规定，不服一审判决的上诉期限为 15 日，不服一审裁定的上诉期限为 10 日。逾期不提起上诉的，一审的判决或裁定就发生法律效力。上诉期限从一审判决和裁定书合法送达后的第 2 日开始计算。在上诉期限内，当事人因不可抗力或其他正当的理由耽误期限的，在障碍消除之日后的 10 日内，可以申请顺延期限，是否允许，由人民法院审查决定。

④上诉必须递交上诉状。上诉应以书面方式进行，当事人必须向人民法院递交上诉状。上诉状应当载明以下内容：上诉人的姓名或者名称；案件编号和案由；上诉的请求与理由。上诉的请求与理由是上诉状的主要内容，上诉人应当写明要求撤销还是变更第一审判决、裁定以及请求所依据的事实根据和法律根据。

⑤必须依法交纳诉讼费用。此项费用一般应由上诉人向法院提交上诉状时预交。

只有同时具备上述条件，上诉才能成立，才能引起第二审程序的发生。当事人已提出上诉的案件，第一审判决、裁定不发生效力。

（2）提起上诉的程序。根据《行政诉讼法》和最高人民法院《若干解释》的有关规定，提起上诉的程序包括：

①提起上诉的方式。当事人一般应当通过原审人民法院提出上诉，向原审人民法院递交上诉状，并且按照其他当事人的人数或者代表的人数递交上诉状副本。此其他当事人包含没有提起上诉的对方当事人或未提起上诉的其他当事人。当事人上诉通常应当向原审人民法院提交上诉状，在当事人不愿向原审人民法院提起上诉的时候，也可以直接向二审人民法院提起上诉，递交上诉状。

②发送上诉状副本及答辩状。原审人民法院收到上诉状后，应当在5日内将上诉状副本送达其他当事人，对方当事人应当在收到上诉状副本之日起10日内提出答辩状。原审人民法院应当在收到答辩状之日起5日内将副本送达当事人。

③报送案件。原审人民法院在收到上诉状、答辩状后，应当在5日内连同全部案卷和证据，报送第二审人民法院，已经预收诉讼费用的一并报送。

（3）上诉的撤回。上诉人提起上诉之后，有可能因各种原因撤回自己的上诉请求，这就涉及撤回上诉及对撤回上诉的处理问题。上诉是当事人的一项重要权利，当事人既可以行使，也可以放弃。上诉人在提起上诉之后，在二审法院做出判决、裁定之前，可以要求法院不再审理案件。撤回上诉的应当具备以下几个条件：第一，必须在第二审人民法院审判前提出书面申请；第二，必须经二审人民法院审查后做出裁定批准；第三，撤诉必须是出于当事人自愿。

对有下列情形之一的，人民法院有权裁定不准撤诉：第一，原审法院的裁判确有错误，应当依法纠正或发回重审的案件；第二，上诉人因审计机关改变原审计行为而申请撤回上诉的；第三，撤回上诉将影响或损害被上诉人权益的；第四，撤回上诉将损害国家、集体或他人利益的。

2. 上诉案件的审理

与一审审计案件的审理相比，第二审人民法院审理审计案件必须由审判员组成合议庭；可以实行书面审理，只就当事人的上诉状、答辩状、其他书面材料和证据进行审理，不需要开庭即可径行做出裁判。第二审人民法院审理上诉审计案件，应当自收到上诉状之日起两个月内做出终审判决，有特殊情况需要延长的，由高级人民法院批准，高级人民法院审理上诉审计案件需要延长的，由最高人民法院批准。

（1）上诉案件的审理范围。根据最高人民法院的《若干解释》第67条第1款规定，二审人民法院审理上诉审计案件，应当对原审人民法院的裁判和被诉审计行为是否合法进行全面审查。换言之，也就是对一审人民法院认定事实的证据是否充分，适用法律、法规是否正确，是否违反法定程序等进行全面审查，不受上诉范围的限制。

（2）上诉案件的审理程序。二审人民法院审理上诉案件，除适用二审程序本身的规定外，可以适用一审程序的有关规定。根据最高人民法院的《若干解释》第 67 条第 2 款规定，当事人对原审人民法院认定的事实有争议的，或者第二审人民法院认为原审人民法院认定事实不清楚的，第二审人民法院应当开庭审理。二审人民法院开庭审理上诉案件的程序与一审程序基本相同，也要做好审理前的准备，也要经过开庭、法庭调查、法庭辩论、合议庭评议和宣判等诉讼阶段。

（3）审理上诉案件的几个注意事项。根据最高人民法院的《若干解释》第 68 条至第 71 条的规定，人民法院审理上诉审计案件必须注意以下几个问题：第一，第二审人民法院经审理认为原审人民法院不予受理或者驳回起诉的裁定确有错误，且起诉符合法定条件的，应当裁定撤销原审人民法院的裁定，指令原审人民法院依法立案受理或者继续审理。第二，第二审人民法院裁定发回原审人民法院重新审理的审计案件，原审人民法院应当另行组成合议庭进行审理。第三，第二审人民法院审理上诉审计案件，需要改变原审判决的，应当同时对被诉审计行为做出判决。第四，原审判决遗漏了必须参加诉讼的当事人或者诉讼请求的，第二审人民法院应当裁定撤销原审判决，发回重审。第五，原审判决遗漏行政赔偿请求，第二审人民法院经审查认为依法不应当予以赔偿的，应当判决驳回行政赔偿请求。原审判决遗漏行政赔偿请求，第二审人民法院经审理认为依法应当予以赔偿的，在确认被诉审计行为违法的同时，可以就行政赔偿问题进行调解；调解不成的，应当就行政赔偿部分发回重审。第六，当事人在第二审期间提出行政赔偿请求的，第二审人民法院可以进行调解；调解不成的，应当告知当事人另行起诉。

3. 上诉案件的裁判

根据《行政诉讼法》第 61 条的规定，人民法院审理上诉审计行政案件后，可做如下处理：

（1）驳回上诉，维持原判。原判决认定事实清楚，适用法律、法规正确的，判决驳回上诉，维持原判。

（2）依法改判。原判决认定事实清楚，但适用法律、法规错误的，依法改判。

（3）撤销原判，发回重审。原判决认定事实不清，证据不足，或者由于违反法定程序可能影响案件正确判决的，裁定撤销原判发回原审人民法院重审。当事人对重审案件的判决和裁定不服，可以上诉。

（4）查清事实后改判。这与撤销原判，发回重审的条件相同，只是处理方式不同而已。二审判决、裁定是终审判决、裁定，送达后立即发生法律效力。

（四）审判监督程序

审计诉讼中的审判监督程序，又称为再审程序，是指人民法院自行发现已经发生法律效力的判决、裁定违反法律、法规的规定，或者根据人民检察院的抗诉，而依法对案件再次进行审理的程序。

人民法院对审计诉讼案件的裁判一旦发生法律效力，若无法律根据，不得予以变更和撤销，当事人之间的权利义务关系也随之确定，当事人不得以同一标的再行起诉。但如果已经发生法律效力的判决、裁定存在违法事由，就应当坚决予以纠正。审判监督程序就是为了纠正发生法律效力的判决和裁定中的错误而设立的一种审判上的补救制度，它并不是每一个审计诉讼案件的必经程序。

1. 当事人申诉

审计诉讼中的申诉，是指当事人对人民法院已经发生法律效力的审计裁判认为确有错误而不服，依法要求人民法院对案件重新进行审理，以变更、撤销原裁判的一种行为。

根据《行政诉讼法》第 62 条和最高人民法院《若干解释》第 73 条第 1 款的规定，当事人提出申诉应符合以下要求：

（1）提出申诉的前提，须是当事人认为已经发生法律效力的判决、裁定确有错误。

（2）申诉既可以向原审人民法院提出，也可以向原审人民法院的上一级人民法院提出。

（3）当事人提出申诉后，不停止原判决、裁定的执行。

（4）应用书面的方式提出申诉，申诉状主要写明申诉的理由和要求。

（5）当事人申请再审，应在判决、裁定发生法律效力后的 2 年内提出。当事人如对已经发生法律效力的行政赔偿调解书，提出证据证明调解违反自愿原则或者调解协议的内容违反法律规定的，可以在 2 年内申请再审。

当事人的申诉并不直接引起再审程序的开始。人民法院接到当事人的再审申请后，应当对申请再审的案件进行全面审查，既要对当事人的申请进行审查，也要对人民法院的判决、裁定和行政赔偿调解书进行审查。对符合再审条件的，应当立案并及时通知各方当事人；对不符合再审条件的，人民法院应及时通知当事人，予以驳回。

2. 再审的提起

（1）提起再审的条件。根据《行政诉讼法》第 63 条、第 64 条的规定，提起再审程序应当具备两个条件：一是提起再审程序的主体，必须是有审判监督权的组织或专职人员。具体包括各级人民法院的院长和审判委员会、上级人民法院、各级人民检察院。二是提起再审程序必须具备法定理由。引起再审程序的根本原因是发现了已发生法律效力的判决、裁定违反法律、法规的规定。

（2）提起再审的程序。提起再审的程序，因提起再审的主体不同而不同，具体分为以下三种情况：

第一，本院院长提交审判委员会讨论决定再审。各级人民法院院长对本院已经发生法律效力的判决、裁定，发现违反法律、法规认为需要再审的，应当提交审判委员会讨论决定是否再审。

第二，上级人民法院（包括最高人民法院）提审或者指令下级人民法院再审。提审，是指上级人民法院对下级人民法院的生效裁判，发现确有错误，由自己直接进行审判的活动。指令再审，是指上级人民法院要求下级人民法院对某一案件必须进行再审，这种要求带有命令的性质。下级人民法院应尽快进行再审，并将结果报告上级人民法院。

第三，人民检察院抗诉。人民检察院对人民法院已经发生法律效力的判决、裁定，发现违反法律、法规规定的，有权按照审判监督程序提出抗诉。其抗诉的具体程序是：最高人民检察院对各级人民法院已经发生效力的裁判向最高人民法院抗诉；上级人民检察院对下级人民法院已经生效的裁判，向同级人民法院抗诉；地方各级人民检察院对同级人民法院已经发生法律效力的裁判，报请上级人民检察院，由上级人民检察院向同级人民法院提起抗诉。对于人民检察院的抗诉，人民法院应当再审，接受抗诉的法院可以自行审理，也可以指令下级人民法院再审，审结后应将结果告知抗诉的人民检察院。同时，人民法院开庭审理抗诉案件时，应当通知人民检察院派员出席法庭。

3. 再审案件的审理

《行政诉讼法》对再审的审理程序未做具体规定，根据最高人民法院《若干解释》的规定，结合再审程序的性质，再审的程序为：

首先，裁定中止原判决的执行。人民法院决定再审的案件，应当裁定中止原判决的执行；裁定由院长署名，加盖人民法院印章。上级人民法院决定提审或者指令下级人民法院再审的，应当做出裁定，裁定应当写明中止原判决的执行；情况紧急的，可以将中止执行的裁定口头通知负责执行的人民法院或者做出生效判决、裁定的人民法院，但应当在口头通知后日内发出裁定书。

其次，另行组成合议庭。人民法院审理再审案件，应当另行组成合议庭，做出原判决、裁定的合议庭成员不得参加新的合议庭。

最后，分别适用第一审、第二审程序审理。再审的案件原来是第一审的，仍按照第一审程序审理，当事人对所做判决、裁定不服的，可以上诉。再审的案件原来是第二审的，按第二审程序进行审理，所作的判决、裁定是终审的判决、裁定，当事人不得上诉。上级人民法院按照审判监督程序提审的，原审人民法院接到提审通知后应将全部案卷材料报送提审的人民法院，提审案件一律按第二审程序进行审理，所作的判决、裁定是终审的判决、裁定，当事人不得上诉。

第三节 审计法律责任

一、审计法律责任概述

法律责任是指法律关系主体违反法律规范而承担的法律后果。审计法律责任是指在国家审计监督活动中，审计机关及其工作人员、被审计单位及其有关人员以及审计法律规范规定的其他单位和人员，违反审计法律规范所应承担的法律后果。法律责任是法律规范中国家强制力的体现，我国《审计法》及其《实施细则》均对法律责任做出了专章规定，这是十分必要的。任何一部法律，如果没有法律责任的内容，其规定的权利义务将会成为一纸空文。没有审计法律责任，不能有效地提高有关人员的守法和执法的自觉性，从而影响审计监督活动的顺利进行。

法律责任一般分为民事责任、行政责任与刑事责任三种。其中，民事责任是民事法律关系主体因其民事违法行为而承担等价的财产赔偿的责任或其他补偿性质的责任，它又可分为侵权责任和违约责任。行政责任是指行政法律关系主体因违反行政法律规范而依法必须承担的法律责任，是行政违法行为以及部分行政不当行为所引起的法律后果，它又分为行政处分、行政处罚、行政赔偿。刑事责任是犯罪人因实施犯罪行为而应当承担国家司法机关依照刑法对其犯罪行为及其本人做出的否定性评价和谴责，即刑罚，是最严厉的法律责任，刑罚包括主刑（管制、拘役、有期徒刑、无期徒刑、死刑）和附加刑（罚金、剥夺政治权利、没收财产）。审计法律责任在法律责任体系中具有其自身的特点。

1. 审计法律责任是由法律明文规定的

如果法律上没有明文规定，一般不能追究行为人的法律责任。审计法律关系的主体只能按照法律规定为或不为一定行为。法律规定不允许做的事情，如果做了，就是违法行为，法律规定必须做的事情，如果没有做，也是违法行为。

2. 审计法律责任是国家审计法律责任

它不包括内部审计和社会审计的法律责任，即《审计法》规定的法律责任仅指在国家审计监督过程中发生的与审计机关履行审计监督职能有关的法律责任。其主体只包括审计机关、审计人员、被审计单位及其有关的直接责任人。

3. 审计法律责任的形式只包括行政责任和刑事责任，不包括民事责任

按照《审计法》的规定，对违法行为的处理有行政处分、行政处罚和刑罚三种形式：

第一，行政处分。在这里行政处分只适用于审计机关内部，责任主体只能是审计人员。对被审计单位的责任人员或其他责任人员，审计机关认为应给予行政处分的，只能提出给予行政处分的建议，由监察部门或有关主管部门做出。行政处分的形式有警告、记过、记大过、降级、撤职和开除六种。

第二，行政处罚。行政处罚是指审计机关基于审计监督职权，使违反《审计法》的单位和人员承担相应责任的一种法律后果。处罚权是审计机关的职权之一。行政处罚的形式有：警告、通报批评、罚款和没收。

第三，刑罚。刑罚是指违法行为已构成犯罪，依法追究刑事责任的一种形式。刑罚分为主刑和附加刑两大类。附加刑也可以独立使用。

审计法律责任并非全由审计机关追究，而是根据法律责任的不同性质，分别由不同的国家机关实施。其中罚款、警告、通报批评，由审计机关实施；行政处分，由审计机关移送国家监察部门或有关部门做出决定；刑罚，则由审计机关提请国家司法机关，依法追究。

二、审计法律责任的类型

（一）被审计单位及有关人员的违法责任

1. 拒绝审计的责任

被审计单位违反《审计法》及其《实施条例》的规定，拒绝或者拖延提供与审计事项有关的资料的，或者提供的资料不真实、不完整的，或者拒绝、阻碍检查的，由审计机关责令改正，可以通报批评，给予警告；拒不改正的，对被审计单位可以处5万元以下的罚款，对直接负责的主管人员和其他直接责任人员，可以处2万元以下的罚款，审计机关认为应当给予处分的，向有关主管机关、单位提出给予处分的建议；构成犯罪的，依法追究刑事责任。

被审计单位违反本法规定，转移、隐匿、篡改、毁弃会计凭证、会计账簿、财务会计报告以及其他与财政收支、财务收支有关的资料，或者转移、隐匿所持有的违反国家规定取得的资产，审计机关认为对直接负责的主管人员和其他直接责任人员依法应当给予处分的，应当提出给予处分的建议，被审计单位或者其上级机关、监察机关应当依法及时做出决定，并将结果书面通知审计机关；构成犯罪的，依法追究刑事责任。

2. 对已审计出违法问题的责任

对本级各部门（含直属单位）和下级政府违反预算的行为或者其他违反国家规定的行为，审计机关、人民政府或者有关主管部门在法定职权范围内，依照法律、行政法规的规定，区别情况采取下列处理措施：（1）责令限期缴纳应当上缴的款项；（2）责令限期退还被侵占的国有资产；（3）责令限期退还违法所得；（4）责令按照国家统一的会计制度的有关规定进行处理；（5）其他处理措施。

对被审计单位违反国家规定的财务收支行为，审计机关、人民政府或者有关主管部门在法定职权范围内，依照法律、行政法规的规定，区别情况采取上述规定的处理措施，并可以依法给予下列处罚：可以通报批评，给予警告；有违法所得的，没收违法所得，并处违法所得1倍以上5倍以下的罚款；没有违法所得的，可以处5万元以下的罚款；对直接负责的主管人员和其他直接责任人员，可以处2万元以下的罚款，审计机关认为应当给予处分的，向有关主管机关、单位提出给予处分的建议；构成犯罪的，依法追究刑事责任。法律、行政法规对被审计单位违反国家规定的财务收支行为处理、处罚另有规定的，从其规定。

审计机关在法定职权范围内做出的审计决定，被审计单位应当执行。被审计单位不执行审计决定的，审计机关应当责令限期执行；逾期仍不执行的，审计机关可以申请人民法院强制执行，建议有关主管机关、单位对直接负责的主管人员和其他直接责任人员给予处分。审计机关依法责令被审计单位上缴应当上缴的款项，被审计单位拒不执行的，审计机关应当通报有关主管部门，有关主管部门应当依照有关法律、行政法规的规定予以扣缴或者采取其他处理措施，并将结果书面通知审计机关。

被审计单位对审计机关做出的有关财务收支的审计决定不服的，可以依法申请行政复议或者提起行政诉讼。被审计单位对审计机关做出的有关财政收支的审计决定不服的，可以提请审计机关的本级人民政府裁决，本级人民政府的裁决为最终决定。

被审计单位的财政收支、财务收支违反国家规定，审计机关认为对直接负责的主管人员和其他直接责任人员依法应当给予处分的，应当提出给予处分的建议，被审计单位或者其上级机关、监察机关应当依法及时做出决定，并将结果书面通知审计机关。被审计单位的财政收支、财务收支违反法律、行政法规的规定，构成犯罪的，依法追究刑事责任。

（二）审计机关的法律责任

审计机关的法律责任是指审计机关违反审计法律规范，实施违法行为，应承担的法律后果。审计机关工作人员代表审计机关做出的审计行为，一般由审计机关承担责任。当然审计人员的个人行为，不代表审计机关的非职务行为，造成损失，审计机关不承担责任。审计机关法律责任的形式主要是行政责任，进行行政赔偿等。

审计机关和审计人员在行使审计监督过程中实施了违反审计法的行为，如超越职权、滥用权力、违反审计程序等就构成审计机关的法律责任。具体有以下几种情况：认定事实不清，或主要证据不足的；适用法律、法规错误的；超越或者违反《审计法》规定的职责和权限的；以权谋私，滥用审计监督权的；违反审计程序的；其他违法审计行为等。只要具备以上几种情况之一，对被审计单位，其他有关单位或个人的合法权益造成损失的，审计机关应该承担责任。在一定情况下，审计机关可以对审计人员行使追偿权。审计行政赔偿的主要方式是支付赔偿金，能够返还财产或者恢复原状的，予以返还财产或者恢复原状。

（三）审计人员的法律责任

审计人员违反审计法有下列行为之一的，审计机关可以酌情处以罚款，并可按照相关行政法规的规定，给予行政处分；构成犯罪的审计工作人员，审计单位应提请司法机关依法追究刑事责任。

（1）滥用职权，即审计人员行使职权违反法律规定或者超越法定权限行使职权。滥用职权可以表现在两方面：一是违反法律规定怠于行使职权；二是超越法律规定行使职权。

（2）徇私舞弊，即在审计监督工作中，审计人员为了私情或谋取私利，故意违反事实和法律做出枉法的审计处理和决定。

（3）玩忽职守，即审计人员不履行或不正确履行法律所赋予的职责。不履行职责属于在法定职责方面的不作为、不尽职责或者擅离职守；不正确履行是对工作的不负责任。

审计人员滥用职权、徇私舞弊、玩忽职守，构成犯罪的，应追究刑事责任。构成滥用职权、徇私舞弊、玩忽职守犯罪应具备下列法律要件：第一，犯罪的主体，只限于国家审计人员。不论玩忽职守、滥用职权，还是徇私舞弊犯罪，都是一种渎职犯罪，主体只能是国家工作人员。第二，犯罪侵害的客体，是国家对每个审计人员职务的责任要求及国家机关的正常活动。渎职行为往往造成国家利益和人民利益的重大损失。第三，行为人的主观方面有如下表现：其一表现为行为人不履行或者不正确履行职责，以致使公共财产与国家、人民利益遭受重大损失；其二表现为行使职权违反法律规定，或者是超越权限行使职权；其三表现为为了私情或私利而弄虚作假。第四，构成玩忽职守罪，还必须有造成重大损失的后果。重大损失是指造成重伤 3 人以上或者致人死亡或者直接经济损失达到 5 万元以上，或者造成了严重的政治影响，如严重损害了国家信誉等。

对于审计人员玩忽职守、滥用职权，致使公共财产、国家和人民利益遭受重大损失的，应判处 3 年以下有期徒刑或者拘役；情节特别严重的，处以 3 年以上 7 年以下有期徒刑；审计人员徇私舞弊的，如果构成犯罪，应判处 5 年以下有期徒刑或拘役；情节特别严重的，处以 5 年以上 10 年以下有期徒刑。这里情节特别严重是指由于犯罪行为，致使被害人的合法权益遭受了重大损失或者造成了其他严重的后果；造成了十分恶劣的社会影响；致使罪行严重的犯罪分子逍遥法外等等。

典型案例：

审计决定书的法律效力①

2002年3月，宜昌市夷陵区环境污染防治项目管理中心（以下简称环境项目中心）发布招标文件，将“夷陵区三峡坝区垃圾卫生填埋场进场道路工程”的施工任务对外招标。同年4月12日，宜昌市宜星市政建设公司（以下简称宜星市政公司）编制投标书投标报价并中标。同年4月26日，双方签订一份《建设工程施工合同》，约定承包范围为“施工图以内全部工程及设计变更”。工程内容为路基土石方开挖、边沟、挡土墙及涵洞砌筑、路面浇筑及其他相关内容。合同工期60天，合同价款为166.96万元。该合同第9条对工程进度款的支付方式规定，“发包人向承包人承诺按照合同约定的期限和方式支付合同价款及其他应当支付的款项。”该合同双方选择了部分专用条款和通用条款。同时约定，双方有关工程的洽商、变更等书面协议或文件视为本合同的组成部分。合同签订后，被告宜星市政公司组织人员进场施工。在施工过程中，由于进场道路实际开挖土石方等工程量与原设计变更较大，在原合同为固定总价款合同的基础上，原、被告及监理同意据实结算，工程量以实际发生的数量为准。2002年12月28日，该工程项目竣工验收。原告根据被告提交报审的2296887.28元工程价款，经与被告协商以及监理同意，决定聘请武汉众华工程造价咨询事务有限公司（以下简称武汉众华公司）对该工程造价进行工程结算审计。2003年8月8日，武汉众华公司做出了《工程结算造价审计的报告》，该报告确认被告施工合同内部分价款为1364101.03元，合同外部分为234096.99元，补充部分27712.68元，总工程价款为1625910.7元，双方并依此办理了决算。尔后，原告累计向被告支付工程款1557945.5元，尚欠67965.2未支付。

2005年8月19日，宜昌市夷陵区审计局根据《审计法》第23条规定，决定对原告环境项目中心提供的“进场道路工程”项目竣工决算资料进行审计并进行观场踏勘审核，并于2005年8月19日做出审计决定书。该审计决定书认定该项目竣工决算，应在武汉众华公司进行工程结算审计结果基础上，再对进场道路核减造价126979.82元。其理由：一是部分地段土石方为市政公司

① 资料来源：肖杰：“审计决定经司法鉴定后的证据效力大于双方认可并已实际履行的工程结算的证据效力”，《人民司法·应用》2008年第11期，第105页。本文有删改。

工程弃土2640立方米和施工过程中的土方挖填的合理调配应予扣除；二是挡土墙高度、长度变化，工程量相应核减306.9立方米。故审核认定被告实际完成工程价款1498930.88元。

2005年10月13日，原告以被告承接原告发包的建设工程后没严格按图施工，实际施工与项目标准存在明显减少，被告所报结算隐瞒了部分地段土石方为宜昌市市政工程公司弃土2640立方米的实情和挡土墙虚假签证306.9立方米，导致武汉众华公司在没有到实地查验的情况下，于2003年8月8日对工程造价进行工程结算审计并做出了有瑕疵的《工程结算造价审计的报告》，因此，被告多获工程款于法无据，损害了国家利益，并向夷陵区人民法院提起诉讼，请求判令被告返还原告多付的工程款59014.62元。

被告宜星市政公司辩称，原告仅根据夷陵区审计局审计决定书，核减被告工程款128331.87元，其证据不足。因原告与被告所签订的《建筑工程合同》依法成立，真实、合法、有效，双方业已履行，理应受法律保护。在结算过程中，经双方协商，监理方同意，聘请了有审计资格的相关部门对工程进行了审计，三方也予以认可，并进行了结算。现原告以夷陵区审计局对该工程的审计报告，核减被告的工程造价，不具备法律效力，实属不妥。故原告据此要求被告返还工程款，所依据的证据不足，请求法院依法驳回原告的诉讼请求。

本案在审理过程中，被告向法院提出申请，要求对三峡坝区生活垃圾卫生填埋场的“进场道路工程”中被夷陵区审计局核减的126979.82元重新进行司法鉴定。法院认为被告的申请符合最高人民法院《关于民事诉讼证据的若干规定》第27条的规定，并予以准许。同年4月18日，宜昌长江会计事务有限责任公司（以下简称长江会计公司）根据夷陵区人民法院的委托书，做出鉴定报告。该鉴定报告的鉴定结果为：宜星市政公司完成的三峡坝区生活垃圾填埋“进场道路”工程总价为1498930.88元。

审判

宜昌市夷陵区人民法院认为：原告环境项目中心与被告宜星市政公司双方所签订的《建设工程施工合同》其形成程序合法，应为有效合同。但由于该“三峡坝区垃圾卫生填埋场进场道路工程”所用资金系国债资金，依照我国审计法的规定，应当依法进行审计。该审计报告对原告有约束力，对被告虽没有约束力，但有民商事上的证据效力。当人民法院根据被告的申请，依法委托有鉴定资质的长江会计公司对双方争议的价款重新进行司法鉴定后，该鉴定报告就具备了程序效力，而且与夷陵区审计局审计决定书认定的进场道路工程总造价一致，这就进一步印证武汉众华公司在对该工程造价进行工程结算审计时存在瑕疵。因此，长江会计公司所作鉴定报告的证据效力就理应大于武汉众华公司的《工程结算造价审计报告》的效力。该鉴定报告不仅对原告产生约束力，对被告也有约束力。现原告要求被告返还原告多付的工程款 59014.62 元，事实清楚、理由正当、证据充分，符合有关法律和行政法律规定，理应予以认定和支持。至于被告"以与原告所签订的《建筑工程施工合同》依法成立，夷陵区审计局对该工程的审计报告，核减被告的工程造价，不具备法律效力和证据效力"的辩解理由，因被告提供的证据不足，应不予采信和支持。据此，依照《民法通则》第 106 条，《合同法》第 60 条、第 107 条，第 111 条，《审计法》第 22 条、第 23 条规定，判决被告宜星市政公司在本判决生效后立即返还原告夷陵区环境项目中心工程款 59014.62 元并负担案件受理费 3877 元。

一审宣判后，被告未上诉，表示服判并随即自愿履行了判决书确定的内容。

评析

1. 关于本案中双方签订的合同效力的问题

原被告双方所签《建设工程施工合同》以及作为合同组织部分的履行资料，其形成程序合法，表现形式完备，意思表示真实、内容合法，应为有效合同。审计是国家对建设单位的一种行政监督，不影响建设单位与承建单位的合同效力。同时，依照我国审计法，审计机关对国家建设项目进行审计是审计机关的法定职责。原告工程款所用资金系国债资金，应当依法进行审计。这体现了公法对私法行为得介入和干预，具有强制性。

本案中，2003 年 8 月 8 日，虽经武汉众华公司对工程造价进行工程结算审计，并在被告报审的 2296887.28 元工程价款的基础上，审减了 670976.58 元，最后确认总工程价款为 1625910.7 元。但本案属于国家审计，并非社会审计，武汉众华公司对工程造价进行的工程结算审计不具有法律效力。

2. 审计决定书的司法效力

审计决定书具备相应的司法规范效应，可以发挥法院审查基准的功能，弥补法院在专业事实判断问题上的短拙。审计决定具有证据优先性——审计机关做出的审计决定在民商事审判中可以作为当然的有效证据，除非有相反证据推翻该审计结论，否则审计决定应该作为判决的依据。这是因为国家建设项目涉及的领域专业性强，审计机关作为国家专门的经济监督部门，对这类专业性很强的领域做出的决定具有权威性，可以作为具有法律效力的证据在民商事审判中予以采用，这样审计决定在民商事诉讼中就具有法律效力。最高人民法院《关于民事诉讼证据的若干规定》第77条第一款第（一）项规定："国家机关、社会团体依职权制作的公文书证的证明力一般大于其他书证"，法院也应以审计机关审计结论为依据。为保护施工方的合法权益，施工方对审计结论不服，可以申请复议和提起行政诉讼，法院可以根据当事人的申请，依法委托专业机构进行司法鉴定，司法鉴定结论具有证据效力。

需要指出的是，法院是法律问题专家，最后判断权依然在法院之手。当人民法院根据被告的申请，依法委托有鉴定资质的长江会计公司对双方争议的价款重新进行司法鉴定，体现了司法最终决定原则。

另外，依照我国《审计法实施条例》第21条和《合同法》第127条的规定，"工商行政管理部门和其他有关行政主管部门在各自的职权范围内，依照法律、行政法规的规定，对利用合同危害国家利益、社会公共利益的违法行为，负责监督处理；构成犯罪的，依法追究责任。"审计机关对在审计中发现，与政府投资项目直接有关的建设、设计、施工、采购等单位的财务收支有违反法律法规规定的行为，有权做出处理，构成犯罪的，移送司法部门依法追究责任。

复习思考题：

1. 审计诉讼与审计复议的关系。
2. 财务审计与财政审计的区别。
3. 取消审计复议前置的意义。
4. 我国审计救济制度的范围和特点。

推荐阅读书目：

1. 颜运秋、黑白："审计法律责任与公益诉讼"，《审计与经济研究》2007年第5期。

2. 江金满、周荣青："司法审判权与审计监督权关系之厘定及立法完善建议"，《审计月刊》2005年第2期。

3. 叶必丰：《行政法与行政诉讼法》，中国人民大学出版社 2003 年版。

4. 蔡小雪：《行政诉讼证据规则及运用》，人民法院出版社 2006 年版。

5. 刘峰：“关于审计责任认定与行政处罚问题的思考”，《中国注册会计师》2004 年第 7 期。

6. 高志明：“浅析审计处罚依据不一致问题”，《中国审计》2006 年第 2 期。

7. 王爱国、尚兆燕：“国家审计执法中的裁量权及其规制”，《会计之友》2008 年第 3 期。

8. 胡建森：《公权力研究——立法权·行政权·司法权》，浙江大学出版社 2005 年版。

9. 王世成、曲炜：“我国政府投资项目审计的行政法学思考”，《审计研究》2007 年第 6 期。

附录1

中华人民共和国审计法

（1994年8月31日第八届全国人民代表大会常务委员会第九次会议通过 根据2006年2月28日第十届全国人民代表大会常务委员会第二十次会议《关于修改〈中华人民共和国审计法〉的决定》修正）

目 录

第一章 总 则

第一条 为了加强国家的审计监督，维护国家财政经济秩序，提高财政资金使用效益，促进廉政建设，保障国民经济和社会健康发展，根据宪法，制定本法。

第二条 国家实行审计监督制度。国务院和县级以上地方人民政府设立审计机关。

国务院各部门和地方各级人民政府及其各部门的财政收支，国有的金融机构和企业事业组织的财务收支，以及其他依照本法规定应当接受审计的财政收支、财务收支，依照本法规定接受审计监督。

审计机关对前款所列财政收支或者财务收支的真实、合法和效益，依法进行审计监督。

第三条 审计机关依照法律规定的职权和程序，进行审计监督。

审计机关依据有关财政收支、财务收支的法律、法规和国家其他有关规定进行审计评价，在法定职权范围内做出审计决定。

第四条 国务院和县级以上地方人民政府应当每年向本级人民代表大会常务委员会提出审计机关对预算执行和其他财政收支的审计工作报告。审计工作报告应当重点报告对预算执行的审计情况。必要时，人民代表大会常务委员会可以对审计工作报告做出决议。

国务院和县级以上地方人民政府应当将审计工作报告中指出的问题的纠正情况和处理结果向本级人民代表大会常务委员会报告。

第五条 审计机关依照法律规定独立行使审计监督权，不受其他行政机关、社会团体和个人的干涉。

第六条 审计机关和审计人员办理审计事项，应当客观公正，实事求是，廉洁奉公，保守秘密。

第二章 审计机关和审计人员

第七条 国务院设立审计署，在国务院总理领导下，主管全国的审计工作。审计长是审计署的行政首长。

第八条 省、自治区、直辖市、设区的市、自治州、县、自治县、不设区的市、市辖区的人民政府的审计机关，分别在省长、自治区主席、市长、州长、县长、区长和上一级审计机关的领导下，负责本行政区域内的审计工作。

第九条 地方各级审计机关对本级人民政府和上一级审计机关负责并报告工作，审计业务以上级审计机关领导为主。

第十条 审计机关根据工作需要，经本级人民政府批准，可以在其审计管辖范围内设立派出机构。

派出机构根据审计机关的授权，依法进行审计工作。

第十一条 审计机关履行职责所必需的经费，应当列入财政预算，由本级人民政府予以保证。

第十二条 审计人员应当具备与其从事的审计工作相适应的专业知识和业务能力。

第十三条 审计人员办理审计事项，与被审计单位或者审计事项有利害关系的，应当回避。

第十四条 审计人员对其在执行职务中知悉的国家秘密和被审计单位的商

业秘密，负有保密的义务。

第十五条　审计人员依法执行职务，受法律保护。

任何组织和个人不得拒绝、阻碍审计人员依法执行职务，不得打击报复审计人员。

审计机关负责人依照法定程序任免。审计机关负责人没有违法失职或者其他不符合任职条件的情况的，不得随意撤换。

地方各级审计机关负责人的任免，应当事先征求上一级审计机关的意见。

第三章　审计机关职责

第十六条　审计机关对本级各部门（含直属单位）和下级政府预算的执行情况和决算以及其他财政收支情况，进行审计监督。

第十七条　审计署在国务院总理领导下，对中央预算执行情况和其他财政收支情况进行审计监督，向国务院总理提出审计结果报告。

地方各级审计机关分别在省长、自治区主席、市长、州长、县长、区长和上一级审计机关的领导下，对本级预算执行情况和其他财政收支情况进行审计监督，向本级人民政府和上一级审计机关提出审计结果报告。

第十八条　审计署对中央银行的财务收支，进行审计监督。

审计机关对国有金融机构的资产、负债、损益，进行审计监督。

第十九条　审计机关对国家的事业组织和使用财政资金的其他事业组织的财务收支，进行审计监督。

第二十条　审计机关对国有企业的资产、负债、损益，进行审计监督。

第二十一条　对国有资本占控股地位或者主导地位的企业、金融机构的审计监督，由国务院规定。

第二十二条　审计机关对政府投资和以政府投资为主的建设项目的预算执行情况和决算，进行审计监督。

第二十三条　审计机关对政府部门管理的和其他单位受政府委托管理的社会保障基金、社会捐赠资金以及其他有关基金、资金的财务收支，进行审计监督。

第二十四条　审计机关对国际组织和外国政府援助、贷款项目的财务收支，进行审计监督。

第二十五条　审计机关按照国家有关规定，对国家机关和依法属于审计机关审计监督对象的其他单位的主要负责人，在任职期间对本地区、本部门或者本单位的财政收支、财务收支以及有关经济活动应负经济责任的履行情况，进行审计监督。

第二十六条　除本法规定的审计事项外，审计机关对其他法律、行政法规规定应当由审计机关进行审计的事项，依照本法和有关法律、行政法规的规定进行审计监督。

第二十七条　审计机关有权对与国家财政收支有关的特定事项，向有关地方、部门、单位进行专项审计调查，并向本级人民政府和上一级审计机关报告审计调查结果。

第二十八条　审计机关根据被审计单位的财政、财务隶属关系或者国有资产监督管理关系，确定审计管辖范围。

审计机关之间对审计管辖范围有争议的，由其共同的上级审计机关确定。

上级审计机关可以将其审计管辖范围内的本法第十八条第二款至第二十五条规定的审计事项，授权下级审计机关进行审计；上级审计机关对下级审计机关审计管辖范围内的重大审计事项，可以直接进行审计，但是应当防止不必要的重复审计。

第二十九条　依法属于审计机关审计监督对象的单位，应当按照国家有关规定建立健全内部审计制度；其内部审计工作应当接受审计机关的业务指导和监督。

第三十条　社会审计机构审计的单位依法属于审计机关审计监督对象的，审计机关按照国务院的规定，有权对该社会审计机构出具的相关审计报告进行核查。

第四章　审计机关权限

第三十一条　审计机关有权要求被审计单位按照审计机关的规定提供预算或者财务收支计划、预算执行情况、决算、财务会计报告，运用电子计算机储存、处理的财政收支、财务收支电子数据和必要的电子计算机技术文档，在金融机构开立账户的情况，社会审计机构出具的审计报告，以及其他与财政收支或者财务收支有关的资料，被审计单位不得拒绝、拖延、谎报。

被审计单位负责人对本单位提供的财务会计资料的真实性和完整性负责。

第三十二条　审计机关进行审计时，有权检查被审计单位的会计凭证、会计账簿、财务会计报告和运用电子计算机管理财政收支、财务收支电子数据的系统，以及其他与财政收支、财务收支有关的资料和资产，被审计单位不得拒绝。

第三十三条　审计机关进行审计时，有权就审计事项的有关问题向有关单位和个人进行调查，并取得有关证明材料。有关单位和个人应当支持、协助审计机关工作，如实向审计机关反映情况，提供有关证明材料。

审计机关经县级以上人民政府审计机关负责人批准，有权查询被审计单位在金融机构的账户。

审计机关有证据证明被审计单位以个人名义存储公款的，经县级以上人民政府审计机关主要负责人批准，有权查询被审计单位以个人名义在金融机构的存款。

第三十四条　审计机关进行审计时，被审计单位不得转移、隐匿、篡改、毁弃会计凭证、会计账簿、财务会计报告以及其他与财政收支或者财务收支有关的资料，不得转移、隐匿所持有的违反国家规定取得的资产。

审计机关对被审计单位违反前款规定的行为，有权予以制止；必要时，经县级以上人民政府审计机关负责人批准，有权封存有关资料和违反国家规定取得的资产；对其中在金融机构的有关存款需要予以冻结的，应当向人民法院提出申请。

审计机关对被审计单位正在进行的违反国家规定的财政收支、财务收支行为，有权予以制止；制止无效的，经县级以上人民政府审计机关负责人批准，通知财政部门和有关主管部门暂停拨付与违反国家规定的财政收支、财务收支行为直接有关的款项，已经拨付的，暂停使用。

审计机关采取前两款规定的措施不得影响被审计单位合法的业务活动和生产经营活动。

第三十五条　审计机关认为被审计单位所执行的上级主管部门有关财政收支、财务收支的规定与法律、行政法规相抵触的，应当建议有关主管部门纠正；有关主管部门不予纠正的，审计机关应当提请有权处理的机关依法处理。

第三十六条　审计机关可以向政府有关部门通报或者向社会公布审计结果。

审计机关通报或者公布审计结果，应当依法保守国家秘密和被审计单位的商业秘密，遵守国务院的有关规定。

第三十七条　审计机关履行审计监督职责，可以提请公安、监察、财政、税务、海关、价格、工商行政管理等机关予以协助。

第五章 审计程序

第三十八条 审计机关根据审计项目计划确定的审计事项组成审计组，并应当在实施审计3日前，向被审计单位送达审计通知书；遇有特殊情况，经本级人民政府批准，审计机关可以直接持审计通知书实施审计。

被审计单位应当配合审计机关的工作，并提供必要的工作条件。

审计机关应当提高审计工作效率。

第三十九条 审计人员通过审查会计凭证、会计账簿、财务会计报告，查阅与审计事项有关的文件、资料，检查现金、实物、有价证券，向有关单位和个人调查等方式进行审计，并取得证明材料。

审计人员向有关单位和个人进行调查时，应当出示审计人员的工作证件和审计通知书副本。

第四十条 审计组对审计事项实施审计后，应当向审计机关提出审计组的审计报告。审计组的审计报告报送审计机关前，应当征求被审计对象的意见。被审计对象应当自接到审计组的审计报告之日起10日内，将其书面意见送交审计组。审计组应当将被审计对象的书面意见一并报送审计机关。

第四十一条 审计机关按照审计署规定的程序对审计组的审计报告进行审议，并对被审计对象对审计组的审计报告提出的意见一并研究后，提出审计机关的审计报告；对违反国家规定的财政收支、财务收支行为，依法应当给予处理、处罚的，在法定职权范围内做出审计决定或者向有关主管机关提出处理、处罚的意见。

审计机关应当将审计机关的审计报告和审计决定送达被审计单位和有关主管机关、单位。审计决定自送达之日起生效。

第四十二条 上级审计机关认为下级审计机关做出的审计决定违反国家有关规定的，可以责成下级审计机关予以变更或者撤销，必要时也可以直接做出变更或者撤销的决定。

第六章 法律责任

第四十三条 被审计单位违反本法规定，拒绝或者拖延提供与审计事项有关的资料的，或者提供的资料不真实、不完整的，或者拒绝、阻碍检查的，由审计机关责令改正，可以通报批评，给予警告；拒不改正的，依法追究责任。

第四十四条 被审计单位违反本法规定，转移、隐匿、篡改、毁弃会计凭证、会计账簿、财务会计报告以及其他与财政收支、财务收支有关的资料，或者转移、隐匿所持有的违反国家规定取得的资产，审计机关认为对直接负责的主管人员和其他直接责任人员依法应当给予处分的，应当提出给予处分的建议，被审计单位或者其上级机关、监察机关应当依法及时做出决定，并将结果书面通知审计机关；构成犯罪的，依法追究刑事责任。

第四十五条　对本级各部门（含直属单位）和下级政府违反预算的行为或者其他违反国家规定的财政收支行为，审计机关、人民政府或者有关主管部门在法定职权范围内，依照法律、行政法规的规定，区别情况采取下列处理措施：

（一）责令限期缴纳应当上缴的款项；

（二）责令限期退还被侵占的国有资产；

（三）责令限期退还违法所得；

（四）责令按照国家统一的会计制度的有关规定进行处理；

（五）其他处理措施。

第四十六条　对被审计单位违反国家规定的财务收支行为，审计机关、人民政府或者有关主管部门在法定职权范围内，依照法律、行政法规的规定，区别情况采取前条规定的处理措施，并可以依法给予处罚。

第四十七条　审计机关在法定职权范围内做出的审计决定，被审计单位应当执行。

审计机关依法责令被审计单位上缴应当上缴的款项，被审计单位拒不执行的，审计机关应当通报有关主管部门，有关主管部门应当依照有关法律、行政法规的规定予以扣缴或者采取其他处理措施，并将结果书面通知审计机关。

第四十八条　被审计单位对审计机关做出的有关财务收支的审计决定不服的，可以依法申请行政复议或者提起行政诉讼。

被审计单位对审计机关做出的有关财政收支的审计决定不服的，可以提请审计机关的本级人民政府裁决，本级人民政府的裁决为最终决定。

第四十九条　被审计单位的财政收支、财务收支违反国家规定，审计机关认为对直接负责的主管人员和其他直接责任人员依法应当给予处分的，应当提出给予处分的建议，被审计单位或者其上级机关、监察机关应当依法及时做出决定，并将结果书面通知审计机关。

第五十条　被审计单位的财政收支、财务收支违反法律、行政法规的规定，构成犯罪的，依法追究刑事责任。

第五十一条　报复陷害审计人员的，依法给予处分；构成犯罪的，依法追究刑事责任。

第五十二条　审计人员滥用职权、徇私舞弊、玩忽职守或者泄露所知悉的国家秘密、商业秘密的，依法给予处分；构成犯罪的，依法追究刑事责任。

第七章　附　　则

第五十三条　中国人民解放军审计工作的规定，由中央军事委员会根据本法制定。

第五十四条　本法自 1995 年 1 月 1 日起施行。1988 年 11 月 30 日国务院发布的《中华人民共和国审计条例》同时废止。

附录2

中华人民共和国审计法实施条例

《中华人民共和国审计法实施条例》1997年10月21日中华人民共和国国务院令第231号公布，2010年2月2日国务院第100次常务会议修订通过，现将修订后的《中华人民共和国审计法实施条例》公布，自2010年5月1日起施行。

总　理　温家宝

二〇一〇年二月十一日

第一章　总　　则

第一条　根据《中华人民共和国审计法》（以下简称审计法）的规定，制定本条例。

第二条　审计法所称审计，是指审计机关依法独立检查被审计单位的会计凭证、会计账簿、财务会计报告以及其他与财政收支、财务收支有关的资料和资产，监督财政收支、财务收支真实、合法和效益的行为。

第三条　审计法所称财政收支，是指依照《中华人民共和国预算法》和国家其他有关规定，纳入预算管理的收入和支出，以及下列财政资金中未纳入预算管理的收入和支出：

（一）行政事业性收费；

（二）国有资源、国有资产收入；

（三）应当上缴的国有资本经营收益；

（四）政府举借债务筹措的资金；

（五）其他未纳入预算管理的财政资金。

第四条　审计法所称财务收支，是指国有的金融机构、企业事业组织以及依法应当接受审计机关审计监督的其他单位，按照国家财务会计制度的规定，实行会计核算的各项收入和支出。

第五条　审计机关依照审计法和本条例以及其他有关法律、法规规定的职责、权限和程序进行审计监督。

审计机关依照有关财政收支、财务收支的法律、法规，以及国家有关政策、标准、项目目标等方面的规定进行审计评价，对被审计单位违反国家规定的财政收支、财务收支行为，在法定职权范围内做出处理、处罚的决定。

第六条　任何单位和个人对依法应当接受审计机关审计监督的单位违反国家规定的财政收支、财务收支行为，有权向审计机关举报。审计机关接到举报，应当依法及时处理。

第二章　审计机关和审计人员

第七条　审计署在国务院总理领导下，主管全国的审计工作，履行审计法和国务院规定的职责。

地方各级审计机关在本级人民政府行政首长和上一级审计机关的领导下，负责本行政区域的审计工作，履行法律、法规和本级人民政府规定的职责。

第八条　省、自治区人民政府设有派出机关的，派出机关的审计机关对派出机关和省、自治区人民政府审计机关负责并报告工作，审计业务以省、自治区人民政府审计机关领导为主。

第九条　审计机关派出机构依照法律、法规和审计机关的规定，在审计机关的授权范围内开展审计工作，不受其他行政机关、社会团体和个人的干涉。

第十条　审计机关编制年度经费预算草案的依据主要包括：

（一）法律、法规；

（二）本级人民政府的决定和要求；

（三）审计机关的年度审计工作计划；

（四）定员定额标准；

（五）上一年度经费预算执行情况和本年度的变化因素。

第十一条　审计人员实行审计专业技术资格制度，具体按照国家有关规定执行。

审计机关根据工作需要，可以聘请具有与审计事项相关专业知识的人员参加审计工作。

第十二条　审计人员办理审计事项，有下列情形之一的，应当申请回避，被审计单位也有权申请审计人员回避：

（一）与被审计单位负责人或者有关主管人员有夫妻关系、直系血亲关系、三代以内旁系血亲或者近姻亲关系的；

（二）与被审计单位或者审计事项有经济利益关系的；

（三）与被审计单位、审计事项、被审计单位负责人或者有关主管人员有其他利害关系，可能影响公正执行公务的。

审计人员的回避，由审计机关负责人决定；审计机关负责人办理审计事项时的回避，由本级人民政府或者上一级审计机关负责人决定。

第十三条　地方各级审计机关正职和副职负责人的任免，应当事先征求上一级审计机关的意见。

第十四条　审计机关负责人在任职期间没有下列情形之一的，不得随意撤换：

（一）因犯罪被追究刑事责任的；

（二）因严重违法、失职受到处分，不适宜继续担任审计机关负责人的；

（三）因健康原因不能履行职责1年以上的；

（四）不符合国家规定的其他任职条件的。

第三章　审计机关职责

第十五条　审计机关对本级人民政府财政部门具体组织本级预算执行的情况，本级预算收入征收部门征收预算收入的情况，与本级人民政府财政部门直接发生预算缴款、拨款关系的部门、单位的预算执行情况和决算，下级人民政府的预算执行情况和决算，以及其他财政收支情况，依法进行审计监督。经本级人民政府批准，审计机关对其他取得财政资金的单位和项目接受、运用财政资金的真实、合法和效益情况，依法进行审计监督。

第十六条　审计机关对本级预算收入和支出的执行情况进行审计监督的内容包括：

（一）财政部门按照本级人民代表大会批准的本级预算向本级各部门（含直属单位）批复预算的情况、本级预算执行中调整情况和预算收支变化情况；

（二）预算收入征收部门依照法律、行政法规的规定和国家其他有关规定征收预算收入情况；

（三）财政部门按照批准的年度预算、用款计划，以及规定的预算级次和程序，拨付本级预算支出资金情况；

（四）财政部门依照法律、行政法规的规定和财政管理体制，拨付和管理政府间财政转移支付资金情况以及办理结算、结转情况；

（五）国库按照国家有关规定办理预算收入的收纳、划分、留解情况和预算支出资金的拨付情况；

（六）本级各部门（含直属单位）执行年度预算情况；

（七）依照国家有关规定实行专项管理的预算资金收支情况；

（八）法律、法规规定的其他预算执行情况。

第十七条　审计法第十七条所称审计结果报告，应当包括下列内容：

（一）本级预算执行和其他财政收支的基本情况；

（二）审计机关对本级预算执行和其他财政收支情况做出的审计评价；

（三）本级预算执行和其他财政收支中存在的问题以及审计机关依法采取的措施；

（四）审计机关提出的改进本级预算执行和其他财政收支管理工作的建议；

（五）本级人民政府要求报告的其他情况。

第十八条　审计署对中央银行及其分支机构履行职责所发生的各项财务收支，依法进行审计监督。

审计署向国务院总理提出的中央预算执行和其他财政收支情况审计结果报告，应当包括对中央银行的财务收支的审计情况。

第十九条　审计法第二十一条所称国有资本占控股地位或者主导地位的企业、金融机构，包括：

（一）国有资本占企业、金融机构资本（股本）总额的比例超过50%的；

（二）国有资本占企业、金融机构资本（股本）总额的比例在50%以下，但国有资本投资主体拥有实际控制权的。

审计机关对前款规定的企业、金融机构，除国务院另有规定外，比照审计法第十八条第二款、第二十条规定进行审计监督。

第二十条　审计法第二十二条所称政府投资和以政府投资为主的建设项目，包括：

（一）全部使用预算内投资资金、专项建设基金、政府举借债务筹措的资金等财政资金的；

（二）未全部使用财政资金，财政资金占项目总投资的比例超过50%，或者占项目总投资的比例在50%以下，但政府拥有项目建设、运营实际控制权的。

审计机关对前款规定的建设项目的总预算或者概算的执行情况、年度预算的执行情况和年度决算、单项工程结算、项目竣工决算，依法进行审计监督；对前款规定的建设项目进行审计时，可以对直接有关的设计、施工、供货等单位取得建设项目资金的真实性、合法性进行调查。

第二十一条　审计法第二十三条所称社会保障基金，包括社会保险、社会救助、社会福利基金以及发展社会保障事业的其他专项基金；所称社会捐赠资金，包括来源于境内外的货币、有价证券和实物等各种形式的捐赠。

第二十二条　审计法第二十四条所称国际组织和外国政府援助、贷款项目，包括：

（一）国际组织、外国政府及其机构向中国政府及其机构提供的贷款项目；

（二）国际组织、外国政府及其机构向中国企业事业组织以及其他组织提供的由中国政府及其机构担保的贷款项目；

（三）国际组织、外国政府及其机构向中国政府及其机构提供的援助和赠款项目；

（四）国际组织、外国政府及其机构向受中国政府委托管理有关基金、资金的单位提供的援助和赠款项目；

（五）国际组织、外国政府及其机构提供援助、贷款的其他项目。

第二十三条　审计机关可以依照审计法和本条例规定的审计程序、方法以及国家其他有关规定，对预算管理或者国有资产管理使用等与国家财政收支有关的特定事项，向有关地方、部门、单位进行专项审计调查。

第二十四条　审计机关根据被审计单位的财政、财务隶属关系，确定审计管辖范围；不能根据财政、财务隶属关系确定审计管辖范围的，根据国有资产监督管理关系，确定审计管辖范围。

两个以上国有资本投资主体投资的金融机构、企业事业组织和建设项目，由对主要投资主体有审计管辖权的审计机关进行审计监督。

第二十五条　各级审计机关应当按照确定的审计管辖范围进行审计监督。

第二十六条　依法属于审计机关审计监督对象的单位的内部审计工作，应当接受审计机关的业务指导和监督。

依法属于审计机关审计监督对象的单位，可以根据内部审计工作的需要，参加依法成立的内部审计自律组织。审计机关可以通过内部审计自律组织，加强对内部审计工作的业务指导和监督。

第二十七条　审计机关进行审计或者专项审计调查时，有权对社会审计机构出具的相关审计报告进行核查。

审计机关核查社会审计机构出具的相关审计报告时，发现社会审计机构存在违反法律、法规或者执业准则等情况的，应当移送有关主管机关依法追究责任。

第四章　审计机关权限

第二十八条　审计机关依法进行审计监督时，被审计单位应当依照审计法第三十一条规定，向审计机关提供与财政收支、财务收支有关的资料。被审计单位负责人应当对本单位提供资料的真实性和完整性做出书面承诺。

第二十九条　各级人民政府财政、税务以及其他部门（含直属单位）应当向本级审计机关报送下列资料：

（一）本级人民代表大会批准的本级预算和本级人民政府财政部门向本级各部门（含直属单位）批复的预算，预算收入征收部门的年度收入计划，以及本级各部门（含直属单位）向所属各单位批复的预算；

（二）本级预算收支执行和预算收入征收部门的收入计划完成情况月报、年报，以及决算情况；

（三）综合性财政税务工作统计年报、情况简报，财政、预算、税务、财务和会计等规章制度；

（四）本级各部门（含直属单位）汇总编制的本部门决算草案。

第三十条　审计机关依照审计法第三十三条规定查询被审计单位在金融机构的账户的，应当持县级以上人民政府审计机关负责人签发的协助查询单位账户通知书；查询被审计单位以个人名义在金融机构的存款的，应当持县级以上人民政府审计机关主要负责人签发的协助查询个人存款通知书。有关金融机构应当予以协助，并提供证明材料，审计机关和审计人员负有保密义务。

第三十一条　审计法第三十四条所称违反国家规定取得的资产，包括：

（一）弄虚作假骗取的财政拨款、实物以及金融机构贷款；

（二）违反国家规定享受国家补贴、补助、贴息、免息、减税、免税、退税等优惠政策取得的资产；

（三）违反国家规定向他人收取的款项、有价证券、实物；

（四）违反国家规定处分国有资产取得的收益；

（五）违反国家规定取得的其他资产。

第三十二条　审计机关依照审计法第三十四条规定封存被审计单位有关资料和违反国家规定取得的资产的，应当持县级以上人民政府审计机关负责人签发的封存通知书，并在依法收集与审计事项相关的证明材料或者采取其他措施后解除封存。封存的期限为7日以内；有特殊情况需要延长的，经县级以上人民政府审计机关负责人批准，可以适当延长，但延长的期限不得超过7日。

对封存的资料、资产，审计机关可以指定被审计单位负责保管，被审计单位不得损毁或者擅自转移。

第三十三条　审计机关依照审计法第三十六条规定，可以就有关审计事项向政府有关部门通报或者向社会公布对被审计单位的审计、专项审计调查结果。

审计机关经与有关主管机关协商，可以在向社会公布的审计、专项审计调查结果中，一并公布对社会审计机构相关审计报告核查的结果。

审计机关拟向社会公布对上市公司的审计、专项审计调查结果的，应当在5日前将拟公布的内容告知上市公司。

第五章　审 计 程 序

第三十四条　审计机关应当根据法律、法规和国家其他有关规定，按照本级人民政府和上级审计机关的要求，确定年度审计工作重点，编制年度审计项目计划。

审计机关在年度审计项目计划中确定对国有资本占控股地位或者主导地位的企业、金融机构进行审计的，应当自确定之日起7日内告知列入年度审计项目计划的企业、金融机构。

第三十五条　审计机关应当根据年度审计项目计划，组成审计组，调查了解被审计单位的有关情况，编制审计方案，并在实施审计3日前，向被审计单位送达审计通知书。

第三十六条　审计法第三十八条所称特殊情况，包括：

（一）办理紧急事项的；

（二）被审计单位涉嫌严重违法违规的；

（三）其他特殊情况。

第三十七条　审计人员实施审计时，应当按照下列规定办理：

（一）通过检查、查询、监督盘点、发函询证等方法实施审计；

（二）通过收集原件、原物或者复制、拍照等方法取得证明材料；

（三）对与审计事项有关的会议和谈话内容做出记录，或者要求被审计单位提供会议记录材料；

（四）记录审计实施过程和查证结果。

第三十八条 审计人员向有关单位和个人调查取得的证明材料，应当有提供者的签名或者盖章；不能取得提供者签名或者盖章的，审计人员应当注明原因。

第三十九条 审计组向审计机关提出审计报告前，应当书面征求被审计单位意见。被审计单位应当自接到审计组的审计报告之日起10日内，提出书面意见；10日内未提出书面意见的，视同无异议。

审计组应当针对被审计单位提出的书面意见，进一步核实情况，对审计组的审计报告做必要修改，连同被审计单位的书面意见一并报送审计机关。

第四十条 审计机关有关业务机构和专门机构或者人员对审计组的审计报告以及相关审计事项进行复核、审理后，由审计机关按照下列规定办理：

（一）提出审计机关的审计报告，内容包括对审计事项的审计评价，对违反国家规定的财政收支、财务收支行为提出的处理、处罚意见，移送有关主管机关、单位的意见，改进财政收支、财务收支管理工作的意见；

（二）对违反国家规定的财政收支、财务收支行为，依法应当给予处理、处罚的，在法定职权范围内做出处理、处罚的审计决定；

（三）对依法应当追究有关人员责任的，向有关主管机关、单位提出给予处分的建议；对依法应当由有关主管机关处理、处罚的，移送有关主管机关；涉嫌犯罪的，移送司法机关。

第四十一条 审计机关在审计中发现损害国家利益和社会公共利益的事项，但处理、处罚依据又不明确的，应当向本级人民政府和上一级审计机关报告。

第四十二条 被审计单位应当按照审计机关规定的期限和要求执行审计决定。对应当上缴的款项，被审计单位应当按照财政管理体制和国家有关规定缴入国库或者财政专户。审计决定需要有关主管机关、单位协助执行的，审计机关应当书面提请协助执行。

第四十三条 上级审计机关应当对下级审计机关的审计业务依法进行监督。

下级审计机关做出的审计决定违反国家有关规定的，上级审计机关可以责成下级审计机关予以变更或者撤销，也可以直接做出变更或者撤销的决定；审计决定被撤销后需要重新做出审计决定的，上级审计机关可以责成下级审计机关在规定的期限内重新做出审计决定，也可以直接做出审计决定。

下级审计机关应当做出而没有做出审计决定的，上级审计机关可以责成下级审计机关在规定的期限内做出审计决定，也可以直接做出审计决定。

第四十四条　审计机关进行专项审计调查时，应当向被调查的地方、部门、单位出示专项审计调查的书面通知，并说明有关情况；有关地方、部门、单位应当接受调查，如实反映情况，提供有关资料。

在专项审计调查中，依法属于审计机关审计监督对象的部门、单位有违反国家规定的财政收支、财务收支行为或者其他违法违规行为的，专项审计调查人员和审计机关可以依照审计法和本条例的规定提出审计报告，做出审计决定，或者移送有关主管机关、单位依法追究责任。

第四十五条　审计机关应当按照国家有关规定建立、健全审计档案制度。

第四十六条　审计机关送达审计文书，可以直接送达，也可以邮寄送达或者以其他方式送达。直接送达的，以被审计单位在送达回证上注明的签收日期或者见证人证明的收件日期为送达日期；邮寄送达的，以邮政回执上注明的收件日期为送达日期；以其他方式送达的，以签收或者收件日期为送达日期。

审计机关的审计文书的种类、内容和格式，由审计署规定。

第六章　法 律 责 任

第四十七条　被审计单位违反审计法和本条例的规定，拒绝、拖延提供与审计事项有关的资料，或者提供的资料不真实、不完整，或者拒绝、阻碍检查的，由审计机关责令改正，可以通报批评，给予警告；拒不改正的，对被审计单位可以处 5 万元以下的罚款，对直接负责的主管人员和其他直接责任人员，可以处 2 万元以下的罚款，审计机关认为应当给予处分的，向有关主管机关、单位提出给予处分的建议；构成犯罪的，依法追究刑事责任。

第四十八条　对本级各部门（含直属单位）和下级人民政府违反预算的行为或者其他违反国家规定的财政收支行为，审计机关在法定职权范围内，依照法律、行政法规的规定，区别情况采取审计法第四十五条规定的处理措施。

第四十九条　对被审计单位违反国家规定的财务收支行为，审计机关在法定职权范围内，区别情况采取审计法第四十五条规定的处理措施，可以通报批评，给予警告；有违法所得的，没收违法所得，并处违法所得 1 倍以上 5 倍以下的罚款；没有违法所得的，可以处 5 万元以下的罚款；对直接负责的主管人员和其他直接责任人员，可以处2万元以下的罚款，审计机关认为应当给予处分的，向有关主管机关、单位提出给予处分的建议；构成犯罪的，依法追究刑事责任。

法律、行政法规对被审计单位违反国家规定的财务收支行为处理、处罚另有规定的，从其规定。

第五十条　审计机关在做出较大数额罚款的处罚决定前，应当告知被审计单位和有关人员有要求举行听证的权利。较大数额罚款的具体标准由审计署规定。

第五十一条　审计机关提出的对被审计单位给予处理、处罚的建议以及对直接负责的主管人员和其他直接责任人员给予处分的建议，有关主管机关、单位应当依法及时做出决定，并将结果书面通知审计机关。

第五十二条　被审计单位对审计机关依照审计法第十六条、第十七条和本条例第十五条规定进行审计监督做出的审计决定不服的，可以自审计决定送达之日起60日内，提请审计机关的本级人民政府裁决，本级人民政府的裁决为最终决定。

审计机关应当在审计决定中告知被审计单位提请裁决的途径和期限。

裁决期间，审计决定不停止执行。但是，有下列情形之一的，可以停止执行：

（一）审计机关认为需要停止执行的；

（二）受理裁决的人民政府认为需要停止执行的；

（三）被审计单位申请停止执行，受理裁决的人民政府认为其要求合理，决定停止执行的。

裁决由本级人民政府法制机构办理。裁决决定应当自接到提请之日起60日内做出；有特殊情况需要延长的，经法制机构负责人批准，可以适当延长，并告知审计机关和提请裁决的被审计单位，但延长的期限不得超过30日。

第五十三条　除本条例第五十二条规定的可以提请裁决的审计决定外，被审计单位对审计机关做出的其他审计决定不服的，可以依法申请行政复议或者提起行政诉讼。

审计机关应当在审计决定中告知被审计单位申请行政复议或者提起行政诉讼的途径和期限。

第五十四条　被审计单位应当将审计决定执行情况书面报告审计机关。审计机关应当检查审计决定的执行情况。

被审计单位不执行审计决定的，审计机关应当责令限期执行；逾期仍不执行的，审计机关可以申请人民法院强制执行，建议有关主管机关、单位对直接负责的主管人员和其他直接责任人员给予处分。

第五十五条　审计人员滥用职权、徇私舞弊、玩忽职守，或者泄露所知悉的国家秘密、商业秘密的，依法给予处分；构成犯罪的，依法追究刑事责任。

审计人员违法违纪取得的财物，依法予以追缴、没收或者责令退赔。

第七章　附　　则

第五十六条　本条例所称以上、以下，包括本数。

本条例第五十二条规定的期间的最后一日是法定节假日的，以节假日后的第一个工作日为期间届满日。审计法和本条例规定的其他期间以工作日计算，不含法定节假日。

第五十七条　实施经济责任审计的规定，另行制定。

第五十八条　本条例自2010年5月1日起施行。

附录3

中共中央办公厅、国务院办公厅
党政主要领导干部和国有企业领导人员
经济责任审计规定

（2010.10.12　中办发［2010］32号）

第一章　总　　则

第一条　为健全和完善经济责任审计制度，加强对党政主要领导干部和国有企业领导人员（以下简称领导干部）的管理监督，推进党风廉政建设，根据《中华人民共和国审计法》和其他有关法律法规，以及干部管理监督的有关规定，制定本规定。

第二条　党政主要领导干部经济责任审计的对象包括：

（一）地方各级党委、政府、审判机关、检察机关的正职领导干部或者主持工作1年以上的副职领导干部；

（二）中央和地方各级党政工作部门、事业单位和人民团体等单位的正职领导干部或者主持工作一年以上的副职领导干部；上级领导干部兼任部门、单位的正职领导干部，且不实际履行经济责任时，实际负责本部门、本单位常务工作的副职领导干部。

第三条　国有企业领导人员经济责任审计的对象包括国有和国有控股企业（含国有和国有控股金融企业）的法定代表人。

第四条　本规定所称经济责任，是指领导干部在任职期间因其所任职务，依法对本地区、本部门（系统）、本单位的财政收支、财务收支以及有关经济活动应当履行的职责、义务。

第五条　领导干部履行经济责任的情况，应当依法接受审计监督。

根据干部管理监督的需要，可以在领导干部任职期间进行任中经济责任审计，也可以在领导干部不再担任所任职务时进行离任经济责任审计。

第六条　领导干部的经济责任审计依照干部管理权限确定。

地方审计机关主要领导干部的经济责任审计，由本级党委与上一级审计机关协商后，由上一级审计机关组织实施。

审计署审计长的经济责任审计，报请国务院总理批准后实施。

第七条　审计机关依法独立实施经济责任审计，任何组织和个人不得拒绝、阻碍、干涉，不得打击报复审计人员。

第八条　审计机关和审计人员对经济责任审计工作中知悉的国家秘密、商业秘密，负有保密义务。

第九条　各级党委和政府应当保证审计机关履行经济责任审计职责所必需的机构、人员和经费。

第二章　组 织 协 调

第十条　各级党委和政府应当加强对经济责任审计工作的领导，建立经济责任审计工作联席会议（以下简称联席会议）制度。联席会议由纪检、组织、审计、监察、人力资源社会保障和国有资产监督管理等部门组成。

联席会议下设办公室，与同级审计机关内设的经济责任审计机构合署办公，负责日常工作。联席会议办公室主任为同级审计机关的副职领导或者同职级领导。

第十一条　联席会议的主要职责是研究制定有关经济责任审计的政策和制度，监督检查、交流通报经济责任审计工作开展情况，协调解决工作中出现的问题。

第十二条　联席会议办公室的主要职责是研究起草有关经济责任审计的法规、制度和文件，研究提出年度经济责任审计计划草案，总结推广经济责任审计工作经验，督促落实联席会议决定的有关事项。

第十三条　经济责任审计应当有计划地进行。组织部门每年提出下一年度经济责任审计委托建议，经联席会议办公室研究后提出经济责任审计计划草案，由审计机关报请本级政府行政首长审定后，纳入审计机关年度审计工作计划并组织实施。

第三章　审 计 内 容

第十四条　经济责任审计应当以促进领导干部推动本地区、本部门（系统）、本单位科学发展为目标，以领导干部守法、守纪、守规、尽责情况为重点，以领导干部任职期间本地区、本部门（系统）、本单位财政收支、财务收支以及有关经济活动的真实、合法和效益为基础，严格依法界定审计内容。

第十五条 地方各级党委和政府主要领导干部经济责任审计的主要内容是：本地区财政收支的真实、合法和效益情况；国有资产的管理和使用情况；政府债务的举借、管理和使用情况；政府投资和以政府投资为主的重要项目的建设和管理情况；对直接分管部门预算执行和其他财政收支、财务收支以及有关经济活动的管理和监督情况。

第十六条 党政工作部门、审判机关、检察机关、事业单位和人民团体等单位主要领导干部经济责任审计的主要内容是：本部门（系统）、本单位预算执行和其他财政收支、财务收支的真实、合法和效益情况；重要投资项目的建设和管理情况；重要经济事项管理制度的建立和执行情况；对下属单位财政收支、财务收支以及有关经济活动的管理和监督情况。

第十七条 国有企业领导人员经济责任审计的主要内容是：本企业财务收支的真实、合法和效益情况；有关内部控制制度的建立和执行情况；履行国有资产出资人经济管理和监督职责情况。

第十八条 在审计以上主要内容时，应当关注领导干部在履行经济责任过程中的下列情况：贯彻落实科学发展观，推动经济社会科学发展情况；遵守有关经济法律法规、贯彻执行党和国家有关经济工作的方针政策和决策部署情况；制定和执行重大经济决策情况；与领导干部履行经济责任有关的管理、决策等活动的经济效益、社会效益和环境效益情况；遵守有关廉洁从政（从业）规定情况等。

第十九条 有关部门和单位、地方党委和政府的主要领导干部由上级领导干部兼任，且实际履行经济责任的，对其进行经济责任审计时，审计内容仅限于该领导干部所兼任职务应当履行的经济责任。

第四章 审计实施

第二十条 审计机关应当根据年度经济责任审计计划，组成审计组并实施审计。

第二十一条 审计机关应当在实施经济责任审计3日前，向被审计领导干部及其所在单位或者原任职单位（以下简称所在单位）送达审计通知书。遇有特殊情况，经本级政府批准，审计机关可以直接持审计通知书实施经济责任审计。

第二十二条 审计机关实施经济责任审计时，应当召开有审计组主要成员、被审计领导干部及其所在单位有关人员参加的会议，安排审计工作有关事项。联席会议有关成员单位根据工作需要可以派人参加。

审计机关实施经济责任审计，应当进行审计公示。

第二十三条 审计机关在经济责任审计过程中，应当听取本级党委、政府和被审计领导干部所在单位有关领导同志，以及本级联席会议有关成员单位的意见。

第二十四条 审计机关在进行经济责任审计时，被审计领导干部及其所在单位，以及其他有关单位应当提供与被审计领导干部履行经济责任有关的下列资料：

（一）财政收支、财务收支相关资料；

（二）工作计划、工作总结、会议记录、会议纪要、经济合同、考核检查结果、业务档案等资料；

（三）被审计领导干部履行经济责任情况的述职报告；

（四）其他有关资料。

第二十五条 被审计领导干部及其所在单位应当对所提供资料的真实性、完整性负责，并做出书面承诺。

第二十六条 审计机关履行经济责任审计职责时，可以依法提请有关部门和单位予以协助，有关部门和单位应当予以配合。

第二十七条 审计组实施审计后，应当将审计组的审计报告书面征求被审计领导干部及其所在单位的意见。根据工作需要可以征求本级党委、政府有关领导同志，以及本级联席会议有关成员单位的意见。

被审计领导干部及其所在单位应当自接到审计组的审计报告之日起10日内提出书面意见；10日内未提出书面意见的，视同无异议。

第二十八条 审计机关按照《中华人民共和国审计法》及相关法律法规规定的程序，对审计组的审计报告进行审议，出具审计机关的经济责任审计报告和审计结果报告。

第二十九条 审计机关应当将经济责任审计报告送达被审计领导干部及其所在单位。

第三十条 审计机关应当将经济责任审计结果报告等结论性文书报送本级政府行政首长，必要时报送本级党委主要负责同志；提交委托审计的组织部门；抄送联席会议有关成员单位。

第三十一条 被审计领导干部所在单位存在违反国家规定的财政收支、财务收支行为，依法应当给予处理、处罚的，由审计机关在法定职权范围内做出审计决定。

审计机关在经济责任审计中发现的应当由其他部门处理的问题，依法移送有关部门处理。

第三十二条 被审计领导干部对审计机关出具的经济责任审计报告有异议的，可以自收到审计报告之日起30日内向出具审计报告的审计机关申诉，审计机关应当自收到申诉之日起30日内做出复查决定；被审计领导干部对复查决定仍有异议的，可以自收到复查决定之日起30日内向上一级审计机关申请复核，上一级审计机关应当自收到复核申请之日起60日内做出复核决定。

上一级审计机关的复核决定和审计署的复查决定为审计机关的最终决定。

第五章 审计评价与结果运用

第三十三条 审计机关应当根据审计查证或者认定的事实，依照法律法规、国家有关规定和政策，以及责任制考核目标和行业标准等，在法定职权范围内，对被审计领导干部履行经济责任情况做出客观公正、实事求是的评价。审计评价应当与审计内容相统一，评价结论应当有充分的审计证据支持。

第三十四条 审计机关对被审计领导干部履行经济责任过程中存在问题所应当承担的直接责任、主管责任、领导责任，应当区别不同情况做出界定。

第三十五条 本规定所称直接责任，是指领导干部对履行经济责任过程中的下列行为应当承担的责任：

（一）直接违反法律法规、国家有关规定和单位内部管理规定的行为；

（二）授意、指使、强令、纵容、包庇下属人员违反法律法规、国家有关规定和单位内部管理规定的行为；

（三）未经民主决策、相关会议讨论而直接决定、批准、组织实施重大经济事项，并造成重大经济损失浪费、国有资产（资金、资源）流失等严重后果的行为；

（四）主持相关会议讨论或者以其他方式研究，但是在多数人不同意的情况下直接决定、批准、组织实施重大经济事项，由于决策不当或者决策失误造成重大经济损失浪费、国有资产（资金、资源）流失等严重后果的行为；

（五）其他应当承担直接责任的行为。

第三十六条 本规定所称主管责任，是指领导干部对履行经济责任过程中的下列行为应当承担的责任：

（一）除直接责任外，领导干部对其直接分管的工作不履行或者不正确履行经济责任的行为；

（二）主持相关会议讨论或者以其他方式研究，并且在多数人同意的情况下决定、批准、组织实施重大经济事项，由于决策不当或者决策失误造成重大经济损失浪费、国有资产（资金、资源）流失等严重后果的行为。

第三十七条　本规定所称领导责任，是指除直接责任和主管责任外，领导干部对其不履行或者不正确履行经济责任的其他行为应当承担的责任。

第三十八条　各级党委和政府应当建立健全经济责任审计情况通报、审计整改以及责任追究等结果运用制度，逐步探索和推行经济责任审计结果公告制度。

第三十九条　有关部门和单位应当根据干部管理监督的相关要求运用经济责任审计结果，将其作为考核、任免、奖惩被审计领导干部的重要依据，并以适当方式将审计结果运用情况反馈审计机关。

经济责任审计结果报告应当归入被审计领导干部本人档案。

第六章　附　　则

第四十条　审计机关和审计人员、被审计领导干部及其所在单位，以及其他有关单位和个人在经济责任审计中的职责、权限、法律责任等，本规定未做规定的，依照《中华人民共和国审计法》、《中华人民共和国审计法实施条例》和其他法律法规的有关规定执行。

第四十一条　审计机关开展领导干部经济责任审计适用本规定。有关机构依法履行国有资产监督管理职责时，按照干部管理权限开展的经济责任审计，参照本规定组织实施。部门和单位可以根据本规定，制定内部管理领导干部经济责任审计的规定。

第四十二条　中央经济责任审计工作联席会议应当根据本规定，制定实施细则或者贯彻实施意见。

第四十三条　本规定由审计署负责解释。

第四十四条　本规定自印发之日起施行。1999 年 5 月中共中央办公厅、国务院办公厅印发的《县级以下党政领导干部任期经济责任审计暂行规定》和《国有企业及国有控股企业领导人员任期经济责任审计暂行规定》（中办发［1999］20 号）同时废止。